12 Coleção
Ciências e Culturas

Coordenação Científica da Colecção Ciências e Culturas
João Rui Pita e Ana Leonor Pereira

Os originais enviados são sujeitos a apreciação científica por *referees*

Coordenação Editorial
Maria João Padez Ferreira de Castro

Edição
Imprensa da Universidade de Coimbra
Email: imprensa@uc.pt
URL: http://www.uc.pt/imprensa_uc

Design
António Barros

Pré-Impressão
Rafael Resende

Capa
Sofia Areal
"J.G.", 2007
Acrílico, aguarela, tinta da china s/ papel
Cortesia Galeria Sete

Print By
CreateSpace

ISBN
978-989-8074-68-3

ISBN Digital
978-989-26-0491-6

DOI
https://doi.org/10.14195/978-989-26-0491-6

Depósito Legal
285506/08

Os volumes desta coleção encontram-se indexados e catalogados
na Basedados da Web of Science.

Bráulio de
Almeida e
Sousa

Psicoterapia
Institucional:
memória e actualidade

ÍNDICE

*
***
****
***
*

SOCIEDADE PORTUGUESA PARA O ESTUDO DA SAÚDE MENTAL

Visando contribuir para documentar e preservar a memória histórica da prática psiquiátrica portuguesa e para uma *praxis* dialogante, informada e esclarecida, tem constituído preocupação da Sociedade Portuguesa para o Estudo da Saúde Mental (SPESM) — em colaboração com a Imprensa da Universidade de Coimbra — a re--edição de algumas versões *fac-simile* de livros que pelo riqueza dos seu conteúdos e respectivos autores, representam marcos históricos da Psiquiatria Portuguesa. (Maio 2005: *"Anorexia Mental"*, Elysio de Moura / Maio 2006: *"Apontamentos das Lições de Psiquiatria"*, Fernando Ilharco / Julho 2008: *"Conferências Médicas"*, Egas Moniz).

Na persecução dos objectivos anteriormente referenciados, o livro *"Psicoterapia Institucional. Memória e actualidade"*, é a nova proposta da SPESM. Trata-se de mais um aliciante convite á leitura, da autoria de Bráulio de Almeida e Sousa, Psiquiatra, actual Presidente da Assembleia Geral da Sociedade Portuguesa para o Estudo da Saúde Mental.

Registe-se que o autor teve um papel fundamental na criação desta sociedade, fundada em 1984. Objectivos principais da SPESM: estudar as possibilidades e modalidades de articulação das equipes de Psiquiatria e Saúde Mental com as equipes de Medicina de Família/Cuidados Primários de Saúde com vista à prestação articulada de cuidados, ao partilhado estudo na área da Sócio-ecologia de campo e Saúde Mental, e à formação recíproca contínua.

Pelos "nós que nos atam" a Bráulio de Almeida e Sousa — colega e amigo de longa data, de alguns de nós — a Direcção da SPESM não pode deixar de registar alguns breves testemunhos:

Por Duarte Osório

Psiquiatra, Presidente da Direcção da SPESM:

"Comecei em 1976, depois de sair do Hospital Júlio de Matos, a trabalhar sozinho, no Centro de Saúde Mental de Castelo Branco. Um dia recebi um convite do

Bráulio, que não conhecia pessoalmente, para ir a Setúbal participar numa reunião onde se discutiam temas de Saúde Mental. Uma vez chegado fui recebido por um homem de cabelo comprido, já a ficar com algumas madeixas mais brancas, com um sorriso tímido e acolhedor.

A reunião tinha como participantes muitas personalidades internacionais, desde a França ao Peru, passando pela Tunísia e Espanha. E alguns portugueses. Pela primeira vez participei numa reunião com Professores estrangeiros, em que não havia "oradores sapientes", antes estávamos todos sentados à volta de uma grande mesa, e cada um falava da sua experiência profissional, enquadrando-a na sua formação teórica.

Num dos intervalos de silêncio que sempre há nestas reuniões, ouve-se a voz do Bráulio dizer: "Agora vamos ouvir a experiência de um jovem colega que está sozinho num sector com quase 300.000 habitantes, no interior de Portugal". E apontou para mim. Fiquei gelado! Como iria falar da minha inexperiência perante tanta sumidade internacional, e ainda por cima no meu francês enferrujado. Falei! Não sei bem como, e daí nasceu um acesa troca de pontos de vista que foram enriquecedores para a minha formação e para a minha prática.

No final da reunião um colega francês disse-me: "Se quiseres, podes ir ao meu serviço e passar lá uma semana, pois temos alguns problemas semelhantes na nossa prática profissional". Fui, levei mais três elementos da minha equipa e ficamos em casa dele. Assim conheci o Michel Minard, através do Bráulio. Foi o início de uma longa amizade pessoal, muito enriquecedora do ponto de vista profissional.

O Bráulio é assim, amigo e generoso. Apostou num grupo de colegas mais novos, apoiou-nos sempre. Foi para nós uma espécie de "pai espiritual" na psiquiatria. Nas lutas que travámos com o poder político pela implementação da psiquiatria de sector, foi sempre a voz do bom senso, da experiência, da visão calma e lúcida dos problemas.

Melhorou muito com a idade. Suavizou-se, refinou-se, rodeou-se de uma sabedoria que para nós, mais novos, foi essencial. É como o Vinho do Porto! Amigo com quem sempre contei, pessoal e profissionalmente, criou laços afectivos com a minha família, tendo uma relação especial com o meu filho mais novo que conheceu em Reus, onde ele festejou os seus 6 anos.

O Bráulio é um amigo para toda a vida, um humanista, um cidadão preocupado com o futuro do HOMEM. Obrigado Bráulio, pela tua vida, pela tua generosidade, pela tua entrega. És um exemplo para os mais novos"

Por Fidalgo de Freitas

Psiquiatra, Vice-Presidente da Direcção da SPESM:

«Já lá vão uns bons 25 anos, que, no então criado movimentos dos Centros de Saúde Mental, a partir de uma iniciativa do Duarte Osório, e em resposta às dificuldades de vária ordem que muitos de nós, imigrados do Porto, Lisboa e Coimbra, encontrávamos na praxis diária da nossa actividade, que nos cruzámos com o Bráulio.

Um colega mais velho, vindo dos lados de Setúbal, meio afrancesado, aparentemente bizarro nas ideias, que nos começou a falar com palavras e conceitos, que não faziam parte do léxico da nossa cuidada formação. Trabalho em Equipa, Trabalho na Comunidade, Psiquiatria de Sector, Articulação com os Médicos de Família, Psicoterapia Institucional, etc., eram para a grande maioria de nós, palavras e conceitos estranhos, os quais pacientemente descodificados, começaram a ser o suporte teórico de umas tantas coisas que já iamos fazendo, e permitiu o desenvolvimento de uma atitude diferente na praxis e consequentemente no planeamento do que passámos a fazer. Um modo de estar diferente, uma centralidade de cuidados diferente, não tanto na Instituição mas muito mais no doente, no seu meio, nos seus cuidadores, nos suportes da comunidade, numa perspectiva mais humanizadora.

Valeu a pena, para todos nós e principalmente para os que foram estando ao nosso cuidado, e como tal, tantos anos passados estamos gratos e felizes, pois que o tempo, o enquadramento legal e as novas propostas de mudança das políticas de Saúde Mental nos foram dando razão.

Este livro é sem dúvida mais uma etapa, de quem mantém o entusiasmo e a saudável teimosia em dar o seu contributo para uma Psiquiatria e Saúde Mental centrada no doente. Mais uma vez obrigado Bráulio".

Por João Redondo

Psiquiatra, Vogal, Direcção da SPESM:

"Foi no meu internato de Psiquiatria (década de 80) que tive oportunidade de conhecer o Dr. Bráulio de Almeida e Sousa. Desde o primeiro momento me chamou a atenção a sua mestria enquanto comunicador, associada a um diálogo instigante e provocador de reflexão, onde cada palavra tem um "peso" específico. A par do seu conhecimento e saber, percebi desde o primeiro momento, que estava perante um homem com sérias preocupações na construção de uma sociedade mais justa e solidária. Até aos dias de hoje as nossas vidas têm-se cruzado em vários contextos. Em cada encontro admiro no seu discurso e atitudes o permanente "rejuvenescimento" do afecto, do entusiasmo, da energia, do empenho, da disponibilidade para com o Outro. Ter assim alguém como amigo torna-nos, sem dúvida, melhores pessoas. Obrigado amigo Bráulio."

Agradecemos à Imprensa da Universidade de Coimbra — e em especial à sua Directora-Adjunta, Dr.ª Maria João Padez, com quem trabalhamos no dia-a-dia na edição de cada um dos livros — toda a colaboração dada.

A parceria com a Angelini Farmacêutica permitiu concretizar mais este projecto.

A todos estamos gratos.

A Direcção da Sociedade Portuguesa para o Estudo da Saúde Mental:

Presidente:
Duarte Osório (Psiquiatra)
Vice-Presidente:
J. Fidalgo Freitas (Psiquiatra)
Tesoureiro:
Palmira Bernardino (T.S.S. Social)
Secretário:
Helder Lourenço (Enfermeiro)
Vogais:
João Redondo (Psiquiatra);
Beatriz Pena (Pedopsiquiatra);
Mª dos Prazeres Francisco (Médica de Família).

"Que faço eu aqui, onde estou?"

Jean Oury

DEDICADO

Às minhas filhas

Aos que comigo partilharam o esforço de equipe do ex Dispensário e Centro de Saúde Mental de Setúbal de 1970 a 1992.

Aos doentes com quem aprendi.

Aos Mestres que transmitiram saber, experiência e exemplo que não esqueço.

Ao Estado Francês que através do Institut Français au Portugal nos facultou (1963) uma bolsa de estudo para estagiar nos serviços dos Professores Delay e Deniker, em Ste Anne (Paris), e, depois, o poder trabalhar como Interno no Hospital de Saint-Alban.

À Madame Arrieta, Yves Racine e Jean Ayme sem cuja confiança e apoio nunca viria a trabalhar em Saint-Alban.

Aos amigos franceses pela solidariedade e amizade que vem perdurando ao longo dos anos e que tanto ajudou a nossa equipa nos momentos mais difíceis do percurso de que aqui se dá notícia.

À memória de Tosquelles e de Hélène, sua esposa, pelo caloroso acolhimento que sempre dispensaram à minha filha Maria Teresa e a mim próprio durante a nossa estadia em St. Alban e depois...

A Jean Oury

AGRADECIMENTOS

Tudo o que dissemos e fizemos no decurso do nosso existir responsável, sendo fruto da radical e complexa singularidade de cada um, certo é que os itinerários e escolhas decorrem também do entrelaçado novelo de circunstâncias em que condições objectivas, relações interpessoais e os meandros do acaso vão possibilitando o "caminho que se vai fazendo". E é no fazer do percurso que acontecem e se entretecem os emaranhados das relações: umas efémeras outras menos efémeras. Mas há as que se enraízam e nos transformam por dentro... e estão obscuramente actuantes no decidir do dia a dia; no dar forma ao que se faz, gerando-se daí um persistente sentimento de reconhecimento associado á convicção de que, só pela marca desses encontros, solidários e generosos se vai fazendo o que se faz — seja isso o produzir e assumir dum texto.

O trabalho que aqui se trás a lume é fruto de uma convergência de conivências múltiplas sem as quais ele não teria acontecido — daí a minha sentida gratidão para com os que pessoalmente assumiram esta cumplicidade, solidariedade e esforço e entre os quais não posso deixar de mencionar:

- À Dr.ª Maria Luísa F. C. Magalhães cuja dedicação, ao longo de mais de três décadas, a levou ao cuidado e esforço de dactilografar, e, depois, processar e organizar tudo quanto tenho escrito ao longo deste tempo e que tem sido fruto tanto do nosso diálogo reflexivo sobre o trabalho comum como das suas oportunas e pertinentes críticas aos detalhes...

- Aos Doutores Jacques Tosquelles, Michel Minard e Pierre Delion, cuja amizade e solidariedade os levaram a convidar-me para os eventos científicos e de confraternização por eles organizados, sendo por esta participação que fui escrevendo a parte maior do que publicamente tenho comunicado. Acresce que alguns dos textos que nesses fóruns foram apresentados e que aqui figuram (os que estão em francês correcto) foram por eles linguisticamente corrigidos.

- À direcção da SPESM e à Imprensa da Universidade de Coimbra que se lembraram e prontificaram para editar estes textos em livro por os julgarem de actualidade e pertinência face ao "Plano de Acção para a Reestruturação e Desenvolvimento dos Serviços de Saúde Mental em Portugal – 2007-2016".

13

• E também seria ingrato se não manifestasse gratidão às minhas filhas Maria Teresa e Lurdes Gracinda pela ajuda no processar de alguns textos a que a versão bilingue obrigou.

PREFÁCIO

O livro *Psicoterapia Institucional Memória e actualidade*, em boa hora editado pela Imprensa da Universidade de Coimbra em parceria com a Sociedade Portuguesa para o Estudo da Saúde Mental, consolidando, num volume só, parte do precioso trabalho de reflexão, de análise e da inovadora acção de Bráulio de Almeida e Sousa, tão difícil, de outro modo, sobretudo para as gerações mais novas, de reencontrar e de rever por tão disperso no tempo e no espaço em que permanecia, vê agora a luz, numa altura que cremos crítica para a evolução dos serviços e sobretudo para a filosofia que deverá permear as novas estruturas dos Cuidados de Saúde Mental que se projectam para Portugal, como já há muito acontece por toda a Europa.

Bráulio de Almeida e Sousa, embora nunca se assuma como tal, pertence àquela geração que François Tosquelles caracterizava como a dos psiquiatras filósofos. Espécie, aliás, quase em extinção, substituída pela dos próceres irredutíveis do admirável mundo novo dos neurotransmissores que pensam, do alto da suas avançadas tecnologias, que podem comprimir o homem, a sua alma e as suas circunstâncias, a um formato de quatro gigabytes.

Conheci o autor no longínquo ano de 1972, quando, após a guerra do ultramar e de uma breve passagem pelo H. de Santa Maria, arribei ao H. Miguel Bombarda, no rasto de Eduardo Luís Cortesão que, naquele ano, e naquela Instituição, dera início ao 1.º Curso do Internato Médico. Desde logo fiquei a conhecer o Dr. Bráulio, como, por todos, era conhecido, e posso comprovar, como testemunha viva e autêntica, que "os fantasmas paranoides da intrusão estranha", a quem, por essa altura, o autor faz referência, existiam de facto, ressoando, quase palpáveis, por todos os cantos do vetusto Hospital. Nós, então jovens internos, éramos subliminarmente "aconselhados" pelos mais velhos (com as naturais excepções do Eduardo L. Cortesão, do Guilherme Ferreira e do João Azevedo e Silva) a mantermo-nos a distância segura daquele praticante de uma arte desconhecida, a psicoterapia institucional, arauto da psiquiatria de sector, então apenas a dar os primeiros e balbuciantes passos na organização hospitalar, e que, ainda por cima, exalava fumos ameaçadores de estrangeirado e de esquerdista. Conheci-o assim "de longe" mas não pude deixar de reflectir sobre tão inusitadas cautelas quando, bem cedo, me apercebi que o primeiro médico a chegar de manhã ao Serviço de Urgência, no propósito de visitar os doentes internados na noite anterior provenientes de Setúbal, era, precisamente o Dr. Bráulio, a quem, por vezes, acompanhava na sua matinal visita, eu, ainda ensonado e mal dormido, pelas oito da manhã, enquanto todos os seus críticos apenas despontavam ao portão algumas horas depois. Conheci-o contudo "mais por perto" aquando da realização do 1.º Encontro Nacional sobre o Ambulatório em Saúde Mental, por si organizado em Setúbal em 1979, de onde, com centenas de outros participantes, trouxe o ânimo, as ideias e os exemplos que, anos mais tarde, tentaria implementar no sector de Sintra do Hospital Miguel Bombarda, então já da minha responsabilidade.

Mas, na realidade, a minha admiração e o meu respeito intelectual pelo autor deste livro alargou-se subitamente a dimensões que já não brotavam simplesmente do cérebro mas sim do coração. E curiosamente foi num programa da O.M.S., o *CINDI-Portugal,* iniciado em 1987, sob a égide de diversos organismos entre os quais o Instituto Nacional de Cardiologia Preventiva cujo então presidente, o Prof. Fernando de Pádua, se constituíra na verdadeira locomotiva de todo o projecto, dirigido que se encontrava para a prevenção das doenças não transmissíveis, e cuja área de intervenção se alargava por todo o Distrito de Setúbal que à época, se encontrava atravessando grave crise económica e social, que me encontrei, de facto, muito próximo, num trabalho empenhado e enriquecedor, juntamente com o saudoso Prof. Henrique Rodrigues da Silva (à data Director dos Serviços de Saúde Mental) com o Bráulio de Almeida e Sousa. Na forja desse intenso labor pude então testemunhar a rara combinação e a preciosa liga que se forma quando, a um intelecto acutilante e a uma reflectida e profunda sabedoria, se junta, no cadinho quente da mistura, o generoso afecto que brota, incondicional, da sua pessoa.

Por certo que quem ler este livro, mesmo não conhecendo pessoalmente o seu autor, não deixará de se aperceber desta sua dimensão de entrega permanente, de paixão mesmo, investida na suavizante tentativa em compreender e minorar o sofrimento humano causado pela doença mental. Porventura não a encontrará tão explícita na primeira parte deste trabalho. Aqui têm de relevar, sobretudo, as circunstâncias históricas dos espaços e das gentes que souberam dar um rosto e um corpo à prática da psicoterapia institucional, no devir de um constante enriquecimento conceptual. Aqui, e também desta forma, o autor assume o insubstituível papel de timoneiro seguro, intimamente conhecedor, por experiência própria, das marés e dos diferentes horizontes por onde a viagem da reflexão e do pensamento se desenrolou.

Mas, igualmente por certo, não deixarão de sentir, aliada, como sempre, a um vasto conhecimento, esta dimensão afectiva no fluir dos subsequentes capítulos.

Para mim, no actual momento de esperança que se quer vir a reencontrar na busca de uma mais eficiente, próxima e humanizada cobertura e funcionamento dos serviços de saúde no nosso país, não posso deixar de sublinhar a importância de que se revestem as reflexões, aqui avançadas, sobre a função do "acolhimento" e do "cuidado" a prestar por parte de uma equipa de saúde mental. Para mim, também, embora arranque de uma compreensão mais "Winnicottiana" da realidade, que, bem ou mal, se encontra impressa numa parte da minha estrutura do pensar, a dita equipa, tal como o autor a apresenta por outros prismas e olhares, mormente do próprio, deverá funcionar como um autêntico "objecto transitivo", desta feita activo, pensante e atento, que permita ao doente encontrar, simultaneamente, a segurança de que necessita, bem como o conforto de uma razoável liberdade de manejo da distância que, a cada momento, lhe for essencial. Sem retaliações contra-transferênciais como se espera, de facto, por parte de um "objecto transitivo".

Mas como encontrar esse equilíbrio no funcionamento de uma equipa, com tantas superfícies de contacto quantas as disciplinas que dispõe, flexível e plástica, mas, ao mesmo tempo, pensante e reflectida e tolerante, frente às suas próprias tensões internas, mas também coesa e ordenada?

Para obter uma resposta a esta questão, que julgamos, tal como o autor, ser um assunto vital, sobretudo para prestadores de cuidados nesta área, torna-se imperativa uma redobrada atenção acerca das reflexões que, sobre esta matéria, nos são oferecidas neste trabalho. O elegante e original, mas não menos elaborado e poderoso constructo que aqui nos é delineado e proposto, qual seja "o da assunção em negativo do papel das hierarquias e das lideranças", essencial para o sucesso, torna-se num importante alerta contra determinados tipos de comportamentos e de protagonismos em relação aos quais, infelizmente, temos alguns exemplos a não imitar. Por outro lado, chegam até nós longínquos ecos, porventura erróneos, de que algo limitar, ou mesmo a liqui-dar, o tempo "gasto" nas ditas reuniões algo que, como sabemos, é outra das questões fundamentais para um trabalho que se pretende válido e eficaz. O insubstituível papel desempenhado pela "perlaboração", efectuada no seio duma equipa, que neste traba-lho se encontra em explanado e demonstrado, torna-se irreparável e mesmo tóxico se for desprezado ou destruído. Às vezes penso que o conceito sinónimo de "working through", dos anglo-saxónicos, não seria, porventura, uma mais feliz designação neste mundo actual de economistas omniscientes, dado que na língua inglesa permanece, com muito maior visibilidade esta noção de "work", cujo valor, sem preço, nunca foi contabilizado.

Por todas estas razões, mas não só, julgo que a pertinência do trabalho ora apre-sentado, merece uma privilegiada e intensa atenção por parte de qualquer leitor.

João Sennfelt

Psiquiatra

Foi Chefe de Serviço do Hospital Miguel Bombarda e Regente da Cadeira de Saúde Mental da Escola Nacional de Saúde Pública.

Actualmente é Membro da Coordenação para a Saúde Mental no Alto Comissariado da Saúde.

NOTA INTRODUTÓRIA
EM JEITO DE EXPLICAÇÃO E ADVERTÊNCIA

Há uns tempos atrás o Dr. João Redondo, da direcção da SPESM, sugeriu pôr na Net os conteúdos do conjunto dos *Anais Portugueses de Saúde Mental* (8 volumes) os quais, juntamente com os volumes dedicados a eventos específicos, haviam sido editados e publicados pela Sociedade. Com esse objectivo, decidiu proceder à digitalização de todo esse material. E, ao fazê-lo disse sentir-se surpreendido por ter achado notória actualidade em grande parte desse material, entendendo que o mesmo deveria ser difundido para "conhecimento dos mais novos" — assim dizia.

A SPESM, por razões várias, não pôde concretizar o objectivo dessa difusão "on--line". Mas como no referido material apareciam vários textos por mim subscritos, alguns deles relativos a intervenções feitas em França e em Reus (Catalunha), ele passou a insistir comigo para que republicasse tais textos em formato de livro, com a chancela da SPESM; e na sequência duma conversa que teve com o Professor Michel Balat da Universidade de Perpignan, achava que a publicação deveria ser bilingue.

O Dr. João Redondo foi insistindo, insistindo; e eu fui resistindo... Todavia, re-flectindo no assunto, e face ao Relatório e Proposta de Acção para a Reestruturação e Desenvolvimento dos Serviços de Saúde Mental – 2007-2016, adoptado como po-lítica a seguir pela Resolução do Conselho de Ministros n.º 49/2008 (24 de Janeiro), e, tendo em atenção os cuidados aos doentes psicóticos de evolução prolongada e a proposta de organização da Rede Nacional de Cuidados Continuados Integrados da Saúde Mental, que consta no plano, decidi-me a seleccionar e preparar para publica-ção neste formato, um conjunto de textos relativos à Psicoterapia Institucional: suas origens e respectivo contexto histórico, desenvolvimento, actualidade com método de trabalho em Psiquiatria.

Trata-se de uma colectânea de textos em grande parte apresentados em fóruns sobre temas diversos, embora todos eles relacionados com a referência da Psicotera-pia Institucional — daí a recorrência a repetições por certo enfadonhas, mas que se tornaram necessárias em função da dispersão temática, temporal e situacional em que foram comunicados; publicam-se, assim, "tal e qual", porque amputar e rearranjar seria descaracterizar e apagar a dimensão de "atmosfera" em que tais apresentações tiveram lugar.

O conjunto vai organizado em duas partes: a que tem a ver com as origens e di-fusão do movimento (1.ª parte) e a que se centra na metodologia do trabalho prático em quadro de Psiquiatria de Sector com incidência particular na respectiva vertente comunitária (2.ª parte). A finalizar e para exemplificar a importância da sócio-análise institucional no trabalho em psiquiatria, junta-se um texto elaborado a partir da análise de uma situação de sócio-patologia institucional, politico-administrativamente contextualizada — texto que foi objecto de comunicação nas XIII Journées de Psychothérapie Institutionnelle da Association Méditerranéenne de Psychothérapie Institutionnelle, Marselha (Novembro 1999).

Tem-se consciência de que se está a viver um período histórico de cultura "anhistórica"; nos domínios técnico-científicos, nomeadamente — e a Psiquiatria não tem escapado a esse processo. Todavia continuam a existir "rebeldes" que não se alheiam do interesse pelo conhecimento da evolução histórica dos Saberes das áreas profissionais que praticam e a eles se destina a primeira parte do livro; os que se sintam menos motivados por tal conhecimento poderão passar directamente à segunda parte, se acharem que vale a pena, obviamente.

PARTE I

PSICOTERAPIA INSTITUCIONAL: UM POUCO DE HISTÓRIA

INTRODUÇÃO

Hesitou-se em incluir nesta colectânea de textos um capítulo relativo ao contexto histórico, às origens e ao desenvolvimento do chamado "Movimento da Psicoterapia Institucional". E hesitou-se porque se vive um tempo de avassalador desinteresse pela História, desinteresse que parece conjugar-se com as políticas educacionais que a desqualificam em nome duma pretensa "inutilidade prática" — visão pragmatista e tecnicista que reduz a política educacional a uma política de produção, em massa, de programados e formatados executantes, dispensados (ou tornados incapazes) de pensar. E compreende-se uma tal política pois que, na verdade, a formação histórica *abre* os educandos e os seres pensantes à relativização e ao questionamento — ao pensar crítico não redutor, à perspectivação da complexidade em evolução.

E também se hesitou porque é corrente encontrar gente que, dando-se ares de saberem de que é que se está a falar, consideram a "Psicoterapia Institucional" como algo que surgiu nos asilos e hospitais psiquiátricos, que só neles teve a sua razão de existir, e que, portanto, com a "desinstitucionalização" e a redução da hospitalização aos "serviços de agudos", ela, a psicoterapia institucional, deixou de ter pertinência teórica e prática...

Pois bem, face a estas duas razões, o meu inconformismo reactivo, levou-me a não excluir desta publicação, este pedaço de material histórico. Mas esta decisão de não exclusão não reside apenas nesta razão reactiva face às estratégias e "cultura" da incultura — nomeadamente na área do conhecimento psiquiátrico que é o que aqui directamente nos interessa. Não: a razão maior, de aqui incluir os textos que integram este capítulo prende-se com a preocupação de mostrar que a origem, desenvolvimento e a actualidade da Psicoterapia Institucional decorreram e decorrem do trabalho clínico (no sentido da prática psicopatológica e de cuidados terapêuticos em co-acção) com os doentes psicóticos articulando esse trabalho clínico com a análise e intervenção sobre as condicionantes e situações concretas que possibilitam ou dificultam este mesmo trabalho — sublinhe-se, porém, que se fala aqui duma clínica do sujeito na sua historialidade e situação e numa psicopatologia referida à transferência e contra-transferência; portanto em radical contradição com a "psiquiatria" objectivante, standarizada e quantificadora.

Psicoterapia Institucional foi o nome de baptismo[1] dado por G. Daumézon e Ph. Köecklin a uma determinada metodologia de praticar e pensar a Psiquiatria.

---

[1] Em artigo publicado em 1952 nos Anais Portugueses de Psiquiatria.

23

A conceptualização desta metodologia foi-se elaborando através dum complexo processo dialéctico de diversificadas experiências de transformação das estruturas psiquiátricas e aconteceu em relação com determinado contexto histórico: o da Guerra Civil de Espanha e o da 2ª Guerra Mundial de que a primeira (a guerra civil de Espanha) foi o ensaio. E aconteceu em relação estreita com o processo de luta das forças democráticas contra a barbárie das forças nazi-fascistas: primeiro em Espanha; depois em França, no contexto da Resistência à ocupação alemã de Hitler. Na verdade, foram psiquiatras catalães e franceses participantes activos nessa luta de resistência democrática e libertadora que foram os pioneiros deste vasto movimento a que se veio chamar de " Movimento de Psicoterapia Institucional" — geração de pioneiros que alguns qualificam de geração de "psiquiatras pensantes".

Podemos situar o início deste movimento nos anos 35-36 quando o professor Mira y Lopes, catedrático de psiquiatria da Universidade de Barcelona e também director do Instituto Pere Mata de Reus (Catalunha) acolhe neste Instituto psiquiatras judeus, na sua maior parte psicanalistas, fugindo à perseguição e terror nazi da Europa Central. Ao tempo, no Instituto Pere Mata de Reus, trabalhava e estava em formação, o jovem psiquiatra Tosquellas (François Tosquelles após a sua naturalização francesa) que veio a tornar-se destacado quadro do exército republicano durante a guerra civil, e, depois, durante a luta da resistência francesa. Assim, no Instituto Pere Mata, ele participou activamente na implementação das estruturas e dispositivos da articulação e democratização da vida social dos doentes hospitalizados (através de uma adequada organização das actividades ergo e socioterapêuticas) e, apoiado pelos psicanalistas refugiados, dinamizou a prática da psicoterapia de referência analítica com os doentes internados. Ulteriormente, como responsável pelo serviço de psiquiatria e saúde mental do exército republicano e muito antes de Maxwel Jonnes, criou as "comunidades terapêuticas" nas frentes de combate e iniciou a prática da intervenção intra-comunitária de psiquiatria e saúde mental então baptizada de "psiquiatria comarcã". E foi como enriquecido portador destas experiências que, escapando ao mais que provável fuzilamento franquista e depois de ter passado pelo campo de refugiados de Septfonds (Toulouse) que, por solidariedade de colegas franceses[2], chegou a Saint-Alban (na Lozère – França). E é neste hospital, com o director Paul Balvet e Chaurand (depois, com Lucien Bonnafé) que se iniciam as experiências da transformação intra-muros e de intervenção comunitária — germens da futura conceptualização do que se veio a chamar de "Psiquiatria de Sector". Sobre o trabalho de Saint-Alban e seus efeitos de irradiação através da emergência de múltiplas e originais experiências que foram surgindo em função das respectivas histórias institucionais e dos homens que cognitiva e eticamente partilharam esse esforço por uma psiquiatria do humano e para os humanos[3], se fala no texto com que se abre este capítulo.

Como antes se disse, tem havido quem pense (e muitos continuam a pensar) que este movimento, o da Psicoterapia Institucional, aconteceu e tem tido a sua pertinência unicamente no intra-muros dos estabelecimentos psiquiátricos e que

---

[2] Dr. Chaurand, nomeadamente.

[3] Reconhecidos e a "restaurar" na sua dimensão subjectiva e social.

os conceitos operatórios elaborados a partir das respectivas práticas, apenas aí teriam justificação. Na verdade, assim não é. E talvez não seja demais recordar que os pioneiros e principais protagonistas do Movimento da Psicoterapia Institucional foram também os que conceberam e lutaram pela Psiquiatria de Sector — luta que culminou com a publicação da histórica circular ministerial de 15 de Março de 1960, a qual, como se sabe, consagra os princípios da articulação coerente de todas as estruturas psiquiátricas responsáveis por uma área geo-demográfica definida (valência de intervenção intra-comunitária, dos diversos equipamentos intermediários e da valência hospitalar) de modo a garantir o adequado uso das respectivas complementaridades em todo o processo terapêutico e reabilitador. E não é verdade que a teoria e metodologia da psicoterapia institucional sejam coisas obsoletas e do passado pois que as respectivas noções mantêm a sua validade na actualidade. Noções como a de potencial e efeitos patoplásticos das instituições e dispositivos de acolher e cuidar; a de " função acolhimento" elaborada a partir da antropofenomenologia, do trabalho de Escola de Lovaina sobre o vector *contacto*[4] e da conceptualização da função *alpha* de W. Bion; a de "transferência dissociada e multireferênciada"; a de "constelações da transferência/contra-transferência"; as de "equipe-grupo" e de reunião de equipes (e de inter–equipes) como instrumentos basilares do acolher e cuidar dos doentes psicóticos; a de "transversalidade da comunicação"; a da distinção entre "hierarquia estatutária" e "hierarquia (autonomia) subjectal" e respectivo coeficiente da articulação; a de "colectivo" elaborada por J. Oury; a de "tablatura de complementaridade" também por ele elaborada; a de "ambiência e atmosfera" de acolher e cuidar: todas elas têm a ver com conceitos de alcance teórico e metodológico de inestimável valor, qualquer que seja o setting de trabalho psiquiátrico — os textos que neste capítulo se incluem, nas suas referências multipolares e de evolução no tempo, disso dão testemunho; e das razões desta inclusão já atrás se disse. Sobre o valor prático do uso da metodologia inspirada por estes conceitos no trabalho de seguimento dos doentes psicóticos ao longo do tempo, e, em cooperação e complementaridade com as redes sanitária e social do "terreno comunitário", se falará na segunda parte desta publicação — e sobre as implicações das decisões do poder político-administrativo no possibilitar ou impossibilitar em tal trabalho, aí se falará também.

---

[4] A partir do trabalho de J. Schote sobre a conceptualização do "diagnóstico pulsional" de Szondi.

História e Actualidade

Iniciemos este texto, reproduzindo o parágrafo de J. Ayme, na Information Psychiatrique de 3 de Março de 1983:

> *A Psicoterapia Institucional não é, nunca foi, um movimento organizado.*
> *É um movimento caracterizado pela tentativa de elaboração de uma doutrina*
> *e por pôr em evidência um método que permite a articulação do facto psi-*
> *copatológico com a realidade institucional no caminhar dialéctico das suas*
> *transformações.*

É-nos impossível alinhar aqui todas as "efervescências" e todos os passos significativos deste movimento; os interessados, contudo, poderão ler com proveito, o capítulo: "História Crítica do Movimento da Psicoterapia Institucional nos Hospitais Psiquiátricos Franceses" in *Education et Psychothérapie Institutionnelle* – F. Tosquelles; Hiatus, Col. P. I. – 1984 (reed.); também, eventualmente, consultar a bibliografia indicada no fim. Não obstante, esforçar-nos-emos por recordar aqui alguns "passos" do percurso, espécie de referências maiores do movimento.

No seu trabalho sobre a história do movimento que acabámos de citar, F. Tosquelles, distingue dois tempos: um primeiro tempo de efervescência policêntrica que arranca (no contexto da Ocupação-Resistência-Libertação, da Guerra de 1939-1945) na sequência da Comunicação de Paul Balvet sobre a experiência de Saint-Alban ("Asile et Hôpital Psychiatrique, expérience d'un établissement rural") no Congresso dos Psiquiatras e

---

[5] Este texto (ainda revisto e substancialmente enriquecido por F. Tosquelles) foi escrito em 1985 e publicado no Vol. I (Ano 1) dos *Anais Portugueses de Saúde Mental*. Hesitámos, dado o tempo decorrido, se deveríamos verte-lo para português e inclui-lo nesta colectânea. Optámos por inclui-lo dada a singularidade do valor da "psicoterapia institucional" qualquer que seja o campo de trabalho psiquiátrico. A clivagem segregativa "agudos"/não agudos poderá levar a pensar que não há lugar para tal prática... Todavia consideramo-la de indubitável valor no trabalho psiquiátrico qualquer que seja o respectivo setting operatório – mais especificamente, se for por diante a implementação do programa de "Cuidados Continuados Integrados de Saúde Mental".

Neurologistas de Língua Francesa, 1942, Montpellier; período que, grosso modo, vai até aos anos 50. Foi um período que teve como campos de experiência: o Hospital de Saint-Alban (Paul Balvet, F. Tosquelles, Chaurant, L. Bonnafé) o de Fleury-les Aubrais (Serviço de G. Daumézon com o seu assistente Ph. Köechlin), o de Ville--Evrard (Sivadon, S. Folin, Ridoux, H. Chaigneau e outros) — refira-se ainda os de Le Guillant (VilleJuif), de Paul Bernard, de Henry Ey (Bonneval), de Ueberschlag (Lannemezan), de Belay (Mont-Perrin), etc.

Para melhor compreender o início do processo e o expandir destas "efervescências" torna-se necessário tomar em conta a riqueza dos intercâmbios cognitivos (e afectivos) dos animadores entre-si: nomeadamente, o do papel decisivo desempenhado pelo Grupo de Saint-Alban (F. Tosquelles, J. Oury, F. Fanon, Millon; ulteriormente, R. Gentis e Y. Racine). Necessário se torna, também, recordar alguns factos do contexto histórico. Desde logo, o contexto cultural catalão onde F. Tosquelles nasceu e se fez homem (Réus) e o ambiente de humanismo e de eclectismo de investigação animado por Mira y Lopez[6] em Barcelona e Réus; depois, o ascender do nazismo e do fascismo com o êxodo dos psiquiatras alemães e austríacos de origem judaica, muitos deles acolhidos por Mira y Lopez em Réus (Institut Père Mata) e Barcelona; depois e ainda, a Guerra Civil (internacionalizada) de Espanha à qual se seguiu a 2ª Guerra Mundial com a Ocupação, Resistência e Libertação da França. F. Tosquelles era jovem psiquiatra no Institut Père Mata de Réus aquando da chegada dos psiquiatras e psicanalistas refugiados sendo com um deles que faz a sua análise. Teve então lugar uma ocorrência que relata: foi uma intervenção esclarecedora de Werner Wolf no decurso de uma sessão de "controle" de uma psicanálise a cargo de Tosquelles no Instituto — a análise que antes decorria bem, começou a marcar passo (a saborosa história pode ser lida na página 214 da obra citada) e é então que Wolf, que estava a viver dentro do Instituto e observava o que se passava, deu a explicação do que se estava a passar com esse caso e generalizou, dizendo: "um estabelecimento (campo institucional) é um conjunto de elementos e de espaços articulados os quais não podem ser isolados sem ilusão enganadora o mesmo se passando com os indivíduos que aí estão nestes mesmos espaços — não ter isto em conta conduz a não compreender nada do que se passa".

A ascensão do nazismo e do fascismo e a evolução da guerra em Espanha sacudiu fortemente grande parte da "inteligentzia" francesa, psiquiatras também, sobretudo os mais jovens; nomeadamente os da chamada geração do Internato de 1936 (L. Bonnafé, Henry Ey, P.Sivadon, G. Daumézon, Le Guillant e outros). Muitos deles, como Tosquelles aliás, liam então atentamente Marx-Engels-Lenine e a obra do jovem Politzer (assassinado durante a Ocupação) — especificamente: a epistemologia duma Psicologia Concreta em oposição à Psicologia Idealista reinante. Na mesma época, Moreno, refugiado nos Estados Unidos, prosseguia nas suas experiências de grupo e de "análise sociométrica".

Em Espanha, durante a Guerra Civil, F. Tosquelles, psiquiatra e psicanalista, militante de esquerda e marxista, depressa se comprometeu no exército da república desenvolvendo neste contexto uma intensa actividade psiquiátrica — na frente de Ara-

---

[6] Então catedrático de Psiquiatria da Faculdade de Medicina de Barcelona.

gão antes de 38 e, depois, como chefe dos serviços psiquiátricos do exército, na frente Sul, onde organiza "Os Serviços Móveis de Sector" e cria a Comunidade Terapêutica de Almodovar del Campo. Logo que pôde escapar à ratoeira franquista e chegou a França (1 de Setembro de 1939), foi "internado" no campo de concentração de Sept Fons, próximo de Toulouse — foi a resposta do Governo francês de então ao êxodo dos que fugiam à barbárie franquista. Estas circunstâncias foram para ele a ocasião de instaurar um "serviço de psiquiatria" no próprio campo — é a propósito que costumava dizer: "pode-se fazer uma psiquiatria válida, não importa aonde, sob a condição de saber um pouco em que é que isso consiste". Em Janeiro de 1940, por efeito de conhecimentos, de iniciativas e convites de colegas e amigos franceses sai do campo e é acolhido no Hospital de Saint-Alban, na Lozère, então dirigido por Paul Balvet. É a este "campo operatório" que chegarão, após a "debandada de 40", por razões de refúgio e necessidades organizativas da Resistência, certo número de intelectuais, de médicos e homens de letras; entre eles, L.Bonnafé e Paul Eluard — aliás, são historicamente conhecidas as relações do Hospital Saint-Alban com o "maquis" da Resistência.

Trata-se portanto de acontecimentos e condições excepcionais graças às quais foi possível conceber e implementar um dispositivo psiquiátrico no qual a experiência de Tosquelles podia operar e demonstrar-se operatória — foi a projecção e difusão desta experiência que viria a fazer "tache d'huile", sobretudo a seguir à Guerra.

Ditas que foram estas notas julgadas necessárias, retomemos então a questão do "movimento de efervescência". Tudo começou, como se vem dizendo pela experiência de Tosquelles, Chaurand e Balvet dos anos 40-41 a qual constituiu o suporte da já referida comunicação de P. Balvet no Congresso de Montpellier em 1942. Foi a mensagem contida nesta comunicação, em pleno contexto de Ocupação e Resistência, que foi entendida por grande parte dos ex-Internos de St. Anne (geração de 1936), G. Daumézon, nomeadamente. E é na sua referência que vão convergir os esforços pessoais desses pioneiros. Entre estes, as contribuições práticas e teóricas de Daumézon (recorde-se a sua experiência de Fleury-les-Aubrais[7]) foram muitas vezes das mais activas e eficazes. No movimento emergente falava-se em estruturar os serviços hospitalares "por dentro"[8] de modo a permitir "uma clínica de actividades" (Daumézon), ou possibilitar "a organização terapêutica da vida social no hospital como na psicoterapia de grupo" (P. Bernard) — aliás, nesta época, quase todos os promotores do movimento apelavam à noção de grupo terapêutico. Todavia, insistiam sobre o aspecto concreto comprometido em actividades práticas destes grupos[9] — muito provavelmente em oposição ao que chamavam de "grupos imaginários artificiais" anglo-saxónicos então em grande discussão. P. Bernard, por seu lado, insistia particularmente sobre os "grupos

---

[7] Hospital visitado por Sobral Cid e que elogiosamente o aponta como referência (v. Obras Completas, 2º Vol. Ed. Gulbenkian).

[8] Recorde-se que ao tempo a assistência psiquiátrica era quase exclusivamente hospitalar; nos hospitais-asilos.

[9] Notoriamente, em eco da inspiração marxista e da "Psicologia Concreta" de Politzer.

recreativos, tão importantes como os primeiros" (os de actividades práticas); Dublineau referia-se com ênfase às experiências das "instituições reeducativas para crianças". E surgiu desde logo, nessa altura, pela boca de Daumézon, a clivagem entre o que se poderia chamar uma atitude médica de orientação educativa e ética de inspiração culturalista e, por outro lado, uma atitude médica orientada por noções analíticas e sociodinâmicas, valorizando a espontaneidade e criatividade dos grupos. Mais tarde, na École de Santé Publique, dirigindo-se aos psiquiatras, diria ainda Daumézon: "Quanto à parte mais especificamente psicoterápica ou simplesmente psicológica da nossa profissão convém anexar à velha clínica — e, se fosse perfeitamente sincero, diria sem dúvida, substitui-la —uma clínica de actividades". Não se trataria de pesquisar os sintomas de alienação, mas tratar-se-ia de estudar de modo dinâmico o decorrer dos comportamentos (tendo eles próprios um dinamismo curador) — "em primeiro lugar, o comportamento dos sujeitos confiados aos nossos cuidados". Não se trataria de desviar e estancar artificialmente — pela cultura duma adaptação normativa ideal — "a fonte" (pulsão) do dinamismo dos comportamentos individuais e colectivos. Os grupos terapêuticos (dizia-se na época), à excepção das actividades teatrais, devem ser "a própria vida e não, tornarem-se grupos duma vida artificial, aparentemente imposta" (P. Bernard).

Sivadon insistia (logo desde o início) sobre a "neutralidade afectiva" do médico ou do monitor do grupo e sobre a baixa densidade e a constância indispensável destes grupos terapêuticos. Para ele, a "neutralidade afectiva" não era contraditória com a necessidade objectiva de uma "organização", à priori dos grupos. Esta mesma ideia de organização dos grupos encontra-se também em P. Bernard quando ele propõe "planos de vida" e uma "sucessão de programas" a oferecer aos doentes (verdadeiro "regime" de participação em diversos grupos) — o que evoca os programas de estilo Klapmann e colaboradores. Assim, qualquer que seja a actividade do grupo, mesmo os centrados sobre o trabalho, inserir-se-à no referido plano geral. Para ele, aliás, de acordo com o que a prática dos grupos experimentais nos ensinou, a tarefa do grupo, por mais con-creta que seja, não é, em si, o verdadeiro objectivo do grupo — o objectivo é o criar uma "comunidade", nela participar, e nela encontrar o seu lugar; breve: "encontrar, conjuntamente, o sentido social" (Bernard); o que não quer dizer que o que concre-tamente se faz no grupo não seja indispensável à evolução do próprio grupo.

Mantendo-nos ainda na experiência de P. Bernard a qual coincidia, em muitos pontos, com a de Tosquelles em Saint-Alban: não se trata de "reeducação por intros-pecção" como nos "groups therapy" pois que não se poderia confiar a "cura" a uma tarefa reeducativa que seria consecutiva ao "facto de se conhecer a si próprio" pela acção concomitante de um reconhecimento intelectual de cada um dos parceiros do grupo; parecia preferível "fazer viver aos doentes o programa terapêutico, tornando-o consciente ao próprio grupo". Torna-se pois necessário "fazer viver aos doentes de modo ordenado e em pequenos grupos diferentes, a realização de uma verdadeira pluralidade de géneros de actividades". A actividade ergoterapêutica adquiria assim e deste modo o seu sentido e o seu valor de "figura", da sua participação no "fundo" constituído pelo conjunto das actividades do campo institucional; mesmo se, como Sivadon se esforça, tentamos diferenciar as características das equipas de trabalho e as da matéria a trabalhar, de modo a que estes aspectos das actividades se ajustem à dinâmica própria da evolução do doente. Ultrapassa-se assim a simples classificação das capacidades de trabalho concebida como uma possibilidade estática definida pelas categorias da semiologia e da nosografia clássicas com foi o caso de H. Simon e também, em Portugal, o caso de Barahona Fernandes, no Hospital Júlio de Matos.

Por outro lado, enquanto Barahona Fernandes e Seabra Dinis[10] escreviam que os doentes não deveriam receber nenhuma remuneração ("porque trabalhavam para se curar"), Tosquelles, Bonnafé e Chaurant esforçavam-se por mostrar que os doentes, através do trabalho, não só tinham a possibilidade de investir no interior do grupo e nos materiais a trabalhar como algo de eles próprios, mas que o objecto fabricado, pela sua significação social, abria o grupo ao exterior — assim se tecendo relações cada vez mais complexas que contribuem para a "gestalt do mundo e do ego" (Sivadon). Era por esta razão que eles insistiam sobre a utilização terapêutica do rendimento e sobretudo da remuneração. Pelo acento posto sobre a remuneração e os problemas criados pela manipulação do dinheiro e sobre as relações vividas pelos doentes nos diversos grupos, se concretizariam assim os "programas de vida" de P. Bernard e Daumézon. Todavia, deve-se dizer, o desenvolvimento teórico-prático desta comunicação (numa sessão da Société Medico-Psychologique) só se viria a concretizar bastantes anos mais tarde com os estudos de Colmin, J. Ayme e Y. Racine (v. bibliografia).

E era por esta razão do uso do dinheiro como meio de intercâmbios no campo social total que Bonnafé, Chaurant e Tosquelles, na comunicação citada, davam conhecimento da prática sante-albanesa que utilizava a "Société d'Hygiène Mentale du Centre" (instituição de solidariedade social de fins não lucrativos[11]) para coordenar e assegurar a responsabilidade jurídica de "toda a vida económica e financeira das cooperativas de trabalho (organização da ergoterapia) e do conjunto da vida social dos doentes do hospital". A função terapêutica da remuneração e do uso do dinheiro pelos doentes só muito mais tarde viria a ser reconhecida oficialmente pela circular de fevereiro de 1958 mas, (como em Portugal) muito poucos psiquiatras conseguiram apreender o alcance terapêutico do uso e gestão do dinheiro pelos doentes, os quais, deste modo, tinham, a possibilidade de se "inscrever nos circuitos de intercâmbios totais".

No quadro da referência às "efervescências" desta primeira década torna-se ainda necessário sublinhar a importância então dada a dois tipos de actividades: "os círculos de doentes ou clubes e as actividades teatrais". Sivadon e P. Bernard, instruídos pelas antigas tradições da psiquiatria francesa, tinham (independentemente da experiência de Saint-Alban) descrito, em 1947, a sua prática dos "círculos de doentes" entre o conjunto de actividades de grupo implementadas nos seus serviços; e Sivadon constatava, desde logo, a necessidade de reservar, no hospital, um sector no qual a organização das actividades fosse confiada aos próprios doentes. P. Bernard, por seu turno, constatava que para além da utilização dos grupos de discussão do "círculo" necessários à organização e ao desenvolvimento das actividades recreativas e das tarefas que lhe eram confiadas, a existência do próprio "círculo" induzia uma benéfica influência sobre o conjunto dos doentes hospitalizados — mesmo sobre os que não

---

[10] "La Thérapeutique Occupationnelle en Psychiatrie" – Hermann & cia – ed. Paris, 1954.

[11] Equivalente das nossas IPSS.

tomavam parte nestas actividades. Contudo, também foi bastantes anos mais tarde, que o alcance teórico e prático dos "círculos de doentes ou dos clubes terapêuticos" foi posto bem em evidência com os trabalhos de Millon, Teulier et Frageot, Gentis e, sobretudo, os de Oury e Ayme.

Também mais próximo das preocupações e das actividades do "Grupo de estudos franceses de sociometria" (Ancelin Suchtenberger e F. Tosquelles), encontram-se os trabalhos de Sivadon e de P. Bernard, tal como as actividades de Saint-Alban, e desde o início da "prática de transformação dos hospitais psiquiátricos", a implementação e uso das técnicas teatrais de referência moreniana. Todavia, Bernard pensava que os jogos de expressão dramática e as técnicas de Jacques Copeau eram talvez mais eficazes que os de Moreno — isto, pelo conhecimento que tinha da prática tradicional das actividades dramáticas scout e dos cenários improvisados dos grupos ambulantes da "comedia del arte", conduzia-o (Bernard) a pôr o acento tanto sobre a espontaneidade da expressão como na necessidade de promover o "jogo dramático" nos recintos dos serviços e até nas própria enfermarias. Para P. Bernard, esta técnica tem ainda outra finalidade bem precisa: a de fazer "vivenciar concretamente as relações" (recorde-se uma vez mais a referência a Politzer) que existem entre os diversos grupos e sectores do hospital dado o que se sabe sobre a escotomização destas relações: seja pela posição de retraimento social dos doentes, seja pela organização "cloisonnée" e "quartierisée" dos hospitais — a revelação e o reconhecimento destas relações desempenharia um duplo papel terapêutico simultâneo: ao nível de cada doente e ao nível do campo institucional. Em Saint-Alban, Tosquelles praticava regularmente a "sessão teatral" perante numeroso público que se reunia na "sala comum" (clube) e fazia-o no quadro das referências morenianas, elaborando — com apelo e contribuição dos espectadores transformados em actores — pouco a pouco, perante toda a gente e "sur place", o tema da representação. Também houve recurso, noutras instituições, ao uso de diversas técnicas de inspiração moreniana como aconteceu nos serviços de Ville-Évrard, com P. Sivadon, S. Follin, Ridoux, H. Chaigneau, Angelergues, Oulés, Köecklin, Joueux e colaboradores, etc.[12]

Este clima de investigação e de experiências conduziu à "reunião de estudos sobre o psicodrama" no Hospital Henri-Rousselle (1949) na qual foram colocados os respectivos problemas centrais; a saber: delimitação das indicações do psicodrama e, sobretudo, a questão dos seus fundamentos e das suas finalidades.

Vê-se assim como desde o início deste movimento de transformação, "o psicodrama procura o seu lugar" a dentro do conjunto das práticas de terapêutica colectiva ou de terapêutica de grupo nos hospitais psiquiátricos — ainda em 1966, no Congresso de Psicoterapia de Grupo e de Psicodrama, em Barcelona, Germaine Bonal, na sua intervenção, sublinhava o lugar e o valor do psicodrama na formação profissional do pessoal cuidador.

Falemos agora da consciência que desde o início tiveram os principais actores do movimento (G. Daumézon, P. Bernard, P. Sivadon, L. Bonnafé, P. Balvet, F. Tosquelles) relativamente à indispensável evolução das responsabilidades e tarefas a confiar ao

---

[12] Teses de Ridoux, 1950 e de Scheer – Lyon, 1951.

"pessoal auxiliar". Desta consciência e dos esforços que dela brotaram veio a resultar a instituição legal do diploma de enfermagem psiquiátrica (e criação das respectivas escolas) e a criação por Daumézon e Mme Le Guillant-Le Hénaf dos "estágios dos CEMEA"[13] nos quais, durante décadas, grande número de enfermeiros/as beneficiaram de uma organização de formação profissional permanente particularmente viva.

Também desde essa época, que os médicos mais comprometidos nesta "revolução psiquiátrica" se aperceberam e constataram pela sua própria praxis, que não bastava "exigir" um pessoal cuidador de nível cultural mais elevado — necessário e indispensável se tornava também, trabalhar com ele em "situação de grupo", no qual as relações de alinhamento hierárquico se transformassem. Nasceram assim, sob diversas formas, as "reuniões de pessoal" (S. Follin, L. Bonnafé), as "reuniões de pavilhão" (G. Daumézon), as "comissões técnicas de serviço" (Belay), as "reuniões de equipa" (P. Balvet), etc.

Ainda antes de terminar a primeira parte deste texto convém recordar dois factos concretos relacionados com o "caminhar" do movimento: o Primeiro Congresso Internacional de Psiquiatria (Paris, 1950) graças à enorme actividade de Henry Ey em cujas publicações do Congresso (n.º 3 e n.º 7) são relatados por Tosquelles factos concretos sobre a "organização material do hospital e a sua finalidade terapêutica" e "psicoterapia de grupo no hospital psiquiátrico"; por outro lado, por iniciativa de Pierre Doussinet, a criação em Clermont-Ferrand (1947) da primeira Sociedade Regional de Croix Marine a qual desempenhou desde o início um grande papel na propagação e implementação de certo número de dispositivos de "terapêutica institucional"[14] e de dinamização de criação de outras sociedades de estrutura e finalidade idênticas, conjunto das quais conduziu à bem conhecida Fédération des Sociétés de Croix Marine cujas iniciativas e vida podem ser seguidas lendo a sucessão dos números da sua *Revue Pratique de Psychologie de la Vie Sociale et Hygiène Mentale*.

Depois desta década (40-50) de élan criativo seguiu-se, contrastando com o abandono do movimento por alguns, o aprofundamento da reflexão crítica e teórica por outros — sempre articulada com a praxis e a prática. Falar-se-á disso no seguimento do texto. Foram vários os factores que determinaram esta espécie de "dissociação" do primeiro grupo dinamizador do movimento; muitos deles, por interferências de cariz dogmático e autoritário de fonte exterior ao campo psiquiátrico. Muitas racionalizações, com recurso a referências ideológicas, jogaram nestas críticas e nestes abandonos; sublinhem-se o suposto uso que os americanos teriam feito das concepções da psicoterapia de grupo na manipulação do pessoal das empresas industriais; de igual modo se deve recordar a fascinação redutora das teorias pavlovianas; mas o que sobretudo

---

[13] Eram estágios de convivência e de técnicas activas de formação global onde se reunia adequado número de participantes vindos de toda a França e que tinham lugar, durante uma semana, geralmente em instalações de Sociedades Culturais e Recreativas.

[14] Intra e extra-hospitalares. Estas sociedades, criadas no âmbito da Lei 1901, francesa (equivalente da nossa legislação sobre IPSS) têm um estatuto de flexibilidade que possibilitou a criatividade concretizada em ricas e diversificadas experiências de criação de equipamentos intermediários: extra-hospitalares e intracomunitários, nomeadamente.

terá jogado, terão sido os efeitos resultantes das mudanças e deslocações dos principais protagonistas para outros serviços e hospitais onde as condições concretas de trabalho não poderiam ser as mesmas.

As críticas mais influentes foram feitas por Le Guillant no Simpósio de Boneval[15] em 1951 e por Bonnafé em 1955 e que foram publicadas nos números 7 e 8 da Raison. Felizmente isto (a reflexão crítica) mantém a sua pertinência dadas que são as actuais condições da prática psiquiátrica onde "intervenção extra-hospitalar "e "intra-comunitária" se tornaram generalizadamente dominantes mas, a meu ver, insuficientemente discutidas e questionadas.

Regressemos porém aos anos 50 para citar o trabalho de Daumézon e Köechlin publicado nos *Anais Portugueses de Psiquiatria* (Dezembro de 1952) no qual tentam resumir o que, pela primeira vez, eles chamam a "psicoterapia institucional francesa contemporânea".

Daumézon resume nesse texto (escrito antes da mudança de Fleury-les Aubrais[16] para Paris) a sua experiência e pensamento. Começa por recordar o seu texto de 1947 publicado na Évolution Psychiatrique no qual resumia a doutrina geral do movimento e onde concebia o hospital como um microcosmo, o qual, para se tornar terapêutico, deve permitir e facilitar ao doente o "investimento dos seus conflitos". A todos os níveis das actividades oferecidas aos doentes eles devem encontrar "ocasiões privilegiadas de identificação e de transferência" — para isso necessário se torna diversificar os aspectos do serviço e os tipos de relação originados nas actividades". O hospital deve multiplicar ao máximo as organizações e as estruturas (somos nós que sublinhamos a palavra estrutura); e é a partir destes investimentos que o psiquiatra poderá obter a resolução dos conflitos dos doentes. Ele terá que os assumir em si próprio, superando-a, a laceração fundamental da sociedade "a qual foi um dos factores determinantes da alienação" — que por si mesma significa uma tentativa de solução dos conflitos pessoais – . O médico poderá superar esta contradição vivendo-a ele próprio no hospital e "fazendo-a também viver aos colaboradores e doentes".

É com vista a pôr em prática uma tal terapêutica institucional que Daumézon procede à análise sociológica do hospital — afim de atingir a respectiva "estrutura essencial", diz ele. Analisa pois este microcosmo dividido "em castas rigorosamente estanques" embora ligadas entre si por relações "oficiais" de subordinação; a superestrutura de ritos que nele funciona; as hierarquias de aspiração autárquica, etc.

Ele dá-se conta que "será sempre impossível eliminar totalmente estas diversas estruturas"; mas a finalidade da psicoterapia colectiva deve consistir, essencialmente, em fazer brotar as actividades de grupo em consequência das quais a estrutura asilar ficará, de certo modo, posta entre parêntesis.

E é a propósito disto que Daumézon introduz a noção de "co-acção" (no seguimento de Moreno e Tosquelles) e a dos métodos activos de pedagogia — "o hospital sendo

---

[15] Boneval era o Serviço de Henry Ey e onde, por sua iniciativa tinham lugar as regulares Jornadas e Simpósios cujos trabalhos eram publicados na "Évolution Psychiatrique".

[16] Recorde-se que Fleury-les Aubrais foi o campo de experiência de Daumézon.

feito para curar, a respectiva tarefa e responsabilidade pertence tanto aos doentes como aos enfermeiros e ao médico". Ainda e a propósito, uma outra referência moreniana ao dizer: "este objectivo ultrapassa o quadro do tratamento individual — é preciso que todos tratem o hospital; até mesmo, os hospitais psiquiátricos em geral"...

Nestas tarefas irá jogar toda uma série de tensões entre os diversos membros do colectivo hospitalar a propósito das quais diz: "são estas tensões que convirá explicitar e esclarecer de modo a orientá-las para a resolução de acordo com os princípios antes expostos — donde a função pertinente das reuniões de pessoal".

Por estas considerações se vê bem que Daumézon trata da preparação do "campo" como condição para que a função terapêutica se possa expandir; mas, na sua perspectiva, a eficácia das primeiras acções de preparação do colectivo cuidador tem já, em si próprias, uma verdadeira acção terapêutica.

De seguida ele examina " o problema terapêutico individual" e estabelece um plano esquemático para cada doente assinalando nele três etapas no decorrer da cura:

- A abordagem: "a primeira etapa é a de integrar o doente no grupo, de o interessar, de o comprometer".

- Dar pleno valor social à actividade do doente: "as tarefas adquirem sentido num grupo determinado; as responsabilidades podendo assim ser assumidas".

- Período de resolução e de readaptação social.

Relativamente a esta questão, Daumézon sente a necessidade de precisar o seu pensamento e de se delimitar das técnicas psicanalíticas. Ao falar da segunda etapa assinala que nela as "perturbações se podem manifestar de maneira mais clara". Efectivamente, esta etapa de "pseudo-socialização" constitui o momento crucial para o doente e para o médico e Daumézon acredita, em oposição à técnica psicanalítica, que a tarefa psicoterapêutica dum médico se desenvolve na "actividade real e concreta do doente" e, "de modo nenhum, no mundo do fantasma". Mas para ele esta oposição não seria rigorosamente incisiva pois que no parágrafo seguinte ele aproxima o comportamento do médico (nesta etapa da terapêutica institucional) das "realizações simbólicas" de Mme Sechehaye[17]. Assinale-se que a sua concepção o conduz à conclusão seguinte que nós não subscreveríamos inteiramente: "em princípio tudo se deve passar no quadro dos grupos sociais de tal modo que nenhuma interpretação pessoal individual seja fornecida ao sujeito; mas somente interpretações colectivas; o médico, em particular, guardar--se-à de contactos directos com o doente". Concebe-se, diz ele, que dada a "realidade" muito concreta das actividades vivenciadas, "uma relação médico-doente demasiado estreita não permitiria as liquidações necessárias da transferência e constituiria uma realização patológica secundária eminentemente perigosa... E se uma transferência

---

[17] Vidé M.ª Sechehaye: «Introduction à une psychothérapie des schizophrènes» (Bibliothèque de Psychanalyse et de Psychologie Clinique – Presses Universitaires de France – 1954).

psicanalítica "clássica" se pode liquidar, é em parte porque ela aparece como caminho no imaginário, no fantasma... Aqui, pelo contrário, diz ele, as relações médico-doente, enfermeiro-doente, doente-doença, são relações reais e concretas e tomam um valor e solidez muito maiores. Reclamam sobretudo "realizações" mais globais". Se o médico não as soube canalizar estritamente no quadro das finalidades perseguidas em comum, nada permitirá dissolvê-las nem evitar os dramas que elas então postulam.

Há, sem dúvida, muito de verdadeiro nesta advertência relativa às dificuldades de liquidação da transferência; mas estas dificuldades permanecem também válidas relativamente às psicoterapias duais clássicas e, contrariamente ao que crê Daumézon, elas não são menos difíceis de liquidar pelo único facto da actividade concreta dos doentes e, eventualmente, do médico — são-no na medida em que o médico e o doente tenham feito a análise desta transferência. Notemos além disso que Daumézon, de passagem, formulou a regra muito importante: não dar aos doentes interpretações de caracter individual. Aliás, não nos parece que seja sem significação que no próprio seguimento desta formulação da teoria da prática institucional Daumézon nos venha dizer que "o instrumento essencial desta prática consistirá nas reuniões de diversos grupos, reuniões de pavilhões, reuniões de pessoal, reuniões de atelier, da comissão de jornal, etc... nas quais o médico desempenha o seu papel psicoterapêutico (é nosso o sublinhado). Queremos simplesmente dizer que apesar da aparente discordância que se apontou, Daumézon, como nós, pensa que as finalidades e os instrumentos médicos essenciais que se encontram ao nível da realidade hospitalar desenvolvida no plano da terapêutica institucional são na verdade diversos tipos de psicoterapia de grupo.

Não queremos terminar este resumo das opiniões de Daumézon sem sublinhar, de passagem, diversos pontos que ele assinala no decurso da exposição das "principais realizações" da psicoterapia institucional em França:

a) - O problema do espaço "vécu" vivido pelos doentes (e cuidadores) e a "orientação" terapêutica dos espaços. É um problema que foi particularmente estudado por F. Zoila, Gentis e Poncin e que Oury continuou a estudar desde então até aos dias de hoje — problema essencial no estudo estrutural da psicoterapia institucional seja no campo hospitalar ou fora; no intracomunitário do sector e com mais forte razão, na articulação complementar terapêutica de um e outro.

b) - Os problemas da remuneração do trabalho e da circulação do dinheiro". Poder-se-ão consultar sobre este assunto os trabalhos de Le Guillant que os perspectiva em termos de modelo cultural normal e de necessidade social concreta; por outro lado, no sentido da própria terapêutica institucional, necessário se torna recorrer aos trabalhos de J. Ayme, Colmin e Y. Racine — a mesa redonda organizada em Saint-Alban (1961) dedicada a esta questão proporcionou ainda esclarecimentos particularmente úteis (ver bibliografia).

c) - "A necessidade terapêutica de realizar as actividades sociais e o trabalho terapêutico fora (em autonomia) do quadro administrativo clássico..."

Um pouco por todo o lado, todos os protagonistas destas efervescências transformadoras de que falámos se viram confrontados com as dificuldades impostas pelo sistema e a rigidez da máquina administrativa pública. Rapidamente se aperceberam que era necessário criar estruturas que tornassem possíveis as trocas económicas, sociais e relacionais em sintonia com a socio-cultura originária dos doentes e, neste sentido, utilizá-las de modo terapêutico — o que a tutela globalmente sujeitante dos hospitais psiquiátricos não permitia. E isto conduziu à criação "pré-legal" (e por vezes ilegal) da algumas sociedades ou "amicales de malades" nos serviços de Sivadon e Le Guillant em Paris, de Ueberschlag em Lannmezan, de Perret em Toulouse, de Oulés em Vaucaire, de Belay em Mont-Perrin, de H. Ey em Bonneval e, por outro lado, ao afirmar da continuidade e perseverança do Clube Paul Balvet de Saint-Alban, inscrito no quadro da Lei 1901, equivalente da nossa Lei das IPSS. Finalmente, pela pressão das Sociedades de Croix Marine (sociedades privadas de fins não lucrativos regidas também pela Lei 1901 — de ajuda aos doentes e inferiorizados psíquicos) será enfim legalmente adoptada a criação das Comissões hospitalares destas Sociedades (de Croix Marine) por intermédio das quais era possível assegurar a autonomia terapêutica indispensável a estes projectos e, pela Federação, coordená-las no plano nacional.

Os "Clubes Terapêuticos" são assunto que deram e continuam a dar lugar a muita investigação e desta época de reflexão e conceptualização poderão ler-se o com proveito: relatórios das Assembleias de Croix Marine (de Tosquelles - 1954), de J. Ayme (1957), de Oury (1959); as teses de Azoulay (Universidade de Alger – 1964) de Teulié (Réflexions sur une institution psychothérapique: Club Paul Balvet de Saint-Alban – Toulouse, 1954), de Théallet (Bordeaux – 1955), de Segui (Notion d'ambiance psychothérapique à l'hôpital psychiatrique – Toulouse, 1955), de Ph. Rappart (Les Clubs sociotherapeutiques – Bordeaux, 1955) e ainda, os trabalhos de Sivadon, Follin e Tournan (Les Clubs sociotherapeutiques à l'hôpital psychiatrique – A.M.P. 1952) de Millon, Fargeot e Teulié – Club Paul Balvet de Saint-Alban; mais recentemente: de Bráulio de Sousa, (Clubes Terapêuticos: Clube Paul Balvet, 1965 – Arquivo do ex-Instituto de Assistência Psiquiátrica); do mesmo autor e colaboradores: "Clubes Terapêuticos, um conceito, uma experiência" – comunicação no Congresso Luso--Espanhol de Psiquiatria e Psicopatologia Social – Mérida, 1963 – in Arquivos do ex-Centro de Saúde Mental de Setúbal.

Por certo que nos tornámos pesados no resumir do trabalho de Daumézon e Köecklin de 1952; isso justifica-se porque resumiram nele os principais factos de experiência e nele colocaram problemas da maior pertinência. Por outro lado, esta reflexão de Daumézon situa-se num tempo onde muitos abandonaram o movimento por motivos diversos e que atrás citámos.

Todavia o movimento prosseguiu tanto em França como no estrangeiro; pelo menos nalguns dos seus aspectos. Assim, em quase nenhum serviço de psiquiatria se ignora a importância e a necessidade das reuniões de pessoal. Contudo, o investimento dos colectivos cuidadores na metodologia e nas práticas da psicoterapia institucional é muito variável de um serviço para outro. De qualquer modo, houve três caminhos entrecruzados que o movimento prosseguiu: o da formação do pessoal através dos estágios do CEMEA aos quais Daumézon continuou a dar o seu apoio até à sua morte (1976); a vivaz acção das Sociedades de Croix Marine sempre virada para as experiências e realizações práticas no campo da criação de equipamentos e dispositivos intermediários diversificados e flexíveis adaptados a necessidades concretas;[18] o esforço de investigação prática e teórica pertinaz desenvolvido a partir de Saint-Alban (até aos anos 80), da clínica de La Borde e do Clos du Nid (conglomerado de estruturas para crianças psicóticas gravíssimas então sob a direcção de Tosquelles). Para melhor compreender esta orientação e pertinácia convém sublinhar que Tosquelles, Fanon, Gentis, Racine e outros que ao tempo trabalhavam em Saint-Alban e também Oury e colaboradores de La Borde, trabalhavam em tempo completo nos estabelecimentos e neles habitavam — o que não deve ser considerado sem importância se se pretender apreender alguma coisa sobre o objecto do seu desejar profissional e compreender a pertinácia e fecundidade das investigações práticas e teóricas empreendidas.

Diga-se também que para além das iniciativas e acções práticas de todos os dias elaboradas a partir de uma análise permanente da fenomenologia e da estrutura dinâmica das relações institucionais, eles se debruçaram sobre problemas no limiar dos quais alguns pararam e outros fugiram servindo-se de racionalizações mais ou menos redutoras que, naturalmente, têm a ver com os caminhos aleatórios do desejar no campo sociológico e nas condições concretas de trabalho — problemática cujo esboço tinha sido claramente posto por Daumézon no artigo citado. Diga-se ainda que as delimitações metodológicas das questões a estudar e as reflexões teóricas induzidas pelas experiências, muitas vezes bastante diferentes, eram então elaboradas em reuniões regulares de fim de semana nas quais o subgrupo de Saint-Alban e o de La Borde, juntamente com Ayme, Torrubia, Rothberg e outros, participavam.

Vejamos um pouco, porventura, desordenadamente, alguns dos problemas levantados.

Problema da envolvência imediata (ambiente envolvente) do doente. É uma problemática sobre a qual Oury reflecte e escreve há mais de trinta anos.[19] Já na sua comunicação ao 2º Congresso Internacional de Psicoterapia de Grupo (1957) em Zurique, ele contribuía com reflexões cujo alcance teórico e prático nos levavam longe. Partindo duma constatação consensual sobre a "função estruturante do ambiente próximo na edificação do síndroma psiquiátrico (o que, necessariamente, conduz à exigência duma tomada de consciência técnica do meio em que os cuidados psiquiátricos se articulam)", ele aduzia: "isso permite desvendar progressivamente a articulação dialéctica da alienação mais transcendental da loucura, com a alienação social ... É assim que toda a psicoterapia (individual, de grupo ou mesmo no decurso de terapêuticas "biológicas") se poderá situar de modo coerente". E como diz Tosquelles referindo-se a este muito importante trabalho de Oury: "não é de modo nenhum nem a oposição absoluta nem a moldagem passiva, forçada ou aleatória, entre o meio psiquiátrico ou inter-relacional e loucura, que devemos ter em vista nas nossas análises e actuações; trata-se duma autêntica articulação na qual será possível delimitar a forma da acção

---

[18] Sublinha-se agora, ao traduzir, dada a actualidade que isso poderá ter na actual política de proposta de Cuidados Continuados Integrados de Saúde Mental.

[19] E continua nos dias em que tem lugar esta tradução.

médica e o lugar do médico e, ao mesmo tempo, definir os sistemas de forças actuantes e respectivas superfícies de aplicação". E Oury, na comunicação que estamos a citar, acrescenta: "o médico, por uma técnica sobre o meio, chega a conseguir esclarecer zonas da personalidade de cada um que de outro modo permaneceriam para sempre na sombra". De seguida ele precisa esta técnica dizendo que ela tende a criar sistemas de mediação (como os meniscos na articulação do joelho) medicamente controlados entre o conjunto do pessoal e o conjunto dos doentes (referia-se ao campo hospitalar). Este pôr em evidência da "dialéctica cuidadores-pacientes instaura uma ordem particular que subverte as antigas estruturas e dá a sua significação a todo o sistema de mediação que se pretende criar". Foi ainda no Congresso de Zurique e, no ano seguinte, no de Barcelona — e a isso voltou no Congresso de 1966 nesta cidade — que aborda a questão da análise do grupo dos cuidadores e que define como "um grupo heterogéneo onde se podem distinguir: os *nós* mais ou menos sólidos em relação com as constelações mais ou menos estáveis ou movediças". Desde logo e a este respeito, a função do médico é a de "constituir culturalmente este grupo heterogéneo de modo a que seja eficaz no sentido da desalienação e que se articule terapeuticamente com o grupo heterogéneo dos doentes". O que não se conseguirá por meio de "cursos ou fazendo relatórios, mas se poderá conseguir sobretudo praticando a aprendizagem de aproximação simpática ao Outro". Oury forneceu assim uma nova luz às reuniões dos cuidadores nas quais se podem analisar e fazer evoluir as "estruturas de forclusão que se criam na rede significante (que o meio constitui) e, também, os tipos de acting-out nefastos que se manifestam"; finalmente e sobretudo, ilumina-nos sobre o modo prático de transformar estes acting-out em acting-in tecnicamente utilizáveis. Tal como a propósito da topologia de forças que entram em jogo nos grupos terapêuticos, também é possível conceber a articulação do "significante-simbólico" com o "significante-imaginário" (que Lacan introduziu) sobre o plano quotidiano do acontecimento emergente na vida hospitalar — ou como diz Oury: "um acontecimento individual aparecerá então (neste paradigma de análise) articulado a uma cadeia de causalidade cujo entrecruzamento com outras cadeias constitui a trama da vida quotidiana". A rede do significado é a que é estabelecida pela instância imaginária das diferentes pessoas que constituem o grupo — é isto que é necessário estudar a fim de compreender os fenómenos de contágio histerisante e de repetição em espelho de certas situações constituindo isso o polo da alienação social mais próxima do indivíduo. A elaboração topológica desta rede pode conseguir-se através dum estudo compilativo das diversas situações e pode-nos fornecer as bases para uma estratégia psicoterapêutica do conjunto do grupo; e ainda: "poder-se-à intervir no meio de modo a destruturar cetras constelações patológicas que fatalmente se estruturam entre doentes e pessoal e que tendem a imobilizar-se e a bloquear todo o sistema de intercâmbios (cognitivos, afectivos, comportamentais) — portanto, bloqueio da função desalienante pretendida". É evidente que tais "constelações patológicas" não se estruturam fatal e exclusivamente entre doentes e pessoal. Gentis, no seu estudo sobre "Psychothérapie individuelle et phénomènes de groupe dans une institution hospitalière»[20] expõe os factos duma experiência concreta

---

[20] *Bulletin Technique du Personnel Soignant* – Hôpital de Saint-Alban, fasc. A.

por ele vivida no seu trabalho em Saint-Alban, estudo que evidencia a complexidade de efeitos tanto ao nível do que C. Poncin concebeu como "situemas" mas também ao nível das inter-relações de conjuntos e sub-conjuntos que interagem no campo institucional hospitalar. Na mesma linha de preocupações, Tosquelles, num trabalho em que nos dá a ver a extrema riqueza da sua experiência de clínico institucional e de grupo – *Bulletin Technique du Personnel Soignant,* Hôpital de Saint-Alban, fasc. B — dedica um capítulo inteiro aos "grupos espontâneos entre os doentes do serviço" reactivos às escolhas preferenciais dos médicos, matéria cujo âmbito de fenómenos se sobrepõem aos descritos por Oury num exemplo concreto por ele comunicado no Congresso de Barcelona e que dizia respeito aos efeitos da análise individual de um dos seus colaboradores sobre o campo institucional da Clínica de La Borde. No mesmo quadro de análise fenomenológica e institucional se situa a comunicação de Gentis sobre "Psychothérapies individuelles dans un service hospitalier"; o de Bartez, Bráulio de Sousa, Sadoul e Sim-Sim, sobre as "Incidences de la thérapeutique biologique dans la psychothérapie institutionnelle"; e também, o de Bráulio de Almeida e Sousa sobre "Recherche psychopharmacologique et champ de psychothérapie institutionnelle" relatados e discutidos no II Congresso Internacional de Psicodrama, Dinâmica de Grupos e Psicoterapia de Grupo, Barcelona, 1966.[21]

A estes factos de experiência ali comunicados, muitos outros se poderiam citar neste âmbito; como de H. Chaigneau: "Sur les inter-relations de malades psychotiques entre-eux, au cours de l'hospitalisation, et son utilisation dans une perspective sociothérapeutique". São trabalhos em que é descrita a respectiva complexidade fenomenológica, cujo "conhecimento aprofundado no campo institucional total e o seu dinamismo é indispensável em toda a terapêutica da instituição" (Tosquellles). E é ainda a propósito que Oury diz em Barcelona: "a análise sistemática de tais fenómenos — certas constelações patológicas que cristalizam e bloqueiam os sistemas de comunicação — necessitam de uma intervenção rápida e por vezes brutal" — o que não tem nada a ver com o "idealismo activo ou normativo de alguns, nem mesmo com as intervenções de alguns psicanalistas da Escola de Chicago; do mesmo modo, com a impaciência reactiva contrastante com a passividade classicamente proposta". As intervenções a que Oury se refere não são acting-in dum psiquiatra de estrutura manicóide face à depressão consecutiva à lentidão das transformações esperadas. E convém ver nelas, sobretudo, o ultrapassar das defesas contra-transferenciais na passividade imposta a si-próprio por alguns psiquiatras que têm medo de se comprometer, medo de tomar posição, até mesmo medo de não poderem controlar o seu desejo de dominação (Tosquelles).

É portanto "por uma intervenção activa no colectivo e pela própria instituição" que Oury procede à "destruturação destes tipos de constelações patológicas que são autênticos factos de resistência no sentido analítico da palavra; torna-se assim necessário saber decidir se a intervenção deve ser estritamente psicanalítica ou situacional — muitas vezes um simples conselho técnico, até mesmo uma intervenção sobre de-

---

[21] Vidé *Psychothérapie Institutionnelle,* n.º 5.

terminada pessoa pode resolver uma situação complexa quando esta pessoa constitui um ponto nodal de um vasto sistema ou rede".

Por estas transcrições um pouco longas pretendemos pôr em evidência o alcance teórico e prático do conceito de entourage tal como Tosquelles e Oury o consideravam e o consideram ainda.[22] Ao mesmo tempo tocou-se a questão das transformações e dos re-arranjos nas homeostasias da "entourage" (de valor terapêutico ou de efeitos patogénicos? — questão de ciência e de arte do psicoterapeuta) pela presença e pelo modo de intervenção do desejar do psiquiatra citando-se a propósito os trabalhos de Oury, Gentis e Bráulio de Sousa — e outros poderiam ser citados, entre os quais os do primeiro dia de trabalhos dedicado às "técnicas de activação das colectividades psiquiátricas" no Congresso de Barcelona de 1966 (*Revue de Psychothérapie Institutionnelle*, nº 5).

Aos animadores deste movimento de investigação, colocavam-se então, com mais peso, dois tipos de problemas de interferência recíproca: por um lado a investigação e utilização operatória de modelos de análise do campo institucional e da "entourage" que nele vive; pelo outro, os que surgem da reelaboração de *conceitos-ferramentas* na praxis psicoterapêutica de todos os dias.

Relativamente ao primeiro grupo de problemas e para todos os membros do Grupo, parece que se estabeleceu um certo acordo tácito em como o primeiro modelo marxista de análise das trocas era considerado indispensável — indispensável, mas não suficiente (os trabalhos de Tosquelles, Oury, Ayme e outros sobre os Clubes Terapêuticos e os de Y. Racine sobre "Os intercâmbios materiais e afectivos no trabalho terapêutico" e "Técnicas Institucionais: o banco dos doentes", mostram-no bastante bem). Com C. Poncin que trouxe com ele para Saint-Alban a sua formação de linguista-estruturalista, o Grupo sant-albanês (Tosquelles, Gentis, Racine, Poncin) tenta a utilização dos modelos de análise linguística na análise do campo institucional pondo em evidência a importância do conceito de "situema" — foi sobre este tema, aliás, que Poncin fez e apresentou a sua tese de doutoramneto em Medicina e publicou[23] o trabalho "Ensaio de aplicação dos modelos linguísticos na Terapêutica Institucional". Foi esta referêcia da Linguística Estrutural e, também, os trabalhos de Mauss e Lévy-Strauss que vieram a ser úteis a G. Michaud na elaboração da sua tese sobre: "A noção de instituição nas suas relações com a teoria moderna dos grupos" (1958). Tosquelles, por seu lado e a propósito de reeducação terapêutica, articulava com arte os conceitos de análise linguística e os de Lacan, no seu famoso livro: "Estrutura e Reeducação Terapêutica – aspectos práticos" (Ed.Universitaires, 1967).

Também Oury, por seu turno, nunca mais deixou de utilizar os conceitos elaborados pela Semiótica[24] e a Semântica Estrutural nos seus trabalhos de análise da "entourage". E nós mesmos, na investigação acima citada, tentámos a aplicação da Álgebra de Boolle

---

[22] Quando este artigo foi escrito Tosquelles estava ainda vivo.

[23] *Bulletin Technique du Personnel Soignant* – Fasc. B – 1961 – Hôpital Saint-Alban.

[24] Conjugada ulteriormente com a lógica semiótica de Charles Pierce.

na análise dialéctica do campo institucional articulando este modelo com o modelo de análise freudiana-lacaniana..

A outra vertente de investigação, como há pouco se disse, foi a elaboração, a escolha e a experiência prática do conceitos-ferramentas na clínica psicoterapêutica em campo institucional. Como sempre, foram Tosquelles e Oury que contribuiram com as achegas mais fecundas nesta elaboração; sem esquecer, porém, as de Racine e outros. É preciso dizer que esta elaboração foi tendo lugar, a partir de 1960, no quadro das actividades do G.T.P.S.I. (Grupo de Trabalho de Psicologia e de Sociologia Institucional) e, mais tarde, do Grupo de Psicoterapia Institucional, o qual, desde o início, partiu de claras opções psicanalíticas e socio-económicas (assim diz Oury). O Grupo debruçou-se durante mais de uma dezena de anos sobre temas tais como os de: "transferência e contra-transferência em psicoterapia institucional"; "o estabelecimento psiquiátrico como conjunto significante" (1961); "fantasmatização das reuniões dos terapeutas pelos doentes na instituição"; "fantasma e instituição" (1962); "falus e instituição" (1963); "conceito de produção no colectivo psiquiátrico" (1964); "noção de super-estrutura na instituição" (1965); "super-ego e instituição". "O aqui e agora e a noção de lugar em psicoterapia institucional" foi e continua a ser um tema constante na reflexão de Oury; o de "analisador" foi-o também para H. Torrubia; Tosquelles e Y. Racine debruçaram-se particularmente sobre a "maternagem terapêutica". Durante todo o tempo, e graças às contribuições de Oury, o Grupo tenta também a articulação dos conceitos e formulações de Lacan com a psicoterapia institucional; tais como: a distinção entre "simbólico", "real" e "imaginário"; os conceitos de "privação", de "frustração" e de "castração"; as suas formulações do conceito de inconsciente, do "A" e do "a"; as distinções entre "pedido-solicitação" e "desejar";... etc....

Neste texto é-nos impossível proceder a uma análise, mesmo muito sumária, de todo este trabalho de elaboração; os interessados, todavia, encontrarão no final uma bibliografia julgada útil e à qual poderão recorrer. Por agora (e é expressamente que só agora o fazemos) referir-nos-emos ao conceito de "instituição" tal como ele é concebido pelos investigadores deste movimento. Para o efeito parece-nos útil fazer referência à importante tese de G. Michaud sobre "La notion d'institution dans ses rapports avec la théorie moderne des groupes" (Université de Paris, 1958). Neste seu trabalho, G. Michaud, apoiando-se nos trabalhos de Durkheim, Mauss, Hauriou, Lévy Strauss e Gurvitch, e depois de fazer referência à maioria dos sociólogos americanos que "usam e abusam do termo de instituição com uma profusão e falta de clareza evidentes" e referindo-se também à identificação (muitas vezes inconsciente) "entre instituição e ordem", opondo assim a "sociologia da ordem à sociologia do progresso" tenta a reabilitação do conceito através de uma abordagem funcional na sequência de G. Deleuze definindo-a, a instituição, como "meio de assegurar uma função de comunicação conducente a um intercâmbio, como garantia da possibilidade permanente de um indivíduo se referir ao grupo na medida em que este o representa, como ele representa todos os outros membros com os quais se torna necessário comunicar por seu intermédio"; ou "a instituição é uma estrutura elaborada (sublinhado nosso) pela colectividade tendente a manter a sua existência e a assegurar o funcionamento dum intercâmbio social qualquer que seja a respectiva natureza". Sem esquecer porém que por vezes se "observa que a instituição não assegura o funcionamento do intercâmbio e até o bloqueia ... com efeito, o grupo quando cria uma instituição mostra-se no momento de acordo com ela; mas o grupo evolui, modifica-se, o seu pedir muda e assim, se um qualquer poder a isso se não opuser, ele pode modificar as suas instituições — de contrário elas correm o risco de deixar de assegurar a sua função e tornarem-se alienantes para o grupo, tanto mais que raramente ele disso tem consciência".

É assim que a autora analisa o Complexo de Édipo, a lei da exogamia, a lei das trocas e, na sequência, o meio institucionalizado da Clínica de La Borde e, mais particularmente, a articulação institucional do "Clube" desta Clínica. Na terceira parte do seu trabalho ela estuda o "pedir do grupo como fenómeno de cultura", a "noção de comunicação", os "planos de intercâmbio", a " mediação institucional". Com os factos de suporte que analisa ela tenta demonstrar que para que "a sociedade (o grupo) progrida necessário se torna que ela troque bens, técnicas, ideias" — a *instituição linguagem*, pela troca de palavras, permitirá instituir outros meios de troca, meios de assegurar a transmissão de bens, de técnicas, de ideias; ou "se se quiser analisar a estrutura duma sociedade ou de um grupo que tenha uma existência histórica, necessário se torna que se estudem as modalidades das trocas económicas, ideológicas, socio-sexuais". Tosquelles, no seu modo de pensar por imagens, ainda diz actualmente (1985): "para mim, uma instituição não tem que ser, fatalmente, um hospital psiquiátrico ou um serviço parecido — uma instituição é um espaço vivo, pelas trocas e encontros que se desenrolam com certa regularidade e sobre o mesmo terreno"; e continua: "para mim, o modelo de base, surgiu sobretudo com as feiras tradicionais das aldeias e vilas, com os seus contextos de festas, de motivações económicas, políticas e até sexuais; na verdade se se pretender tomar em consideração o papel destas instituições no desenvolvimento dos homens — e também em terapêutica — jamais se trata de um só e único sistema relacional; com efeito, há sempre convergência e divergência actuante de várias instituições; o homem participa de vários círculos e espaços de trocas ao mesmo tempo; assim, a própria Terapêutica Institucional, logo que se formulou e concretizou em Saint-Alban, num hospital psiquiátrico clássico — e fora do hospital — comportou a implementação de diversas instituições".

Assim, estes autores citados e Oury, sempre articularam o facto psicopatológico — na sua singularidade individual ou de grupo — com os processos e modalidades de bloqueio dos intercâmbios embora tomando em conta os conceitos de "pulsão", de "finalidade" e de "objecto do desejar", e, correlativamente, o de "frustração", de "privação" e de "castração" tal como Lacan os formulou (V. Lacan: La relation d'objet et les structures freudiennes, in *Bulletin de Psychologie,* 1955-1957). E foi assim eles preconizaram e criaram uma técnica e promoveram uma arte para fazer evoluir os bloqueios psicopatológicos dos intercâmbios entre os indivíduos e os grupos entre-si por intermédio das "mediações institucionais".

Dada a dimensão que já leva este texto julgamos que se torna agora necessário tentar centrar o que os investigadores deste movimento entendem por Psicoterapia Institucional, recusando-se, todavia, a defini-la... Diga-se desde já que apesar do facto histórico de a sua teoria a prática terem sido elaboradas em contexto hospitalar (em Saint-Alban, e, La Borde, sobretudo) ela não é de modo nenhum, uma técnica ou uma arte de converter um universo hospitalar psiquiátrico numa "cidade de Deus";

nem tampouco que o seu interesse e valor prático se circunscrevam ao intra-muros hospitalar como outros textos que aqui se agrupam claramente o demonstram.

Para dar uma ideia da respectiva noção e complexidade vejamos, transcrevendo, o que Tosquelles escrevia em 1966[25]:*"A psicoterapia institucional consiste essencialmente numa terapêutica de face a face. Quer seja ao ritmo das sessões ou das actividades previstas ou disponíveis ou ainda no face a face permanente, não obrigatoriamente forçado, do grupo de vida. Isto torna necessário um estilo da prática psicoterapêutica que arranca o terapeuta do gabinete médico, seu clássico lugar defensivo, assim como do sistema de conservas culturais que o mesmo encarna. O gabinete médico tem o papel de um lugar operatório entre muitos outros igualmente investidos das mesmas significações terapêuticas. O sentido terapêutico que elas podem dar ao discurso só é articulável numa perspectiva estruturalista da instituição no seu conjunto. ... O que é novo no "psychiatre baladeur" (H. Torrubia) da psicoterapia institucional é uma nova prática psicanalítica conjugada com uma análise estrutural do colectivo conseguida pelo próprio colectivo; única prática que permite que o discurso de uns e outros se entrecruze segundo as mesmas leis — aproximadamente, como as que se articulam no discurso analítico com os seus deslizamentos e efeitos de sentido, com os seus cortes, com os seus bloqueios, com os seus acting-out e os seus acting-in; única prática que permite que o psicoterapeuta escute[26] (ou melhor: entenda) com atenção flutuante semelhante à da poltrona; prática que lhe permitirá o fazer e dar interpretações ou de adequadamente intervir. Aliás, como Oury mostrou, as interpretações nem sempre são verbais e nem sempre ficam a cargo do próprio terapeuta"* — elas emergem do e no colectivo; a arte está no fazê-las entender.

Conseguimos assim fundar uma dupla articulação: por um lado torna-se indispensável proceder à implementação de um aparelho que torne possível a recolha de informações respeitantes ao conjunto da vida concreta do campo institucional, informações a respeito dos doentes — estas a serem ouvidas em atenção flutuante quando trazidas e evocadas nas reuniões do pessoal cuidador e não, a serem objecto de uma inquisição na qual e pela qual se tornaria impossível desvendar a contra-transferência. Além da questão das informações torna-se indispensável articular tecnicamente o comportamento interpretativo do psicoterapeuta. Ele não pode dizer não importa o quê. A este respeito — se a prática psicanalítica clássica é indispensável para, por um lado, se poder subtrair às ratoeiras da contra-transferência e por outro, jogar adequadamente com as interpretações de defesa e de transferência — devemos dizer desde já que o face a face "baladeur" nos conduz muitas vezes a intervenções simples que se situam muito propositadamente na linha das técnicas de Rogers .... Todavia, devemos aqui dizer, que a eficácia da interpretação nem sempre decorre do seu próprio conteúdo. O que se diz tem menos importância do que o lugar de onde se diz ... o que é importante é o poder falar e entabular o diálogo do lugar da transferência. É a uma tal detecção que a orelha do terapeuta se deve exercitar para aí se poder encontrar no bom momento e espontaneamente. Ora, acabamos de dizer que a transferência no campo institucional[27] não é um privilégio do médico. A transferência

---

[25] *Revue Pratique de Psychologie de la Vie Sociale et d'Hygiène Mentale* – n.os 3 e 4.

[26] Tosquelles usou, a propósito, a metáfora da polifonia.

[27] Ou em qualquer lugar das estruturas intermédias ou do ambulatório comunitário.

enlaça-se e joga-se na cena do grupo lábil — e não apenas por "transferências laterais". O que é lábil não é tanto a transferência dos psicóticos mas sim o próprio grupo sobre o qual ela se coloca. E quando dizemos "grupo lábil" não falamos unicamente de pessoas doentes ou cuidadores mas também de objectos e situações.[28] Isto explica que verdadeiras e úteis interpretações de transferência sejam de facto dadas aos doentes espontaneamente e, diga-se, nem sempre a propósito, de não importa que lugar e por não importa quem, de entre os "partenaires" do campo institucional. Isto conduz à conclusão de que não há nenhuma possibilidade de comprometimento numa autêntica psicoterapia institucional se não se dispõe de um aparelho de reuniões do pessoal cuidador e, também, de reuniões do pessoal com os doentes — reuniões que permitem fazer evoluir e, em certa medida, tornar inoperante, a contra-transferência que, frequentemente, joga em detrimento dos interesses profundos dos doentes".

Neste condensado e sempre em relação com a problemática do exercício da psicoterapia institucional, Tosquelles aborda ainda a questão da equipa, dizendo: *"A noção de equipa e a de instituição lançam-nos numa armadilha envolvida de louros e de hera trepadora. A do mito da totalidade; da boa Gestalt e que faz recordar a importância dos conceitos de "totalização destotalizante" e de "prático-inerte" expostos por Sartre na sua Critique de la Raison Dialectique."* Recorda também o conceito de "situema" de Poncin e diz: *"Na instituição terapêutica encontrar-se-à portanto a articulação dos "situemas", os quais constituem a cadeia de significante a qual, por sua vez, estrutura a cadeia da ordem simbólica. Trata-se de uma verdadeira dimensão do inconsciente do campo institucional[29] que, todavia, é necessário desvendar, conhecer e analisar para que disso nos possamos servir. Pessoal e doentes articulam-se assim com os seus situemas de acordo com as suas próprias estruturas imaginárias e de acordo com o seu Ego topologicamente situado no lugar das identificações narcísicas. Vão aparecer assim verdadeiros factos de fala; um verdadeiro discurso cuja leitura não nos será possível sem o conhecimento do crivo institucional próprio de cada campo institucional... é preciso não esquecer que o objectivo da psicoterapia institucional visa precisamente a ancoragem na ordem simbólica dos factos de fala que vagueiam à deriva na linguagem alienada do doente. Recusamo-nos portanto a fixar como verdadeiro fim da psicoterapia institucional uma qualquer frivolidade de adaptação social ... uma verdadeira psicoterapia sem se recusar em certos casos ao uso de um tal empreendimento alienante, adaptativo, deve, parece-nos, permitir ao sujeito em tratamento que ele se liberte por si-próprio em vez de se inumar no "miroir aux alouettes" dum ego imaginário omnipotente vivido por procuração".*

Estamos em 2008.

Situámos neste texto o contexto histórico e cultural em que tiveram lugar as "efervescências" de humanização e de investigação que conduziram à criação de um "meio terapêutico" adequado ao tratamento dos doentes mentais. Fez-se referência à diversi-

---

[28] Tosquelles esboça já aqui aquilo que ulteriormente, com Oury, conceptualizariam como "transferência multireferenciada" própria da dissociação psicótica.

[29] O mesmo se poderia dizer em relação à família ou comunidade de vida de este ou aquele doente.

dade de tais experiências e aos seus principais promotores deixando em filigrana o que se pode considerar como denominador comum do movimento. Mostrou-se também com se forjou o conceito de "terapêutica institucional"[30] e como pela persistência de alguns se chegou à "psicoterapia institucional".

Há muita gente a pensar que o uso massivo dos psicotrópos[31] nos estabelecimentos de hospitalização e no "ambulatório" dispensa e torna anacrónico que se fale de psicoterapia; e sabe-se como a pressão da indústria e do marketing farmacêutico empurram para uma tal degenerescência tanto epistemológica como da praxis.

Diz-se também que não há lugar para o exercício da psicoterapia institucional fora dos muros do hospital — e como eles estão a ser fechados... Diz-se ainda: "é preciso evitar a institucionalização porque custa caro ao Estado"; não há necessidade de Instituições porque até se podem tornar nocivas pois que "podem fixar o doente à mãe institucional demasiado boa". Existem também os que dizem que a psicoterapia institucional será sempre qualquer coisa de impossível porque não tem objecto específico nem conceitos próprios, nem técnicas específicas — defesas de cariz ideológico e de enviezamento neo-positivista; outros ?...

Para uns e para outros, acreditamos que uma leitura deste artigo e, eventualmente, da bibliografia inclusa (associada ao eventual desejo de a praticar, questão do desejo e do objecto do desejo do psiquiatra que Oury está semprea sublinhar) serão minimamente esclarecedoras.

Todavia julgamos dever actualizar um pouco, informando:

• Oury (e os que com ele trabalham) prossegue a sua investigação e a sua praxis em La Borde já lá vão mais de quarenta anos.

• Jacques Tosquellas e Antoine Viader pesquisam e praticam a psicoterapia institucional no Sector (Marselha) e organizam anualmente os Encontros da Associação Mediterrânea de Psicoterapia Institucional.

• Pierre Delion (e a sua equipa) investiga, pratica e escreve sobre a psicoterapia institucional em Sector infanto-juvenil e organiza de dois em dois anos os "Encontros de Angers"[32] (alternando com as Jornadas de Dax) — a sua vasta obra demonstra a essencial necessidade da metodologia da psicoterapia institucional para acolher e cuidar das angústias arcaicas da psicose e autismo infantil e, como por essa metodologia se torna possível a produção do holding (Winnicot) e da função *alfa* de Bion, (a que chama função fórica) básicas no acolher e transformar da transferência fragmentada e projectiva.

---

[30] Criação e uso de dispositivos e técnicas preventivas (e terapêuticas) da sociopatologia patogénica do meio em que o doente é tratado – cuidar da "assepsia" do meio operatório, dizia Tosquelles.

[31] O que pressupõe reduzir a Psiquiatria a uma "sinaptopatologia".

[32] Então director do inter-sector infanto-juvenil de La Sartre, próximo de Angers e, actualmente, professor de Psiquiatra infanto-juvenil na Universidade de Lille.

Com Michel Balat[33], Oury, Danielle Roulot e ele próprio, se vem também, desde há anos, enriquecendo a dimensão semiótica da psicoterapia institucional a partir duma releitura reflexiva da obra de Charles Pierce.

• António Labad Alquezar e José Garcia Ibañez e colaboradores continuam a prosseguir com a metodologia da psicoterapia institucional no seu trabalho de Sector na província de Tarragona (Catalunha) — sectores administrativamente vinculados ao Institut Pere Mata de Réus.

• Patrice Hortomeda e colaboradores prossegue em Toulouse, o seu difícil trabalho com crianças psicóticas, rigorosamente inspirado pela psicoterapia institucional e pelo ensino de Tosquelles numa área a que tão particularmente se dedicou.

• Dimitri Karavokiros (ex-interno de H. Chaigneau) em Laragne (Hautes-Alpes) prossegue também, com a sua equipa, o trabalho de Sector inspirado pelas referências da psicoterapia institucional e anima a organização regular das jornadas pluridisciplinares de formação — já vão na XXI.

A lista das equipas que se inspiram nos conceitos e na metodologia da psicoterapia institucional seria longa e, para alguns, porventura desnecessária. Todavia, quem se interessar por estas questões poderá consultar com proveito a obra dirigida por P. Delion: "Actualité de la Psychothérapie Institutionnelle" Ed. Matrice Pi – 1994, com colaboração de Torrubia, Amati, Ayme, Bráulio, Cavalcanti, Domont, Goldberg, Chafaï-Salhi, Chaigneau, Chemla, Delion, Denis, Buzoré, Dissez, Drogoul, Hoffmann, Labad, Vilella, Garcia-Ibañez, Le Roux, Minard, Castera, Oury, Phérivong, Rappard, Roth, Roulot, -Sans, Stip, J. Tosquellas, F. Tosquelles. E também, a revista "Institutions" na qual são publicadas as contribuições dos participantes nas Jornadas Anuais de Psicoterapia Institucional organizadas pelos animadores do movimento agrupados nas Associações Culturais dos cuidadores em psiquiatria (França); do mesmo modo as actas e textos das Jornadas de Dax, Angers, Marselha, Laragne e Saint-Alban.

---

[33] Matemático, professor de semiótica na Universidade de Perpignan (França) e psicanalista – particularmente notáveis são os seus trabalhos com equipas cuidadoras de "estados vegetativos".

ALGUMAS NOTAS SOBRE O CONTEXTO E A PRÁTICA DA PSICOTERAPIA INSTITUCIONAL EM PORTUGAL[34]

Recorde-se que o termo "psicoterapia institucional" surgiu pela primeira vez em 1952. Foi usado por Daumézon e Köechlin no artigo que a pedido de Seabra Dinis[35] eles publicaram nos *Anais Portugueses de Psiquiatria* — artigo em que relatam a experiência por eles desenvolvida no hospital de Fleury-les Aubrais — próximo de Orleans — e em que expõem as suas reflexões teóricas e metodológicas tendo por fundo tanto a sua experiência como toda a riqueza de confrontação de práticas e de ideias então em curso no vasto movimento de transformação da psiquiatria francesa.

Quarenta anos decorreram desde que foi publicado esse texto na única revista portuguesa de psiquiatria então existente e pode-se perguntar sobre os efeitos que terá tido no pensamento e na prática da psiquiatria portuguesa — não me parece exagerado dizer que terão sido nulos e que tudo se terá passado como se tal texto não tivesse sido lido por ninguém. Na verdade, o ambiente psiquiátrico de então não era, de modo nenhum, favorável à germinação: o ensino e formação da cadeira de Psiquiatria então instalada no novo Hospital de Júlio de Matos estavam particularmente interessadas e preocupadas com as práticas da leucotomia proposta por Egas Moniz de par com a introdução das recentes técnicas de tratamento biológico (Cura de Sakel e convulsivoterapia) sendo a cátedra de Psiquiatria da Faculdade de Medicina de Lisboa que detinha, na verdade, a hegemonia relativamente ao saber e formação psiquiátrica em Portugal.

Não existia nenhum psicanalista no país e falava-se de psicanálise como uma mistificação idealista, produto socio-cultural da "belle époque" vienense; da experiência de Herman Simon de que se falava e da ergoterapia que se praticava referenciavam-se, redutoramente, os aspectos ergofisiológicos da sua acção; os doentes eram observados, diagnosticados e tratados como indivíduos isolados portadores de perturbações que se anotavam no quadro da metodologia de K. Jaspers e da clínica médica somatológica

---

[34] Texto escrito a pedido do Professor Pierre Delion e publicado sob sua direcção in "Actualité de la Psychothérapie Institutionnelle" – Matrice PI 1994; texto que consideramos como subsídio para uma história da Psiquiatria Pública Portuguesa.

[35] Então secretário dos *Anais Portugueses de Psiquiatria* e ex-bolseiro do Governo francês em Paris.

e eram classificados nosologicamente nos quadros da Escola Alemã (E. Kraeplin, E.Bleuler, K. Schneider, Kretshmer, Bonhoffer, Leonard e Kleist). Não havia reuniões de médicos com enfermeiros — o médico receitava e os enfermeiros administravam os tratamentos e cuidados prescritos. Quanto à organização da assistência pública em Psiquiatria, desde 1945, duas estruturas conflitivas se confrontavam, sobretudo em Lisboa: as clínicas universitárias (com os serviços de hospitalização e de consulta externa) e os hospitais psiquiátricos por um lado e a estrutura dos serviços extra-hospitalares (tendo como operadores três Centros Regionais — Sul, Centro e Norte — de assistência psiquiátrica, coordenando cada um deles — administrativa e tecnicamente — os dispensários e as equipes ambulatórias que prestavam os serviços de consulta mais aproximados das populações assistidas), por outro.

Eis, em curtas palavras, o contexto que a meu ver explica a ineficácia do artigo de G. Daumézon e Ph. Köechlin. Todavia, pelo fim dos anos 50 acontecem mudanças: J. Seabra Dinis, ex-bolseiro do Governo francês após a Libertação e tornado secretário dos *Anais Portugueses de Psiquiatria* continua a manter as suas relações de amizade e científicas com L. Bonnafé, Le Guillant, Angelergues, e Fernandez Zoila e convida a ler a "Information Psychiatrique"; João dos Santos, também ex-bolseiro em Paris na mesma altura e interessado pela psiquiatria infantil (foi o primeiro psiquiatra de crianças português e o que iniciou a formação em psiquiatria infantil em Portugal) interessa-se e inicia-se na psicanálise e mantém as sua relações com Lebovici e demais colegas do Institut de Psychanalyse; um pouco mais tarde, E. Luís Cortesão (também democrata) vai para Londres, trabalha com Foulkes, inicia a sua formação grupo-analítica e introduz a grupo-análise em Portugal.

Foi assim que pela dinâmica desta mudança, pela expansão dos serviços extra-hospitalares (a carência de camas em relação com as necessidades era cada vez mais dramática) e pelo conhecimento que se foi tendo da histórica circular francesa de 1960 (e visitas de P. Polónio a vários países estrangeiros) que emergiu, no quadro da Sociedade Portuguesa de Psiquiatria e Neurologia o movimento que conseguiu produzir as bases técnicas (e a pressão política) que conduziu à promulgação da Lei de Saúde Mental (Lei 2118 de Abril) de 1963 cujas bases estabeleciam que o operador da assistência psiquiátrica pública no todo do território nacional seria constituído por uma rede de Centros de Saúde Mental a criar, constituindo cada um deles o operador integrador de todos os serviços e actividades de psiquiatria (hospitalares e extra-hospitalares) numa região geo-demográfica definida — duzentos a duzentos e cinquenta mil habitantes, em princípio. As clínicas universitárias, enquadradas pelo estatuto institucional das Universidades, ficariam fora do sistema.

Estava-se portanto em 1963; mas nem Saint-Alban nem La Borde, nem os nomes de F. Tosquelles, de J. Oury e outros protagonistas do movimento de Psicoterapia Institucional, figuravam quer na linguagem quer no imaginário dos psiquiatras portugueses. Todavia, em finais de 1963, um jovem psiquiatra[36] (que se interessava pela ergoterapia, pela socioterapia e pelas reuniões regulares com o pessoal cuidador), obteve uma bolsa

---

[36] O autor deste texto.

do Governo francês para fazer um estágio no Hospital de Sainte-Anne (clínica univer-sitária dirigida por J. Delay, Deniker e P. Pichot) em Paris. Foi aí que este psiquiatra ouviu falar de Saint-Alban quando, em vezes sucessivas, o chefe de clínica procurava, por intermédio da assistente social, enviar para esse hospital doentes graves que não respondiam às sucessivas curas pelos psicotrópos em estudo. Este facto induziu o seu interesse por uma informação mais precisa sobre a significação de um tal lugar o que, associado a outra razões pessoais e às possibilidades facultadas pelo médico-director de Saint-Alban[37] e o Syndicat des Psichiatres des Hôpitaux[38], levou a que este psiquiatra aí fosse trabalhar como interno logo que terminou o seu estágio como bolseiro no Hospital de Sainte-Anne — e aí permaneceu até ao fim de 1968.

Entretanto, no decurso deste período, com E. Luís Cortesão, vários psiquiatras portugueses se foram iniciando na formação grupo-analítica e foram alguns deles que, com Fernando Medina, iniciaram a experiência da psicoterapia de grupo no Hospital Miguel Bombarda, em Lisboa. Foi pelas dificuldades com que se confrontaram e pelos intercâmbios que mantinham com o colega que estava em Saint-Alban que surgiu a ideia de organizar uma sessão sobre psicoterapia institucional na Sociedade Portu-guesa de Psiquiatria (1966) sessão que as autoridades políticas de então proibiram, no último momento, e já quando Racine aguardava a abertura da sessão para usar da palavra — e que um salão transbordante de profissionais esperava com impaciência que o presidente declarasse "aberta a sessão".[39]

Este acontecimento, que talvez tenha sido de alguma utilidade do ponto de vista da luta política contra o regime de então, não foi todavia de grande eficácia no que respeita a uma eventual reflexão sobre a teoria e a prática da psicoterapia institucio-nal; e talvez não seja ousado dizer que os efeitos terão sido, porventura, negativos: o espectáculo da "sessão proibida" com a respectiva utilização política por um e outro lado da barricada, os convívios restritos e privados entre Racine e alguns colegas[40] e muitas e embrulhadas relações de rivalidade, desencadearam uma vasta fenomenologia imaginária histerificada e histerificante sendo o Hospital Miguel Bombarda o mais espectacular teatro de jacqueries diversas com a criação concorrencial de vários Clu-bes[41] — o que, evidentemente, nada tinha a ver com o conceito e funções de Clube Terapêutico no campo de um estabelecimento psiquiátrico tal como era entendido pelo movimento francês da psicoterapia institucional.

---

[37] Yves Racine.

[38] Cujo Secretário era Jean Ayme.

[39] Para melhor se poderem compreender as razões desta decisão, de tal modo estúpida, talvez seja útil lembrar que um dos organizadores foi Fernando Medina, cunhado do Secretário Geral do Partido Comunista Português; que o médico que estava em Saint-Alban havia sido exonerado compulsivamente da função pública por razões políticas e que E. Luís Cortesão era sobrinho de um célebre historiador português (Jaime Cortesão) particularmente perseguido pelo regime de Salazar.

[40] O autor deste texto não pôde vir com Racine por razões de ordem política.

[41] "Sobre Clubes Terapêuticos" era o título da comunicação do autor e que iria ser lida por Racine na sessão frustrada; por si, ele falaria sobre o papel e função das Associações Culturais de Pessoal.

Este fenómeno, associado à reacção de reforço paranóico por parte do "carcan" estrutural do hospital, à morte dramática de Fernando Medina e ao distanciamento tomado por E. Luís Cortesão (um e outro médicos do quadro do Hospital Miguel Bombarda) tiveram como resultado o retorno da rotina, o silêncio sobre a psicoterapia institucional, o reinvestimento na clínica privada por muitos dos médicos antes comprometidos com o processo de transformação.

Uma palavra ainda: falar do Hospital Miguel Bombarda é falar do estabelecimento mais dinâmico desses tempos — os outros hospitais psiquiátricos do país prosseguiam na sua rotina de trabalho de referência redutoramente biológica decalcada da das clínicas universitárias.

Salazar morre no fim do decénio 60. O regime liberaliza-se então um pouco. O médico que estava em Saint-Alban regressa a Portugal. E. Luís Cortesão tinha prosseguido com o ensino e a formação grupo-analítica. João dos Santos, F. Alvim, P. Luzes e Pedro Flores tinham criado, com o apoio do Instituto de Psicanálise de Paris, o grupo psicanalítico português. Alguns psiquiatras opostos à rotina cómoda dos hospitais e o próprio director do instituto coordenador da assistência psiquiátrica nacional (Doutor Fernando Ilharco) abertos a uma outra ética da praxis psiquiátrica pressionam no sentido da implementação do previsto na Lei de Saúde Mental de 1963; isto é: criar e implantar a rede dos Centros de Saúde Mental e funcionar, tanto quanto possível, segundo o modelo da Psiquiatria de Sector.

Neste contexto, vários campos de prática se desenham: João dos Santos, director do Centro de Saúde Mental Infantil de Lisboa, implanta uma estrutura de trabalho em equipe e orientação analítica no estilo da praxis de Lebovici e colaboradores no XIIIème em Paris; França de Sousa e César Dinis, grupo-analistas discípulos de E. Luís Cortesão praticam a grupo-análise e as reuniões de equipe no Hospital de Dia do Serviço de Psiquiatria do Hospital de Santa Maria dirigido pelo Professor Barahona Fernandes; E. Luís Cortesão mantém a prática das reuniões de equipe no Hospital Miguel Bombarda; J. Milheiro, analista, é nomeado director do recentemente criado Centro de Saúde Mental de Vila Nova de Gaia (Porto); o médico que esteve em Saint-Alban, levantados que foram os impedimentos políticos de trabalhar nos serviços públicos, é convidado e aceita o lugar de médico responsável pela implementação e funcionamento do também recentemente criado Dispensário (depois Centro de Saúde Mental) de Higiene e Profilaxia Mental de Setúbal — retomando também o seu *part-time* no *staff* técnico dos Serviços de internamento do ex-Instituto de Assistência aos Inválidos.[42]

Não parece inútil consagrar algumas palavras à experiência deste *staff* técnico no quadro das responsabilidades que lhe competiam:

Ela teve lugar em dois níveis inter-articulados e desenrolou-se de 1960 a 1976 — escandida porém em dois tempos. O primeiro foi um período que se diria de "preparação e inseminação do terreno" que resultou do facto da direcção e coordena-

---

[42] Então o órgão de responsabilidade nacional pela assistência social e reabilitação de "deficientes".

ção nacional deste Instituto ter integrado uma componente técnica constituída por duas assistentes sociais e duas enfermeiras de Saúde Pública (componentes técnicas ulteriormente bastante enriquecidas) e um psiquiatra consultor em *part-time*[43] visando substituir uma política de asilo e "gardiennage" de estruturas e funcionamento dantescos (os estabelecimentos, habitualmente dirigidos por um ex-oficial da polícia reformado, dispunham apenas de pessoal administrativo e de "guardas") por uma política de "humanização" — substituição que teve como instrumento básico necessário, o recrutamento de enfermeiras, assistentes sociais, terapeutas ocupacionais e monitores (e médicos generalistas a tempo parcial), para a rede de estabelecimentos de internamento do Instituto. Foi com esta infusão do "novo" e diferente, apoiado e investido de poder pela hierarquia técnica e administrativa superior, que se foi tornando possível introduzir nos estabelecimentos de internamento tanto a terapia ocupacional abrangente como a distribuição colectivamente discutida do "pecúlio de ocupação" as reuniões regulares de pessoal, as reuniões comunitárias estilo Maxwell Jones, as reuniões também regulares dos directores e técnicos dos estabelecimentos com o *staff* técnico de coordenação nacional. Foi o período que decorreu de 1960 a Outubro de 1963 — data em que o psiquiatra partiu para França[44]. O segundo tempo foi o que se seguiu ao retorno do psiquiatra de Saint-Alban em fins de 1968 e sua reintegração no *staff* técnico de coordenação nacional. A partir do "terreno" preparado e a frutificar — mais aqui, menos ali — foi possível enriquecer o dispositivo com outros instrumentos institucionais: Clubes de coordenação das actividades ocupacionais e de gestão de serviços de bar-cantina dirigidos e geridos por uma comissão directiva que integrava representantes dos internados; não apenas reuniões de finalidade organizacional mas também as de análise dos fenómenos relacionais de modo a ultrapassar uma mera sociologia de democratização conjugada com a metodologia de H. Simon, mas integrando agora a referência psicanalítica e as "ferramentas" criadas e afinadas nas experiências e reflexões do movimento francês da psicoterapia institucional — seja no quadro da formação de pessoal seja no da praxis de trabalho quotidiano; o que obrigava a um trabalho de activa reflexão por parte do *staff* dado que o contexto e o campo de trabalho eram agora bastante diferentes.

Foi esta experiência de trabalho colectivo que, nesta estrutura particular, durou até 1976; nessa altura as coisas tomaram outro curso em relação com profundas transformações no aparelho legal-organizacional do sector da Segurança e Acção Social: as leis mudaram, o instituto de assistência aos marginalizados sociais foi extinto, os estabelecimentos foram afectados a outras estruturas ministeriais, o pessoal do *staff* coordenador foi redistribuído por múltiplos departamentos, as direcções dos serviços mudaram, as actividades nos campos institucionais burocratizaram-se, a lógica de funcionamento basculou no sentido de um humanismo de "boas intenções" produtor

---

[43] No caso, o autor deste texto.

[44] A equipe de responsabilidade de nível nacional manteve-se, tenaz, na prossecução das linhas estratégicas desenvolvidas o que possibilitou o segundo período.

da passividade dependente. Não obstante, valioso conhecimento desta experiência colectivamente vivida pegou e ficou nalguns dos que nela participaram.

Voltemos porém ao campo da psiquiatria nas estruturas da psiquiatria pública propriamente dita.

Depois dos episódios anedóticos de 1960 que atrás se evocaram pode-se dizer que a expressão "psicoterapia institucional" foi desaparecendo a pouco e pouco da linguagem psiquiátrica portuguesa.

A promulgação da Lei de 1963 levou à emergência de uma polémica surdamente viva entre os que eram por ou contra a criação legal e implementação dos Centros de Saúde Mental, por ou contra a Psiquiatria de Sector.[45] As clínicas universitárias e os hospitais psiquiátricos mantinham as suas estruturas nas quais, na quase generalidade, a função médica se limitava ao diagnóstico classificatório segundo a CID ou DSM (degenerando progressivamente, na realidade prática, para uma simples identificação de "sintomas alvo" em função das propostas e pressões do marketing farmacêutico), e à prescrição de medicamentos — as dos enfermeiros limitando-se cada vez mais aos cuidados funcionais de higiene e alimentação e, bem entendido, à distribuição dos medicamentos prescritos...

Excepções a este modelo: O Centro de Saúde Mental Infantil de Lisboa com João dos Santos e o Serviço de E. Luís Cortesão no Hospital Miguel Bombarda, ambos abertos à referência analítica na prática dos serviços públicos — outros psicanalistas que entretanto se foram formando, embora vinculados aos serviços públicos clivavam-se na sua praxis: psicanálise na prática privada; funcionamento rotineiro no quadro do modelo hospitalar tradicional quando na actividade de serviço público.[46].

Quanto à implantação da rede dos Centros de Saúde Mental prevista na Lei, dificuldades diversas a bloquearam: pressões de resistência nos corredores e gabinetes ministeriais, política orçamental (a Guerra Colonial decorria), política de carreiras profissionais e de gestão dos recursos humanos da saúde que conduziam à fixação massiva nos centros urbanos de Lisboa, Porto e Coimbra — chega-se assim a 1970 e apenas um pequeno número estava legalmente criado sendo menor ainda o dos que estavam em funcionamento (e estes, com meios financeiros e humanos derisórios). As perspectivas de trabalho tornavam-se ainda mais limitadas dado o isolamento das estruturas de serviços psiquiátricos relativamente às dos outros Serviços de Saúde e Acção Social e o facto dos médicos e enfermeiros terem sido quase exclusivamente formados nos hospitais e clínicas das Universidades — daí a compreensível tendência a que o seu funcionamento, quando vinculados aos Centros de Saúde Mental, fosse o da reprodução do respectivo modelo hospitalar.

---

[45] Alguns dos discípulos de E. Luís Cortesão, marcados pela sua influência anglo-saxónica começaram a falar de "psiquiatria comunitária".

[46] Recorde-se mais uma vez que os médicos e enfermeiros, na generalidade, trabalhavam no público e no privado simultaneamente.

Era pois, este o contexto, quando o Dispensário de Profilaxia e Higiene Mental de Setúbal (depois Centro de Saúde Mental) foi legalmente criado em 1969 e o médico regressado de Saint-Alban foi o seu primeiro médico nomeado.

A este serviço foi cometida a responsabilidade assistencial de uma população de 250 000 habitantes, de socio-ecologia diversificada (rural de latifúndio e minifúndio, piscatória e urbano-industrial) distando a municipalidade mais afastada 120 Km (Sines). Não dispondo o Dispensário de serviço de hospitalização, determinou o Ministério que as hospitalizações necessárias tivessem lugar no Hospital Miguel Bombarda em Lisboa — 40 Km de distância.

O referido médico aceitou a responsabilidade da direcção do Serviço num quadro de extrema penúria de meios mas com algumas ideias fruto da sua experiência anterior e o desejo de as pôr em prática. Eis, em síntese:

- A ideia de que o dispositivo de sector com a equipa em articulação com as estruturas locais de Saúde e de Acção Social e com outras providas de potencial operatório constituía um instrumento fundamental e indispensável no trabalho de psiquiatria pública;

- Que o trabalho psiquiátrico exige uma permanente e actuante estratégia de prevenção dos fenómenos de isolamento e compartimentação tanto entre equipas como no seio de elas próprias;

- Que a qualidade do acolhimento constitui um factor decisivo em toda a estratégia de articulação de trabalho e de possibilidade de cuidar — tornava-se portanto necessário trabalhar a função de acolhimento em permanência;

- Que as relações de articulação das equipas (com o tempo constituíram-se quatro) com toda e qualquer estrutura (ou serviços) do campo geo-demográfico de cada Sector teriam que se pautar por um rigoroso respeito pela respectiva soberania;

- Que a garantia da continuidade de cuidados pela equipa em proximidade constituíam necessidades básicas às quais se impunha responder de modo adequado, com os meios de que se dispunha.

Destas ideias, colectivamente partilhadas pela equipa inicial, surgiu o primeiro programa operatório; isto é:

- Obter do poder hierárquico competente a permissão e o reconhecimento da sectorização do campo geo-demográfico de responsabilidade do Dispensário e, também, da necessidade das deslocações regularmente periódicas das equipas a todos os concelhos a seu cargo e responsabilidade — isto por razões de consulta e cuidados em proximidade (medicação de acção retardada, curas de desintoxicação, seguimentos psicoterapêuticos, etc.) e, também, pelo trabalho de articulação necessário tal como ele se entendia;

- Lutar para que o Poder reconhecesse formalmente e na prática da gestão de meios, que uma equipa nuclear mínima de psiquiatria não podia ser constituída apenas pelo psiquiatra e os enfermeiros mas também eram indispensáveis tanto a assistente social em tempo completo como o apoio efectivo (embora intersectorial, dada a escassez) de psicólogos e técnicos de psicomotricidade e da fala — refira-se que o Serviço tinha a seu cargo tanto a psiquiatria geral de adultos como a infanto-juvenil;

- Empreender negociações com o Hospital Miguel Bombarda (recorde-se que lhe estava cometida a responsabilidade da hospitalização dos doentes da área geo-demográfica do Dispensário), de modo a que pudessem ser os médicos e assistentes sociais do Serviço a seguirem os doentes durante o internamento e a cuidarem das respectivas altas;

- Contactar os responsáveis dos serviços locais de Saúde e negociar com eles a possibilidade de as equipes poderem trabalhar nas respectivas instalações, em proximidade física com os médicos e enfermeiros de Família — negociações difíceis a exigirem muito tacto mas cujo alcance táctico e estratégico se antevia de grande importância[47].

- Criar e manter vivo um dispositivo de reuniões que possibilitassem a participação e os consensos nas decisões organizacionais a tomar: no seio das próprias equipas, no que haveria a concertar entre elas, no que haveria também a concertar entre os coordenadores técnicos e os responsáveis pelos serviços gerais.

- Promover o uso diversificado e adequado das necessárias técnicas de cuidados (de referência biológica, psicoterapias individuais e de grupo, técnicas ocupacionais, etc.);

- Institucionalizar o dispositivo de formação permanente (por si também indutor de efeitos psicoterapêuticos difusos) centrada na análise das fenomenologias de contacto e acolhimento, nas emergentes das relações de cuidar, nas também emergentes das relações de articulação inter-institucional — portanto análise partilhada das problemáticas de transferência/contra-transferência;

- Lutar por um mínimo razoável de meios de trabalho (de instalações, financeiros e de pessoal) que permitissem responder às necessidades — luta difícil e pertinaz e cujos resultados ficaram sempre pelo nível do derisório.

Foi num quadro assim orientado que se trabalhou até 1976, data em que tornou possível dispor de um espaço próprio onde se pôde instalar uma "unidade de cuidados de tempo prolongado" em regime de tempo pleno e também de tempo parcial.

---

[47] O que veio a ser confirmado pela experiência ulterior.

Na verdade sentia-se forte necessidade de dispor de um serviço em que se pudessem cuidar doentes psicóticos graves num quadro de cuidados de longo termo e cujos critérios de altas se não pautassem pelo simples esbater das fenomenologias produtivas e cronogramas mais ou menos burocraticamente definidos.

Ao criar esta Unidade cedo se evoluiu para que nela existissem dois quadros institucionais entre si articulados: por um lado, o quadro administrativo e técnico da responsabilidade do Centro de Saúde Mental (logística hoteleira e de pessoal, terapêuticas de referência e psicoterapias especificamente demarcadas); por outro lado um quadro gerido por um Clube, órgão de uma instituição de solidariedade social de estatuto semelhante ao previsto e possibilitado pela célebre lei francesa de 1901 o qual assumia a responsabilidade de coordenação e gestão de todas as actividades ergo e socio-terapêuticas, do serviço de bar-cantina, do serviço de Banco dos Doentes e das comissões de actividades. A definição e articulação destes dois quadros institucionais iniciou-se informal e consensualmente mas rapidamente se evoluiu (e era legalmente necessário) para o processo formal de protocolo homologado. Os dispositivos de actividades e de articulação foram variando no tempo em função do percepcionado como necessário; todavia, "ferramentas" houve que se mantiveram ao longo dos anos, tais como: "reunião da ementa" integrando doentes, enfermeiro adstrito ao Clube, assistente social e responsáveis dos serviços de aprovisionamento e de cozinha; "reunião de reflexão clínica e articulação de actividades" com presença de médico responsável da Unidade (e simultaneamente adstrito ao Clube), dos enfermeiros, monitores de actividades, assistente social adstrita ao Clube (e simultaneamente responsável pelo serviço de Banco dos Doentes); "reunião de articulação inter-institucional" entre a Direcção do Centro de Saúde Mental e a Direcção da Associação[48] integrante do Clube; ulteriormente a regular "reunião comunitária" todas as semanas. Estas reuniões institucionais, convém dizer, não visavam exclusivamente objectivos de articulação funcional; por exemplo: a da ementa, a do pecúlio e a comunitária constituíam também elas instrumentos de acção terapêutica em grupo; a de reflexão clínica e articulação de actividades visando também por seu turno tanto a formação contínua da equipa como a análise das constelações de transferência/contra-transferência.

O quadro deste texto obriga a que não nos alonguemos na referência a esta unidade de cuidados do Centro de Saúde Mental de Setúbal; sublinharemos apenas: para nós, além de a considerarmos um espaço pertinente de cuidados consideramo-la também um espaço específico de formação profissional complementar cuja importância no trabalho ambulatório do Sector nos parece fundamental; sublinhe-se também que este modelo nada tem de novo do ponto de vista conceptual relativamente ao que do mesmo ponto de vista foi elaborado em Saint-Alban e em La Borde antes dos anos 70 — todavia, foi necessário reflectir partilhadamente e usar de arte para criar o campo e os modos do uso deste instrumentos conceptuais no quadro da realidade socio-cultural, institucional e técnica próprias do país e do meio em que nos movíamos; sem isso, o mínimo que nos poderia acontecer, seria cair num insucesso semelhante ao que se referiu relativamente à experiência do Hospital Miguel Bombarda.

---

[48] Associação de Saúde Mental Doutor Fernando Ilharco.

Voltemos agora aos espaços de ambulatório nos sete concelhos de responsabilidade geo-demográfica do Centro de Saúde Mental de Setúbal.

Logo que se obteve o mínimo de meios necessários constituíram-se (como atrás se disse) quatro Equipas se Sector cada uma delas tendo a seu cargo a assistência psiquiátrica pública integral de uma população de 60 000 a 70 000, habitantes de composição socio-ecológica diversificada.

O trabalho das equipas limitou-se, nos primeiros anos (1970 – 1976) a:

• Consultas e tratamentos na sede do Dispensário em Setúbal.

• Deslocações aos outros municípios para, em proximidade, facultar os serviços de consultas e os actos terapêuticos aí possíveis.

• Assumir a responsabilidade clínica e de apoio social aos doentes hospitalizados no Hospital Miguel Bombarda garantindo a esses doentes e suas famílias a continuidade da relação e de disponibilidade de recurso com os membros da equipa (médico, enfermeiro e assistente social) após as altas — do mesmo modo a garantia das consultas e dos tratamentos necessários e possíveis no serviço de consulta externa mais próximo da sua residência.

Este tempo era um tempo em que os serviços de saúde existiam desarticulados e compartimentalizados a todos os níveis e em que os contactos e a articulação de trabalho inter-institucional e inter-profissional era particularmente difícil — com os médicos residentes sobretudo, dado que viam na equipa ambulatória de psiquiatria uma "ladra" de clientela. Todavia, com o tempo, foi-se tomando contacto e conhecimento com o "terreno" e a paisagem humana dos sectores, detectaram-se pessoas e estruturas socio-institucionais com potencial de "relais" no nosso trabalho, acolhiam-se solicitações de este ou aquele médico residente e de responsáveis de instituições de assistência social a idosos e a crianças, facilitou-se com sistemática prioridade o acolhimento precoce ao sofrimento psíquico, foi possível instaurar estratégias terapêuticas e de seguimento precoces assegurando a continuidade de cuidados a longo termo nos "settings" adequados ao quadro de que se dispunha, investia-se e apoiava-se a integração familiar e comunitária (e também profissional sempre que possível) dos doentes.

A revolução de Abril de 1974 possibilitou (após cerca de três anos de acesos e amplos debates de âmbito nacional) a aprovação legislativa e subsequente promulgação da Lei do Serviço Nacional de Saúde, lei que consignava, entre outras medidas, a criação de uma estrutura nacional e em rede que integrasse os cuidados primários de saúde a nível local, rede que teria como operador-integrador, os Centros de Cuidados Primários de Saúde. Esta estrutura de serviço público de saúde, dispondo de instalações próprias para os serviços administrativos, de urgência e ambulatório e de um pequeno hospital (estrutura cujo funcionamento técnico era (e é) assegurado por um quadro de médicos e enfermeiros de família, apoiado por meios complementares de diagnóstico de primeira linha e o recurso ao sistema hospitalar de nível distrital e central) tornou-se para nós, na nossa estratégia de articulação, um "relais" da mais elevada importância.

As diferenças de condições logísticas, de personalidade dos responsáveis, de posições éticas e de formação profissional, pesaram muito na heterogeneidade extensiva e qualitativa do trabalho de articulação das equipas psiquiátricas de sector com as equipas dos Centros de Cuidados Primários de Saúde na área geo-demográfica do Centro de Saúde Mental. Mas, no decurso de uma dezena de anos e num "terreno" previamente preparado, esta estratégia e prática de articulação produziu (onde foi possível aprofundá-la) frutos cujo valor é de sublinhar; em resumo: vivência sustentada e extensiva da utilidade da prática de entre-ajuda, contactos directos entre os profissionais da psiquiatria e dos cuidados primários assim facilitados e enriquecidos, possibilidade de cooperação (pela troca partilhada de informação) no trabalho diagnóstico e terapêutico, possibilidade de hospitalizar e cuidar (em ligação) no hospital local[49] do Centro de Cuidados Primários múltiplas situações psiquiátricas evitando-se assim o internamento segregante em hospital psiquiátrico. Desta prática de encontros regulares, de intercâmbios informativos a propósito dos doentes e suas famílias, das consultas lado-a-lado do psiquiatra com o médico de família quando este as solicitava, da prática das psicoterapias individuais e de grupo nas instalações do Centro e do seguimento articulado dos doentes resultou um claro efeito transformador das equipas parceiras; e daí, uma taxa ínfima de recaídas e a possibilidade de tecer holdings de cuidados de importância capital no cuidar dos doentes psicóticos.

Este método e estas práticas foram assim trabalhadas pacientemente e em "silêncio" até 1980.

Todavia, nesse ano de 1980, as equipas do Centro de Saúde Mental de Setúbal decidiram organizar o "I Encontro Nacional Sobre o Ambulatório em Psiquiatria", seguindo-se outro, organizado em moldes idênticos, em 1984.

Destas vastas assembleias de participação profissional transdisciplinar tanto da área da psiquiatria como da área dos cuidados primários, provenientes de vários pontos do país, resultou não apenas a constituição da Sociedade Portuguesa para o Estudo da Saúde Mental (tendo como um dos pontos programáticos prioritários a investigação partilhada sobre as práticas de articulação dos serviços de psiquiatria com as outras estruturas do campo sanitário e social a nível local) mas também, em dimensão variável, difusos efeitos de transformação nas rotinas de trabalho de outros Centros de Saúde Mental. Seguiu-se depois a organização (com o concurso da Union International des Sociétès d'Aide à la Santé Mentale) do "I Encontro Sobre Psicoterapia Institucional" (Setúbal – 1985) e do "Encontro Internacional sobre Relação Terapêutica no Quadro da Psiquiatria de Sector" (Évora – 1987); e entre estes dois encontros, as "Jornadas Luso-Francesas sobre Psiquiatria e Cuidados Primários de Saúde" as quais tiveram lugar em Grândola, Castelo Branco e Bragança. Seguidamente na sucessão de múltiplos e regulares encontros dos órgãos directivos de diversos Centros de Saúde Mental, (e respectivo Secretariado) com a Sociedade Portuguesa para o Estudo da Saúde Mental e em cooperação com a Equipa do Centre de Santé Mentale de Dax, organizaram-se

---

[49] Ulteriormente extintos porque considerados economicamente "não rentáveis".

em Mangualde (Março 1990) tanto as "II Jornadas Internacionais sobre Psicoterapia Institucional e Psiquiatria de Sector" como, também, o "III Encontro Sobre o Ambulatório em Psiquiatria". E finalmente (Outubro 1992), organizar-se-ia em Setúbal, em cooperação com a Union International des Sociétès d'Aide à la Santé Mentale e AREPP da Equipa de Dax, o "I Encontro Internacional Sobre Psiquiatria de Sector".[50]

Importa dizer que de 1985 a 1992, a equipa que, a nível nacional, dirigia a política de psiquiatria e saúde mental, apoiava sem reservas a progressiva implementação e acção dos Centros de Saúde Mental; o que, por certo, não deixa de ter relação com o vasto élan participativo e de prazer de trabalho manifestado por numerosos profissionais entre os quais mais de uma quinzena de médicos responsáveis por Centros de Saúde Mental — entre estes o Centro de Saúde Mental de Lisboa-Oeiras vinculado ao ensino de Psiquiatria e Saúde Mental da Faculdade de Ciências Médicas da Universidade Nova de Lisboa de cuja cátedra foi primeiro titular E. Luís Cortesão. Concomitantemente, João Sennfelt, psiquiatra vinculado ao Hospital Miguel Bombarda, Professor na Escola Nacional de Saúde Pública, conseguiu constituir uma equipa e desenvolver no concelho de Sintra uma "experiência de terreno" que apesar de vinculada administrativamente ao Hospital Miguel Bombarda, se inspira nos princípios teóricos e metodológicos da Psicoterapia Institucional no quadro da Psiquiatria de Sector.

Deste vasto movimento resultou que de 1987 a 1992 o país se tornou palco de duas "psiquiatrias" distintas e em veemente confronto; esquematicamente: a psiquiatria das clínicas universitárias (exceptue-se a da Universidade Nova de Lisboa) e dos hospitais psiquiátricos por um lado; a da generalidade da rede dos Centros de Saúde Mental, por outro.

Havia, evidentemente, heterogeneidade no trabalho de um Centro a outro, tanto do ponto de vista da teoria como da praxis — umas equipas mais ou menos reducionistas na referência biológica, outras mais abertas às dimensões da micro-sociologia, da psicanálise e da prática de técnicas referenciadamente psicoterapêuticas. De qualquer modo, a generalização das deslocações das equipas no "terreno" tanto por acções no domicílio como por prestação de serviço de consultas e de medicações de acção retardada em proximidade e, também, pela cultura do tecer de relações com os profissionais dos serviços de acção social e de medicina de família num quadro de cooperações personalizadas de entre-ajuda que se prolongaram ao longo do tempo, contribuiu para estruturar um vasto campo de esforços anti-segregativos de efeitos psicoterapêuticos (lato senso) difusos cujo benefício para os doentes e famílias se foi tornando evidente.

Outros efeitos se tornaram também evidentes: os hospitais psiquiátricos (75% dos postos de trabalho e 80% do orçamento para a psiquiatria pública) iam-se esvaziando mercê da queda das admissões e readmissões; as somas gastas com a aquisição directa de medicamentos baixava também significativamente; a clientela a recorrer ao sector privado descia para níveis "ameaçadores"...

---

[50] O material das intervenções e dos debates destes forums poderá ser consultado na Colecção de publicações da Sociedade Portuguesa para o Estudo da Saúde Mental.

O resultado de tal evoluir das coisa associado às respectivas repercussões na esfera do poder político, não tardou a manifestar-se: substituição da equipa de coordenação nacional junto do ministério e, em seu lugar, nomeação de um grupo conhecido como "ponta de lança" dos lobbies farmacêuticos e dos asilos psiquiátricos privados (representando estes alguns milhares de camas); e, de seguida, embora com quase dois anos de luta de resistência, a extinção, por texto legal, (Julho de 1992), da rede dos Centros de Saúde Mental com integração do respectivo património e pessoal nos hospitais gerais. Assim, e na ausência daquilo que se poderia chamar uma "política de estado" para a psiquiatria e saúde mental, em Portugal, chegou-se à actual situação de a psiquiatria pública ter como operadores, os seguintes: os hospitais psiquiátricos e as clínicas universitárias de psiquiatria (agora hospitalocentricamente reforçados) e, por outro lado, os departamentos de psiquiatria dos hospitais gerais, forçosamente submetidos à lógica geral do Hospital Geral.

Os efeitos de tal decisão político-administrativa aparecem já como esclarecedores: os hospitais psiquiátricos e os serviços de internamento dos departamentos de psiquiatria dos hospitais gerais mostram-se em lotação esgotada, os asilos e clínicas privadas voltam a estar em pleno, muitos doentes voltam a deambular em situação de "homeless" dado não serem admitidos por falta de camas para doentes psicóticos de evolução prolongada,[51] a clientela no privado parece assegurada mercê das listas de espera para consulta no sector público...

Retomemos, para terminar, a questão da "psicoterapia institucional". É verdade que a abertura a esta prática no quadro de referência da sua elaboração teórica e de praxis, sempre se tem mostrado difícil e foi para explicar o facto que nos alongámos nos factos de contexto.

A falar com rigor, foi apenas no Centro de Saúde Mental de Setúbal que as "ferramentas", a linguagem e os conceitos se articulavam na praxis e onde a obra de Tosquelles, Oury e Delion constituíram referências cujo valor de bússola se tinham por indispensáveis. Sabemos que no Hospital de Dia do Departamento de Psiquiatria do Hospital de Santa Maria e no Centro de Saúde Mental de Lisboa-Oeiras os discípulos de E. Luís Cortesão continuam a tradição das reuniões de pessoal de cuidados e a prática regular de psicoterapias de referência analítica o mesmo se passando com alguns discípulos e continuadores de João dos Santos — todavia, não parecem valorizar o uso de dispositivos que em meu entender são fundamentais tais como a instituição Clube no quadro de referência da psicoterapia institucional; a socio-análise permanente do funcionamento das estruturas hierárquicas, de poder e de cuidar; a cuidada análise das constelações de transferência/contra-transferência no quadro da análise da vida quotidiana dos meios de vida em que o doente estadia e circula, etc.

---

[51] E também pela cultura que foi tomando corpo e força de que os serviços de psiquiatria devem ser apenas para as situações psicopatológicas agudas e sintomaticamente perigosas – quanto ao "resto", rotulado de "deficiência", as famílias, a rua, as estruturas de acção social (que a pouco chegam) que deles se encarreguem...

Do que se passa nos restantes serviços psiquiátricos do país temos agora pouca informação mas o que parece dominar situa-se na linha do cognitivismo e comportamentalismo — portanto, nada a ver com as referências da Psicoterapia Institucional.

Face a esta realidade pode-se colocar a questão: será que os contextos político, socio-político e institucional explicam, por si só, esta resistência às referências da psicoterapia institucional a que nos referimos?

Pensamos que na realidade portuguesa exista também um factor que será de valorizar: sentimento generalizado de insegurança e defesa dos psiquiatras portugueses, potencialmente interessados, face à linguagem, à conceptualização e à metodologia de "mise en pratique" e de "mise en question" sentidos face à leitura da bibliografia disponível.[52]

Dado que os fenómenos de defesa e de resistência pessoal não são, provavelmente, mais marcados nos portugueses do que não importa quem de um qualquer outro país dito de cultura ocidental as pessoas do "isolado" de Setúbal foram adoptando com a paciência e humildade possíveis, o propósito de transpor em linguagem "compreensível" as ideias relativas à epistemologia, às perspectivas e aos métodos que constituem na actualidade património da "psicoterapia institucional" o que, sem modéstia, parece ter produzido alguns frutos na prática de Sector de algumas equipas dos ex-Centros de Saúde Mental.

Por infelicidade fomos obrigados a escrever este artigo empregando tempos passados; e com dificuldade diga-se. Na verdade, a decisão política de 1992 não extinguiu, apenas em abstracto, a rede dos Centros de Saúde Mental — as equipas de Sector foram desmanteladas[53] quase por todo o lado, o extra-hospitalar ambulatório de proximidade foi reduzido à quase inexistência. Face a esta situação e sob o peso da ameaça de ser colocado no saco dos "disponíveis" a generalidade das pessoas adaptou-se, como pôde, às circunstâncias.

Face a este espectáculo muita gente se interroga hoje sobre as vias e sobre o que fazer em defesa da psiquiatria pública na sua responsabilidade perante os que sofrem da mente. Mas, por agora, há que esperar para disso se vir a falar.

---

[52] A que acresce o progressivo desinvestimento da aprendizagem da língua francesa nos actuais curricula escolares e ao benefício disponibilizado à aprendizagem do inglês.

[53] O pessoal de enfermagem, de serviço social, e de acção médica passando à situação de poderem ser "colocados" ou deslocados" para um qualquer "serviço" do hospital por livre e total alvedrio dos respectivos chefes com assento no Conselho de Administração.

PARTE II

Sobre a metodologia da psicoterapia institutional na praxis e prática da psiquiatria de sector

INTRODUÇÃO

A psiquiatria de sector é a condição organizativa que possibilita o estar o mais próximo possível dos que têm necessidade dos nossos serviços enquanto a psicoterapia institucional é um método de exercício da psiquiatria segundo critérios humanos aceitáveis.

Pierre Delion, in Institutions - *Revue de Psychothérapie Institutionnelle*

E foi um golpe de génio de Tosquelles e Bonnafé o terem pensado que não deve haver rotura na continuidade dos cuidados entre os diferentes momentos da trajectória dum paciente. A sua fundação da psiquiatria de sector fecundada pela psicoterapia institucional foi uma revolução cultural autêntica pois que ela permite ligar as respostas cuidadoras feitas a um paciente à sua trajectória patológica e assim trabalhar sobre as duas dimensões da alienação que estão presentes em toda a patologia mental: a psicótica e a social.

Idem, ibidem

... a continuidade dos cuidados é a condição da possibilidade de ter em conta a relação de transferência num dispositivo que pretende seguir um doente ao longo de toda a sua trajectória patológica.

Idem, ibidem

Nesta parte inserem-se textos[54] apresentados em Encontros e Jornadas referenciadas à actualidade da Psicoterapia Institucional; nomeadamente: em Marselha, Angers, Reus (Catalunha), Laragne (Hautes Alpes - França). Também se entendeu dever inserir um texto publicado no vol. 8 dos *Anais Portugueses de Saúde Mental* dedicado a François Tosquelles — Homenagens em trabalho — no qual se relata o que foi a experiência do ex Dispensário do Centro de Saúde Mental de Setúbal desde 1970 a 1992, data da extinção por decreto–lei de toda a rede nacional dos Centros de Saúde Mental;

---

[54] Alguns deles são mais da ordem do *relator*; outros mais de reflexão crítica própria do *ensaio*.

inserem-se ainda textos escritos e publicamente apresentados nos anos que se seguiram à extinção nos quais se dá notícia sobre o processo e consequências da integração dos serviços, pessoal e património dos Centros nos hospitais gerais.

São textos datados e muito directamente relacionados com o que foi a prática positivamente inovadora dos Centros de Saúde Mental; relacionados também com o movimento de resistência à conjunção de forças que visava a sua extinção; relacionados ainda com os efeitos que teve a extinção relativamente à orientação teórico-prática dos serviços, aos dispositivos do cuidar e de articular cooperações com outros parceiros dos serviços de saúde e da segurança social a trabalhar no terreno comunitário; e, obviamente, sobre os doentes e pessoal. Neste sentido, pode-se dizer que são textos que em certa medida valem como subsídios para uma história da psiquiatria portuguesa dos três últimos decénios.

São textos escritos em estilo de oralidade e que a uma primeira vista podem parecer heteróclitos e desarticulados e que no seu conjunto contêm recorrentes repetições pois que relacionados com os contextos e os temas de reflexão propostos pelas organizações dos forums em que foram apresentados[55]. Todavia, a uma leitura mais atenta ver-se-á que há um denominador comum que os inter-liga: o da reflexão e relato sobre o uso prático de conceitos fundamentais que se foram elaborando e precisando ao longo de quase sete decénios de vida do movimento da psicoterapia institucional a qual, por sua natureza, nunca se furtou nem à polémica epistemológica em psiquiatria nem à análise das relações do poder político-administrativo com as condições básicas de praticar (ou impedir de praticar) uma psiquiatria de humanos para humanos.

Os "conceitos fundamentais" a que aludi, relacionam-se com um conjunto de noções de entre as quais, por me parecerem de relevante valor pragmático, indico:

- A noção do valor ético e técnico-científico de garantir aos doentes e seus familiares a acessibilidade e continuidade de acolhimento em tempo oportuno qualquer que seja o "teatro" e o momento em que se processam — tudo isto ao longo de todo o curso evolutivo do sofrer patológico.

- Noção de cuidar o necessário e suficiente, mas apenas o suficiente[56] e em espaços e settings o menos segregantes e totalitários possível — daí o cuidado de recorrer o menos possível à hospitalização dada a sua estrutura administrativa de cariz totalitária e funcionamento mais ou menos totalizante e bloqueante da emergência e manifestações do desejar subjectivo — condição primordial (como a psicanálise nos revela) em toda a dinâmica de um processo de cura.

---

[55] Hesitou-se entre o manter a forma e o estilo em que foram apresentados, assumindo claramente a dimensão da subjectividade ou o transformá-los na forma de um discurso de texto escrito, mais ou menos *limpo* das dimensões prosódicas – como se verá, optámos pelo primeiro termo desta alternativa.

[56] Tema de "mise en valeur" e de subtil análise por parte de Hélène Chaigneau.

- Noção de equipe como instituição instituinte. Instituição enquanto agregado de personalidades e de desempenho dos papéis profissionais entre si diferenciados mas entre si cognitiva e afectivamente articulados; e que persiste no tempo e garante em continuidade o acolher e o cuidar do sofrimento psíquico sempre que para isso é solicitada. Instituição instituinte porque: institui, concretamente, a relação de acolher e cuidar; institui relações de articulação da dimensão diagnóstica polidimensional e do cuidar com as outras estruturas e profissionais do campo sanitário que trabalham no terreno; institui também articulações funcionais com estruturas e serviços de segurança e acção social comunitária, tantas vezes fundamentais e indispensáveis na ajuda e sustentação dos doentes comunitariamente residentes, mas social e economicamente excluídos.

- Noção, bem posta em evidência por P. Delion, da necessária articulação dialéctica entre hierarquia estatutária (relacionada com a lógica de geral) e a autarcia subjectal relacionada com o reconhecimento concreto do sujeito, no funcionar das equipes.

- Noção de que a existência de profissionais de uma equipe ou setting de cuidados psiquiátricos implica um campo de transferência e contra-transferência onde se vêm actualizar e manifestar as psicopatologias de cada um — postulado que necessariamente implica as funções de "com-apreender" e interpretar[57] no sentido de uma análise indutora de efeitos de elaboração ("perlaboração", dizia Lacan).

- Noção de que a transferência psicótica, nomeadamente a do sofrer esquizofrénico, é uma transferência dissociada, fragmentada ou clivada e polireferenciada (sobre elementos parciais de pessoas, sobre objectos-coisas ou objectos animados, sobre delimitações precisas de espaços, etc.). O reconhecimento e a articulação destas duas noções por Tosquelles e Oury constituem uma contribuição major relativamente à compreensão psicopatológica das psicoses e aos critérios de "mise-en-place" dos dispositivos possibilitadores do seu cuidar.

- Noção da articulação conceptual das noções de *acolher e cuidar*, com os conceitos de *holding* (Winnicott) e de *função alfa* (W. Bion) — articulação que tem sido objecto da persistente reflexão de P. Delion (função fórica da equipe, chama ele ao que tem a ver com a prática destes conceitos), de muitos dos trabalhos por ele publicados e do uso que dela faz no seu trabalho com as crianças autistas e psicóticas.

---

[57] Problemática que foi tema da mesa redonda organizada por Tosquelles e Sivadon no decurso do primeiro Congresso Internacional de Psicodrama (Paris - Setembro 1964) e cujo conjunto de comunicações foi publicado no n.º 1 da *Revue de Psychotérapie Institutionnelle*.

Estas são noções que nortearam o trabalho da equipe de que fiz parte e que estão subjacentes na dimensão clínica, natureza dos dispositivos de acolher e cuidar e praxis de articulação de que nestes textos se dá notícia; outras noções neles estão subjacentes (a de *transversalidade da comunicação* posta em evidencia por Felix Guattari, é uma delas), mas as que enumerei foram de facto as mais determinantes no trabalho que se desenvolveu de Fevereiro de 1970 a Julho de 1992.

Aos eventuais leitores fica o aferir em que medida os textos que aqui se inserem lhe poderão ser de alguma utilidade no seu trabalho com as patologias psicóticas de longa evolução.

ARTICULAÇÃO FUNCIONAL DA EQUIPA DE CUIDADOS
PSIQUIÁTRICOS DE SECTOR COM AS EQUIPAS
DE CUIDADOS PRIMÁRIOS DE SAÚDE
NA "PRISE EN CHARGE" DO DOENTE MENTAL
— UMA EXPERIÊNCIA[58]

1. Algumas notas de ordem histórica e cultural

Desde o início do século até aos anos 1945-1950 toda a assistência pública aos doentes mentais, em Portugal, era feita através da hospitalização nos três estabelecimentos manicomiais de Lisboa, Coimbra e Porto. A construção e entrada em funcionamento do Hospital Júlio de Matos em Lisboa e do Hospital Sobral Cid em Coimbra (1945 e 1948 respectivamente) aumentou em muito o número de leitos de hospitalização psiquiátrica e a utilização activa das terapêuticas biológicas (malarioterapia, sismoterapia, cura de Sakel) e da ergoterapia veio permitir um movimento de entradas e altas muito significativo. Apesar disso, bem cedo a realidade demonstrou que as possibilidades de hospitalização se tornavam cada vez mais insuficientes relativamente à pressão das necessidades. A política orçamental do Governo de então para a saúde e a carência em meios de pessoal (o número de psiquiatras e de enfermeiros/as era extremamente reduzido) conduziu à Lei 2006 de 1945 que previa a criação de serviços extra-hospitalares de Psiquiatria cujas estruturas operatórias eram os três Dispensários Centrais de Higiene e Profilaxia Mental de Lisboa, Coimbra e Porto, dispondo cada um deles de diversas equipas ambulatórias (um ou mais médicos, um enfermeiro/a e motorista) que se deslocavam com regularidade para fazerem "consultas externas de psiquiatria" nos distritos que lhes competiam, de acordo com as modalidades de distribuição da responsabilidade territorial definida na Lei. Quase simultaneamente, criava o Governo (de Salazar) um sistema de Cuidados Primários de Saúde chamado de "Serviços Médico-Sociais". Era este, um sistema hiperburocratizado onde os médicos, irrisoriamente pagos, trabalhavam por períodos de duas horas, num ou vários "postos de consulta", no mesmo dia, sendo fontes de rendimento destes médicos (e a maioria dos médicos

[58] Intervenção no «IV Cours International des Techniques de Soins en Psychiatrie de Secteur» organizado por Santé Mentale et Communautés sobre o tema: «Le Théâtre du soin, ses acteurs et ses lieux» - Villeurbanne – Lyon, França – Abril 1988.

do país trabalhava nessas condições) os "salários" pagos por este sistema associado aos honorários recebidos da sua clientela privada.

Num tal contexto, os Dispensários e as consultas por deslocação das equipas, para os cuidados psiquiátricos extra-hospitalares em proximidade, cedo se encontraram numa situação que se pode resumir, dizendo:

- serem vividas como concorrentes pelos médicos residentes porque sentidas como "ladrões" de clientela;

- as consultas eram extremamente sobrecarregadas porque a elas vinham doentes não apenas psiquiátricos (por eles próprios ou trazidos pela família ou seus vizinhos) mas também doentes portadores de outras patologias ou de sofrimento não acolhido noutros lugares — as consultas de psiquiatria eram gratuitas para a maioria dos "inscritos" e quase gratuitas para os restantes;

- as consultas de psiquiatria, para o tal sistema de cuidados médico-sociais, tinham uma função de "caixote do lixo" pois que se descarregavam para elas, sem um mínimo de deontologia nem de tecnicidade, todos os casos "desagradáveis" e, também, a sobrecarga das consultas médicas no sistema;

- tinham também uma função de bode expiatório numa situação em que as necessidades de hospitalização ultrapassavam de muito longe o número de leitos psiquiátricos disponíveis.

2. A experiência de Setúbal

O Dispensário de Higiene e Profilaxia Mental de Setúbal (depois Centro de Saúde Mental no quadro da Lei de Saúde Mental 2118 de Abril de 1963) criado em 1969, entrou em funcionamento no início de 1970 (25 de Fevereiro), dispondo de uma equipa muito reduzida mas coerente, e que definiu como objectivo, a prática da Psiquiatria de Sector no seu território de responsabilidade (sete municipalidades a que correspondiam, nessa altura, cerca de 200 000 habitantes). Para ultrapassar o sistema vigente em que a assistência hospitalar e a extra-hospitalar eram estruturalmente autónomas e desarticuladas, tornou-se necessário desenvolver grandes esforços de modo a conseguir-se um acordo com o Hospital Miguel Bombarda mediante o qual se tornou possível que fosse a equipa do Dispensário (os médicos e as assistentes sociais) a responsabilizar-se pela assistência dos doentes da sua área geodemográfica, nele internados, quando a hospitalização era julgada necessária. Chegou-se assim à possibilidade de cada equipa do Centro poder assegurar a continuidade dos cuidados, qualquer que fosse o lugar em que deveriam ser praticados: em proximidade nas comunidades municipais, na sede do Dispensário, no Hospital Miguel Bombarda e, a partir de 1976, em Setúbal, numa Unidade de Doentes de Evolução Prolongada, serviço cuja estrutura, funcionamento e prática clínica se inspira da teoria e praxis da Psicoterapia Institucional tal como a conheceis a partir do trabalho de Tosquelles, Oury, J. Ayme, H. Chaigneau, Gentis, Racine, Delion, J. Tosquellas e muitos outros.

Todavia, antes de 1975, o nosso trabalho a nível comunitário era penoso e ingrato dado o contexto de organização e funcionamento dos serviços públicos de Saúde dos quais se falou anteriormente. Contudo, após a revolução democrática de 25 de Abril de 1974, lentamente, foram-se criando "aberturas" que conduziram à Lei do Serviço Nacional de Saúde e à criação da rede nacional de Centros de Cuidados Primários de Saúde – sendo estes Centros as unidades organizacionais que, a nível municipal/local, são responsáveis pelas funções de autoridade sanitária, de execução dos programas de prevenção, de dar resposta aos pedidos de cuidados terapêuticos cujas patologias não exigem equipamentos de diagnóstico e terapêutica mais diferenciados e sofisticados. Convém dizer ainda que muitos destes Centros dispõe de serviços de hospitalização de nível municipal/local[59] onde são cuidadas patologias diversas já diagnosticadas a nível dos hospitais distritais ou centrais ou patologias para as quais o exame clínico e o apoio de pequenos serviços de radiologia e de laboratório de análises permitem o diagnóstico — e acontece que todos os Centros dos municípios da responsabilidade do Sector em que trabalhamos dispõem deste serviço de hospitalização a nível local.

Estava-se portanto, a nível comunitário, tanto os profissionais do Centro de Saúde como a Equipa de Psiquiatria de Sector, em posição autónoma e sem qualquer dependência hierárquica de uma em relação à outra — a interlocução era assim do registo contratual informal e de colaboração e entre-ajuda recíprocas.

O problema que então se colocava à nossa equipa era o seguinte: — Como ultrapassar as barreiras duma situação histórica, organizativa e institucional reciprocamente segregativa. Tratava-se de encontrar e traçar os caminhos de articulação possíveis num quadro em que a equipa psiquiátrica de Sector e os profissionais do Centro de Cuidados Primários de Saúde (médicos e enfermeiros, sobretudo) estavam, uns e outros, sobrecarregados de trabalho. Seria impossível relatar aqui toda a diversidade de situações nas quais a equipa perscrutou a possibilidade de lançar as pontes úteis nesta estratégia de articulação inter-institucional a qual passava, obrigatoriamente, por uma dimensão ética e técnica de acolhimento dos pedidos dos profissionais dos Centros de Saúde e também, necessariamente, pelo modo de lhes colocar as nossas próprias solicitações. Também não podemos relatar aqui, detalhadamente, a grande riqueza fenomenológica dos "encontros", tanto os de sucesso como os de falhanço, nem tão pouco abordar a dimensão do "desejar" que aí emerge. Começamos por dizer que o primeiro contacto visando objectivos explícitos de articulação teve lugar no início de 1976 – entre o médico da equipa psiquiátrica e o casal de médicos responsáveis pelo Centro de Cuidados Primários de Saúde recentemente criado em Grândola (concelho alentejano); médicos aí residentes e aí trabalhando em regime de exclusividade e tempo completo. Diga-se ainda que existiam elementos de aproximação significativa entre o psiquiatra e estes colegas do Centro de Saúde: posição política comum (factor importante no contexto da "revolução dos cravos") e conceptualização, também comum,

---

[59] Serviços que, ulteriormente, por razões economicistas, foram extintos – recorde-se que esta comunicação teve lugar em 1988.

em relação à estrutura e funcionamento do que deveria ser um Serviço Nacional de Saúde; partilha também do desejo de enveredar por um trabalho de experimentação prática e de elaboração teórica, trabalho que na verdade se revelou pioneiro.

Assim, sem programa prévio abstractamente estabelecido e sem nenhuma orientação ou imposição administrativa ou ministerial chegou-se, partilhadamente:

- à percepção comum da necessidade de uma adequada triagem dos doentes a enviar à consulta de psiquiatria de modo a que ela não tivesse como única função a de servir como "pot de chambre" dos "maus objectos" dejectados; o que implicava responder à solicitação de transmissão de saber psiquiátrico, à prática de regras de acolhimento e de "passagem" dos doentes de um campo institucional para o outro, e à redistribuição (acordada em comum) da função diagnóstica e terapêutica;

- à convicção, partilhada, de poder hospitalizar e cuidar número significativo de situações psiquiátricas no pequeno hospital do Centro. De facto, pouco a pouco, e passando pelo adequado acolhimento das ansiedades do pessoal de enfermagem e respondendo ao seu pedido de transmissão de conhecimentos teóricos e práticos de psiquiatria, tornou-se possível aí cuidar e sem qualquer segregação relativamente aos doentes de outras patologias: descompensações neuróticas agudas, algumas crises dissociativas tanto agudas como sub-agudas, patologias psiquiátricas de etiologia etílica, etc. É óbvio que estas hospitalizações tinham lugar (e têm) num quadro de acordo comum, o que, necessariamente, implica um pedido nosso e o acolhimento desse pedido pela equipa do Centro de Saúde, em contacto directo — relação de pedido e acolhimento que funciona nos dois sentidos: da equipa de psiquiatria para a equipa de Cuidados Primários (médicos e enfermeiros) e vice-versa; implica isto que a equipa psiquiátrica esteja em disponibilidade permanente para acolher o serviço de hospitalização em eventuais dificuldades face à sintomatologia psiquiátrica dos doentes para os quais solicitamos o internamento "sur place", seja também para o que se possa manifestar de psiquiátrico nos doentes internados por outras patologias. E embora um pouco ao lado, apraz-nos dizer que esta prática tem muitos pontos comuns com a da Equipa de M. Minard em Dax, e desde 1985 que temos o prazer (e o proveito) de descobrir, conjuntamente, esses pontos comuns.

Relativamente à articulação da nossa equipa de Sector com a do Centro de Saúde acrescentaremos ainda que foi possível:

- empreender a realização de programas de investigação epidemiológica comunitária em comum;

- apoiar, em conjunto, as comissões de pais e a municipalidade no projecto de constituição de uma cooperativa psicopedagógica (CERCI-Grândola) para crianças com défices das funções cognitivas quaisquer que sejam as estruturas subjacentes.

Para melhor esclarecimento, convém ainda dizer que algum tempo após a criação dos Centro de Cuidados Primários de Saúde, o Governo decretou a extinção do anterior sistema dos Serviços Médico-Sociais de que atrás se falou e que os respectivos serviços locais e o seu pessoal foram integrados nesta nova estrutura que é o Centro de Cuidados Primários de Saúde.

Aconteceu assim que a nível municipal, relativamente à Saúde, nós tínhamos como primeiros actores para desempenhar a acção de cuidar, o casal de jovens colegas de que atrás se falou, outros entretanto admitidos e ainda todo o pessoal (médicos, enfermeiros, pessoal administrativo) dos ex-Serviços Médico-Sociais extintos. Estes factos condicionaram uma situação de questionamentos, perturbações e alterações de relações hierárquicas, de relações de poder, dos sistemas de "prestance"e, obviamente, a emergência de angústias depressivas e paranóides com a correlativa dramatização de estruturas defensivas diversas: paranóides, manicóides, histeróides e de reforço obsessivo. Contudo, apesar destas dificuldades, apesar da avalanche de solicitações que se abateu sobre o dispositivo de acolhimento da nossa equipa de psiquiatria e os efeitos deste contexto na sua própria dinâmica interna, conseguiu-se manter a "tablatura operatória" (Oury) de que antes se falou.

Todavia, de 1977 a 1986, dois factos iriam pesar no desenrolar desta experiência: por um lado a restauração política de direita, com o seu nítido cariz revanchista, que impôs ao Centro de Saúde um director nomeado pelo Governo, o qual, por sua vez, instaura o autoritarismo hierarquizado e o burocratismo os quais, por seu lado, desencadeiam resistências mais ou menos violentas por parte dos médicos de Clínica Geral e, em consequência, diversos processos disciplinares; por outro lado, as condições particularmente duras de trabalho, o distanciamento de Lisboa e o agora referenciado exercício do poder conduziram a uma constante rotação dos médicos do Centro.

A Equipa de Psiquiatria, porém, era autónoma, como se disse, do ponto de vista administrativo e fazia o melhor que podia para manter a sua posição de neutralidade e acolhimento face a todos os profissionais do Centro, qualquer que fosse a facção a que pertencessem.

Neste contexto, a "tablatura operatória" e as potencialidades de articulação retraíram-se e a qualidade da triagem dos doentes para a consulta de Psiquiatria ficou muito prejudicada. Contudo, foi possível manter a articulação para a hospitalização "sur place" dos nossos doentes, o que implicou o prosseguimento dos intercâmbios de valor terapêutico e formativo e, simultaneamente, da elaboração de muitas projecções fantasmáticas no campo institucional do Centro.

E foi assim que, pelos finais de 1985, nos são formulados novos pedidos para a realização de "sessões de formação" em Psiquiatria; que os médicos do Centro se dirigem ao psiquiatra solicitando conselho e, de motu próprio, dando informações directas sobre casos clínicos que eles entendiam dever enviar à consulta de Psiquiatria. O corpo de enfermagem, por seu turno identifica-se no mesmo pedido de formação solicitando "sessões de formação" e multiplicando a procura de contactos directos com elementos da equipa psiquiátrica evocando os mais variados pretextos.

E também foi assim que em Maio de 1986 a equipa psiquiátrica, de parceria com o Centro de Saúde, organizou as "I Jornadas Luso-Francesas de Articulação Funcional das Equipes de Cuidados Psiquiátricos com as Equipas de Cuidados Primários de Saúde", as quais tiveram lugar nas instalações do próprio Centro de Saúde, nelas tendo participado A. Castera e M. Minard de Dax e C. Cappadoro, de Aire-sur Adour. Desde então, o esforço de intercâmbio foi-se enriquecendo e aprofundando, de tal modo que desde o ano passado, vários médicos generalistas frequentam regularmente um Seminário sobre o tema da "Relação Terapêutica", organizado por nós em Setúbal, e que o pedido para um trabalho formativo de perspectiva balintiana nos foi já formulado por colegas clínicos gerais vinculados a dois Centros de Cuidados Primários de Saúde e localizados no Sector.

A chegada ao Centro de Saúde Mental de Setúbal, há cerca de três anos, de uma colega que parece identificar-se com o que se poderá chamar um certo projecto ético e técnico de trabalho, permitiu a emergência de condições que conduziram à estruturação de uma outra equipa de Sector, a qual, numa outra zona geo-demográfica, prossegue uma experiência que pelos seus efeitos, no quadro desta dinâmica de articulação inter-institucional, apresenta homologias, as quais, segundo nós, merecem ser retidas em termos de elaboração teórica a propósito do assunto que aqui estamos a tratar.

E ainda enquanto movimento em curso: a emergência de outras experiências recentes, dinamizadas por outros colegas e seus colaboradores em outros Centros Distritais de Saúde Mental, tais como o de Beja, Castelo Branco, Viseu, Braga e Bragança, parecem demonstrar a aparição de certos factos comuns ao nível da evolução dos intercâmbios e dos conteúdos explícitos nas sequências das solicitações a eles colocadas pelos Serviços de Cuidados Primários — como se este comum desejo por parte destes Centros de Saúde Mental em transgredir e rasgar um quadro institucional "figé" de assistência psiquiátrica de inspiração universitária e, de modo geral sob tutela intelectual da Universidade (desejo que passa por uma comum abertura à articulação funcional, não hierarquizada, com os outros "relais" institucionais do campo sanitário e social) conduza ao desencadeamento de processos homólogos que será útil caracterizar e deles extrair as linhas de força. Foi aliás a consciência desta necessidade de elaboração colectiva sobre o desenrolar dos factos da experiência que conduziu os respectivos promotores a constituírem-se em "Grupo de Reflexão Teórica sobre a Prática da Psiquiatria de Sector" que regularmente se reúne em fins de semana de trabalho.

Voltando aos factos da nossa experiência, surgiu que no quadro de trabalho dito formativo, entre a equipa psiquiátrica de Sector e os Médicos de Família do Centro de Cuidados Primários de Saúde, após o pedido para a realização de sessões de formação colectiva, se seguiu, por parte de alguns, a solicitação para um trabalho a que se tem chamado "formação lado a lado" a qual consiste nisto: de acordo com uma agenda previamente estabelecida em comum, os colegas marcam consulta a doentes que eles julgam sofrerem de componentes psicológicos ou psiquiátricos no seu quadro clínico e, eventualmente a doentes referenciadamente psiquiátricos que constem da sua "lista de utentes". A consulta destes doentes assim triados, tem então lugar no gabinete do médico de família, com este e o psiquiatra. Após a consulta segue-se a reflexão clínica conjunta sobre o caso consultado, sobre a fenomenologia do desenrolar da consulta, sobre as questões diagnósticas, sobre a orientação e estratégia terapêutica, etc.

O que acabamos de referir coloca concretamente toda a questão da relação entre o saber médico de referência universitária (e da necessidade do seu uso correcto) e a dimensão da especificidade psiquiátrica em tudo o que esta relação tem de paradoxal; isto é: situar-se numa posição de abertura ao outro e ao que do sujeito inconsciente nele fala; numa posição de acolhimento das singularidades que se presentifiquem,

74

sejam elas insólitas, como Oury nos diz; simultaneamente, tornar-se suficientemente advertido sobre os perigos de cair nas rasteiras das identificações especulares.

Temos estado portanto, no que respeita à referência formadora da articulação, face a duas solicitações e dois procedimentos de trabalho que se articulam entre si em termos de complementaridade: o trabalho "lado a lado" junto do consultante e o trabalho em grupo o qual vai da transmissão de saber teórico ("ensino") até à reflexão clínica colectivamente partilhada.

Alongámo-nos um pouco sobre esta dimensão formadora do nosso trabalho de articulação com os médicos e enfermeiros dos Centros de Cuidados Primários de Saúde e pode-se discutir sobre as determinações desta escolha. Apenas fizemos alusão, e de passagem, às articulações com os profissionais dos Serviços de Segurança Social, lares não lucrativos para pessoas idosas, estruturas locais de ensino, comissões de trabalhadores das empresas, etc. – isto é: aquilo a que Francis Jeanson chama o "trabalho na população". A razão desta prevalência resulta do nosso convencimento de que esta atenção dada à formação constituía uma condição indispensável para poder trabalhar a nível comunitário, no actual contexto português. Efectivamente, para poder realizar um trabalho psiquiátrico que não seja mera etiquetagem nosográfica ou sindrómica e mera monoterapia química em quadro de segregações múltiplas e para poder tentar o tecer de uma "superfície" de acolhimento que esteja presente em múltiplos lugares e, por assim dizer, em permanência, necessário foi o começar-se por uma estratégia de redistribuição da função psiquiátrica.

Nesta redistribuição da função de acolhimento dos sujeitos em sofrimento e da função psiquiátrica, parece evidente que o papel e a função de "relais" dos médicos e enfermeiros residentes e institucionalmente vinculados ao Centro de Saúde, (o qual, como dissemos, dispõe de um Serviço de Urgência local e de um Serviço de Hospitalização) profissionais que estão ao corrente da vida das famílias, dos grupos e de todas as redes comunitárias, impunha que por isso mesmo, a equipa psiquiátrica aí investisse de modo privilegiado. A equipa por isso optou; e cremos poder sintetizar os resultados, referindo:

1. Esta prática reduziu o peso dos pedidos de consultas psiquiátricas, os quais, na sua maioria (70%) provinham de estruturas neuróticas e reacções emocionais, facto que permitiu uma maior disponibilidade para o trabalho de articulação e formação entre as equipas e, ainda, à "mise en place" de psicoterapias em sentido específico (individuais e de grupo) nas instalações do Centro.

2. Atingiu-se a possibilidade de hospitalizar e cuidar "sur place", a quase totalidade das crises agudas ou sub-agudas qualquer que fosse a referência nosográfica; do mesmo modo, quanto às curas de desintoxicação etílica e de outras toxicodependências. Foi assim que, para uma população de 50 000 habitantes adstrita ao Sector apenas houve duas hospitalizações em hospital psiquiátrico no decurso do último ano — e estas, provenientes de uma municipalidade do Sector na qual a articulação se revela ainda pobre e difícil.

3. Verificou-se uma nítida elevação do limiar de tolerância comunitária, familiar e dos profissionais de Saúde face ao sintoma psiquiátrico e à doença mental, facto evidenciado na redução espectacular das atitudes segregativas e "ejectivas" em curto-circuito.

4. O campo de detecção das potencialidades articulatórias alargou-se, o que constitui uma condição de enriquecimento da "tablatura" de acolhimento e das potencialidades de aí articular as funções diagnóstica e terapêutica.

5. Esta estratégia de pluriarticulação implica um permanente trabalho sobre gestos e atitudes complexas onde a emergência de pedidos e do desejar determinam uma permanente "mise en question" das estruturas defensivas no seio da própria equipa psiquiátrica, o que, como se compreende, coloca bastantes e incessantes problemas.

6. Com certo número de psicóticos começa-se a poder trabalhar ao nível das transferências/contra-transferências multi-refernciadas e multi-referenciáveis (Tosquelles e Oury).

7. O próprio funcionamento dos Centros de Cuidados Primários de Saúde concelhios onde trabalha a nossa equipa de Sector e a da colega que atrás referimos modificou-se significativamente: tornou-se menos compartimentada, aquilo que se chama a "relação médico-doente" e o registo de funcionamento das consultas oscilaram no sentido da "desburocratização" e da flexibilidade e, mais ainda, no sentido de uma abertura ao outro/outrém, que antes não existia dado o potencial obturador da atenção redutoramente centrada na doença.

8. A experiência do Centro de Saúde Mental de Setúbal faz parte, desde há alguns anos, do imaginário de significativo número de grupos de trabalho psiquiátrico, sobretudo ao nível dos Centros Distritais de Saúde Mental, facto que, como já se disse, levou à ruptura do anterior processo rotineiro de trabalho, à emergência de experiências diversificadas e ricas, ao encontro regular dos profissionais comprometidos neste processo.

3. A questão das referências

Pode-se perguntar qual é a referência teórica que sustenta a nossa praxis e a dos outros animadores comprometidos na pesquisa de novas veredas de trabalho psiquiátrico no nosso país. Deve-se dizer que não há homogeneidade em relação a esta questão. Para além dos diferentes actores da equipa (médicos, enfermeiros, psicólogos, assistentes sociais, ortofonistas, técnicos de psicomotricidade, etc.) pode-se dizer que há equipas que se situam num quadro da teoria funcionalista/cognitivista relativamente à estratégia articulatória, procurando consensos pragmáticos democraticamente elaborados — a sua praxis clínica é a do Saber e a do saber fazer da psiquiatria "clássica" com significativo componente da Escola Fenomenológica de Jaspers e K. Schneider. Por nossa parte, como por certo o notaram, pensamos que as "ferramentas" elaboradas no quadro das experiências e teorização do movimento da Psicoterapia Institucional, (por Tosquelles e Oury nomeadamente) nos podem prestar grandes serviços — é assim que, conceitos como os de "Colectivo", "Acolhimento", "Transferêcia/Contratransferência multirefe-renciada", "Analisadores", "Transversalida-de", "Posição diacrítica permanente", etc. nos servem na prática de todos os dias. Como bem se compreende, é uma prática que não é fácil. É como a música; parafraseando Delion: é preciso conhecê-la para a poder tocar e é tocando-a que ela se aprende. É evidente que o campo comunitário do meio social dito "normal" não é menos complexo que o de um campo institucional de um estabelecimento hospitalar — mesmo se este, nas suas alienações, se apresenta como caricatura daquele. E, bem entendido: as angústias emergem e despontam por todo o lado; as defesas estão sempre presentes; a equipa é obrigada a vivê-las e a lidar com umas e com outras, queira-se ou não — o importante é que ela tenha a capacidade de as apreender e de se colocar a famosa questão de Oury: o que é que se faz, o que é que se pode fazer lá onde se está?

A quem nos ouve pode parecer que concebemos o Sector, as municipalidades, as comunidades, como campos mais ou menos "hospitalares", mais ou menos psiquiátri-cos. Talvez haja mesmo quem pense que sonhamos com uma espécie de grande divã onde se meta toda a gente, a começar por aqueles com os quais nos articulamos no campo da Saúde e dos quais longamente se falou — enfim, qualquer coisa própria do registo parafrénico. Todavia, o nosso desejo de cuidar e a nossa acção de cuidados visa exclusivamente os sujeitos sofredores que nos colocam, directa ou indirectamente, o pedido de cuidados psiquiátricos. A nossa estratégia de detecção de "relais" visíveis ou potenciais e de articulação operatória entre eles e nós, nos dois sentidos, não tem outros objectivos que não sejam os de:

- redistribuir a função de atenção psiquiátrica, como antes se disse;

- reduzir a pressão segregativa qualquer que seja o sítio onde ela se manifeste;

- enriquecer, tanto quanto possível, a informação pertinente no processo diag-nóstico;

- alargar a equipa de cuidados psiquiátricos no sentido de uma coerência arti-culada, tão flexível quanto possível e, também, tão aberta quanto possível às emergências do sujeito, o que implica a necessidade de encontros e comple-mentaridades múltiplas e multiplicáveis, tanto na sua estrutura como no seu "pré-texto";

- criar condições e operar as acções de dimensão formativa recíproca para todos os actores interessados tendo em conta o respectivo desejar e as respectivas solicitações; o que implica diversidade movediça necessariamente respeitosa dos consensos e acordos, e do grau de implicação pessoal;

- melhorar, tanto quanto se possa conseguir, a qualidade do nosso trabalho cuidador.

4. Um exemplo clínico

Uma terça-feira de manhã, a enfermeira psiquiátrica, a assistente social e eu próprio, chegamos ao Centro de Cuidados Primários da municipalidade de Grândola, lugar onde todas as semanas se desenvolve uma jornada do nossa trabalho. Instantes após a nossa chegada, uma enfermeira do Centro de Saúde que habita a uma trintena de quilómetros e que proporciona cuidados de enfermagem às pessoas da sua aldeia e proximidades, procura a assistente social da nossa equipa psiquiátrica para lhe falar de uma situação que estima muito difícil e para a qual solicita que se "faça qualquer coisa". Eis a situação: os pais de um rapaz da sua vizinhança, de vinte e dois anos, muito angustiados, procuraram-na para lhe pedir ajuda. O seu filho, inteligente, ex-bom aluno e bom trabalhador, apresenta desde há alguns meses, graves perturbações psiquiátricas: recusa comer, não dorme, passa as noites de pé e a falar sozinho caminhando de uma ponta à outra do corredor da casa falando de coisas que não conseguiam compreender; não se considerava doente e recusava-se obstinadamente a ir a um médico para ser tratado. Mas o que muito perturbava esta enfermeira era o facto de ela ter dito aos pais para o trazerem à nossa consulta de psiquiatria dizendo a ele, Vítor, que era ele que trazia o seu pai à "consulta dos nervos", tendo ele assim aceitado de vir. Efectivamente, desde a nossa entrada nas instalações do Centro, nós vimos um rapaz bem vestido que caminhava em ir e vir de uma ponta à outra do corredor, muito, muito tenso e que espreitava furtivamente tudo o que se ia passando à volta — recorde-se que, como dissemos anteriormente, nestas instalações, ao longo de todo o corredor, existem diversos gabinetes de consulta de Clínica Geral e várias salas de espera onde se aglomeram dezenas e dezenas de pessoas — para consultas, tratamentos ambulatórios, vacinas, fazer marcações, etc.

A assistente social pôs-nos o problema e decidimos que ela e os pais procedessem à inscrição do Vítor para a consulta, "deixando de lado" e por enquanto, o problema de saber como é que nos iríamos desenvencilhar na situação de consulta a qual teve lugar cerca de duas horas mais tarde. Vítor continuava a espreitar as idas e vindas das pessoas e tudo o que se passava à volta, o que se fazia, o que se dizia. Entretanto chegou o momento de receber em consulta, quem? O pai do Vítor pois que lhe tinham dito que era o pai que vinha à consulta. Vítor sozinho? Os dois em conjunto e ao mesmo tempo? Decidi vir à porta do gabinete e dizer ao Vítor para entrar; entrou sozinho. Entrou sem manifestar resistência e sentou-se em frente de mim em posição um pouco oblíqua. Reparo de novo na sua apresentação muito cuidada, no seu aspecto e modos um pouco amaneirados e, muito simplesmente, disse-lhe: "bem, vamos, diga o que o preocupa".

Vítor começou então a falar em tom muito sério e com certa nota dramática. Fala de modo saltígrado, passando de temas e conteúdos místicos e filosóficos a temas referidos às suas capacidades intelectuais e estéticas; o que, porém, domina no curso do seu discurso é a difluência e a imprecisão do pensamento. No entanto, durante três quartos de hora, Vítor foi falando das suas imprecisas dúvidas, das suas convicções de ser envenenado por sua mãe, de ter nascido numa cassete, de ser um ser programado, de estar trocado, de ter um mistério na sua nascença, de querer saber as suas verdadeiras origens. Diz-nos também que falou ao Papa em Fátima sem lá estar, que fazia coisas sem se aperceber mas que elas apareciam perfeitas, que o tinham posto a funcionar ao contrário — a ele, ao seu corpo, ao tempo da sua existência, ao seu próprio tempo vivido. Misturados a estes conteúdos, diversas e repetidas vezes, emergências alusivas a temas homossexuais, a influências e transformações vindas do exterior sobre todos os seus órgãos e, sobretudo, sobre seus aparelhos digestivo e sexual.

Chegou enfim o momento de decidir relativamente ao que fazer: discutir com ele a hipótese de uma hospitalização no hospital psiquiátrico de apoio, em Lisboa ou "sur place" no hospital do Centro de Saúde? Fazer vir uma ambulância e enviá-lo ao hospital psiquiátrico quer ele o quisesse ou não visando um internamento compulsivo de urgência? Fazer vir a enfermeira da equipa e tentar uma injecção de um neuroleptico de acção rápida associado a outro de acção retardada? Fazer uma prescrição de neuroleptico por via parental e discutir com ele e a enfermeira residente na sua aldeia o respectivo modo de administração? Fazer-lhe uma receita "per os" e discutir com ele o modo de tomar os medicamentos assim prescritos? Dizer-lhe para ir ao seu Médico de Família entregando-lhe uma carta com indicações diagnósticas e quimioterapêuticas? Dar aos pais, por via indirecta, uma receita de haloperidol em gotas...? Decidimos não fazer nada disso. Perguntamos-lhe simplesmente se queria marcar consulta para a terça-feira seguinte, proposta que aceitou com uma expressão de prazer extremamente fugaz; e despedimo-nos a seguir com um "até terça-feira".

Tratava-se agora de atenuar as angústias dos pais e da enfermeira de modo a que pudessem aceitar uma tal decisão. Foi a assistente social da equipa que se encarregou disso após prévio acerto entre o médico e ela sobre o método a utilizar com vista a conseguir a atenuação de tais angústias, as quais, por certo, se iriam intensificar.

Na terça-feira seguinte, à chegada, já Vítor nos esperava e: acolheu-nos com sorriso de satisfação. Desta vez, no gabinete de consulta, Vítor sentou-se não em frente de mim do outro lado da secretária como na terça-feira anterior, mas à minha direita próximo de mim. E ao fazê-lo tira da algibeira um frasco de haloperidol e coloca-o sobre a secretária. Ao meu olhar interrogativo, diz-me: "fui obrigado a vir aqui; estive muito mal; eu estava em todas as coisas e todas as pessoas estavam em mim; o meu corpo falava por todo o lado e tudo falava no meu corpo; vim aqui ao Dr. X que me receitou estes comprimidos; é preciso que continue a receitar-mos porque não posso passar sem os tomar; agora estou mais unido; já não me fazem funcionar ao contrário" — efectivamente, constatava-se uma nítida melhoria do contacto e da fenomenologia dissociativa e delirante.

Acrescente-se: próximo do fim desta jornada de trabalho o Dr. X veio ter connosco e contou-nos então que na quarta-feira que se seguiu ao primeiro encontro com Vítor, ele tinha vindo ao Centro, muito agitado e angustiado perguntando por todo o lado e a toda a gente se havia algum médico que fosse do nosso conhecimento ou das nossas relações de amizade... Questão: transferência psicótica "enxertada" e mediatizada pela passagem por terceiros e pelo medicamento?

O programa impõe que termine; e terminarei dizendo simplesmente que Vítor não falta nunca às consultas marcadas, que toma com preocupação obsessiva os medicamentos prescritos, que ritualizou a sua vida do dia a dia e que não manifesta perturbações dissociativas nem de delírio activo; e refere-se à crise dissociativa que vivenciou dizendo que "estava muito mal" mas recorda muito pouco daquilo que sofreu.

Bem: se vos apresentamos aqui este exemplo não foi com o objectivo de o comentar do ponto de vista fenomenológico nem para o reflectir do ponto de vista psicanalítico (embora se possa fazer se nisso virem interesse); menos ainda com a presunção de nos apresentarmos perante vós com um dos nossos "happy ends" dos quais desconfiamos bastante — foi apenas porque pensamos que o caso de Vítor, nos aspectos que aqui resumimos, vos poderia proporcionar uma ideia concreta sobre o quadro, a forma e o estilo do nosso trabalho.

UM POUCO DE MEMÓRIA; UM POUCO DE REFLEXÃO EM TORNO DA NOÇÃO DE EQUIPA PSIQUIÁTRICA [60]

Caros amigos

Para me tranquilizar um pouco devo confessar-vos que senti (e sinto) algumas dificuldades para vir e ousar estar aqui em face de vós. Na verdade, foi somente há alguns dias que recebi a carta do nosso amigo Jacques Tosquellas com o desdobrável do programa onde está consignado que falaria a seguir a Ayme. A greve dos correios e as dificuldades de contactar comigo por telefone durante o dia pesaram com certeza no atraso da recepção da informação que Jacques gentilmente me endereçou.

Com efeito, não tive tempo suficiente para "sonhar" sobre o tema destas XII Jornadas da AMPI e, creio eu, para pensar é necessário sonhar; por outro lado, dada a minha lentidão (e outras preocupações e responsabilidades que interferem), faltou-me tempo para rememorar um mínimo necessário sobre os meus cinquenta anos de trabalho em psiquiatria — o que, sem dúvida, seria muito útil. Ora, tudo isto associado às minhas dificuldades linguísticas e às minhas inibições pessoais conduziram ao que aqui vos apresento e que submeto à vossa tolerância.

Tendo, pela vossa amizade e solidariedade, decidido vir, fiquei todavia indeciso sobre o que vos poderia dizer. Recorri então ao programa e li: "espaços do sonho e tempos de acção no trabalho de equipa..." E disse para comigo: bem, se se diz espaços de sonho no trabalho de equipa é porque não é duma equipa de trabalho em cadeia que aqui se trata — certamente que sabem que nos tempos que correm a psiquiatria não está livre de um tal modelo de trabalho e eu próprio conheço um país no qual foi oficialmente nomeada uma comissão composta por enfermeiros/as cuja missão é a de estudar a decomposição do trabalho do enfermeiro de psiquiatria em tarefas precisas e de cronometrar com rigor os respectivos tempos de execução...

Mas deixemos as minhas inquietações pessoais face a uma eventual ameaça de introdução do modelo robótico em psiquiatria — certamente muito menos oneroso em pessoal — e concordemos em falar da equipa psiquiátrica em serviço.

---

[60] Texto apresentado nas 12.ᵃˢ Journées de Psychothérapie Institutionnelle de l'Association Méditerranéenne de Psychothérapie Institutionnelle dedicadas ao tema: «Espaces du rêve et temps de l'action dans le travail d'équipe» – Marselha, Novembro 1998.

Todos sabemos que devemos ao movimento da "psicoterapia institucional" e da "psiquiatria de sector" a promoção da exigência do trabalho psiquiátrico em equipa como necessidade incontornável. E isto, primeiro que tudo, pelo reconhecimento activo de que o ser humano, são ou doente, constitui uma integração polidimensional que tem a ver com o corpo, com o psíquico e com o social. Depois, pelo facto de o trabalho de cuidar dos déficits, das perturbações ou das roturas de tal integração exigir concerto de actores técnicos de especificidades diversas; isto é: o reconhecimento activo de que o médico não é o único detentor do saber pertinente e que da semiologia concreta do quotidiano, indispensável no tomar de decisões ajustadas, ele apreenderá sempre muito pouco a partir do exclusivo colóquio singular tradicional. Para isso, e sobretudo em relação aos doentes psicóticos, é-lhe necessário convocar e escutar aqueles que, quotidianamente, ao longo do dia e em locais diversos, estão em relação directa com estes doentes. Daí, como sabem, a consciência da necessidade da institucionalização desta "ferramenta" fundamental que são as reuniões do colectivo cuidador centradas sobre os próprios doentes (a praxis democrática intrínseca ao movimento da Psicoterapia Institucional levaria ao alargamento da prática de reuniões transdisciplinares a outras configurações e finalidades). Daí ainda, o reconhecimento activo de que para cuidar dos doentes psicóticos, necessário se torna que se implante uma constelação referenciada de espaços de intercâmbios materiais, afectivos e de fala, espaços nos quais e através dos quais eles devem poder circular livremente e, eventualmente, investir — o que implica não apenas o alargamento do teatro do cuidar mas também o recorte espaço-temporal cénico deste; recortes espaço-temporais necessariamente interarticulados e integrados (como vêem, estou a evocar os clubes terapêuticos e as suas articulações).

Parece evidente que o que acabo de recordar foi fruto e motor de cultura democrática; mas foi também fruto do reconhecimento esclarecido do que se pode apelidar de potencial patogénico/patoplástico versus, terapêutico, do campo do cuidar que era necessário organizar e preparar. Parece que muitos protagonistas do vasto movimento de que falamos se ficaram naquilo a que se chama teoria e praxis funcionalista dinâmica; outros, contudo, prosseguiram a navegação ...

Na verdade, bastante cedo, mesmo antes de Tosquelles ter enunciado a metáfora das duas pernas no decurso da sessão de fundação da Société de Psychothérapie Institutionnelle em Outubro de 1965 (Paris), ele próprio, Oury, Gentis, Racine e outros, inspirando-se por um lado nos trabalhos de Melanie Klein e continuadores sobre as angústias e organizações defensivas arcaicas, por outro nas observações e reflexões sobre a patologia da imagem do corpo e a prática dos grupos, haviam chegado à noção de transferência fragmentada e multireferenciada — noção que viriam a articular com a de enxerto de transferência posta em evidência, teórica e praticamente, por Gisela Pankow. Estas noções, enriquecidas pelo contributo dos conceitos da "daseinanálise" e pelos frutos dos trabalhos do grupo de Schotte em Lovaina a propósito do Vector contacto de Szondi conduziram à evidência e promoção prática da função de acolhimento — isto, muito antes da conceptualização da função *alpha* por W. Bion e da elaboração e difusão do conceito de envelope psíquico, de envelope de grupo, de função aconchegante,... etc.

Além disso, temos o desenvolvimento do trabalho prático e de reflexão teórica produzidos pelo grupo de Villeurbanne com J. Hochman, Marcel Sassolas e colaboradores e aquele que é produzido por Delion e sua equipa, com crianças, em Angers; do contributo de La Borde, ao longo de decénios, Oury, F. Guattari, G. Michaud, D. Roulot e outros nos foram dando (e continuam a dar) testemunho.

Esta curta nota histórica pareceu-me necessária com vista a mostrar que uma equipa de trabalho em psiquiatria não deve ser vista como um grupo ou conjunto de grupos concebidos tanto na sua composição como no seu funcionamento e interactividade dinâmica de acordo com parâmetros sociológicos exclusivos tanto no que respeita a função de decisão como na de distribuição e execução das tarefas técnicas — assunto sobre o qual se poderá ler com proveito a longa intervenção de Jacques Tosquellas mas II Jornadas Internacionais sobre Psicoteraspia Institucional e Psiquiatria de Sector (Mangualde, 1990), texto oportunamente publicado pela Sociedade Portuguesa para o Estudo da Saúde Mental.

Ficar numa tal concepção (de exclusivos parâmetros sociológicos) significa não apenas a ilusão de "despejo" do sujeito inconsciente como a recusa de com ele trabalhar — o que irá abrir as portas a uma racionalidade objectivante e "maquinística" cujas consequências já conhecidas e as que se prevêem para o futuro são de temer: tanto no que respeita à dimensão ética como relativamente ao pensar científico.

Torna-se pois necessário recorrer a outras constelações conceptuais para tentar uma melhor compreensão do que seja a substância daquilo a que se chama: equipa psiquiátrica em trabalho.

Durante anos, no meu pensar interno servia-me da metáfora do "saco" para compreender e trabalhar em equipa. Eis que a gentileza e amizade de Delion me fazem chegar o seu livro intitulado "Séminaire sur l'autisme et la psychose infantile" no qual pude ver que a metáfora e a lógica dos sacos em oposição à lógica das caixas conceptualizada por Michel Serres, lhe era também útil — Delion di-lo com uma imagem de tal modo eloquente que não resisto a transmiti-la: "A equipa, o colectivo de cuidados, este organismo bizarro, fabrica-se com as colunas vertebrais psíquicas e éticas de cada um mas com e dentro de uma pele grupal; é um dispositivo frágil e precário; um pouco como quando nos metemos quatro ou cinco dentro de um saco para fazer de cavalo; um faz as patas da frente, outro as patas de trás e outros dois ou três fazem o resto; é preciso que cada um dos membros deste cavalo singular se aguente para que o conjunto se mantenha num tecido que representa vagamente um cavalo; é muito frágil e pode-se rasgar facilmente". E acrescenta: "no nosso trabalho em equipa há qualquer coisa desta ordem, um índice de fragilidade e de precariedade necessárias para poder acolher as angústias e os meios de defesa (muito frágeis) das crianças e adultos assim como os ícones e os índices que eles nos enviam".

Evidentemente, como Delion bem o diz, trata-se dum saco muito particular. Composto por um número finito de nós e de passagens entre eles, o conjunto tem uma superfície que é um envelope de geometria variável sobre dimensões múltiplas. Mesmo numa dimensão simplesmente topográfica e se se toma o paradigma do sector, vê-se (e bom será que assim seja) que o envelope-saco se pode distender em pseudópodes à procura de pontos de contacto e de articulações necessárias, ou retrair-se em pregas não menos necessárias; vê-se que esta variação se pode fazer segundo movimentos flexíveis e bem acordados relativamente ao "terreno" em que se opera ou, pelo contrário, sob um modo mais ou menos rígido e dissonante, eventualmente a indicar a identificação projectiva patológica; pode mesmo chegar a ver-se a imagem da catatonia fixada em pontos estáticos e a agir estereotipias supostamente técnicas. E é necessário que este saco assim tecido se sustente para que se possa sustentar a interface que faz limite entre um campo exterior e um campo interior, cada um deles com propriedades particulares de campo. Recorde-se a propósito a epistemologia e os conceitos de campo psicológico, campo de grupo, campo social (com as suas bases ecológicas) que Kurt Lewin nos proporcionou já lá vão dezenas de anos.

Esta superfície-interface que o envelope-saco constitui, imagino-a a funcionar como uma membrana que suporta as tensões exteriores e interiores, que tem a função de apara-excitações e que também pode funcionar como superfície de inscrição. Como se vê, evoco aqui as bem conhecidas formulações de Anzieu. Mas também a vejo a assegurar uma função de suporte dos sistemas de poros de permeabilidade cujos intercâmbios osmóticos e de bombeio são sempre complexos, frágeis e precários na sua estabilidade funcional adequada. Perdoem-me que continue a socorrer-me metaforicamente da química-física. Como acabei de dizer, esta superfície-interface do saco-membrana está submetida tanto a tensões exteriores (do Estado, da opinião pública, das famílias e de toda a rede social) como às turbulências interiores; está sempre em risco, seja de se romper seja de se defender pelo recurso ao modo da carapaça autística impermeável. Acrescentarei que esta superfície-interface do saco-envelope da equipe está submetida, como disse, a turbulências exteriores e interiores mais ou menos destrutivas e que emergem e evoluem em relação com o potencial metabólico dos "campos climáticos", com as "atmosferas", como nos diz Salomon Resnik — fenomenologia de atmosfera cujos índices carecem de ser detectados e pensados.

Tente-se agora dirigir a atenção para dentro do "saco". Todos sabemos o que são as clivagens sociológicas de pertença: estatutárias, corporativas, de historicidade, etc... Mas existem também, tanto do lado dos "consumidores" como dos "produtores" de cuidados (gosto desta fórmula de Oury) indivíduos e grupos formais e informais (incluo aqui os grupos de "formação espontânea reactivos às supostas escolhas preferenciais do médico" postos em evidência por Tosquelles) com as suas interdependências complexas, as sua peles e os seus campos de influência e de atmosfera próprios.

Então, que dizer sobre as condições para que esta complexidade se mantenha de modo a desempenhar as suas finalidades cuidadoras e terapêuticas. É óbvio que isso não poderá acontecer com recurso a sermões ou a preces de boas intenções; nem tão pouco com regulamentações burocráticas sobre papéis, funções, esferas de competências e acantonamento de responsabilidades — o que não significa que ao nível de execução das tarefas os papéis e as responsabilidades não devam ser claramente definidos e articulados.

Em relação a isto creio estarmos de acordo em admitir que a finalidade cuidadora e terapêutica passa pela capacidade que este ajuntamento complexo e heterogéneo (a que chamamos equipa) tenha para produzir uma função de "recipiente" acolhedor (fonction contenante) tal como W. Bion a conceptualizou; isto é: produzir um quadro com qualidades de atenção atenciosa, de acolher, de sonhar e de pensar tanto as turbulências projectivas como os índices e sinais discretos emitidos pelos "asteróides"[61] autísticos sejam eles errantes, ou "pregados" a coisas e pontos fixos. Produzir esta função que Bion apelidou de função alpha e que Delion prefere chamar de função fórica, pressupõe o que J. Dill do Grupo de Villeurbanne e no seguimento de Winnicot, designa como articulação do holding com o moving; isto é: acolhimento e suporte suficientemente bons e capacidade de fantasiar sobre o que foi e ficou inscrito no inconsciente adentro do saco-membrana que é a equipa.

Ora, esta produção de holdina e movina ligados e interdependentes não pode acontecer nos espaços de fusão e confusão em que os envelopes individuais e os grupos se dissolvam criando-se desse modo um *ajuntamento* sem "coluna vertebral", *ajuntamento* topologicamente não orientado; portanto sem potencial atractor. Uma tal situação não só seria incapaz de acolher as angústias arcaicas (e todas as outras) como as faria subir exponencialmente com os riscos de "passage à l'acte" mortíferas ou de explosão fragmentária — salvo se, num movimento de urgência defensiva, se instalasse por todo o lado e a todos os instantes uma contenção rígida não menos mortífera. Na verdade, um quadro de envolvência acolhedora não é um quadro de contenção catatonizante como muito a propósito Delion nos recorda.

Um quadro com função de holding no qual o processo terapêutico possa acontecer exige a integração de "objets arrière-plan"[62](incorporação de objectos de sustentação), base de ancoragem do conjunto-equipa e que permite que a respectiva heterogeneidade se mantenha elasticamente: na verdade, conjuntos de grupos de composição e referências diversas, cada um com o seu próprio envelope-membrana e sua aptidão ao contacto e, entre eles (estes diversos grupos), os espaços e tempos intersticiais nos quais o fazer e o dizer (dimensões sobre as quais Oury e Delion insistem) têm o seu privilegiado campo potencial de emergência. Necessário se torna, porém, que estes "fazeres" e "dizeres" sejam apreendidos, entendidos e retomados no sonhar-pensar da equipa.

No conjunto dos referidos objets arrière-plan integrantes do quadro temos: a lei, a constelação da hierarquia estatutária, o tabuleiro dos "situemas" (este conceito elaborado por C. Poncin continua a ser-me útil) articulado com a grelha dos tempos de actividades — isto no fundo, o que parece relacionar-se com a lógica do geral de que Delion nos fala ao retomar o trabalho da Escola de Perpinhão sobre C. Pierce.

Sem estas integrantes do quadro, o singular, qualquer que seja a sua estrutura, não se afigura possível; como diz Delion: "é necessário o geral para que haja o singular; é necessário o singular para que haja o geral" — relação dialéctica que o poeta de Antígona bem colocou, acrescento. Isto é, o singular e a hierarquia subjectal (continuando com Delion) podem existir sob condição que o geral exista, e entre si se acordem em justa medida. Se este dipolo dialéctico não existir não poderá haver enxertias e constelações de transferência psicoterapeuticamente reconhecidas e trabalhadas — o que haverá

---

[61] Metáfora de Delion.

[62] Conceito elaborado a partir da psicanálise de crianças autistas e psicóticas; nomeadamente com os trabalhos ded: G. Haag, Golse, Delion, Resnik.

será do registo da contra-transferência massiva que esmaga ou incendeia sem disso se dar conta. Contudo, o que nos questiona e que, de modo nenhum, não é da ordem da simplicidade, é saber um mínimo sobre o que é necessário para que este dipolo dialéctico, sempre em perigo, se mantenha e funcione na justa medida.

Creio que estaremos todos de acordo em não acreditar que seja um parafrénico genitor ou um mágico da harmonia que venha resolver tal dificuldade. Trata-se de uma questão central sobre a qual os que têm navegado e navegam na embarcação da Psicoterapia Institucional sempre têm trabalhado, forjando ferramentas conceptuais e operatórias a partir da própria prática. Entre eles, aquele que Horace Torrubia apelidou de analisador e cuja função é a do trabalho do pensar em busca do sentido daquilo que a partir de signos, sinais e índices o colectivo acolhe, recolhe e pensa.

Foi voluntariamente que, de modo isolado tomei este conceito com o nome de baptismo que Torrubia lhe deu. Para mim este conceito tem valor paradigmático relativamente ao que nos pode servir para apreender e trabalhar no campo da trans-ferência e contra-transferência, campo cujas estruturas sempre se entrelaçam e que se torna necessário desfiar tanto quanto possível — trabalho que em minha opinião se não poderá dispensar no processo de elaboração de decisões e acções de cuidados sob risco de elas não serem outra coisa que "passages à l'acte"[63] patogénicas.

Retomo ainda o paradigma do analisador dado que ele me aparece como porta-dor da dimensão sonhar-pensar sobre a qual nos temos alongado e a que o tema das Jornadas nos convidava.

Sabe-se que o processo do sonhar-pensar no "colectivo" e naqueles que se juntam com a finalidade de compreender e, eventualmente, tomar decisões, passa por tempos e por expressões fenomenológicas muito diversas. O que tem a ver com a constelação das interdependências e sujeito do inconsciente dos que aí se encontram presentes, mas também tem relação com o que, dos doentes e do colectivo da equipa no seu conjunto foi recebido e recalcado no inconsciente de cada um. Creio que todos nós temos a experiência de se ter encontrado numa reunião para reflectir sobre um ou vários doentes ou sobre constelações mais ou menos patológicas e patogénicas a actuar no colectivo e sem que se saiba porquê, o grupo permanece mudo e em que até o corpo de cada um parece esvaziado de expressão. E não se trata de reticência; parece uma espécie de vazio abissal que aí está e que talvez a teoria da identificação projec-tiva nos ajude a compreender. Não continuarei a falar disso e recordarei apenas que se for dado tempo (o qual é vivido com surpreendentes distorções) pouco a pouco se poderá ver que os corpos adquirem forma expressiva, que esboçam movimentos discretos (como se ressuscitassem) e que, por aqui e por ali, pequenos esboços de "mise en mots" começam a emergir e a falar, aparentemente desligadas e desconexas mas onde a recordação do visto e do entendido se misturam de modo confuso sobre situações e tempos muito diversos; depois poder-se-à ver um tempo em que se ima-

[63] Alusão à distinção operatória introduzida por Lacan entre "passage à l'acte" e "acting-out" cuja importância, na metodologia da psicoterapia institucional, é particularmente sublinhada por Oury e Delion.

gina e em que se formulam hipóteses que são tramas de interpretações; tudo isto se passando em relação com "variações climatológicas" que nos impressionam; variações que têm para mim valor de índice de transformação — transformação do conteúdo pelo contenant-groupe, diria.

Por vezes, não se sai do estado de aborrecimento ou foge-se para o exterior: sonha-se sobre o tempo, sobre as férias... Mas o que é surpreendente, é constatar que mesmo quando parece que nada se passou em relação com o que era suposto reflectir se acaba por constatar que, houve transformações benéficas indiscutíveis relativamente às situações clínicas em causa — o tempo não me permite citar exemplos.

Acontece pois, que no trabalho psiquiátrico, a equipa de que se falou não pode deixar de se estruturar em espaços-tempos de sonhar[64] e pensar sobre o que sonha — então, talvez se possam elaborar e partilhar decisões que, em justa medida, se julguem necessária e oportunas.

Uma palavra para terminar: evoquei pressões internas e externas sobre o saco-membrana da equipa o qual é, em si mesmo instável; porventura sempre em risco seja de impermeabilização autística seja de rotura e fragmentação. Todos temos a experiência das turbulências que emergem no seu interior se este não estiver em catatonia. Mas não se pode esquecer ou subestimar o peso das forças exteriores, nomeadamente, as do poder político-tecnocrático que se impõem como determinantes: como se sabe elas têm o poder de impor o orçamento, tentam impor (impuseram) a compartimentação dos lugares e dos dispositivos de cuidados (os dos agudos, os dos crónicos, os dos que não respondem em duas ou três semanas de medicação, os dos que respondem, o dos que são da responsabilidade da saúde versus os que são catalogados de deficientes a despejar para o campo da assistência social, etc. ...) — no limite, esse poder pode determinar e consumar a razia, à escala nacional, tanto da história como dos dispositivos de cuidados resultantes de anos e anos de trabalho válido relativamente a uma ética do humano. O meu país passou e está a passar por essa traumática experiência.

---

[64] Decerto não terá passado despercebido que ao falar-se de *sonhar* se está a pensar no *imaginar-fantasiar*; o que cola com o conceito de "musement" elaborado por Michel Balat.

ALGUMAS REFLEXÕES EM TORNO DUMA INSTITUIÇÃO: A "PRESENÇA CUIDADORA" [65]

O enunciado do tema destas 7as Jornadas da Associação Mediterrânica de Psicoterapia Institucional, indica, de modo incisivo, a dimensão da temporalidade, do movimento: tempo estável, tempo instável, tempo problemático, tempo de crise, tempo de transformação das instituições (mesmo tempo da sua morte) — sempre em relação com a temporalidade política, sociológica, tecnológica. Tempos da temporalidade dos grupos e de segmentos sociais múltiplos. Tempo de movimento das correlações de forças — sempre complexo. Tempo de movimento aberto à abertura duma praxis transformante dum tempo fechado de *prático-inerte* de ritualização morta e mortífera de toda a emergência do desejo; tempo produtor de sentido ou tempo estagnado — estagnante. Tempos de desafio, instituições face ao desafio do tempo ...

Instituição... lexema a nomear o objecto produzido por um poder instituinte: poder autocrático, poder colectivo, poder identificável, poder anónimo, poder sem nome? Relação do sujeito instituinte ao que *faz falta*, ao que é *pressentido a faltar* — mais ou menos reflectido; sempre movimento do desejo produtor do agir.

Instituições, máquinas lógicas de partilha, que estabelecem e articulam diferenças, que fundam as condições e regras de trocas, que são condições do sentido — sentido dos intercâmbios humanos a dimensões múltiplas: biológicas, económicas, sociais, afectivas, sexuais... de palavras.

Instituições, máquinas lógicas ordenadoras — produtoras de ordem no espaço físico e social, no tempo, no comércio dos humanos: ordem reconhecedora das diferenças definindo entre elas as articulações possíveis.

Tempo fundador: percepção de um contexto problemático, identificação ao que falta, emergência duma praxis instituinte, instituição instituída; momento fundador circunscrito num tempo histórico preciso, no espaço-tempo dum mito, num tempo sem fim como é o de Babel; momento fundador da própria existência — do *ser corpo--sujeito*. Forclusão ou colapso desta articulação e eis-nos face ao ser psicótico?

---

[65] Intervenção nas 7èmes Journées de Psychothérapie Institutionnelle de l'Association Méditerranéenne de Psychothérapie Institutionnelle (A.M.P.I.) dedicadas ao tema «Les Institutions à l'épreuve du temps» – Marselha 1993.

A enunciação indicativa deste feixe de tópicos no quadro dum horizonte proble-mático em torno da noção de instituição em relação ao tempo e ao sujeito não deve, evidentemente, deixar-nos esquecer que somos gente da praxis psiquiátrica e certo é que nos encontramos aqui para falar das instituições psiquiátricas, das instituições de finalidade e função terapêutica... grande palavra! Precisemos: instituições tera-pêuticas porque não apenas moderadoras duma ordem estabelecida mas, sobretudo, porque condição de espaços de encontro, de emergência do desejo, da articulação da transferência e da articulação simbólica do sujeito sofredor. Instituições cujo espaço praxico pode estar dentro, fora ou no intermezo do estabelecimento psiquiátrico ou de qualquer que seja o estabelecimento de cuidados.

Instituições psiquiátricas: relação com o conceito, o estatuto, a teoria da do-ença psíquica — relação desta com a história social e económica, com o processo de desenvolvimento científico e técnico, com a história das instituições políticas e administrativas, com o nível do pensamento epistémico, com o potencial e força dos ideais humanistas, com a dimensão ética dos praticantes da instituição cuidadora. Não será suficiente recordar em relação ao nosso mundo dito ocidental, a distância filosófica, científica e ética, que vai do Hipócrates de Kos à sombra do velho pinheiro, àquilo que estabelece a bula de Inocêncio VII e o consequente modo de processo e de procedimentos estabelecidos pelos dominicanos Jakob Springer e Heinrich Institoris no seu tragicamente célebre "Hexammer" (martelo das bruxas, 1487); a distância que vai das instituições do tempo do poder temporal eclesiástico, àquelas que permitiram a instituição da Lei Esquirol?[66]

E sobre as casas de segregação dos loucos também não chegará que se evoque a diferença que vai dos manicómios pré Pinel e Esquirol (como foi o caso do célebre Bedlem) aos asilos do século XIX a funcionar no quadro dos preceitos definidos e estabelecidos pela Lei Esquirol.

E em relação à epistémica, que dizer do desvio entre a teoria que faz da doença mental uma doença do órgão cérebro em identificação com o modelo redutoramente organicista das patologias e a teorização que se foi elaborando no sulco da rotura epistémica de Freud?

E devemos nós deixar de apontar as diferenças de epistemis, de praxis e de ética profissional entre os que laboram no rasto do movimento da psicoterapia institucional e os que a desconhecem, rejeitam ou denegam?

Questões postas num esquematismo e simplificação extremas, evidentemente, mas que nos servem para mostrar que as instituições resistem, obviamente, à prova do tempo mas que há sempre movimento: previsível e imprevisível, calmo ou mais ou menos agitado e crítico; há o tempo aparentemente morto e há o tempo de rotura — e há o tempo de perigo...

---

[66] Lei que responsabiliza o Estado pela assistência aos doentes mentais em todo o território francês, ainda em vigor.

Reflexões simplistas e superficiais, evidentemente, mas que nos podem servir para introduzir algumas questões que julgo não desprovidas de oportunidade, ei-las:

- As políticas orçamentais dos países da CEE/EU mostram ou não a tendência à restrição das dotações destinadas à assistência psiquiátrica?

E sobre quais rubricas a restrição se faz mais sentir?

- Assistimos ou não à redução dos efectivos do pessoal cuidador: enfermeiros e médicos nomeadamente?

- Assistimos ou não à redução progressiva do tempo e da qualidade de "presença" dos cuidadores junto dos doentes?

- Pode-se falar ou não de uma deterioração da formação dos cuidadores em psiquiatria? — estou a pensar na dos médicos, sobretudo.

- O direito ao cuidado[67], vitaliciamente, se necessário, não estará a ser sapado na prática? Por exemplo: que dizer da "mercadoria" (que está na moda promover) dos serviços de hospitalização de curta duração, burocraticamente estabelecida, com o correspondente despejo para o *campo do social* — mas que social e em que condições?

- Que dizer do slogan "passe-partout": "a psiquiatria é uma especialidade médica como as outras"? — Não assistimos nós à recuperação, ou mesmo ao uso perverso pelo Poder e seus serventuários tecnocratas, do discurso ideológico contra os serviços de hospitalização psiquiátrica e à hospitalização dos doentes, discurso sobre o qual o mínimo que se pode dizer é que se trata de um discurso racionalizante, seja da fobia face à doença mental ("longe da vista, longe do coração", diz o provérbio português), seja da omnipotência de "curar" posta em "echec"? — discurso porém, que serve à maravilha os objectivos economicistas dos poderes governativos.

Sei bem que as questões aqui colocadas reenviam para parâmetros e noções cuja reflexão teórica e tecnicidade de uso prático são complexas; mas indiquei-as assim, de modo simples, para melhor circunscrever a questão central que me coloco: não estamos nós, praticantes da psiquiatria, face a um contexto de forte impacto sobre as instituições de cuidados psiquiátricos? Impacto portador de efeitos; sobre o quê e em que sentido?

---

[67] Noção mais abrangente que a de tratamento no sentido estrito do uso de técnicas terapêuticas, e que tem a ver com a dimensão humana e psicoterapeutica da relação.

Hoje, aqui, debruçar-me-ei na questão de tais efeitos sobre o que se pode designar de presença no trabalho clínico: presença, presença–ausência do cuidador em relação ao doente na estrutura de cuidar. Com esta finalidade, permitam-me um pouco de História.

Todos sabemos que sob a impulsão do Iluminismo, da Revolução Francesa e da progressão do Humanismo consubstanciado na teoria do Direito Natural e nos Direitos do Homem (e, depois, no decurso da formação dos impérios colonialistas) se institucionalizou a protecção segregativa dos doentes mentais na generalidade dos países europeus segregação tendo lugar no quadro institucional e material dos asilos de alienados.

Sabemos também que sob o impacto do movimento humanista e da evolução da reflexão epistemológica e do progresso científico, esta institucionalização segregativa nos asilos se acompanhou da institucionalização médica deles: pelo menos em teoria. Sabemos também que foi no quadro e sob o signo do pensamento positivista-materialista que os médicos se aproximaram dos doentes a fim de estudarem a doença psíquica e estabeleceram as entidades nosológicas. Foi desta abordagem — da qual se podem citar, no decurso do século XIX, entre outros, os nomes históricos de Pinel, Esquirol, Falret, Baillarger, Morel, Magnan (em França); Kalbhaum, Hecher, Griesinger e Kraeplin (na Alemanha); Korsakoff (na Rússia); Collony e Maudslay (em Inglaterra) — que decorreu como todos sabem, a edificação do monumento tanto semiológico como psicopatológico (depois particularmente enriquecido com a fenomenologia psicopatológica de Jaspers e seus continuadores durante a primeira metade do século XX) e nosológico da Psiquiatria dita clássica.

Mas esta presença atenta na praxis clínica não foi, sabe-se, mera observação e elaboração contemplativa de alcance epistemofílico mais ou menos fatalista. Em distribuição geográfica variável, ela instituiu a dimensão cuidadora da qual para além da terapêutica de ocupação (e cingindo-nos à referência biológica) se pode recordar a sucessão: a hidroterapia quente e prolongada na banheira com o cuidador-dialogante, ao lado; a experiência de Wagner Von Jaureg, sucessor de Kraff-Ebing na clínica de Graz (Áustria) provocando a doença palúdica para tratar a paralisia geral progressiva; a de Manfred Sakel em Viena com a hipoglicemia provocada com a injecção de insulina e consequente instituição da cura pelo choque hipoglicémico repetido de acordo com a técnica elaborada por ele e continuadores (Bräunmhul, Kalinowsky e outros); a sismoterapia iniciada por Meduna usando a cânfora e depois o cardiazol e, ulteriormente, a obtida por Cerleti e Bini com a passagem da corrente eléctrica; e, no respeitante ao antes de 1952[68] e concernente às terapêuticas ditas biológicas ainda se podem citar: a narcoterapia depois seguida pela terapia pelo sono prolongado, inspirada pela teoria fisiopatológica de Pavlov; o choque acetilcolínico de Fiamberti... etc.

Técnicas de tratamentos ditos biológicos cuja expansão de uso, variações estatísticas de eficácia e polémicas sobre as explicações do denominado "mecanismo fisiopatoló-

---

[68] Tempo inaugural da psicofarmacologia contemporânea.

gico de acção" se podem apreender consultando as actas do Congresso Mundial de Psiquiatria de 1950 em Paris.

Mas se evoco o histórico desta sucessão de cuidados tradicionalmente classificados de biológicos é porque pretendo recordar que para além da tecnicidade específica de cada um, todos eles implicavam a presença de intencionalidade cuidadora do médico e dos enfermeiros/as numa relação complexa com o doente, eventualmente confrontados com a angústia de possível acidente iatrogénico mortal; é evocar o encontro ao nível da "corporidade" [69] *cuidada e falada* e tudo o que sobre a " maternagem terapêutica" pôde ser descrito por Gertrud Schwing (enfermeira no serviço de Federn em Viena) e Tosquelles; é ainda recordar tudo o que implicava a organização do quadro material necessário à pratica de tais técnicas (recorde-se, a título de exemplo, a organização da sala de cura de Sakel, tal como Bräunmhul a propunha) e o trabalho sobre ambiência terapêutica de que falava Knitht e sobre a qual os pioneiros da Psicoterapia Institucional tanto insistiram. Dizer isto, é dizer que esta presença na praxis terapêutica não consistia, de modo nenhum, num simples agir tecnicista, mecânico e estereotipado, mais ou menos agressivo, sobre o somático — é dizer que ela, a presença, era produtora de "Erlebnis" cuja qualidade explicaria, pelo menos e em parte, as diferenças de eficácia dos métodos biológicos então utilizados.

Falar duma noção de presença cuidadora não é tomá-la, evidentemente, no quadro exclusivo do tratamento dito biológico; implica ter em mente o caminho desbravado e mantido por todos aqueles que no signo de Freud[70] se lançaram na abordagem psico-terapeutica dos psicóticos. Recordem-se muito brevemente: as tentativas no sanatório psicanalítico de Tegel dirigido por Simmel; os casos relatados por Bjerre; os esforços do grupo do Burgholzli em torno de E. Bleuler por volta de 1910; o trabalho dos pioneiros de além-Atlântico (Kempf, Clark, Coriat) a que se seguiu a experiência do Chestnut Lodge Sanatorium com Sullivan, Bissler, Frieda Fromm Reichman (entre outros); a modalidade de presença de Rosen na sua "análise directa" (anos 40- 50); a achega de Madame Sechhaye relatando a sua experiência do caso de Renée nas con-ferências que fez no Burgholzi em 51-52; ulteriormente e já após a introdução dos neurolepticos e dos anti-depressivos, recordemos ainda, entre outros, os trabalhos de Racamier, Schweich, Rosenfeld, S. Resnik, Muller, Winicott, Gisela Pankow, Francoise Dolto e Maud Mannoni, o grupo de Lyon — Villeubanne com Jacques Hochmann e Marcel Sassolas — voltarei porém a esse ponto quando me referir às contribuições do movimento de Psicoterapia Institucional. Todavia, para o fazer, parece-me indispen-sável evocar a contribuição de Hermann Simon com a sua experiência de Gütersloh. Certamente que se recordam que Hermann Simon, primeiro em Warstein e depois em Gütersloh dinamizou e relatou uma experiência a meu ver essencial sobre os três pontos seguintes:

---

[69] A não confundir com o corpo objectivado das ciências anatomo-fisiológicas.

[70] Apesar de ele considerar que essa abordagem não era possível, diga-se.

- tomando o conceito de análise estrutural de Birnbauhm e alargando-o ele utilizou-o com extrema riqueza e finura na análise do meio asilar em termos de potencial etio-patoplástico a manifestar-se na expressão psicopatológica e no curso evolutivo da doença;

- toma a vida quotidiana e os lugares de existência como campo de praxis activa de análise dos efeitos relacionais do meio e ambiente; toma-os também como campo de investigação tenaz relativamente à procura de meios práticos de prevenção dos efeitos do respectivo potencial patogénico;

- demonstra que não se pode cuidar doentes se não se cuidar do meio e que este cuidar deve ser objecto não apenas de preocupação constante como da "mise en place"dos dispositivos a isso adequados. Recordemos, a título de exemplo, o seu calendário de reuniões regulares dos médicos com enfermeiros a propósito da sua terapêutica activa quotidiana.

Evoque-se agora a contribuição do movimento da Psicoterapia Institucional no que respeita à presença em clínica.

Todos sabemos que Tosquelles chegou a Saint-Alban trazendo no seu ser a sua cultura de homem catalão de Reus e toda a sua experiência de psiquiatra no Instituto Pere Mata e nas frentes da Guerra Civil; mas trazia também com ele o seu profundo conhecimento da psiquiatria alemã (nomeadamente da "psiquiatria fenomenológica") e o da obra de H. Simon; mais: a sua formação analítica enriquecida pelo conhecimento das experiências de abordagem no tratamento psicanalítico das psicoses de que antes falei — e ainda a sua reflexão sobre a obra de Marx. Eis em meu parecer, os ingredientes que no contexto da Ocupação e da Resistência e em relação quotidiana de trabalho em Saint-Alban com Balvet, Chaurant, Bonafé, Oury (e outros), produziram o fermento daquilo a que mais tarde se chamará Psicoterapia Institucional.

Para mim, a experiência de Saint-Alban, desde o início e para além de outras considerações, significa a genial síntese de aplicação, na prática clínica, de todos os métodos e técnicas de tratamento que evoquei e também as conhecidas experiências dos pequenos grupos (recordemos Moreno, Bion e Foulks); mais ainda: significa a rotura epistémica relativamente a todos estes antecedentes. Quero dizer: não só a clínica de casos, cega de tudo o que se passa à volta do doente é ultrapassada, como também o são as referências ideológicas, morais e pedagógicas das análises e praxis de H. Simon — a análise e a prática de transformação útil do contexto e do meio far-se-ão aqui (Saint-Alban), no quotidiano, com recurso aos conceitos fundamentais da psicanálise e das ciências económica e sociológica marxistas.

Caminho aberto à originalidade duma inteiramente nova metodologia de trabalho em Psiquiatria e à progressiva elaboração (com o concurso de contribuições importantes) duma também original abordagem teórica e terapêutica das psicoses.

Bem entendido: aqui e agora não é lugar para se fazer a história do desenvolvimento da experiência Saint-Albanesa e também o não é para seguir os fios da influência que ela pode ter tido em experiências que noutros sítios tiveram lugar.

No meu propósito, recordar-vos-ei simplesmente as reflexões centradas em torno das noções de instituição como mediadora de intercâmbios e objecto de investimento (Tosquelles, G. Michaud e outros); de distintividades de espaços funcionais e institucionais (recordemos a noção de situema elaborada por C. Pocin); de reunião (Oury, Rothberg); de grupos e de relações dialécticas entre grupos (Tosquelles, Gentis); de transferência e contra-transferência institucional (recordem-se as contribuições de Tosquelles, Oury, Ayme, Torrubia, Felix Guattari, Hélène Chaigneau e outros, no Congresso Internacional de Psicodrama — Paris 1964); da noção de ambiente, objecto de reflexão de Oury ao longo dos anos; da transversalidade de Guattari; de colectivo (Oury); de polifonia institucional (Tosquelles); de acolhimento (recorde-se a tese de Bidault e o que sobre isso tem sido publicado por "Institutions"); de transferência dissociada e multi-referenciada (Tosquelles, Oury); do conceito de função fórica elaborado por Delion; da elaboração de Oury a propósito da noção de encontro; da persistente reflexão de Danielle Roulot em torno da psicose, cena primitiva e instituição… etc. — paro e peço-vos tolerância por estas evocações por certo fastidiosas.

Fi-las porque me pareceu necessário fazer referência a estas contribuições, para mim essenciais na compreensão da noção de presença em clínica psiquiátrica. Presença, portanto, que pouco ou nada tem a ver com assiduidade burocrática: ela é pré-sessão; é ritmo e modulação de presença-ausência; ela exige uma extrema finesse e delicadeza na geometria da proximidade. Presença: variável em relação com o situema onde se irá presentificar. Presença: abertura ao outro — à emergência do sujeito, do desejar. Presença: de boa ou má qualidade mediatizando toda a estrutura do cuidar, qualquer que seja o lugar e o momento em que se presentifique — sempre figura emergente do fundo polifónico do colectivo, sempre com estatuto decisor seja ele mais ou menos espontâneo ou reflectido. Pode-se enunciar: abertura/encerro; acolhimento/rejeição; atenção/indiferença; respeito/desprezo; modéstia e desejo de si próprio entre parêntesis/omnipotência e controlo; passividade estagnada — estagnante/activismo mais ou menos reflectido ou mero e perigoso "passage à l'acte"… E sobre isto, quantas variações e modelações subtis… E o que dizer da dimensão do olhar; da voz e do silêncio nesta presença…

Eis pois alguns tópicos que uma reflexão sobre a noção de presença, em clínica, não deixará de convocar. Na verdade, a sua qualidade de valor operatório é feita de uma longa história; do contexto e ambiente em que se presentifica na prática quotidiana; da estrutura da personalidade, biografia e formação profissional de cada um.

Estamos aqui para falar das "instituições à prova de tempo". Termino portanto, colocando uma questão a todos nós: que dizer desta presença-instituição, tão laboriosa a "fabricar" na temporalidade histórica, institucional e pessoal, hoje e no futuro, face à invasão do imperialismo tecnocrático e à não menos invasora psiquiatria que se diz biológica e cuja praxis parece da robótica a diagnosticar por escalas, da robótica a prescrever (evoco as já famosas guide-lines), da robótica a distribuir injecções e comprimidos? — Robótica cujos cordelinhos são tecidos e puxados onde e como?

Sim, "deixemos ao tempo o tempo de mostrar"… mas recordemos que o tempo é o homem, os homens.

PSICOTERAPIA INSTITUCIONAL EM PORTUGAL: RISCOS E PERIGOS[71]

Na abordagem do tema sobre o qual estamos convidados a falar, tentaremos seguir o fio da peregrinação patológica de G., velho marinheiro do mar da Psiquiatria.

G. nasceu em Grândola, vila alentejana, (120 Km a sul de Lisboa) lugar de residência de seus pais; e com eles sempre aí habitou (salvo o longo período de hospitalização em Lisboa).

As suas perturbações manifestam-se em 1961 quando tinha dezoito anos; perturbações que seu pai caracteriza dizendo: tinha ditos e condutas que eram estranhos e inabituais nele antes de adoecer.

Passaram-se dois anos sem que recebesse qualquer cuidado psiquiátrico.

Incorporado no exército dois anos depois, rapidamente foi metido na prisão militar: "cometia agressões sobre os camaradas, ouvia vozes que o insultavam, via gestos provocadores por todo o lado à volta de si". Transferido da prisão para o hospital militar, foi aí posto em observação e depois internado num estabelecimento psiquiátrico sob jurisdição militar. Aí, foi submetido à Cura de Sakel, a electrochoques e ao Largactil. Ao fim de quatro meses foi submetido a Junta Médica Militar que o julgou incapaz para todo o serviço das forças armadas — apesar de então decorrer a guerra colonial.

Voltou para junto de seus pais, melhorado, com eles vivendo e trabalhando como electricista durante seis meses, mas sem qualquer assistência psiquiátrica. Recaiu ao fim deste tempo e entrou então no domínio da assistência pública civil.

Antes de prosseguir permitam-me algumas palavras para vos dar uma pequena ideia da psiquiatria que ele foi encontrar — estava-se em 1966.

O sistema da psiquiatria pública portuguesa era então constituído por dois operadores independentes um do outro e autónomos do ponto de vista administrativo, financeiro e técnico — operadores sempre em conflito entre-si.

Um deles, o operador do "extra-hospitalar", era organicamente constituído por quatro dispensários de acção regional respectivamente localizados: um em Faro (Algarve),

[71] Texto da intervenção a convite da organização do Colóquio dedicado a "Pratiques institutionnelles et théorie des psychoses" – actualité de la psychothérapie institutionnelle" sob a égide do Laboratoire de Recherche Opératoire en Psychologie et Sciences Sociales de l'Institut de Psychologie et Sociologie Appliquées – Université Catholique de l'Ouest – Angers, 1993.

outro em Lisboa, um terceiro em Coimbra e o quarto no Porto. Cada Dispensário, com os seus serviços clínicos instalados na sede e com brigadas móveis constituídas por médico, enfermeiro e motorista, a deslocarem-se periodicamente às capitais de distrito das respectivas áreas de responsabilidade, algumas delas a centenas de quilómetros de distância, tinha a responsabilidade da assistência ambulatória aos doentes e a de propor as hospitalizações quando, do ponto de vista técnico, se tornava impossível evitá-las — a falta de camas, para as necessidades, era então dramática.

O outro operador era constituído pelos hospitais psiquiátricos localizados respectivamente em Lisboa, Coimbra e Porto — as três clínicas psiquiátricas das Faculdades de Medicina do país, com os seus serviços de consulta externa e de internamento, tinham estatuto autónomo próprio. Estes hospitais estavam sempre em dificuldade pela dramática falta de camas, advindo daí as inevitáveis consequências: enfermarias sobrelotadas, não admissão de inúmeros doentes propostos para hospitalização pelos médicos dos dispensários (e por eles considerada indispensável do ponto de vista clínico), altas demasiado precoces, famílias (com o apoio dos notáveis locais e das autoridades) resistindo a receber os doentes com alta pois que, por experiência vivida (tantas vezes dramática), jamais estavam seguras de que eles seriam internados, caso recaíssem. Alguns espectáculos escandalosos e dolorosos se manifestavam como consequência directa deste estado de coisas: famílias fazendo a ida e volta (centenas de quilómetros por vezes) com um doente proposto para hospitalização pelos médicos do Dispensário e que o hospital não recebia por não ter vagas, doentes abandonados nas cercas dos hospitais ou deixados na rua e levados para os albergues de mendicidade então geridos pela Polícia de Segurança Pública (cujo pessoal era constituído por polícias), viaturas hospitalares enchidas com doentes melhorados "não perigosos" deixados sós, próximo do domicílio das famílias ou à entrada das aldeias, etc.

Estes hospitais, como dissemos, encontravam-se (e encontram-se) localizados nas três grandes cidades do litoral: Lisboa, Coimbra e Porto. Os seus directores eram nomeados segundo critérios políticos. A hierarquia era rígida; a comunicação era formal, de conteúdo funcional e vertical — de modo geral não era concebido nem estava previsto (nem existia) qualquer dispositivo em que médicos, enfermeiros e auxiliares se pudessem reunir para, em conjunto, falar dos doentes; algumas excepções que por um ou outro lado iam surgindo eram vistas pelo Poder como subversão camuflada.

Era portanto neste quadro que os doentes, uniformizados com farda desde a entrada, eram conduzidos ao gabinete médico com vista à observação dos sintomas, ao diagnóstico dos síndromas, à etiquetagem nosológica e às prescrições terapêuticas. E era em refeitórios, enfermarias e espaços dramaticamente sobrelotados que os doentes viviam e recebiam os tratamentos : electrochoques, "curas de insulina", curas de neurolepticos, de antidepressivos, de desintoxicação alcoólica, etc. — enfim, toda a panóplia de terapêuticas biológicas então em uso com base num biologismo mais ou menos redutor. Reduzir ou esbater os sintomas tão rápido quanto possível e "produzir" altas a curto prazo era, aliás, a finalidade essencial consignada ao pessoal cuidador.

Foi portanto a um hospital de Lisboa, funcionando neste quadro, que G. foi conduzido "à força"; e isto porque: na sua vila de residência, começou a "ver" polícia política por todo o lado, a pensar que as pessoas com quem se poderia cruzar lhe iam escarrar em cima, a "detectar" gestos significando que ia ser forçado a relações homossexuais, a evadir-se para o cemitério local onde passava dias e noites, a manifestar comportamentos violentos contra as pessoas que identificava como perseguidoras.

No decurso de sete anos foi hospitalizado dez vezes nos dois hospitais psiquiátricos de Lisboa, e de cada vez passou pelo mesmo ritual: banho de entrada seguido do vestir do uniforme, confirmação do diagnóstico, objecto das mesmas prescrições terapêuticas.

Fora dos tempos de refeição, de dormir e da ministração dos tratamentos G. deambulava: fosse no dormitório sobrelotado (de noite), fosse nos corredores, fosse nos espaços interpavilhonares nos quais se punha ao abrigo de qualquer presença de outrém procurando os cantos mais isolados e invisíveis. O seu olhar vagueava desfocado dos lugares em que se encontrava e os dizeres dos seus solilóquios eram dirigidos a interlocutores que estariam não se sabia onde. Logo que julgado "melhorado" era reenviado para casa de seus pais com o bilhete de viagem obtido pelo serviço social do hospital e então era o pânico que voltava a eclodir na sua vila de residência. Todavia, era bem recebido pelos seus pais (embora em registo de humor fatalista) e com eles permanecia, durante períodos de tempo variáveis, sem qualquer assistência psiquiátrica.[72] A receita e os medicamentos que lhe eram entregues à saída acabavam por não ter qualquer efeito pois que a continuidade da respectiva tomada não era seguida e assim, face a outra recaída e face a outra "passage à l'acte", nova repetição da intervenção das autoridades e outro internamento num ou noutro dos hospitais psiquiátricos de Lisboa seguindo-se os cuidados prestados por profissionais diferentes mas sempre no mesmo quadro metodológico. Os internamentos foram-se tornando cada mais prolongados: pelo facto da sua psicopatologia, certamente; mas também, muito provavelmente, pela pressão comunitária segregativa transmitida ao ambiente e profissionais do hospital por alguns enfermeiros psiquiatras naturais da sua pequena vila de residência.

Resposta de G. a este esquema segregativo: fugir do hospital logo que possível e repetidamente fazer a pé os cento e vinte quilómetros que separam Lisboa da sua terra natal (Grândola).

E foi assim que, quando o Dispensário/Centro de Saúde Mental de Setúbal (capital do distrito da sua municipalidade) foi criado (1970), havia anos que G. estava internado num pavilhão de alta segurança (8ª do Hospital Miguel Bombarda) destinado a doentes classificados de inimputáveis perigosos do ponto de vista penal.

O Dispensário (depois Centro de Saúde Mental) de Setúbal foi criado no quadro da lei portuguesa de Saúde Mental (Lei 2118) de Abril 1963 a qual previa a cobertura de todo o território nacional por uma rede descentralizada de Centros de Saúde Mental, cada um deles com autonomia de gestão administrativa, técnica e financeira — e cabendo a cada um a responsabilidade da assistência psiquiátrica integral de áreas geo-demográficas definidas (150 000 a 250 000 habitantes cada uma).

A responsabilidade do Centro de Saúde Mental de Setúbal compreendia sete municípios e uma população global de 200 000 habitantes que se elevou a 270 000 por volta

---

[72] A consulta do Serviço ambulatório por brigada móvel semanal que então era disponibilizado tinha lugar em Setúbal – cerca de 80 Km de distância da sua vila de residência.

de 1990 — população esta bastante heterogénea, do ponto de vista socio-económico e socio-ecológico: cidades de implantação macro-industrial recente (Setúbal e Sines), comunidades de pescadores, comunidades rurais diversificadas (grande latifúndio de pessoal assalariado e minifúndio de exploração familiar).

Foi em três apartamentos alugados num prédio localizado num bairro residencial, central, da cidade de Setúbal, que se instalou a sede do Centro e o Dispensário.

Se o espaço de instalação estava bem situado (pois que central e envolvido por vizinhos) era contudo notoriamente insuficiente; mas mais insuficientes ainda, eram os meios em pessoal: na realidade, o Centro nunca teve mais do que seis médicos (a maior parte do tempo, três ou quatro), seis enfermeiros de psiquiatria, quatro assistentes sociais, uma psicóloga, uma terapeuta de psicomotricidade e uma terapeuta da fala. E quando, a partir de 1980, o Centro passou a dispor de um espaço de hospitalização[73] para doentes psicóticos de longa evolução (UDEP) foram então recrutados (e formados em serviço) cinco monitores e algum pessoal auxiliar e contratados, em regime de tempo parcial, alguns enfermeiros não especializados em Psiquiatria; ulteriormente foram também contratadas uma musicoterapeuta e uma terapeuta de expressão corporal.

Foi nos três primeiros anos (70-73) que se constituiu a equipe matriz: um médico director que tinha longa experiência dos hospitais psiquiátricos e de trabalho no operador extra-hospitalar de que atrás se falou e, ainda, de cinco anos como interno no Hospital de Saint-Alban; dois colegas psiquiatras; quatro enfermeiros com experiência de trabalho nos hospitais psiquiátricos portugueses (um deles também com experiência de trabalho extra-hospitalar); três assistentes sociais recentemente diplomadas; uma funcionária administrativa; uma empregada auxiliar.

Este pequeno grupo conseguiu produzir um vector de trabalho e uma história institucional cujos elementos essenciais se podem resumir como se segue:

• uma ética centrada no sofrimento do doente e da sua família.

• produção de espaços de encontro (quadro de reuniões) para a reflexão em comum fosse dos problemas de gestão fosse dos de natureza clínica e de elaboração de soluções práticas relativamente ao cuidar e seguir dos doentes seja, também, para a análise e tentativa de superação das dificuldades relacionais emergentes no seio da equipe — tudo, porém, sempre em relação com o trabalho concreto.

• produção de uma "atmosfera" de acolhimento objectivamente operatória no trabalho quotidiano.

• produção de uma preocupação operatória de formação contínua privilegiando a clínica concreta.

---

[73] Adaptação de uma secção do ex-Albergue de Mendicidade de Setúbal.

- uma atenção sustentada relativamente às estratégias de articulação com os actores que, no "terreno" comunitário, têm ou poderão ter função de "relais" tal como Delion a concebe; privilegiadamente: os Médicos de Família, os enfermeiros e assistentes sociais da rede dos Centros de Cuidados Primários de Saúde.[74]

Trabalhar num campo orientado por esta bússola desejante, em posição de abertura ao desejar de cada um, todos sabemos quanto isso é difícil, dados que são os movimentos pulsionais, as angústias e as dramatizações defensivas que emergem e se disseminam no caminho de todos os dias. Todavia, as escolhas orientadoras foram tidas como boas e, rapidamente, pôde este pequeno grupo implementar um dispositivo de prestação de cuidados cujo pivot consistia na equipe a garantir os cuidados em continuidade e proximidade e a estar sempre atenta aos potenciais "relais" comunitários com vista a articular estratégias do cuidar com as tentativas de solução das dificuldades sociais respeitantes aos doentes — doentes de todas as patologias psíquicas e de todas as idades.

Foi no quadro desta matriz que se vieram a integrar outros profissionais entretanto admitidos, acabando por se formar quatro equipes cabendo a cada uma a responsabilidade de um sector de cerca de 70 000 habitantes.

A responsabilidade do trabalho ambulatório e de hospitalização implicava que as equipes fossem obrigadas a deslocações regulares em distâncias variáveis: aos concalhos onde estão localizados os Centros de Saúde de Cuidados Primários, ao Hospital Miguel Bombarda, em Lisboa, onde são cuidadas[75] as situações clínicas classificadas de "agudas"; à Unidade de Doentes de Evolução Prolongada (criada em 1975) situada em Setúbal e onde as actividades ocupacionais (de registo ergo e socioterapêutico) são geridas por um Clube que é equipamento de uma instituição de solidariedade social de fins não lucrativos (IPSS)[76].

Este trabalho assistencial do Centro de Saúde Mental de Setúbal que era desenvolvido, como acabámos de dizer, por quatro Equipes de Sector, obrigava também, como bem se compreende, à instituição e funcionamento de dispositivos produtores de um mínimo básico de coerência no funcionamento geral do conjunto embora sem prejuízo da dinâmica e estilos próprios de cada uma delas; a saber: partilha do conhecimento dos aspectos de gestão administrativa e financeira do Centro, articulação intersectorial, articulação de projectos de formação e de investigação, intercâmbio de experiências técnicas, coerência comum dos procedimentos de acolhimento, etc.

Mas não falemos agora mais disso e voltemos a G.

Recordemos que para o impedir de fugir tinha sido hospitalizado numa espécie de fortaleza de plano oval e altas paredes — arquitectura e ambiente chocante — destinada a doentes julgados perigosos e não responsáveis do ponto de vista penal.

---

[74] Esta rede constitui uma parte essencial do sector público do Serviço nacional de Saúde português.

[75] Passava-se isto antes da extinção dos Centros de Saúde Mental.

[76] Associação de Saúde Mental Doutor Fernando Ilharco.

Ano e meio após a criação e entrada em funcionamento do Centro de Saúde Mental de Setúbal ainda ele aí estava.

Entretanto, a equipe responsável pela assistência aos doentes do seu município, começa a deslocar-se regularmente (primeiro de quinze em quinze dias; depois, todas as semanas) à sua pequena vila de residência para aí fazer as consultas, administrar os medicamentos de acção retardada aos doentes psicóticos, tornar-se disponível ao acolhimento das solicitações provenientes dos diferentes actores do campo sanitário e social residentes, tecer articulações para a solução de problemas concretos emergentes no seguimento regular e continuado dos doentes psicóticos.

Este trabalho, digamos banal, mas sobre o qual a comunidade começou a saber que podia contar, conduziu a outros efeitos cuja importância é de sublinhar: reduzir o medo colectivo relativamente à loucura, elevar o limiar de tolerância ao sintoma psíquico, ser esse trabalho vivido como colectivamente securizante.

G. estava, como se disse, no hospital psiquiátrico (Hospital Miguel Bombarda), no tal edifício de plano elíptico circundado de altas paredes e de celas individuais munidas de uma estreita fresta ao alto e de fortes gonzos nas pesadíssimas portas. A sua cela, como todas as outras, dava para um pátio interior, ele próprio também elíptico. Aí o fomos encontrar, a andar com grandes passadas, sempre que o visitávamos: caminhava de cabeça pendida sobre o peito, mergulhado nos seus solilóquios; de tempos a tempos parava, olhava o céu do buraco do seu elíptico pátio, levantava os braços e as suas mãos ao alto, contorcionavam-se como que em esforçados gestos de manipulação — depois, retomava a ritmada marcha na linha do eixo maior do elíptico pátio. Do seu discurso, quase ininteligível dado o grau de dissociação e o modo sincopado da sua elocução, apenas se podiam reter alguns fragmentos cujo conteúdo parecia ter relação com ameaças contra as vozes de insulto que alucinava, com propósitos de denúncia e imprecações contra a injustiça social, com a manipulação do Sol.

Eis pois, a equipe, face a um trabalho em duas vertentes: obter que um dos seus membros tivesse acesso ao espaço mental "emparedado" de G. e conseguisse tornar-se de algum modo significativo para ele; trabalhar junto dos enfermeiros seus conterrâneos, dos seus pais, das autoridades e de outros "relais" locais de modo a ultrapassar a rigidez do estereotipo de temor e segregação.

Com certeza que não duvidam quanto este trabalho exigiu de tenacidade, delicadeza e "savoir faire": mais de um ano de visitas regulares a G., visitas cuja duração possível tinha que ser adequadamente pressentida de cada vez; e que se poderia limitar a dizer "Bom dia" e a permanecer silencioso ao acompanhá-lo de modo mais ou menos próximo, no seu caminho de ir e vir; por vezes, se possível, colocar em assunto de enxerto de diálogo pequenos retalhos da sua existência outrora por ele significativamente investidos. Junto dos seus pais e outros potenciais "relais" da sua terra, trabalhar de modo a que pudessem confiar na equipa e em que os cuidados necessários a G. seriam regularmente assegurados e que a sua hospitalização teria imediatamente lugar logo que necessária.[77]

---

[77] As equipas tinham asseguradas no Hospital Miguel Bombarda um certo número de camas a poderem ser usadas pelas necessidades assistenciais do Centro de Saúde Mental de Setúbal.

Enfim, quando a equipa julgou que G. poderia ter alta com um mínimo de condições e sem grande risco dum retorno repetitivo ao hospital, acordou-se com o seu pai o dia da alta e ele próprio foi ao hospital e consigo o trouxe para casa; à saída também se acordou com ele a necessidade de G. vir regularmente às consultas que se marcavam sempre que a equipa se deslocasse ao Centro de Saúde da sua vila em princípio, semanalmente).

A sua mãe, uma deprimida crónica embora "sub-clínica", raramente o acompanha à consulta; é o seu pai, operário numa pedreira, homem sempre impregnado de uma calma triste e fatalista que durante meses o acompanha — depois é G., ele próprio, que vem regularmente e sozinho — e assim vem acontecendo já lá vão mais de vinte anos...[78]

Durante todo este tempo, nas suas deslocações regulares a Grândola, a equipa acolheu e cuidou (não digo curou) centenas de deprimidos, grande massa de descompensações neuróticas, muitos alcoólicos, número significativo de psicóticos orgânicos, algumas dezenas de esquizofrénicos e outras psicoses delirantes; trabalho que foi tendo lugar nas instalações do Centro de Cuidados Primários de Saúde e, na medida do possível, em articulação com os médicos e enfermeiros de família do Centro — em suma, trabalho convencional, de acordo com a prática do Centro de Saúde Mental de Setúbal.

Mas o trabalho com G. toma de algum modo contornos que evocam o teatro do absurdo, tal nos parece mínima a eficácia do que se vai fazendo. A presentificação dos índices da sua relação com os membros da equipa parece que se foi estereotipando ao longo dos anos, as aparências de diálogo são insólitas, os lugares de acolhimento são discordantes relativamente ao esquema tradicional esperado.

Comecemos por seguir G. no seu espaço próprio, no desfilar dos dias. No dizer dos seus pais, ele levanta-se cedo, sempre à mesma hora, toma o seu pequeno almoço e sai; do mesmo modo ele é bastante pontual na sua reentrada para as refeições do meio dia e da noite. Nunca sai à noite; não se encerra de dia no seu quarto; muito raramente resiste aos pedidos dos seus pais, os quais, aliás, parecem estar em sintonia com o seu ritmo e modo de existência dado que o que lhe pedem parece ser muito pouco e muito simples e sem intrusão nem insistência.

O seu itinerário na vila repete-se todos os dias e sempre no mesmo sentido: em círculo, diríamos. Não procura nunca cantos solitários, lugares de sombra. A sua solidão, sideral, manifesta-se noutros lugares. O proscénio do seu percurso, com os seus pontos de paragem, situa-se umbilicalmente no centro da vila: nas ruas centrais, nas pequenas praças, no jardim público, ele mesmo central — G. é um personagem das clareiras onde passam e repassam as pessoas. É no meio destes espaços, abertos e públicos, aos quais chega com as longas passadas que as suas compridas pernas lhe permitem, que ele se detém para os seus trabalhos sem fim: operar sobre o sol para que as coisas mudem sobre a terra. Nestas clareiras, a "fazer o seu trabalho", G. é um personagem radicalmente solitário a meio do palco. A sua postura, em cena, é assim: pernas afastadas, polegares nos escavados axilares, restantes dedos apoiados no peito; e

---

[78] Estava-se em 1993 quando esta comunicação foi apresentada.

assim, nesta postura, tanto olha concentrado, o sol, como, de cabeça flectida e absorto, fixa com expressão triste e fatalista a ponta dos seus pés.

Quando mergulhado neste trabalho de Hércules cósmico, melhor é não o perturbar pois que a resposta não será por certo agradável, embora nunca agrida ninguém — na verdade, desde que G. saiu do hospital nunca mais ninguém foi agredido por ele. As pessoas, que muitas vezes têm assistido aos múltiplos encontros da equipa com ele, seja nos trajectos do seu caminho na rua, ou no café onde entra se aí vê alguém da equipa a tomar qualquer coisa, seja quando, de longe, o saudamos se ele está nos seus "trabalhos cósmicos", seja ainda quando, regularmente, à porta do Centro de Saúde, ele espera a viatura com a equipa — as pessoas, dizíamos, ao longo do tempo e observando este relacionamento, foram perdendo todo o medo e, para elas, o insólito e estranho comportamento de G. tornou-se banal; diríamos que passou a ser considerado com bastante bonomia por parte das pessoas da terra.

Habitualmente não fala espontaneamente às pessoas mas acontece parar aqui ou além se algum dos seus antigos amigos o saúda: então, em postura que lembra a dos comerciantes de gado nas feiras do seu Alentejo, com o seu ar frio e "détaché", olhando o sol ou a ponta dos pés ou então o vago e o longínquo, ele poderá dizer o seu bom dia e entrar nos seus monólogos feitos de insólito.

A equipa conhece bem esta postura, esta aproximação distante e "détachée", esta mímica de deus-mártir, estes conglomerados de sons emitidos aglutinadamente e em tom baixo. Deles apenas se "adivinham" algumas palavras tanto são numerosas e variadas as supressões, as adjunções e as permutações de fonemas. Mas através da filigrana de tal produção de linguagem crê-se apreender os temas de que se tecem as relações de G. ao mundo; mundo em que toda a ordem do senso comum aparece subvertida. Efectivamente, o seu mundo próprio, é um mar de injustiças, de malquerer e de crueldade no qual ele percebe propósitos ignóbeis; mundo intemporal onde ele, imortal, evoca as duas tarefas que tem que cumprir: a transformação redentora da terra por meio do seu "trabalho" no sol e o "cortar o pescoço" dos que actualmente nela vivem para que renasçam puros e imortais como ele — propósito este que prossegue sem qualquer índice de "passage à l'acte".

Dissemos anteriormente que é muito raro que G. não esteja à porta do Centro de Saúde à chegada da equipa de psiquiatria. É aí que ele vem, sem falha, seja para as injecções de neurolepticos de acção retardada, para as suas consultas, para as receitas pessoais de outros medicamentos, seja para se juntar ao grupo de psicoterapia assegurado pela enfermeira da equipa — participação que recusa por vezes dirigindo-se neste caso à assistente social ou ao médico da equipa perante os quais presentifica o seu modo de contacto e os seus ditos estereotipados.

Quando se lhe propõe ou simplesmente se menciona a possibilidade de uma hospitalização na Unidade de Doentes de Evolução Prolongada, onde, como se disse, se dispõe de um complexo de actividades geridas pelo clube terapêutico julgadas úteis no seu tratamento, a isso ele recusa clara e firmemente.

Há mais de uma vintena de anos que a equipa respeita esta recusa mesmo quando a mãe ficou totalmente inválida e dependente devido a um quadro de doença de Alzheimer e que seu pai, velho, ficou inválido por seu turno.

Esta situação dramática que está sempre presente no horizonte dos doentes psicóticos portugueses que vivem com seus pais, encontrou solução no que respeita a G., pelo trabalho de articulação da assistente social da equipa com a do Centro de Cuidados Primários de Saúde e com a responsável de um Centro de Dia para Idosos sito na vila de Grândola. Com efeito, já sem que o medo bloqueie tal possibilidade, é a esse Centro que G. vai fazer as suas refeições e tomar os seus banhos. Quanto à manutenção das sua roupas e à limpeza da casa onde continua a viver com seu pai inválido é uma sua cunhada que disso se encarrega.[79] Assim se foram passando as coisas até Agosto do ano transacto (1992); depois, tudo isto deu uma volta, uma má volta.[80]

"Teatro do absurdo", durante longo tempo, disse-se atrás; trabalho anodino, talvez sem qualquer valor; certamente decepcionante para os "criativos iluminados"; ridículo e indigno de estatuto para os "cientistas" qualquer que seja o seu gabarito. Na verdade, trabalho anodino feito de tecer, de remendar, de atar pequenos nós com fios que aqui ou ali sempre riscam de partir. Trabalho difícil, impossível de cifrar na grelha dos indicadores tecnocráticos; certamente classificado como absurdo e dificilmente reconhecido pelos "administradores economicistas da Saúde".

É evidente que é preciso estar atento e não nos fixarmos numa posição defensiva maniqueísta e questionarmo-nos em saber se este trabalho de construção e reconstrução de "holding" – "função fórica" lhe chama o nosso amigo Delion — pelas quais G. se manteve e tem podido viver a sua existência no lugar onde nasceu e crer nalguma validade do que se faz, para além da emblemática de uma ética humanista sem outra função que não seja a de mascarar a contra-transferência da equipa na sua "navegação de cabotagem" que o trabalho de Sector implica; deve-se portanto, dizia-se, colocar a questão de saber se tal trabalho vale, na verdade, a pena.

Na verdade, já lá vão vinte e cinco anos em que G. não trabalha (consome e não produz ...), não deixa de delirar, que o seu score patológico medido pela escala PANSS ou outra, objectivará um pesado peso de sintomatologia dita positiva e negativa; pode-se questionar portanto se uma hospitalização fechada, num serviço de doentes crónicos, barata, não seria muito mais "rentável" do ponto de vista político-económico; se o assegurar da sua assistência não seria muito mais simples num quadro asilar enquanto se espera a experiência da molécula milagrosa que virá resolver e superar o escolho da sintomatologia dita negativa ...

A estas questões e outras que estão subjacentes no fio deste texto, G. dar-nos-à a sua resposta; mas antes de falar disso permitam-me ainda um pequeno desvio.

Contra a implementação da lei que propunha a criação da rede descentralizada de Centros de Saúde Mental para a assistência psiquiátrica em Portugal (Lei 2118 de 1963) sempre se levantaram forças diversas e poderosas. Contudo, pouco a pouco, com meios irrisórios, vinte e dois centros foram criados e entraram em funcionamento. Como é bem compreensível qualquer deles seguia a sua praxis e tinha o seu estilo próprio. Mas também se constatavam pontos comuns no exercer das suas práticas:

---

[79] Depois da morte do pai, entretanto ocorrida, manteve-se este apoio por parte da sua cunhada.

[80] Entrada em vigor do Decreto que extinguiu os Centros de Saúde Mental e integrou os Serviços de Saúde Mental nos Hospitais Gerais.

trabalho desenvolvido por pequenas equipas e em proximidade das populações assistidas, conhecimento concreto e mais ou menos aprofundado do "terreno", seguimento dos doentes a longo termo pela mesma equipa, bom senso nas articulações com outros actores úteis (sobretudo Médicos de Família e instituições de solidariedade social) com vista à solução de problemas colocados pela assistência aos doentes.

Até 1985 cada Centro trabalhava isoladamente e virado para si próprio. Depois desta data e em parte por reacção à ofensiva que se fazia sentir contra a sua existência, eles organizaram-se de modo a encontrarem-se. E desde então até à sua extinção, há um ano (1992), dezenas de encontros dos seus órgãos de direcção e das suas equipas tiveram lugar com vista a elaborar estratégias de defesa, obviamente, mas também (e isto é uma das dimensões importantes desta luta) para reflectir partilhadamente, as experiências postas em prática; o que permitiu a elaboração, em comum, de noções de valor metodológico e operatório que em grande parte se aproximam das que foram postas em evidência pelo movimento da Psicoterapia Institucional. Todavia, penso, lobbies de natureza diversa tais como as clínicas universitárias,[81] os hospitais psiquiátricos, as clínicas privadas, as ordens religiosas proprietárias de grandes asilos convencionados, a Direcção Geral dos Hospitais e as pontas de lança da indústria farmacêutica, juntos, em maior ou menor discrição, se conjugaram no ataque à política de Psiquiatria e Saúde Mental centrada nos Centros de Saúde Mental. Deste ataque conjugado começou por resultar a substituição da equipa que no ministério permitia e apoiava esta política[82] e, enfim, há um ano a extinção dos vinte dois Centros com a consequente integração administrativa, financeira, de pessoal e de património, nos hospitais gerais.

Podem-se observar algumas diferenças locais no estilo de execução desta integração. Contudo, é evidente que se constata nesta integração um denominador comum: redução das despesas financeiras com a assistência psiquiátrica pública, redução global do pessoal cuidador em psiquiatria (parte do pessoal auxiliar foi de imediato colocado nos serviços gerais dos hospitais), mudanças (com redução de número) dos enfermeiros e assistentes sociais da psiquiatria, terapeutas da fala e psicomotricidade a terem que responder aos pedidos doutros serviços, esfacelo, enfim, das equipas. Os serviços de psiquiatria são agora compreendidos e julgados de acordo com a lógica e os parâmetros dos outros serviços médico-cirúrgicos (sendo apenas reconhecidos como indicadores de trabalho o número de consultas médicas, de admissões, de altas, de redução do tempo de hospitalização, etc. ...); quanto ao resto, todavia essencial em psiquiatria e que tem a ver com a dimensão psicoterapêutica e um trabalho sério com os doentes psicóticos, passou a ser visto como sem valor nem significação e até julgado por alguns como pura fantasia ou alibi de uma pretensa preguiça das equipas psiquiátricas cuidadoras. Assim e relativamente às equipas que existiam talvez possam deduzir o que, na generalidade, lhes aconteceu: a destruição pura e simples ou o desencorajamento e "funcionarização" mais ou menos burocratisante; quanto ao

---

[81] Excepção da Clínica Psiquiátrica da Faculdade de Ciências Médicas de Lisboa que de modo frontal, se opôs ao concertado plano de destruir a rede de Centros de Saúde Mental previstos na Lei 2118/63 e entretanto implementados.

[82] Equipa de Caldas de Almeida que foi substituída pela de Pais de Sousa.

pessoal, cada um à sua maneira, conformou-se com o "nada de histórias com o poder da Administração e das hierarquias".

E os doentes?

Como prometemos, mais uma vez voltaremos a G. Recordam-se de eu ter dito que ele tinha dado a sua resposta à extinção do Centro de Saúde Mental de Setúbal.

Na verdade, talvez tenha sido em Setúbal que as consequências imediatas da extinção e integração foram mais brutais: dos sete enfermeiros psiquiátricos, dois dos mais qualificados foram enviados, de força, para os dois hospitais psiquiátricos de Lisboa.[83] O serviço de dispensário, agora concebido como mera máquina de consultas externas passou a funcionar sem enfermeiro, número significativo de pessoal auxiliar foi retirado do serviço de hospitalização da Psiquiatria e colocado noutros serviços do hospital, a relação de continuidade de cuidados com os doentes que se internavam no Hospital Miguel Bombarda em Lisboa foi quebrada (cuja frequência de admissões e readmissões, logo de seguida, subiu em flecha), a arrogância dos "exarcas" escolhidos e nomeados pelo ministro assumiu os contornos do grotesco, dois médicos, em consequência, requereram a aposentação, o concelho de Grândola (entre outros), lugar de residência de G., ficou sem equipa que aí se deslocasse. Aliás, foi a propósito destas deslocações para trabalho em proximidade que um dos tais "exarcas" — o director clínico do hospital — deu voz ao seu pensamento dizendo: "se os coxos, os cardíacos e outros vêm ao hospital quando disso precisam, porque será que para os malucos haveria de ser diferente? "A psiquiatria é uma especialidade como as outras" (sublinhado nosso).

Eis pois, enfim, a resposta de G.: recusa recorrer ao "relais" constituído pelo Médico de Família e Enfermeiro do Centro de Saúde da sua vila de residência (diz-se agora que será a eles que compete a responsabilidade da assistência aos doentes crónicos — isto é: a responsabilidade das receitas e das injecções de neurolepticos de acção retardada) e começa por preferir deslocar-se de autocarro à consulta externa em Setúbal (oitenta quilómetros de distância) onde encontra a assistente social da equipa que antes o cuidou. Mas cedo deixou de vir; a sua sintomatologia delirante e alucinatória agravou-se; as "passage à l'acte" violentas de novo se manifestaram; o equilíbrio de tolerância e apoio do ambiente comunitário rompeu-se — seguiram-se então quatro hospitalizações no Hospital Miguel Bombarda cada uma das quais seguidas de fuga; e, muito recentemente, ocorrência de automutilações graves...

É o momento de me calar e dar lugar a todos os que estejam interessados pelas múltiplas leituras e interrogações para as quais G. nos convida: natureza e singularidade do seu sofrimento; significação das suas relações com os seus cuidadores e com a equipa; quadro teórico de exercício da Psiquiatria; o que pode precipitar a "naufrágio" dos doentes; o que propriamente se entende por Psiquiatria.

O meu Muito Obrigado a todos.

Angers, 1993.

---

[83] Estavam em comissão de serviço desde a abertura do Dispensário, isto é: havia vinte dois anos...

CONTINUIDADE, DESCONTINUIDADE, REENCONTRO: ALGUMAS NOTAS SOBRE UMA EXPERIÊNCIA DE SECTOR[84]

É bem sabido que a palavra *Continuidade* é uma palavra chave na linguagem e escritos do movimento da Psiquiatria de Sector. O uso desta palavra pelos que se reclamam deste movimento, mostra que ela serve para designar uma noção operatória reconhecida como essencial mas cujo sentido nem sempre é o mesmo para todos eles; podendo-se evocar, a este propósito, notórias diferenças entre os próprios pioneiros do movimento — facto que, a título de exemplo, se pode constatar, lendo comparativamente os escritos de H. Duchenne, G. Daumèzon, Ph. Paumelle, F. Tosquelles.

Actualmente não parece menos notório que se possam, muito esquematicamente, distinguir três linhas de pensamento nos que falam e se referem à *Continuidade* a propósito de Psiquiatria de Sector: há os que empregam a palavra num sentido que parece esgotar-se na referência aos critérios de racionalidade organizativa e administrativa de alcance economicista e falam de *Continuidade* como uma das condições de rentabilização dos meios; há os que utilizam a palavra para denominar uma prática rotineira de acompanhamento que se fica pelo diagnóstico classificatório, pelo apagamento de sintomas com o recurso mais ou menos indiscriminado aos medicamentos, e pela estereotipia da prescrição que se prolonga ao longo dos anos sobre um fundo de humanismo relacional de inspiração demo-liberal; mas há os que dizem *Continuidade* para designar a estabilidade e coerência dum dispositivo que seja condição de instauração e manutenção do quadro (psicoterapêutico, entenda-se), como elemento básico do processo psicoterapêutico ao longo do tempo. E a propósito da relevância desta questão do quadro talvez não seja inútil que se recorde a institucionalização técnica princeps do quadro psicanalítico estabelecido por Freud e as querelas relacionadas com a ortodoxia ou heterodoxia do que por ele foi estabelecido; recorde-se também como toda a investigação e progressão técnica no domínio da psicoterapia das estruturas psicóticas passou pela reflexão e transformação adequada do quadro de tratamento: pense-se, a título de exemplo nas querelas com a "Escola de Budapeste", nos contributos de Melanie Klein e seus directos discípulos e continuadores, nos de Gisela Pankow e, muito particularmente, nas pesquisas que com Tosquelles e outros aqui tiveram lugar no Instituto Pere Mata, e que, depois, se vieram a prolongar em

---

[84] Comunicação nas XXVII Jornades D'Interès Psiquiàtric – Reus – Catalunha – 1994.

Saint-Alban, em La Borde com Oury, no Sector, com Delion. E a própria Psicoterapia Institucional não constitui ela, também, uma permanente reflexão e prática sobre as adequadas transformações a operar, em justa medida, na forma e ritmo das articulações das *continuidades/descontinuidades* de certos componentes do quadro?

Assim, para falar de *continuidade/descontinuidade* no quadro organizativo da Psiquiatria de Sector, parece-nos justificado evocar algumas questões tais como:

- Porque é que é de valorizar a noção de quadro no cuidar psiquiátrico?

- Porque é que a dimensão *continuidade* constitui um dos elementos essenciais da estrutura do quadro?

- Diz-se *continuidade*, mas continuidade de quê? Pode-se falar de continuidade sem pensar na transferência e contra-transferência?

- O valor operatório da noção de *continuidade* não implica que ela se articule com a noção de corte, e que esta se articule com o conceito de interpretar?

- Corte: quando e como?

- Poder-se-à falar de *corte* sem recorrer à distinção: corte no processo / corte no quadro; passagem a um outro quadro?

- Que dizer sobre os dinamismos e fenomenologias recíprocas entre o quadro e o sujeito a ser cuidado?

- Não será necessário distinguir as descontinuidades (produto duma elaboração e de uma praxis da equipe cuidadora atenta à sua própria psicopatologia narcísica) das roturas impostas por um poder arbitrário que se exerça dentro da própria equipe ou outras roturas impostas por decisão dum poder administrativo ou político?

- Roturas parcelares para as quais poderá haver um "remendar" possível ou rotura por desmantelamento sem qualquer esperança de juntar e reatar os fios relacionais esfacelados ou de vir a reproduzir qualquer coisa do que antes existia de estruturante?

Questões banais que me permiti recordar-vos porque úteis à introdução de alguns dados de observação relativos a uma experiência recente sofrida pelos doentes e equipe de um dos Sectores do ex Centro de Saúde Mental de Setúbal[85].

---

[85] Recorde-se a sus extinção, por decreto em Julho de 1992 – como aliás aconteceu a todos os outros Centros até então existentes.

Falar destes doentes e desta equipe cuidadora é falar dum quadro que se estruturou e se manteve durante vinte e dois anos.

Há um ano evocámos aqui as dimensões organizativas e funcionais deste mesmo quadro; e evocámos também a sua rotura abrupta por decisão arbitrária do poder político. Hoje, tentaremos debruçar-nos sobre outras dimensões.

Mas antes de prosseguir e no seguimento do que tem sido escrito pela Escola Argentina (José Bleger e S. Resnik, nomeadamente), pelo grupo de Villeurbanne (J. Hochmann, M. Sassolas e colaboradores) e por Delion e muitos outros que agora esqueço, permito-me dizer-vos algo que, do nosso trabalho, se havia retido relativamente à noção de quadro:

- Constância (estabilidade) do dispositivo organizativo — se houvesse mudanças, que elas fossem suficientemente reflectidas, preparadas, e adequadamente doseadas de modo a evitar as vivências traumáticas de abandono, confusão e incoerência.

- Uma certa constância da "tablatura" de situemas no conjunto dos dispositivos do Sector (noções de Oury e de Poncin que já se tornaram generalizadamente bem conhecidas) e sobre as quais, por isso, não me vou deter.

- Uma certa constância dos percursos e dos ritmos de presença-ausência do pessoal cuidador nesta "tablatura". Constância também da existência de dispositivos de análise das estruturas simbióticas (e outras) dentro da equipe e entre esta e os doentes a seu cargo; portanto, análise do campo de transferência/contra-transferência segundo o quadro teórico-prático que nos tem sido proposto pela reflexão de Tosquelles, Oury, Resnik, Torrubia, Delion, Jacques Tosquelles e outros mais.

- Constância de uma praxis de atenta procura de articulações e de "relais" incorporáveis no tecer do dispositivo produtor da função fórica elaborada por Delion a qual, para nós, parece significar a conjunção da holding de Winnicott com a função *alpha* de W. Bion.

- No mínimo, que se mantivesse a constância da presença de pelo menos um dos personagens da equipe na equipe quando, por qualquer razão, ela fosse alterada na sua composição; implicando isto que essas mudanças fossem previamente faladas e trabalhadas de modo a poderem ser metabolizadas e sem perigo para os assistidos — isto é: que a equipe nunca deixasse de ter um núcleo de referência que persistisse e garantisse a continuidade do quadro.

Pelo enunciado destes parâmetros vê-se bem que estou a falar de Psiquiatria Pública e da Equipe de Sector e que, mais particularmente, me estou a referir à "prise en charge" das estruturas psicóticas.

Dito isto, voltemos então, concretamente, à nossa equipe de Setúbal.

Efectivamente, ao longo de vinte e dois anos (Fevereiro de 1970 — Julho de 1992) foi possível evitar roturas ou substituições massivas no que podemos denominar a equipe nuclear: médico, assistente social, enfermeiro — a assistente social manteve-se sempre a mesma desde 1973 e o médico também foi sempre o mesmo, salvo uma curta interrupção durante a qual foi substituído por um dos seus assistentes. Foi possível garantir a continuidade da "prise en charge" dos pacientes tanto no ambulatório como no decurso das hospitalizações julgadas necessárias: fosse no hospital psiquiátrico fosse nos pequenos hospitais gerais vinculados aos Centros de Cuidados Primários de Saúde[86]. Foi possível estabelecer, manter e enriquecer as articulações de trabalho diagnóstico, de cuidados e de assistência social com os médicos, enfermeiros e assistentes sociais, vinculados à rede dos Centros de Cuidados Primários de Saúde. Foi ainda possível conseguir a articulação com os equipamentos e serviços de Acção Social de modo a tecer úteis entre-ajudas, entre si complementares.

Nesta comunicação relatar-vos-ei alguns dados relativos à experiência respeitante a uma das municipalidades de área geo-demográfica do Sector: municipalidade de Grândola, a oitenta quilómetros de distância da sede do Centro de Saúde Mental, e compreendendo uma população de vinte e dois mil habitantes, aproximadamente.

A acção da equipe nesta municipalidade exercia-se através da deslocação semanal do médico psiquiatra, da enfermeira e da assistente social (a que se associava a disponibilidade por telefone) à vila de Grândola, sede do concelho. Era nas instalações do próprio Centro de Cuidados Primários de Saúde[87] que se desenrolava o essencial do trabalho da equipe.

O interior do Centro de Saúde evoca-nos o interior de uma gare: o grande hall dando acesso a dois largos corredores — um destes dando acesso aos serviços de Urgência e de hospitalização; o outro dando acesso às consultas de Medicina de Família com vários espaços de espera, não fechados, situados junto às entradas para gabinetes diversos: dos médicos de família, da assistente social do Centro, das salas de trabalho dos enfermeiros e do médico de Saúde Pública. Era ao fundo deste largo corredor, passagem aberta e dando acesso a estes espaços de transitividade e de especifidade técnica, que se situava o espaço de espera e os gabinetes destinados à equipe de Psiquiatria; isto é; os doentes e seus acompanhantes e a própria equipe eram obrigados a cruzar todos estes espaços de espera e de trânsito cheios de gente antes de chegar ao espaço próprio da Psiquiatria — portanto, percurso implicando encontros múltiplos e diversificados, seja com o pessoal do Centro (médicos e enfermeiros, nomeadamente)

---

[86] Vide "A articulação funcional entre os serviços de Cuidados de Saúde Primários e os serviços diferenciados de Psiquiatria" – A. M. Cerveira, Bráulio de Almeida e Sousa, Fernando Vasco, Ilda Bastos e Mª Luísa Magalhães – in *Revista Portuguesa de Saúde Pública*, n.º 4 – 1984 – Edição da Escola Nacional de Saúde Pública.

[87] Onde estavam (e estão) implantados os serviços de consulta de Medicina de Família, o serviço de Urgência, as enfermarias para hospitalização de doentes com patologias para as quais não era julgado necessário o recurso a hospitais mais diferenciados, o serviço de Medicina Preventiva, os serviços gerais, etc.

seja com doentes vindos para outras consultas, incluindo os que sendo doentes do foro da psiquiatria se viam na necessidade das consultas de foro somático.

Nesta estrutura de espaços " transicionais" as pessoas contactavam: pelo olhar, pelo cumprimento, para evocar coisas aparentemente sem importância, para referir acontecimentos que tinham a ver com os doentes da "prise en charge" comum (enfermeiros e médicos de família residentes e a equipe de psiquiatria).

Os membros da Equipe de Psiquiatria, no seu trabalho, assumiam uma responsabilidade específica (embora entrelaçada) reconhecida por todos: a assistente social chegava e recolhia logo os cartões da marcação da consulta da mão dos próprios doentes no espaço da sala de espera, acolhia os pedidos de consulta extra-marcação, atendia o que devia ser falado em privado no seu gabinete, colhia informações e tomava notas sobre a vida familiar dos doentes, prosseguia o seu trabalho de "prise en charge parlante" com os parceiros de relação simbiótica ou para-simbiótica dos doentes psicóticos a serem seguidos, cruzava várias vezes os diversos espaços de espera para transmitir informações úteis entre os parceiros da "prise en charge" deste ou aquele doente[88] ou para articular soluções para problemas sociais com a sua colega do Centro de Saúde, a qual, por vezes, funcionava com "relais" das articulações com os serviços de Acção Social da municipalidade; a enfermeira da equipe tinha o seu trabalho de administração de medicamentos de acção retardada, o de articular a "prise en charge" medicamentosa de injectáveis nos outros dias da semana aos doentes disso carecidos com as suas colegas do Centro de Saúde, e, além disso, assumir a responsabilidade do seu próprio grupo de psicoterapia sobre cuja fenomenologia de transferência/contra-transferência se falava, necessariamente, nas reuniões de equipe; o médico psiquiatra, por seu lado, tinha o seu trabalho de consultas e de "prise en charge" de psicoterapias específicas, encarregava-se das articulações úteis com os colegas médicos de família (responder às suas dúvidas e solicitações a propósito dos doentes da sua responsabilidade, solicitar-lhes por seu turno cooperação em aspectos concretos do seguimento dos doentes psiquiátricos de que são exemplos o assegurar do receituário, a solução de incidentes ou intercorrências previsíveis durante os seis dias de ausência da equipe psiquiátrica, afinar as possibilidade de contactos telefónicos, etc.), fazer as idas e voltas ao Serviço de Urgência ou às enfermarias do Centro, fosse para responder às solicitações de cooperação diagnóstica e terapêutica, fosse para solicitar e articular possibilidades de hospitalização para situações psiquiátricas cujo internamento in loco se julgava possível e aconselhável.

Depois, na volta, espontaneamente, cada membro da equipe falava das surpresas e das vivências marcantes da jornada de trabalho: com os doentes e suas famílias, pessoal do Centro, etc. Assim, nesta "navette" de hora e meia, ao retorno, a "poubelle" da equipe ou a equipe "poubelle" acabava por partilhar o "material" emergente do movimento de contra-transferência de cada membro — mais valia do "comércio" cognitivo-afectivo duma jornada de trabalho...

---

[88] "Prise en charge" complementarmente articulada entre a equipe de psiquiatria e a equipe de medicina de família do doente.

Mas a "equipe poubelle"[89], como bem se compreende e já se deu a entender, não é um contentor mecânico passivo; é antes um dispositivo acolhedor e transformador que no processo de transformar (o que nele foi depositado ou projectado) se auto-transforma." Efectivamente, *no nosso caso, pelas evocações mais ou menos "descosidas", pelas angústias e apreensões mais ou menos manifestas, pelas dificuldades práticas sentidas e explicitadas e pelas impotências partilhadas, a equipe, no transporte automóvel, manifestava-se como "aparelho" produtor de sonhos de significação para o insensato, de sentido para o fragmentário deposto por aqui e por ali na bandeja deste estranho teatro que é o trabalho em Psiquiatria e ainda, como "aparelho" produtor de soluções práticas para problemas mais ou menos inquietantes.* Por vezes tornava-se necessário retomar estes problemas e dificuldades fosse em reunião ordinária ou extraordinária da equipe, fosse na reunião inter-equipes de sector ou na reunião desta com a Direcção do Centro de Saúde Mental.

Falar deste trabalho de *tecer* e *remendar* cujo objecto explícito era o de fazer o que se julgava de melhor para o doente (e também, obviamente para os próprios membros da equipe) é falar de um *teatro* de espaços e dimensões simultaneamente fixas e variá-veis onde personagens constantes e itinerantes, ao articularem-se com outros mais ou menos incertos e ocasionais, apostaram o seu ser em cenários e cenas múltiplas e multiformes durante vinte e dois anos. Drama feito de um número indefinido de peripécias, com incidentes certamente; mas sem acidentes, felizmente. Até ao dia em que, de golpe, por decisão politica e execução administrativa a deslocação da equipe[90] foi suspensa e os doentes, sós ou acompanhados, foram forçados a deslocarem-se a Setúbal (80 km de distância recorde-se) para terem aquilo que agora se chama: Con-sulta Externa de Psiquiatria do hospital. Consequentemente, tanto o contacto como as articulações directas com os outros parceiros de que falei (particularmente com os Médicos de Família, os enfermeiros e a assistente social do Centro de Cuidados Primários de Saúde) foram, com o mesmo golpe, suspensos.

Com a extinção do Centro de Saúde Mental de Setúbal e a dita integração da Psiquiatria no hospital geral, cessou também a continuidade da "prise en charge" du-rante as hospitalizações: efectivamente, os doentes são agora enviados para o Hospital Miguel Bombarda, em Lisboa, e aí cuidados por médicos e enfermeiros do hospital, sem qualquer encontro ou intercâmbio com os que deles se ocupam no ambulatório das consultas externas do hospital geral de Setúbal — o que não era o caso anterior-mente, pois era a equipe de Sector do Centro de Saúde Mental que, como antes se disse, os seguia durante o internamento no Hospital Miguel Bombarda sempre que esse internamento se impunha como necessário.

As ex-equipas do ex-Centro de Saúde Mental de Setúbal, foram, na prática, des-manteladas; e relativamente à assistência aos doentes de Grândola, apenas a mesma

---

[89] Expressão metafórica usada na linguagem da Psicoterapia Institucional para designar o dispositivo (ou pessoas) que acolhe a projecção dos "maus objectos introjectados e não metabolizados"; nomeadamente aquilo que Bion denominou de "elementos *beta*".

[90] Ulteriormente, por seu turno, esfacelada.

assistente social[91] persiste e insiste a fazer o que pode, como que em eco do que fazia anteriormente: modo de acolhimento, contactos de articulação por telefone, mensagens pelo correio ou telefone com os doentes e suas famílias, etc.

Recordar este acontecimento de rotura brutal e traumático, o qual nada tem nada a ver com as *descontinuidades* necessárias e próprias do processo terapêutico e de integração social (do qual falei aqui o ano passado), é recolocar uma das questões postas no início desta intervenção: quais foram os efeitos visíveis resultantes desta rotura do *quadro*, nos doentes psicóticos? Deste trabalho de duas décadas, o que é que terá transitado do *holding* envolvente produzido pela equipe (tal como a evocamos) ao *holding internalizado*?

Não me é possível referir-vos dados relativos ao efeito desta rotura nas três dezenas de doentes esquizofrénicos que a equipe seguia, pois que já não trabalho no "teatro" da psiquiatria pública. O que vos vou referir mais não é que aquilo que julgo ter apreendido dos encontros mais ou menos ocasionais, seja com a assistente social da ex-equipe que os continua a acolher, seja com os colegas Médicos de Família e uma enfermeira do Centro de Saúde — encontros durante os quais são evocados estes doentes e acontecimentos vividos em comum e com eles relacionados. E ainda: dos encontros de trabalho que continuo a manter com uma equipe técnica de uma associação (CERCI) para doentes mentalmente deficitários em Grândola e, também, do que aprendi em relação com outro facto de que vos falarei.

Digo-vos desde já que a maior parte destes doentes optou por serem seguidos pelos enfermeiros/as e seus Médicos de Família do Centro de Saúde sem que tenha surgido qualquer descompensação clínica aparente — os seus médicos de família recebem-nos quando eles ou os familiares o solicitam, passam-lhes as receitas necessárias (que vêm pedir com surpreendente regularidade) as quais, porém, não toleram que sejam alteradas (em relação ao que antes tomavam); os enfermeiros do Centro (com os quais se trabalhou muito ao longo dos anos), acolhem-nos também por seu turno e fazem-lhes as injecções que vinham sendo prescritas (neurolepticos de acção retardada, nomeadamente). Seria isto possível sem o anterior trabalho de "psiquiatria comunitária" que foi tendo lugar ao longo de duas décadas?

Um outro grupo manteve uma relação *bifocal* com dois espaços de relação cuidadora; espaços que a sua assistente social articula: por um lado o espaço da Consulta Externa de Psiquiatria do Hospital Geral de Setúbal[92] onde eles vêm regularmente e encontram a "sua assistente social"; por outro, o espaço de relação com o seu médico de família, enfermeiro/a e assistente social do Centro de Saúde. A parte maior deste grupo tem-se mantido neste duplo "enxerto" relacional sem recaída; mas, três deles recaíram gravemente manifestando intensas angústias de catástrofe, agitação delirante dissociada, projecção violenta de elementos *beta* (Bion) — quadros clínicos que forçaram à hospitalização psiquiátrica. Para estes doentes, só após a saída do hospital psiquiátrico se tornou possível reatar a relação com os Serviços do hospital geral por eles responsável.

---

[91] Por enquanto não deslocada para outros serviços do hospital.

[92] Onde foram integrados os serviços e pessoal do ex Centro de Saúde Mental.

Uma nota porventura não desprovida de significação: estes três doentes e os outros que fazem regularmente a ida e volta dos 80 km para virem às consultas a Setúbal, pedem sempre, à assistente social, notícias da enfermeira e do médico que antes os assistiam e sempre deixam, para ele e ela, os seus cumprimentos — como se os membros da antiga equipa se continuem a encontrar e falar deles...

Ainda uma outra nota sobre outros três doentes psicóticos de Grândola: depois da rotura do dispositivo de psiquiatria pública que os assistia, vieram ver o seu antigo médico, no seu consultório privado; e embora dizendo que era para saber se seriam recebidos quando necessitassem, o que pareceu sobressair foi o desejo (e necessidade) de prescutar o médico relativamente aos seus pensamentos e sentimentos relativamente às pessoas a quem competia agora assisti-los. Felizmente (penso) nenhum deles voltou para pedido de consulta própria; mas, curiosamente, passaram a orientar doentes da sua vizinhança para a consulta privada do médico... Um deles até trouxe à consulta a sua própria mãe em depressão. Por outro lado tive conhecimento de que estão a tomar os seus medicamentos regularmente e que não falham às marcações de consulta propostas pelo dispositivo público actual. Todavia há um doente que sempre esteve muito ambivalente em relação à antiga equipa (cujos membros acusava de estarem combinados para o anular) e do qual nenhum eco nos chegou — ao que parece terá desaparecido dos espaços do concelho.

Admito de boa vontade que o relato que aqui vos trouxe e o que acaba de ser dito, pelo que tem de particular, não seja de grande interesse para os que tiveram a paciência de me ouvir. De qualquer maneira, penso que esta catamnese de dois anos relativa aos doentes psicóticos que eram assistidos em Grândola nos permite formular uma hipótese cujo valor heurístico talvez não seja para negligenciar: o processo terapêutico dos doentes psicóticos passa pela estruturação duma "simbiose" de dupla transferência entre o seu Ser e o quadro de cuidados cuja estrutura e articulação dinâmica (entre os membros da equipe e a sua referência chave — Salomão Resnik recorda-nos que *há boas e más combinações*) permite, pela *"boa" combinação, a eventual integração na personalidade, duma boa "estruturação vertebrante"* [93]? — que parece ser o que está ausente, ou falha, na psicose.[94] Será da qualidade e do gradiente de elaboração da equipe sobre si própria e sobre o que se passa entre ela e o doente nesse processo simbiótico em análise que dependerá a autenticidade e a justa medida das decisões a tomar (*função fórica e metafórica* da equipa, lhe chama P. Delion); e é da *internalização* destas funções que dependerá a possibilidade de o doente se manter compensado através das peripécias da vida, das "continuidades" necessárias, das roturas imprevistas e ainda: a possibilidade de que o seu desejar o anime na procura de encontros e reencontros vivificantes.

---

[93] Metáfora usada por Salomão Resnik para designar a introjecção identificatória da função simbólica paternal.

[94] Ausência concebida por Lacan como "forclusão" do nome do pai" – vide "D'une question preliminaire à tout traitement possible de la psychose" – in *Psychanalise*, n.º 4 – 1958.

ESPAÇOS DE EMERGÊNCIA, EMERGÊNCIA DE ESPAÇOS
— A PROPÓSITO DUMA EXPERIÊNCIA PERMITINDO
A LEITURA DE FENÓMENOS CRÍTICOS [95]

Aos nossos amigos catalães de Reus, cidade berço de Francesc Tosquelles enquanto homem e psiquiatra, o muito obrigado dos amigos psiquiatras de Portugal tal como de mim próprio. O vosso convite tem para nós o sentido dum gesto de solidariedade face à barbárie que se abateu no espaço da psiquiatria portuguesa[96] — poderemos falar disso ulteriormente se assim o desejarem.

À Faculdade de Medicina de Reus e à Universidade de Rovira i Virgili o meu reconhecimento muito pessoal pelo convite para intervir nestas Jornadas do "Master de Psiquiatria de Sector", falando-vos duma experiência possibilitadora da leitura dos fenómenos críticos.

As vossas Jornadas d'Interès Psiquiàtric centram-se no tema das crises vitais humanas nas suas relações com a Psiquiatria. O que, em nossa opinião, coloca o problema: que Psiquiatria para acolher as pessoas que a ela apelam em situação de crise vital. Isto é, que epistemologia de base, que quadro de exercício, que prática, que ética deverá caracterizar essa Psiquiatria de modo a poder responder a tal solicitação?

Vastas questões que merecem reflexão alargada e aprofundada e que deve ser prosseguida com tenacidade sob pena de se sossobrar numa "robotização" psiquiátrica mortífera; porventura unicamente servidora dos interesses do complexo farmacêutico e das políticas orçamentais anti-sociais dos governos. Não é aqui, agora, o lugar para me expandir sobre estas questões e vou aproveitar o tempo de que disponho para vos dizer algumas palavras sobre uma experiência da situação portuguesa — nas relações que ela pode ter com a questão que acabo de levantar.

A nossa Lei do Serviço Nacional de Saúde (1979), a Lei dos Cuidados Primários de Saúde (1984), a Lei da Saúde Mental em vigor[97] e a nomeação para a Direcção Nacional dos Serviços de Psiquiatria e Saúde Mental (1985) de uma equipa com

---

[95] Intervenção na Faculdade de Medicina de Reus, Universidade Rovira i Virgili por ocasião das XXVI Jornades d'Interès Psiquiàtric – Abril 1993.

[96] O decreto de extinção dos Centros de Saúde Mental tinha sido publicado e entrado em vigor em Julho do ano anterior.

[97] Ao tempo em que foi feita esta intervenção vigorava ainda a Lei 2118 de Abril de 1963.

formação analítica e de saúde publica, permitiram a emergência de um vasto espaço de emergências múltiplas.

É complexo o que haveria a dizer sobre este espaço de transformação, porventura de subversão, relativamente à situação anterior à Revolução de Abril de 1974. Limitar--me-ei a uma tentativa de resumo, dizendo:

- Fora das cidades de Lisboa, Porto e Coimbra (cidades das clínicas universitárias e de implantação dos hospitais psiquiátricos públicos), e a partir de 1980, todo o restante território nacional estava assistencialmente coberto por uma rede de Centros de Saúde Mental, os quais gozavam de autonomia de gestão financeira, administrativa e técnica. Todos dispunham de serviços de Dispensário e ambulatório e, quase todos, de serviço de hospitalização. Portanto, espaços de responsabilidade geo-demográfica definida, efectivos humanos de pequena ou média dimensão; serviços de hospitalização de pequena ou média grandeza; serviços de ambulatório funcionalmente articulados no terreno com as equipes de Cuidados Primários de Saúde e com diversos parceiros do campo social. Do grau de grandeza da área geo-demográfica de responsabilidade de cada um destes Centros, dependia a existência de uma ou várias equipes de Sector assegurando cada uma delas a continuação dos cuidados no quadro da sua dinâmica própria. Acrescente-se que também foram atribuídas aos Centros de Saúde Mental, desde 1985, responsabilidades específicas na formação dos Internos de Psiquiatria, assim como dos médicos da especialidade de Medicina de Família relativamente à sua formação em Saúde Mental.

Existiam evidentes homologias entre os Centros mercê das homologias das condições concretas de trabalho e da riqueza de intercâmbios entre eles; mas havia também, como bem se compreende, significativas diferenças no domínio da praxis; diferenças devidas a factores múltiplos entre os quais se podem citar: a sócio-ecologia do terreno, a estrutura e funcionamento dos serviços do campo sanitário e social, as diferenças dos dispositivos de cuidados e da qualidade de formação produzida por cada Centro; diferenças de posição teórica assim como, obviamente, diferenças nas possibilidades e modos de emergência do desejar "operotropisado" [98] explicam também, em nossa opinião, as referidas diferenças de praxis entre as equipes. Todavia, quaisquer que fossem as diferenças que se denotassem, certo foi que estes operadores de cuidados (os Centros) pelo facto da sua implantação em lugar de proximidade com as populações assistidas, conduziu a efeitos que diremos comuns; assim:

- Conhecimento directo e personalizado dos doentes e das suas famílias, assim como dos Médicos de Família e do outro pessoal do campo sanitário e social; conhecimento prolongado no tempo, tanto pelos médicos e enfermeiros como pelas assistentes sociais e psicólogos das equipes psiquiátricas.

---

[98] Segundo o conceito de L. Szondi.

- Acessibilidade, proximidade e facilidade na solicitação directa ou indirecta do acolhimento e cuidado.

- Facilidade de contacto e possibilidade de encontro entre os parceiros da equipe psiquiátrica e os da equipe de Cuidados de Saúde Primários; igualmente com os das diversas estruturas sociais comunitárias.

- Graças a estes contactos e encontros, possibilidade de emergência de consensos na resolução dos problemas práticos.

- Conhecimento recíproco das dificuldades concretas com os quais os serviços se debatem quando se trata de responder às solicitações dos utilizadores.

- Possibilidade de emergência de relações de respeito e de consideração recíproca entre serviços autónomos e soberanos: os de Psiquiatria por um lado e os de Cuidados Primários de Saúde, por outro.

- Responsabilidade personalizada em honrar os compromissos inter-institucionais e inter-profissionais assumidos.

- Tomada de consciência (e de responsabilidade ética) partilhada pelas equipes psiquiátricas e pelos outros profissionais do campo sanitário e social, de que o acolhimento e os próprios cuidados a prestar aos doentes não é (nem pode ser) trabalho dum único técnico ou serviço por mais qualificados que sejam; e que para tal se tornava necessário um trabalho conjunto e inter-articulado sempre a elaborar e a definir face às situações concretas. Portanto: trabalhar em conjunto para que se possibilite um espaço de emergência do desejo de trabalhar conjuntamente e em cooperação.

Foi assim que um tal processo de desenvolvimento, variável de um Centro a outro, conduziu as respectivas equipes às experiências que se enumeram:

- do contacto directo, prolongado no tempo, com o sofrimento dos doentes e das suas famílias;

- duma clínica de detecção e prevenção das situações de risco psiquiátrico;

- de enriquecimento e de afinamento da semiologia dos pródromos das descompensações clínicas;

- do afinamento técnico tanto do acolhimento como da tomada das decisões face às situações ditas de crise — isto com o consenso e apoio privilegiado dos Médicos de Família residentes;

- da necessidade prática do diagnóstico polidimensional; portanto, superação clinicamente útil da indução redutora, porventura prejudicial, dos sistemas classificatórios em moda;

- do treino da capacidade de previsão prognóstica baseada no diagnóstico pluridimensional e no conhecimento das potencialidades do holding mobilizáveis;

- da estrutura de dados a ter em conta no que respeita à questão da "psiquiatrização"; a necessária, apenas a necessária — de acordo com os dados da clínica e quadro de possibilidades articuláveis no terreno;

- dos seguimentos clínicos de longo termo, particularmente no domínio das estruturas psicóticas;

- das significações, singularmente vivenciadas, dos efeitos de passagem quando o doente passa (ou é passado) dum quadro de "prise en charge" para outro: do ambulatório para a hospitalização a tempo completo ou parcial e vice-versa, por exemplo. Que considerações prévias a ter em conta? Que derrapagens se poderão prever? — Como preveni-las ou assisti-las?

- dos efeitos úteis do acolhimento empático e compreensivo das atitudes fóbicas e contra-fóbicas do meio ambiente face à violência projectiva do sofrimento psicótico: as dos médicos e outros profissionais dos Centros de Cuidados Primários de Saúde, as das famílias e vizinhos, as dos próprios membros da equipe psiquiátrica... etc. De como este acolhimento eleva a tolerância ao sintoma e eventualmente o reduz; como ele transforma a atmosfera humana do ambiente, como facilita a emergência de atitudes de cooperação relativamente aos cuidados;

- experiência, enfim, dos efeitos da deslocação regular das equipes de psiquiatria aos Centros de Cuidados de Saúde Primários e do trabalho lado a lado na mobilização dos mecanismos defensivos de isolamento; mecanismos que a história, a tradição e a formação profissional explicam e que a estrutura defensiva de cada um, mais ou menos rigidamente utiliza — do mesmo modo, apreender os efeitos operatórios desta mobilização na "prise en charge" conjunta dos doentes no ambulatório, desideratum que exige uma partilhada e pertinente análise das situações clínicas concretas, assim como dos papéis a assumir e desempenhar por cada um dos parceiros. Isto, evidentemente, no quadro do respeito da respectiva identidade profissional assim como do quadro institucional em que cada um está inscrito — mas também, do desejo em cena.

É preciso dizer que para a maioria das equipes trabalhando no quadro organizacional dos ex-Centros de Saúde Mental de que tenho vindo a falar os efeitos inventariados foram emergindo e tomando forma de modo por assim dizer espontâneo; consequência do pequeno número de membros e da composição inter-profissional das equipes, da deslocação em conjunto na mesma viatura, da continuidade de trabalho partilhado ao longo dos anos no mesmo teatro de responsabilidade, das refeições de almoço quase sempre em conjunto, da homologia das tarefas a desempenhar: responder às solicitações dos Médicos de Família, às dos enfermeiros e assistentes sociais dos Centros de Saúde, fazer as consultas, administrar medicações retard, efectivar o seguimento a longo prazo dos doentes psicóticos, articular o acolhimento dos familiares dos doentes, articular a solução dos problemas sociais quando necessário, preparar o acolhimento dos doentes hospitalizados a seguir à alta, etc. Dito isto, é preciso dizer que muito poucas equipes praticavam psicoterapias individuais ou de grupo em quadro específico quando das suas deslocações de ambulatório; todavia, o trabalho quotidiano com os doentes e os parceiros do campo sanitário e social, associado à pratica geral das reuniões inter-disciplinares de tipo funcional mas aberto, induziam, certamente, de modo indirecto, efeitos psicoterapêuticos dada a respectiva abertura acolhedora — o que não exclui, evidentemente, a possibilidade real de estruturação de atitudes contra-transferênciais regressivamente fixadas (patogénicas, portanto) se não existir um dispositivo e uma prática regular de análise destas atitudes.

Era assim o panorama geral dos vinte e dois Centros de Saúde Mental que o governo suprimiu por força de lei, em 31 de Julho do ano passado; Centros que promoveram encontros regulares e frequentes entre si no decurso dos últimos anos não só para se defenderem dos ataques concertados de certos hospitais psiquiátricos, de certas clínicas universitárias e casas de saúde privadas, como para reflectir conjuntamente sobre as respectivas práticas. Não faremos aqui o balanço de todo este trabalho de encontro e reflexão; mas talvez não seja inútil o dizer que no desenvolvimento de um tal processo esteve sempre presente a bússola dos que trabalham em referência analítica articulada à metodologia da Psicoterapia Institucional; o que, muito provavelmente, teve a sua importância num tal processo.

Eis portanto o que me propus e pude dizer sobre a configuração duma experiência de espaço de emergência e emergência de espaços de abertura — abertura a outros modos de estar no trabalho quotidiano, a outros registos de expressão do desejar profissional, a outros objectivos e métodos de trabalho em tudo bastante diferentes do que era (é e será?) a rotina dos estabelecimentos compartimentalizados e segregativos; sendo disto paradigma, os hospitais gerais em que foram integrados (e submetidos às respectivas lógicas) os serviços dos ex Centros de Saúde Mental.

Aos que tiveram a paciência de nos ouvir poderá parecer que esquecemos o tema das vossas jornadas e que falámos ao lado. Todavia não penso assim. Na verdade, pretendi expor uma experiência colectiva de vivência de crise — a que resultou da extinção dos Centros de Saúde Mental com a integração abrupta dos serviços nos hospitais gerais e a consequente suspensão (nalguns casos interdição) da praxis que se vinham desenvolvendo. Mas, relativamente ao tema, poder-se-á passar sem questionar:

- Para responder, de modo minimamente adequado, às pessoas e grupos naturais em rotura de equilíbrio psicológico poder-se-á dispensar um trabalho de reflexão e de produção de dispositivos de acolhimento e cuidados necessariamente diferentes daqueles do que é ainda rotineiro na maioria das clínicas e estabelecimentos psiquiátricos?

- Deveremos acantonar-nos intra-muros e responder a estes desafios com tais rotinas?

- Poder-se-á negligenciar o valor operatório da articulação da equipe psiquiátrica com as estruturas e os profissionais do campo sanitário e social que estão e actuam no espaço comunitário onde as "crises vitais" e existenciais emergem e acontecem e para as quais eles são os primeiros a ser solicitados?

- Estes espaços de articulação, produtores de espaço de acolhimento em proximidade, não terão que se trabalhar em conjunto e permanentemente no concreto?

- Que métodos para "trabalhar" este trabalho e este concreto? O envio directo e sem descriminação das *"emergências críticas"* para um serviço especializado de psiquiatria será sempre a melhor solução?

- Mas se o acolhimento e o cuidar, em primeira linha, tem lugar no quadro e cena dos serviços de Cuidados Primários de Saúde não deverão estes serviços ter garantido o apoio (eventualmente homólogo do que esboçámos) de uma equipe de Psiquiatria que, por seu turno, esteja operatoriamente disponível de modo a responder, reflectidamente, às solicitações do Médico de Família, da assistente social ou do enfermeiro do Centro de Saúde? E para que estas solicitações possam ser formuladas e articuladas de modo adequado e oportuno que praxis e que arte da equipe de psiquiatria? — ao longo dos dias, dos meses, dos anos?

Eis questões que deixo para o debate que por certo se vai seguir.

A HIERARQUIA: UM POUCO DE HISTÓRIA, UM POUCO DE ACTUALIDADE [99]

> *A hierarquia estatutária (realidade incontornável) participa do quadro geral de funcionamento das equipes cuidadoras mas ela não deve ser um dos pontos organizadores.*

> (Delion, Séminaire sur l'autisme et la psychose infantile, ERES, coll. Des Travaux et des Jours, pg. 83)

Há muito tempo que a questão da hierarquia foi objecto de vastos e vivos debates.. Pode-se assim recordar o Colóquio de Serre-Chevalier organizado por Bonnafé de 4 a 14 de Março de 1965 assim como os argumentos que redigiu com os seus colaboradores de Perray-Vaucluse e que foram publicados no n.º 4 da Revista *Psychothérapie Institutionnelle* em 1966. Não irei recordar aqui os seus conteúdos mas tenho a convicção de que, nos tempos que correm, não será inútil relê-los.

O debate, desde então, amoleceu. As pessoas, em geral, proclamaram a sua adesão ao discurso da deshierarquização; muitos se esforçaram por a praticar e muitos passaram pelo sofrimento das boas intenções decepcionantes; enfim, infelicidades bem conhecidas resultantes da omnipotência voluntarista, quaisquer que sejam os véus com que se encobre.

Dito isto, se não me engano, há decénios que as resistências em abordar um tal assunto parecem ser vastas e eficazes.

Não abordarei aqui a conjunção complexa de factores susceptíveis de propor uma compreensão possível de um tal fenómeno, mas permito-me, para melhor situar o meu propósito, evocar um outro paradigma metodológico de trabalho em Psiquiatria no qual a hierarquia está sempre no coração das preocupações da praxis; recordem-se do preâmbulo com o qual o nosso amigo Horace Torrubia, a que aqui prestamos

---

[99] Comunicação apresentada nas 13èmes Journées de Psychothéarpie Institutionnelle de l'AMPI – Marselha, Novembro de 1999.

homenagem, introduzia a sua noção de "analisador" (Revista de *Psychohérapie Institutionnelle,* n.º 1 – pg. 83).

De facto, sabe-se que os pioneiros e continuadores do que se convencionou chamar "Psychothérapie Institutionnelle", por razões epistemológicas (recordo-vos que Bonnafé apelidava esta geração a dos "psiquiatras filósofos"), éticas e teorico-práticas, integraram, necessariamente, a dimensão analítica no campo do intra e do extra-hospitalar psiquiátrico, e que rapidamente se confrontaram com a questão da hierarquia dita tradicional. Mais: como eles tinham vivido a experiência dela, pode-se dizer que em parte, a emergência deste movimento, tem a ver com o tomar em consideração reflexiva dos malefícios e impossibilidades que uma tal "coleira" pode impor sobre o campo de trabalho de cuidados psiquiátricos.

Contudo, a histórica geração destes conhecidos pioneiros, armados que estavam com as noções e conceitos pertinentes, não cederam à tentação do voluntarismo ingénuo e bem intencionado para provocar uma deshierarquização útil, confrontando-se directamente com a estrutura hierárquica estabelecida, a qual como Horace nos recordava, se conjuga com a sociedade. Mais, eles apreenderam que o sistema hierárquico era uma realidade incontornável que sempre triunfa e se reforça face às veleidades iconoclastas. Reconheceram igualmente, como recentemente notou Delion, que a hierarquia estatutária, sendo portadora duma "lógica do Geral" (no sentido de Ch. Pierce), pode ter uma função não apenas de "arrière-plan" contentor mas também, que a partir dela, se pode colocar um sistema equivalente que articula o Geral com o Singular (Delion, *Séminaire sur l'autisme et la spychose infantile,* Eres, coll des Travaux et des Jours, pg. 83 – 1977).

Foi nesta via que os históricos se esforçaram por abrir caminho instituindo estruturas de complementaridade como são as tablaturas de reuniões julgadas pertinentes e possíveis e, tirando partido de Lei 1901[100], com a criação de "Comités hospitaliers" e a instituição de "Clubes Terapêuticos". Recordem-se do relatório de Oury de 1960 (na *Revue de Psychologie de la vie sociale et d'hygiène mentale*) os trabalhos de F. Tosquelles, Gentis, Racine et Poncin publicados nos "Bulletins Techniques" do pessoal cuidador do Hospital de Saint-Alban e a tese de Ph. Rappard inspirada e orientada por H. Ey. Sabe-se que um quadro básico de complementaridades no dispositivo de cuidados constitui condição para que as complementaridades do "intersticial" e do "vacuolar" possam existir e desempenhar a sua função fundamental no metabolismo das angústias e no tecer das transferências.

É possível e provável que entre os que me escutam haja quem se interrogue sobre a necessidade de voltar ao passado. Todavia, isso parece-me necessário para melhor poder situar a questão nos tempos que correm. Na actualidade, como dizia há pouco, o debate e a reflexão sobre as questões da hierarquia e do exercício do poder no campo das estruturas psiquiátricas esbatem-se insidiosamente um pouco por todo o lado; mas não se esbateu, creio, onde haja gente que se esforce por trabalhar no quadro do

---

[100] Equivalente da nossa lei sobre as associações de fins não lucrativos.

método (assim definido, de modo incisivo, por Ayme) da Psicoterapia Institucional. E este amolecimento da atenção reflexiva sobre esta problemática não pesará ele sobre o deslizamento progressivo no sentido dum excesso de "lógica do geral" imposta, que Delion denuncia, e que é concomitante com a restrição — abolição do campo de possibilidades para que o "singular" e a articulação dialéctica do "estatutário" e do "subjectal" possa ter lugar?

A realidade e o perigo denunciados por Delion, assim como o manto de silêncio que pesa sobre estas questões têm a ver, certamente, com a invasora robotização da psiquiatria (veje-se, por exemplo, a natureza e efeitos dos DSM ou o reducionismo quimioterapêutico em acção de modo standardizado e massivo). Contudo, creio que não se podem esquecer duas forças, dois poderes, que na actualidade pesam sobre os colectivos de cuidados terapêuticos. Refiro-me ao poder tecnocrático e ao poder hierárquico-gestor hospitalar que nos hospitais gerais subordinam os serviços de psiquiatria.

Antes, todos vós o sabeis, as estruturas de cuidados psiquiátricos estavam contidas num bem conhecido envelope técnico-jurídico e administrativo. Apesar da sua rigidez susceptível de esclerosar os canais de intercâmbio com o campo social exterior, um certo gradiente de autonomia em estabilidade era todavia permitido. Tornavam-se assim possíveis as especificidades de praxis de cuidados, até mesmo, de transformações qualitativas internas, elas próprias também indutoras de criação e de "mise en place" de dispositivos de complementaridades e de articulações como se pode ver com os usos intra-hospitalares da Lei 1901[101] nos hospitais psiquiátricos e a estrutura e prática da Psiquiatria de Sector.

Na sequência da assinatura do Tratado de Maastricht em 1992, toda a rede de serviços portugueses de psiquiatria (excepção dos hospitais psiquiátricos de Lisboa, Porto e Coimbra) então autónomos do ponto de vista jurídico, financeiro, administrativo e técnico, foi totalmente integrada nos hospitais gerais — já aqui falei disso nas Jornadas precedentes.

Com esta integração, o director e todos os outros médicos do Serviço de Psiquiatria foram colocados sob a dependência hierárquica do director clínico e conselho de administração do Hospital. Aconteceu igualmente o mesmo com o pessoal de enfermagem e auxiliar, os quais ficaram hierarquicamente subordinados ao enfermeiro director que faz parte e tem assento no referido Conselho de Administração do Hospital. As cadeias hierárquicas, médica e de enfermagem são corporativas, autónomas e paralelas entre si (o que não quer dizer que elas próprias e entre-si não estejam apanhadas numa armadilha conflitiva naturalmente sem saída). É assim que o enfermeiro director tem o direito e o poder de redistribuir como entende, todo o pessoal de enfermagem e auxiliar do hospital, o da psiquiatria, inclusivamente por não importa qual Serviço.

---

[101] Equivalente da nossa Lei das IPSS.

Vejamos então o que aconteceu num destes hospitais portugueses — o de Setúbal, precisamente. Imediatamente após a integração, de Julho 1992, grande parte do pessoal auxiliar do serviço de hospitalização do ex-Centro de Saúde Mental foi retirado da psiquiatria e colocado nos outros serviços e enfermarias do hospital. Inversamente, o Departamento de Psiquiatria depressa se tornou o "caixote" para onde eram enviados os enfermeiros e auxiliares rejeitados pelos outros Serviços do Hospital. Foi assim que uma enfermeira-chefe, que pela sua patologia narcísica tinha sido sucessivamente ejectada de todos os Serviços, foi designada enfermeira-chefe do Departamento de Psiquiatria sem que a respectiva directora-médica a isso se pudesse opôr.

A enfermeira em referência, uma vez nomeada para a Psiquiatria, rapidamente, de modo autoritário e violento, fez tábua rasa da história e cultura do Serviço impondo arbitrariamente o seu "próprio saber". Enfermeira Geral Diplomada, sem nenhuma experiência do campo da psiquiatria, retirou dos tratados de psiquiatria, de organização e de gestão dos serviços o que lhe pareceu útil na sua lógica de confrontação e esmagamento dos outros, reorganizando e manipulando a seu livre alvedrio o seu campo de responsabilidade e, bem entendido, o de todas as pessoas que lhe estavam subordinadas. Entrou em confrontação agressiva e irredutível com o poder e competências médicas, decidindo ela própria, de modo totalitário, sobre a liberdade de circulação dos doentes hospitalizados, sujeitando-os, massivamente, à sua fantasmática pessoal, arrastando com isso, tanto regressões simbióticas múltiplas como "passages à l'acte" graves.

Face a esta expansão patológica e patogénica, o poder médico abdicou das suas responsabilidades no sentido de tentar ultrapassar o impasse; entre o pessoal, alguns tentaram recorrer aos sindicatos, outros apelaram para o topo da hierarquia hospitalar que fez ouvidos moucos durante quase três anos, muitos submeteram-se com passividade mais ou menos hipócrita.

Contudo, no espaço do serviço de hospitalização havia (e há) entidade juridicamente autónoma, uma IPSS (homóloga das previstas na Lei francesa de 1901), que integra o Clube e com a qual o ex-Centro de Saúde Mental, tinha outrora estabelecido um contrato de prestações recíprocas que consistiam em o clube assumir as responsabilidades de promoção e coordenação das actividades ergo e socioterapêuticas, do serviço de bar-cantina, do banco dos doentes, da distribuição do pecúlio; e tudo isto mediante a articulação dos dispositivos complementares indispensáveis. Era, evidentemente, uma realidade insuportável para um tal desejo de posse e controle. Daí, uma compulsão desenfreada de intrusões destrutivas de tudo o que dizia respeito e era domínio do Clube: denegação da dependência funcional e imposição totalitária da subordinação hierárquica directa do pessoal adstrito às actividades, interdição e bloqueio do acesso dos doentes às actividades do Clube, criação pelo seu único querer de actividades paralelas asseguradas pelo seu pequeno grupo de fiéis. Ao mesmo tempo tomou a peito uma procura não menos desenfreada, de tudo o que, segundo ela, poderia conduzir à ejecção da Associação e do Clube por parte da Administração do Hospital. Enfim, recusava rígida e sistematicamente, o estar presente, como estava instituído, nas reuniões mensais de articulação entre a direcção do Clube e a responsável hierárquica do Departamento (simultaneamente coordenadora médica desta Unidade de cuidados); recusa que ia a ponto de se opor, em palavras e actos, a todas as tentativas de diálogo e de procura de um mínimo de consenso.

Tudo isto durou três anos. O ultrapassar desta situação passou pela mudança da enfermeira directora do hospital que tinha assento no Conselho de Administração e pelas intervenções dos sindicatos dado que as ameaças e as vinganças punitivas sobre todos os que se tornaram objecto da sua desconfiança choviam em crescendo.

Durante esses três anos, e como se disse, face a uma tal situação, o Conselho de Administração do Hospital (constituído pela direcção médica e administrativa e o enfermeiro director) nada fez. A directora do Departamento que também era ao mesmo tempo a responsável do serviço de internamento, fugiu às suas responsabilidades, "laissant aller", e limitando-se a passar de fugida e de tempos a tempos. Os outros médicos também passavam, mas apenas o tempo estritamente necessário ao cumprimento das tarefas burocráticas próprias das suas responsabilidades legais, estabelecer os diagnósticos tipo DSM e exercer as prescrições medicamentosas.

Todavia, é preciso dizer que apesar de tudo e relativamente ao Clube, a directora do Departamento conseguiu resistir e evitar que os monitores ocupacionais e a assistente social destacados para essa instituição (o Clube), fossem colocados sob a dependência hierárquica da referida enfermeira chefe; o que permitiu não só o resistir ao furor dos seus ataques destrutivos, como manter o quadro das actividades, serviços e dispositivos de articulação do Clube.

É provável que este resumo descritivo (com o qual, por certo, vos cansei) nada tenha a ver (ou muito pouco) com a vossa realidade. Contudo, permiti-me relatá-lo porque na sua exemplaridade extrema, isto que foi observado numa posição de meio fora/meio dentro, pode servir numa reflexão sobre questões cuja pertinência actual me parece indiscutível face à crescente maré de integração dos serviços de psiquiatria nos hospitais gerais.

Os tecnocratas e numerosos psiquiatras dizem que não há alternativas. Portanto, se assim for, será necessário saber em que consiste esta integração, quais são as suas lógicas, como é que ela se pode fazer, quais serão as garantias jurídicas e administrativas indispensáveis à manutenção de uma interface suficientemente estável e adequada tanto face à necessária função de suporte dos dispositivos de cuidados psiquiátricos como face à não menos necessária regulação dos intercâmbios entre a estrutura de poder do hospital e a estrutura do serviço de psiquiatria.

No exemplo citado, a imposição massiva e abrupta de todas as lógicas do hospital (de organização material e funcional dos serviços, de definição do acto médico e do acto de enfermagem, dos critérios de avaliação da "rentabilidade", de encadeamentos e exercícios de poder hierárquico, ... etc.) conduziu, como viram, a uma patologia institucional complexa e grave. Com efeito, a imposição de um tal isomorfismo administrativo e de funcionamento hierárquico, associados à conotação, depressa estabelecida, de o Departamento de Psiquiatria ser um espaço de menor dignidade científica e técnica, relativamente às outras especialidades médicas, (portanto como "caixote do lixo" para receber os maus objectos ejectados pelos outros serviços), conduziu ao colocar em funções de enquadramento disciplinar, técnico e administrativo a enfermeira de que falei. A colocação desta enfermeira, em si portadora de uma patologia pessoal cujos efeitos nefastos tinham sido sublinhados pelos sucessivos serviços por onde tinha passado, teve lugar, como dizíamos, num espaço sem fronteiras susceptíveis de garantir um mínimo de soberania, onde a depressão colectiva era massiva e onde a hierarquia estatutária dos médicos não tinha consistência nem capacidade de resistência.

Num tal espaço, não é difícil de compreender que uma tal patologia pessoal, investida de poder de enquadramento e de gestão do quotidiano, se pudesse expandir sem contenção nem medida, com os ataques sem descanso contra tudo o que tivesse podido resistir ao seu desejo de dominação: contra a cultura e história do serviço, contra o saber e experiência pré-existente do colectivo de cuidados, contra a tablatura dos papéis e competências dos profissionais e dos grupos, contra as relações contratuais entre o Clube e o Hospital, contra os médicos em rivalidade concorrencial com eles. Tudo isto de mistura com a sopa quotidiana de agressões narcísicas face aos supostos resistentes e de manipulações perversas face aos complacentes.

O que disse, é preciso não o entender de um ponto de vista maniqueista visando um mecanismo de procura de "bode expiatório". Creio ter falado o suficiente sobre o contexto em que estas patologias individuais, de grupo e do conjunto do campo institucional se manifestaram e estruturaram. E sabe-se que não se pode compreender nada destas coisas se, na análise concreta, se não tiver em conta a complexidade das identificações e contra-identificações assim como as complementaridades fantasmáticas e outras que entre-si sempre se enleiam. E, como também se sabe e a tragédia clássica nos ensinou, não há corifeus sem coro.

A observação relatada mostra ainda que, como Freud o sublinhou, as resistências do sujeito individual, do grupo ou de não importa que conjunto humano, tem sempre a ver com as defesas contra as angústias. Efectivamente, o colectivo psiquiátrico de que falamos, portador de uma cultura própria e de uma longa história de trabalho, viveu angústias de desmantelamento; mas os portadores das referências e dos poderes do hospital viveram também as ansiedades emergentes da confrontação com a diferença e a resistência; e sabe-se que a encarnação do pode está, por natureza e estrutura, inapta a elaborar as angústias de castração fálica — daí as "passage à l'acte" mais ou menos abruptas a insensatas.

Para terminar e recordando o tema destas XIIèmes Journées ("Résistances" – Hommage à Horace Torrubia) e o argumento proposto, fa-lo-ei deixando aqui apenas algumas questões: Quando se fala de resistências não será preciso clarificar bem de que resistências se fala? Sobre que referencial nos colocamos? Para navegar em mares perturbados, eventualmente homólogos aos que vos trouxe com esta curta observação, não será necessário reflectir sobre a metodologia e sobre as cartografias pertinentes no trabalhar em Psiquiatria?

E a bússola ética poderá ser neglicenciada...

PSICOTERAPIA INSTITUCIONAL COMO MÉTODO
NA PRÁTICA DA PSIQUIATRIA DE SECTOR
REMEMORANDO EXPERIÊNCIAS... [102]

Uma possibilidade

A lei 2006 de 1945 já previa a criação de Dispensários de Higiene e Profilaxia Mental em todas as capitais de distrito mas os anos foram passando e o de Setúbal não chegou a ser criado...

Entretanto tinha-se desencadeado o processo que levaria à promulgação da Lei de Bases de Saúde Mental Lei 2118 de Abril 1963, a qual, recorde-se, definia os «Centros de Saúde Mental como sendo a estrutura integradora dos dispositivos responsáveis pela prestação de cuidados psiquiátricos e pelas acções de prevenção em Saúde Mental a populações geodemograficamente definidas (Base VIII).

Seria assim, pela rede de Centros de Saúde Mental a criar e implementar que de modo descentralizado e em maior proximidade com as populações se desenvolveriam as acções de prevenção: primária, secundária e terceária. Factores de política orçamental e de correlação de forças entre «lobies» do campo psiquiátrico levaram a que a Lei 2118 nunca fosse sistematicamente regulamentada como nela própria se previa. Mas o então Director[103] do Instituto de Assistência Psiquiátrica (estrutura integradora de todos os dispositivos públicos de acção psiquiátrica e com responsabilidade de tutela sobre o sector privado) que tenazmente se havia batido pela promulgação da Lei não menos tenazmente se bateu pela criação e implementação progressiva dos «operadores no terreno»: Centros de Saúde Mental onde fosse possível instalar serviços de dispensário e de internamento (caso de Faro, Portalegre, Viseu, etc.); Dispensários de Higiene e Profilaxia Mental onde a instalação da componente hospitalar não fosse possível.

---

[102] Texto redigido na sequência de uma reunião de «recordar» visando o «estar presente» nesta homenagem da Sociedade Portuguesa para o Estudo da Saúde Mental a Tosquelles. Foi na sede da Associação da Saúde Mental Doutor Fernando Ilharco e nela estiveram: Anita Vilar; Bráulio Almeida e Sousa; Henrique Neves Duarte, Julieta Sendas e Maria Luísa Magalhães. Naturalmente, como por certo se não estranhará, o «redigido» extravasou o rosário do estorial; disso se não podem assacar responsabilidades que não seja a quem o redigiu.

[103] Doutor Fernando Ilharco, homem esquecido e a quem os doentes e a psiquiatria pública portuguesa tanto devem!

Foi assim, sob este impulso, que ministerialmente de despachou (8 Janeiro 1969) no sentido de criar e implementar o Dispensário de Higiene e Profilaxia Mental de Setúbal sendo-lhe atribuídas as responsabilidades de Dispensário e ambulatório nos concelhos de Setúbal, Palmela, Sesimbra, Alcácer do Sal, Grândola, Santiago do Cacém e Sines; o Hospital Miguel Bombarda era o que ficava responsabilizado pela resposta em necessidades de hospitalização; quanto ao apoio administrativo em serviço de contabilidade, de tesouraria, de aprivisionamento e de gestão de pessoal seriam os serviços administrativos centrais do Instituto a assegurá-lo.

O Dispensário de Profilaxia e Higiene Mental de Setúbal estava assim criado desde Janeiro. Foi em Julho que foi nomeado o médico responsável pela instalação, abertura e funcionamento deste novo Serviço preocupações maiores que superiormente lhe eram indiciadas: as de encontrar espaços adequados para instalar o Serviço (que teriam de ser alugadas e eventualmente adaptadas) e conseguir que pessoal de enfermagem, médico e de Serviço Social se dispusesse a sair dos hospitais psiquiátricos e ir trabalhar em Setúbal... Na verdade, tratando-se de um serviço público e dadas as tradicionais desconfianças de senhorios privados em alugar ao Estado e do então grande surto de macro-industrialização em Setúbal, foi com porfiados esforços que foram conseguidas essas instalações as quais se consideraram já então, precárias e insuficientes:[104] um rés-do-chão e primeiro andar de um prédio de habitação sito num bairro residencial central da cidade nos restantes andares do prédio e à volta viviam e vivem as famílias residentes do bairro («Bairro do Liceu»).

As pessoas e os contextos: historicidades

Dissémos: «uma possibilidade». Na verdade, com tudo o que isso implicava de projecção imaginária, foi como «espaço de possibilidade e abertura» que o médico aceitou o convite de instalar e abrir ao público o Dispensário, assumindo em consequência a responsabilidade da sua coordenação técnica. Veiculava consigo «experiências vividas» de trabalho profissional em Psiquiatria significativamente diversas: de 1948 a 1960 nos hospitais psiquiátricos de Sobral Cid e de Júlio de Matos, de 1960 a fins de 1963 no então Dispensário Central da Zona Sul, de 1963 a Julho 1964 no Serviço de Delay e Deniker em Sainte Anne (Paris) de Julho 64 a princípios de 1969 no Hospital de Saintt-Alban (Lozère – França). Experiências significativamente diversificadas tanto no que concerne aos quadros teóricos como aos das praxis e práticas: escola biológica, psicopatológica e nosográfica alemã nos hospitais portugueses; da semiologia, nosografia e organicismo tradicionais da escola universitária parisiense, em Sainte Anne neles e nesta, a mesma estrutura estratificada estanque, a «comunicação» vertical hierarquizada, o diagnóstico exclusivamente centrado na observação médica de gabinete e no quadro das grelhas semiológicas e nosográficas ditas clássicas; o enfermeiro reduzido ao papel (ou assim imaginado) de simples e fiel ministrador das

---

[104] Precárias e insuficientes mas estrategicamente bem localizadas. Na verdade a topografia central e de acessos fáceis e acessíveis e a «salubridade»socio-ecológica do bairro respondiam a critérios de localização que se reputavam da maior importância.

prescrições; ausência total de «reuniões de pessoal»; escotoma no observar e pensar em relação ao que de quotidiano se passava fora do gabinete médico; a experiência clínica era fragmentária (da admissão até à alta ou «transferência» para as secções asilares) e de objectivação parcelar e estática reduzindo-se o objectivo terapêutico ao de fazer remitir ou «curar» as sintomatologias de modo a que os doentes pudessem ter alta sem significativo potencial de responsabilidade profissional e legal para o médico e hospital; o adestramento técnico-terapêutico[105] centrava-se nas terapêuticas de intervenção biológica (foi a malarioterapia, a sismoterapia, a cura de Sakel e a técnica de Fiamberti até 1952; depois, a partir do fim da década de 50, exclusivamente no manejo dos psicofármacos[106]).

O trabalho no ex-Dispensário Central da Zona Sul, (ao tempo negativa e maniqueisticamente mitoligizado pelo imaginário narcísico hospitalar), proporcionou uma outra experiência pese embora o uso dos mesmos quadros teóricos no que respeita a semiologia, psicopatologia, nosografia e terapêutica. Experiência significativamente diferente porque: o trabalho na sede do Dispensário e através das brigadas móveis implicava não só a vivência dum contacto directo com os problemas humanos e sociais das famílias, eventualmente com médicos e outros profissionais de saúde residentes e relacionalmente implicados com os doentes como, em termos de experiência clínica, o contacto com os doentes na fase prodómica e manifestações precoces da doença acompanhando depois a respectiva evolução em relação transferencial de longo curso e isto relativamente a vastas séries de doentes e no diversificado âmbito da Psiquiatria Geral. Mas uma «falha» se fazia sentir: quando os doentes careciam de ser hospitalizados rompia-se a continuidade do seguimento tanto médico como de enfermagem dado que Dispensário e Hospitais eram estruturas autónomas (se bem que em tensão de clivagem projectiva entre si) legal, técnica e administrativamente, e na prática, sem significativas relações directas entre os profissionais de uma e outra estrutura.[107]

A experiência vivida de Saint-Alban viria a significar uma profunda rotura tanto do ponto de vista epistemológico como de teoria, praxis e modos de praticar a Psiquiatria. O contacto com a realidade santalbanesa e a experiência que se seguiu veio mostrar a radical diferença entre a informação que se pôde obter através de leituras (sobretudo da Information Psychiatrique) e a que resultou duma vivência quotidiana, 24 sobre 24, em trabalho de Médico Interno no hospital. Era sabido que Saint-Alban, com Tosquelles, Balvet, Chaurand, Bonnafé, Oury, Franz Fanon, Gentis, Y. Racine e outros, havia sido o cadinho em que se gerara a prática e a elaboração daquilo a que G. Daumèzon e Ph. Koecklin em 1952, em artigo escrito nos *Anais Portugueses de*

---

[105] No Hospital Sobral Cid e Hospital Júlio de Matos também se praticava ao tempo a «prescrição ergoterapêutica» numa perspectiva ergo-biológica e de economicismo hospitalar.

[106] A valorização quotidianamente assumida dos efeitos terapêuticos ou patoplásticos da ambiência e o acolhimento e qualidade das relações intersubjectivas na sua significação de «encontro» e de transferência e contra-transferência eram questões totalmente silenciadas.

[107] Os doentes embora admitidos nos hospitais acompanhados do «Boletim confidencial de internamento» (síntese do quadro clínico apurado na observação do ambulatório) acabavam por ter alta sem qualquer informação dirigida aos médicos do Dispensário que seguidamente, pelo menos em teoria, assumiriam a responsabilidade da assistência de «post-cura» – assim se dizia, (dizer que evidencia a fragmentação no conceito de curso evolutivo e do processo terapêutico dos doentes).

Psiquiatria a pedido do seu Secretário, Dr. Seabra Dinis, batizaram de Psicoterapia Institucional; sabido era também que, através da criação de uma associação de fins não lucrativos, e um pouco em eco da experiência da «psiquiatria comarcã» desenvolvida por Tosquelles quando responsável pelos serviços de saúde do exército republicano na Catalunha durante a guerra civil, se criou e pôs em funcionamento no departamento da Lozère (a que Saint-Alban pertence) um modo de prestação de serviços a que mais tarde se veio a dar o nome de Psiquiatria de Sector, designação e conceito que a histórica circular de 1960 veio consagrar.[108] Também em Sainte-Anne, no Serviço de Deniker, perante doentes em quem eram experimentados todos os psicofármacos que sucessivamente iam sendo produzidos e cuja eficácia sobre o quadro de sintomas se saldava por sucessivos fracassos se dizia: «bon, avec ce Mr, rien à faire; essayons de voir s'on l'accepte à St. Alban...» A conjugação destas referências associada a outras razões viria assim a conduzir a todo um conjunto de diligências que levaram finalmente à possibilidade de iniciar a experiência de trabalho em Saint-Alban como psiquiatra interno logo que expirou o tempo de bolseiro em Sainte-Anne.

A reacção ao primeiro contacto com o Hospital de Saint-Alban[109] foi de forte surpresa: sentia-se a «atmosfera» dum acolhimento que era difuso e atento e ao mesmo tempo aberto e sem afectação; doentes e pessoal de todas as categorias e estatutos profissionais cruzavam-se nos espaços inter-pavilhonares, paravam e falavam aparentemente de tudo e de nada; cada um vestia, sem insignias de classe o seu vestuário pessoal (excepto a comunidade de freiras de S. Regis); umbilicalmente situado e a dar para um espaço coberto pelas copas de frondosos castanheiros da Índia (era nos fins de Julho) e que parecia um adro animado a dar para arcadas e portas por onde continuamente entrava e saía gente de ambos os sexos, lá estava o famoso Club Paul Balvet, primeira experiência da estrutura a que se viria a dar o nome de «Clubes Terapêuticos»; à tarde, depois do almoço e distendida conversa no «Internato» com o director[110] e outros colegas, lá se foi para o Clube era a reunião do «bureau de direction» a que se seguiu a reunião do jornal «Trait d'Union»; à noite, depois do jantar (mera coincidência) seria a representação da clássica e bem simbólica «Antígona» no claustro do castelo tendo como cenário a moldura das suas frontarias, colunas e arcadas em granito vermelho.

Seguir-se-ia depois, com responsabilidades definidas, o progressivo e difícil decifrar e integrar no complexo dispositivo de cuidar: aperceber do que eram e para que serviam as cooperativas produtivas do Serviço (cada Serviço tinha a sua cooperativa coordenadora e gestora das actividades ergoterapêuticas com a reunião mensal comunitária para gestão e distribuição dos rendimentos da produção e dos pecúlios de incentivação e como eram animadas!); aperceber do alcance das reuniões semanais de pessoal do serviço nas suas funções de prevenção das estruturações patológicas da dinâmica institucional, de apport multirreferenciado de informação semiológica dinâmica e concreta, de per-

---

[108] Ver Jean Ayme, «Chroniques de la Psychiatrie Publique à travers l'histoire d'un Syndicat» - Coll. Des Travaux et des Jours, Ed. Érès (1995).

[109] Situado no topo da colina de Saint-Alban sur Limagnole, Massiço Central, Departamento da Lozère.

[110] Doutor Yves Racine.

cepção e análise das relações transferenciais e contra-transferenciais que nos espaços relacionais emergiam, de dilucidação e concerto nas decisões terapêuticas a tomar; decifrar a estrutura dos circuitos financeiros das actividades ergo e socio-terapêuticas e do seu potencial de manejo terapêutico-institucional e individual e neste contexto situar a função e importância do Banco de Utentes;[111] entender a função económi-co-financeira e de possibilidade de investimento relacional e de expressão do desejar singular do espaço Bar-cantina no complexo das estruturas coordenadas pelo Clube; entender as razões da personalidade jurídica e gestão económico-financeira autónoma do Clube Terapêutico;[112] compreender a articulação e integração das terapêuticas de referência dita biológica com as de referência psicoterápica; viver por experiência o valor formativo da participação regular e prolongada em grupos de psicoterapia de patologias heterogéneas; abrir e treinar, reflexivamente, a atitude de acolhimento respeitoso e empático do outro na sua singularidade e insólito; etc.

Eram também os longos serões partilhados com o director (que também residia no Hospital) e outros colegas de reflexão e discussão animada a propósito da importância teórica e prática das obras de Levi Strauss na Psiquiatria, dos artigos e seminários de Lacan, da investigação clínica da «escola Kleiniana» (algumas vezes Salomon Resnik aí fez visitas), do valor das contribuições da Linguística Estrutural (foi com base nestes modelos que C. Poncin aí realizou a sua tese de doutor em Medicina sobre o conceito de «Situema»), das obras e trabalhos que iam surgindo sobre microsociologia e dinâmica de grupos; era a releitura de Freud quando em reflexão sobre conceitos básicos da prática psicoterapêutica; era a reflexão crítica dos neo-positivismos, dos «cientismos» ilusoriamente objectivantes e do cognitivismo comportamentalista; eram as «super-visões» dos seguimentos psicoterapêuticos individualizados; foi o programar de trabalhos para apresentar em forums diversos; foi o trabalhar-se para as periódicas reuniões do GTEPSI (Grupo de Terapêutica e Psicoterapia Institucional).

Naturalmente que a linguagem era muito distinta daquela que era (e é) tradicio-nal nas instituições psiquiátricas portuguesas e na Clínica Universitária de St. Anne e diferente era também a referência corrente a conceitos e noções sobre os quais o referido Interno não estava de modo algum familiarizado: «função de acolhimento e encontro» em relação com o sujeito do inconsciente; «colectivo de cuidar»; grupos, intergrupos, fantasmas de grupo, grupos e pessoas imaginariamente falicizadas, grupos reactivos espontâneos; transferência psicótica e «transferência dissociada e multireferen-ciada»; «corpo dissociado» e as técnicas psicoterapêuticas de estruturação dinâmica;[113] transferência e contra-transferência institucional; fenómenos de «cloisonnement» em «patologia institucional»; etc. E em relação com todas estas noções articuladas na prática quotidiana aí estava a omni - presença -ausência de Tosquelles, Oury, Gentis.[114]

---

[111] Questões a que Y. Racine dedicou vários trabalhos. Ver bib. que adiante se cita.

[112] Club Paul Balvet (em homenagem ao antigo director do hospital sob cuja égide Tosquelles e Chaurand iniciaram a histórica transformação), estrutura de integração e coordenação de todas as actividades ergo e socioterapêuticas que tinham lugar no espaço intra e extra hospitalar.

[113] A partir dos trabalhos de Gisela Pankow (assistente de Kretschmer antes do nazismo).

[114] O médico director era como se disse Yves Racine. Tosquelles estava em Marvejols (a 40 Km) a desenvolver o extraordinário trabalho com crianças e adolescentes no Clos du Nid; Jean Oury desenvolvia

Do mesmo modo foi a nova experiência no trabalho extra-hospitalar nomeadamente no que respeitava à articulação com os Dispensários de Higiene Social, os Institutos Médico-Pedagógicos e outras estruturas «relais» de localização comunitária, nova experiência esta que levaria a reflectir sob uma outra luz a prática antes vivida no Dispensário Central da Zona Sul nos anos que precederam a ida para França reflexão e questionamento que viriam a ter significativas incidências no trabalho futuro.

A experiência vivida de Saint-Alban (1964 - 1969) (associada à experiência da análise individual) implicou um trabalho de formação técnica e de «perlaboração» subjectiva naturalmente muito difícil pois que muitas «certezas» foram postas em questão, outros caminhos se trilharam, outras aberturas se antiviram. Era necessário reconfrontar e relativizar experiências, havia que decidir se ficar ou voltar ao país e, se sim, que perspectivas e «que fazer».

Foi assim que, decidido o retorno e feito o «diagnóstico e prognóstico" (com certeza contra-transferencialmente negativos) de que nada de significativo, em termos de abertura a uma outra praxis, (e satisfatório em termos de prazer no processo de trabalho) se poderia fazer a dentro dos nossos estabelecimentos hospitalares,[115] que o médico aceitou o convite para ir dirigir o Dispensário de Profilaxia e Higiene Mental de Setúbal nos termos em que atrás se disse.

Era agora necessário pensar, pensar sobre como se pensava, estar-se atento às fascinações e transposições mecânicas, usar noções «simples» mas essenciais, fazer caminho no ir caminhando, como disse o poeta; e havia que avançar com as primeiras decisões pessoal e solitariamente assumidas na verdade, só meses depois é que um segundo funcionário (o enfermeiro) se vincularia ao Dispensário.

Dispensário de Higiene e Profilaxia Mental de Setúbal primeiras decisões

A experiência vivida de princípos de 60 a fins de 63 no ex-Dispensário Central da Zona Sul tinha mostrado factos, de todos conhecidos, mas que persistiam sem resposta ética e técnica adequadas;[116] nomeadamente:

- As dificuldades de acesso às consultas (por razões de distância, de possibilidades de transportes, de tempo e outras) determinavam a redução da sua procura mostrando a prática que só em situações graves de crise e de estados psicopatológicos insuportáveis para o meio de vida dos doentes, as consultas eram procuradas na verdade com objectivos de hospitalização. E quando os

---

a experiência de La Borde e Gentis acabava de partir para Fleury-les Aubrais (Orleans) e aí trabalhava, também, a experiência de Aloïse.

[115] A esperança suscitada pelo esforço de transformação desenvolvido por Eduardo Luís Cortesão e Fernando Mediana no Hospital Miguel Bombarda no início da década de 60 bem cedo declinou e se gorou - o potencial «fagocitário» da estrutura do estabelecimento associado a rivalidades e competições regressivamente muito arcaicas entre «frères ennemis» conduziram ao «échec» verificado.

[116] O mesmo se passava e continuaria a passar nas consultas externas das Clínicas Universitárias.

doentes tinham alta (geralmente com forte resistência das famílias quando se tratava de doentes esquizofrénicos) deixavam de ser seguidos; voltando apenas a ser trazidos quando em situação de nova descompensação a requerer internamento.

As dificuldades de acesso mostravam-se assim, independentemente de outras razões, factor objectivo de rotura no necessário seguimento clínico dos doentes.

- A compartimentalização hierarquizada profissional e interprofissional (em referência aos estatutos, aos «saberes» e à divisão estatutária das tarefas) congregada com a divisão burocrática do trabalho médico e a concepção semiológica, sindromológica e nosográfica positivista-objectivista referidas ao reducionismo biológico das ciências médico-naturalistas determinavam tanto a pouca possibilidade da relação clínica personalizadamente assumida como a rotura[117] (ou impossibilidade) da garantia da continuidade do seguimento, condições mínimas estas para que um trabalho de abertura e elaboração no campo da transferência e contra-transferência pudesse ter lugar. Por tudo isto efeitos iatrogénicos múltiplos e de fenomenologia diversificada e complexa; e, naturalmente, os consequentes prejuízos no processo e «rendimento» terapêuticos.

- O trabalho clínico, fechado autisticamente sobre si próprio, tinha como objectivo principal apagar ou reduzir sintomas de modo a evitar situações que impusessem necessárias propostas de internamento. Na verdade, os hospitais, sobrelotados, raramente tinham vagas as quais eram sempre em número insuficiente em relação com as necessidades. Era um trabalho fechado sobre si próprio que operava com grelhas de sintomas «coisificados» e sobre os quais se actuava com meios de intervenção de referência exclusivamente biológica; daí o não reconhecimento (ou sub-estimação inoperante) da importância da atenção a prestar aos meios psico-sociológicos (familiar, profissional e comunitário) em que a existência do doente decorria por consequência, a efectiva indiferença face à constituição e formação de equipes interdisciplinares de intervenção[118] implicando isso não só a maior incidência de descompensações críticas como o estabelecimento de «soluções psicopatológicas agudas» e sub-agudas para as quais a hospitalização acabava, enfim, por se impôr como imprescindível. Era na verdade uma situação paradoxal que não era interrogada nem problematizada e que por isso mesmo não chegava a ser objecto de tentativas de solução.

---

[117] E não se esqueça também a já referida clivagem organizacional dos serviços públicos de Psiquiatria - hospitais por um lado, e serviços extra-hospitalares (Dispensários) por outro.

[118] O trabalho de atendimento, diagnóstico e terapêutica era desempenhado exclusivamente pelos enfermeiros e médicos; psicólogos não havia e as assistentes sociais, poucas e distantes, tinham como função determinar os escalões de comparticipação monetária nas despesas e tratamentos por parte das famílias dos doentes e, em situações críticas de miséria propôr subsídios financeiros (ridículos) às famílias que mantivessem com elas os doentes totalmente dependentes.

A vivência destes factos, o conhecimento do movimento de ideias que conduziu ao conceito de «Psiquiatria de Sector» e à histórica circular de Março 1960[119] que o propunha como modelo conceptual e operatório da organização dos serviços públicos de psiquiatria em França e a formação teórica e clínica resultante do trabalho em Saint-Alban levou assim, como atrás se disse, a algumas decisões cuja importância estratégica se afigurou fundamental; tanto mais que o serviço estava a ser «fundado»...

Na verdade a questão era a do que fazer para que o Serviço (Dispensário) garantisse a prestação de serviços em «proximidade» (de distância, custos e acessibilidade); garantisse a «prise en charge» responsavelmente personalizada e sem roturas de continuidade de efeitos iatrogénicos; prevenisse numa oscilante dinâmica entre o «inevitável» e a sua «transformação», tanto as compartimentalizações esquizo-paranóides mais ou menos rígidas e autísticas (de estatuto, função, papel, etc.) como as fusões da indiferenciação isomorfisante; integrasse a função formadora (de todos os que, por força do desempenho das suas funções e tarefas entravam em relação com os doentes e suas famílias) na prática clínica do quotidiano (prática clínica que de modo nenhum nunca é de mais sublinhá-lo se reduz às funções e papel do médico); produzisse, na prática de todos os dias, uma adequada função de acolhimento do outro (condição básica a determinar a possibilidade e qualidade de todo o processo relacional ulterior); integrasse, na sua praxis, a tripla referência psicodinâmica, microssociológica e biológica com o implícito trabalho ao nível das figuras «relais» da envolvência socio-comunitária dos doentes e uma pertinente (e possível) articulação no uso das técnicas terapêuticas de referência psicoterápica com as de incidência biológica.

Para se conseguirem (eventualmente) estes objectivos havia que «trabalhar» ao nível da hierarquia técnico-administrativa (Direcção do ex-Instituto de Assistência Psiquiátrica) de modo a que:

- fosse legalmente aceite e se disponibilizassem os meios materiais e humanos necessários às deslocações semanais regulares a todas as sedes de concelho (sete) da área geo-demográfica de responsabilidade do Dispensário.

- se obtivesse o patrocínio interessado da Direcção do Instituto em relação ao processo de negociação que era necessário encetar com o Hospital Miguel Bombarda (que como se sabe também dependia da tutela do I.A.P.) com vista a que os doentes residentes na área geo-demográfica do Dispensário de Higiene e Profilaxia Mental Setúbal, quando internados, fossem seguidos pelo seu médico do Dispensário e que tanto eles como as famílias mantivessem a ligação com a assistente social da equipe.

- que fosse aceite e provido um adequado mapa de pessoal de modo a poder constituir primeiro três e ulteriormente quatro «equipes nucleares» de Sec-

---

[119] V. Jean Ayme, Op. cit.

tor[120] (um médico, uma técnica de Serviço Social e dois enfermeiros para cada uma); psicólogos, técnicos da Terapia da Psicomotricidade e da Fala que permitissem o apoio intersectorial (mas coerentemente articulado) na área da Psiquiatria Infantil.

- obter autorização legal para que cada equipe de sector (com os técnicos de apoio intersectorial) assumisse a responsabilidade da assistência a todas as patologias psiquiátricas da sua área de responsabilidade sem exclusões buro-craticamente estabelecidas. [121] ; [122]

Por nossa conta e responsabilidade pessoal também havia que detectar e contactar potenciais candidatos que pudessem e desejassem vir trabalhar no Dispensário com garantia de aceitação deste quadro básico de teoria e praxis. Aposta difícil na verdade: médicos e enfermeiros estavam instalados em Lisboa e fixados nos Hospitais; pessoal de Psicologia e Terapêutica (Psicomotricidade e Fala) havia ao tempo, na generalidade, muito pouco e muito menos quem estivesse disposto a deslocar-se; quanto a técnicos de Serviço Social inclinámo-nos logo de início por tentar encontrar candidatos residentes na cidade e, se posssível, recem-saídas dos respectivos Institutos de formação.

E foi assim que um médico, um enfermeiro, uma técnica de Serviço Social, uma funcionária administrativa e uma «empregada geral» abriram o Serviço no dia 25 de Fevereiro de 1970. Algum tempo depois a este «núcleo» (entretanto já produtor de uma matriz de trabalho) se viriam a juntar mais dois médicos, uma técnica de Servi-ço Social e duas enfermeiras; só após mais de dois anos se tornaria possível recrutar psicólogas, técnicas de Terapia (uma da Fala e uma da Psicomotricidade), de Serviço Social e de Enfermagem.

A experiência: realização, dificuldades, questionamentos

Falou-se do pequeno e interdisciplinar grupo com que o Serviço se abriu à prestação de serviços; aludiu-se também à sua dimensão de matriz; fez-se referência a alguns objectivos estratégicos que se julgaram fundamentais na praxis de um serviço público de Psiquiatria minimamente informado do movimento de rotura e renovo tanto teó-rico como de realizações práticas desencadeado e animado pelas figuras históricas do

---

[120] A população da área de responsabilidade do serviço estava ao tempo em forte ascenso mercê da implantação macro-industrial de Setúbal e Sines.

[121] Ao tempo, por definição legal, era ao Centro de Saúde Mental Infantil de Lisboa que estava incumbida a responsabilidade por toda a assistência psiquiátrica infantil da Zona Sul (distrito de Lisboa e todos os distritos do Ribatejo e Alentejo) - na prática missão e resposta impossível.

[122] Também tivémos em mente o repetido dito de Tosquelles: «... a patologia psiquiátrica das crianças não se pode dissociar da dos adultos e da família e nenhum psiquiatra ou equipe de Psiquiatria se pode adequadamente formar sem continuada experiência com crianças e velhos».

histórico Sindicato dos Médicos Psiquiatras Franceses; muitos deles activos pioneiros do movimento da Psicoterapia Institucional.[123]

Quer-se com isto dizer que esta pequena equipa que rapidamente se estruturou em processo dinâmico de grupo se orientou desde logo para um peculiar modo de trabalho no quotidiano do Serviço em relação aos doentes e a si própria e, com tenacidade, no esforço de contactos e negociações tanto com o Hospital Miguel Bombarda como com as estruturas locais de Saúde e Segurança Social.

Pelo menos nos primeiros tempos não surgiram grandes dificuldades nem questionamentos quanto à institucionalização e funcionamento dos dispositivos necessários ao trabalho com os doentes e seus próximos e ao trabalho da equipa sobre si própria; todavia foi prolongado e difícil o processo de negociação com o Hospital Miguel Bombarda as resistências do corpo médico e de enfermagem foram muito fortes e rígidas o que não custa compreender se tivermos em conta que a proposta do Dispensário apoiada pela tutela não só vinha inaugurar uma praxis efectiva de Psiquiatria de Sector como, nas condições em que ia ser praticada (por deslocação regular dos médicos ao Hospital, médicos estes vinculados a outra estrutura administrativa) precipitaria a emergência de ansiedades paranóides de intrusão estranha. O acordo formal acabou enfim por se estabelecer e o acompanhamento e responsabilização clínica durante os tempos de internamento julgados necessários dos doentes da área de responsabilidade do Dispensário pôde prosseguir até 1992 data em que os Centros de Saúde Mental foram extintos e os respectivos serviços e patrimónios integrados nos hospitais gerais. Foi na verdade um processo difícil que sempre exigiu grandes cautelas no contacto e negociações de todos os dias (a clivagem Hospital/Dispensário - Centro de Saúde Mental desde logo passou a servir como écran projectivo dos «maus objectos internos» do corpo institucional), para se conseguir o simples trabalho tradicional. E, obviamente, onde nunca se puderam pôr em prática iniciativas que pusessem em questão o tradicional e rotineiro funcionar do Hospital. Mas apesar disso mostrou a experiência que doentes e famílias sairam claramente beneficiados deste persistente esforço a rotura desta articulação e consequente rotura na continuidade do seguimento dos doentes, consequência da integração nos hospitais gerais em 1992, isto veio a demonstrar de modo particularmente dramático.[124]

Centremo-nos porém sobre o trabalho da equipa (ulteriormente, equipes) face às responsabilidades do ambulatório, no período 1970 -1976 [125] e distinguindo em relação a:

---

[123] Veja-se Jean Ayme, op. cit. e a sucessão dos números de «Information Psychiatrique» (órgão oficial do Sindicato) publicados. Veja-se também a contribuição de Jean Ayme neste número especial dos *Anais Portugueses de Saúde Mental.*

[124] Voltaram os tempos de antes de 1970 em que os doentes, de ambulância, vão e vêm repetidamente entre Centro de Saúde, Departamento de Psiquiatria do Hospital de Setúbal e o Hospital Miguel Bombarda sem serem hospitalizados.

[125] O início do processo de implementação da rede de Centros de Cuidados Primários de Saúde no quadro dos Dec-Lei 413/71 de Gonçalves Ferreira e depois da Lei de Cuidados Primários de Saúde prevista na Lei de Bases do Serviço Nacional de Saúde (diploma Arnaut) veio abrir radicais diferenças (e possibilidades) em termos de potencialidades de articulação entre as equipes do Dispensário e os Centros de Saúde.

- Dispositivos institucionais para a percepção e análise de situações problemáticas e consequente elaboração de decisões organizativas e funcionais de resposta.

- Dispositivos para a prestação de serviços em proximidade e para as necessárias articulações funcionais intra-comunitárias.

- Dispositivos para o trabalho clínico entendido nas dimensões de acolhimento e processo diagnóstico, de concerto e diferenciação terapêutica, de prevenção da desinserção socio-profissional familiar e comunitária.

- Dispositivos para a formação contínua.

- Dispositivos para o estudo e pesquisa.

Dispositivos para a análise de situações problemáticas e consequente elaboração das decisões organizativas e funcionais necessárias

Como naturalmente se compreende, tanto a instalação do Dispensário como as respostas ao «que fazer» face à realidade concreta das solicitações e das responsabilidades, impunha reflexão e decisões adequadas e praticáveis. Seria megalomania delirante identificar-se na ideologia e na prática ao regime político e administrativo vigente no país imaginando que o vértice da hierarquia do Serviço incarnaria por direito e força tanto a omnisciência do saber como a omnipotência do fazer-se obedecer. Do mesmo modo seria a institucionalização tirânica dum sistema totalitário de sujeições em cascada impeditivo da emergência e aparição da dimensão do sujeito tanto nos colectivos das equipes (nestas ela iria aparecer sim, mas em formas perversas de «passage à l'acte») como nos destinatários da função do Dispensário; por consequência, impedimento da produção de uma «atmosfera»[126] e da função de acolhimento[127] pelas quais a dialectica das transferências e contra-transferências se possam articular, reconhecer e elaborar sejam elas de estrutura neurótica ou psicótica.

A alternativa impunha portanto a institucionalização de dispositivos de participação em que a singularidade do sujeito que aprende, pensa e diz fosse reconhecida e respeitada; o que, é bom dizê-lo, não significa menosprezo pelas competências técnicas e vinculações institucionais que cada sujeito incarna e actualiza no processo da participação significa sim que o sistema hierárquico se assuma em coerente pôr-se entre parentesis; se assuma em negativo.

---

[126] V. Salomon Resnik, «L'expérience psychotique» - Psychanalyse, Césura, Lyon, Ed. 1986.

[127] A bibliografia sobre esta função de base é vasta (artigos, tese de Bidault, etc) mas poder-se-à consultar com rapidez e grande proveito a admirável obra «On prend un enfant psychotique para la main» (Principaux concepts operatoires, pg 120) de Pierre Delion - Ed. Matrice, 1992.

Foi assim que da «atmosfera» relacional inaugural brotou a «reunião semanal de organização» enquanto que «situema»[128] de decisão. Nela todos os membros do pessoal[129] tinham assento e com igual direito de palavra qualquer que fosse o seu estatuto. Ela assim se manteve em calendário até 1980 altura em que um significativo alargamento e provimento dos mapas de pessoal e a entrada em funcionamento de um novo serviço (Unidade de Doentes de Evolução Prolongada) viria a impôr outras soluções delas se falará adiante.

Foi nesta reunião que se começou por definir os objectivos gerais do Serviço, se elaboraram as estratégias de base para os atingir, se resolveram os primeiros problemas práticos: escolha e equipamento dos espaços físicos para atendimento («recepção»), gabinetes de consulta, «sala de espera», para os tratamentos de referência biológica e para os grupos de psicoterapia, para as reuniões, secretaria, etc.; também em relação ao problema dos transportes e aos processos que levassem à concretização da implantação de consultas nas sete sedes de concelho da área de responsabilidade do Dispensário o que, necessariamente, implicou adequados e cuidadosos processos de negociação com as estruturas de serviços locais de Saúde[130] (que ao tempo e até 1975 se resumiam aos hospitais concelhios de património e gestão das Misericórdias e à organização do Serviço de Consulta das Caixas de Previdência em regime de «períodos»).

Também foi em sede desta Reunião que se definiram os suportes de anotação clínica, de informação socio-familiar,[131] de registo estatístico visando a recolha sistemática de informação epidemiológica socio-ecologicamente referenciada, se delimitaram os conceitos e os dispositivos de base para a formação contínua,[132] se elegeram os trabalhos de pesquisa possíveis. E, necessariamente, se geriram em negociações de consensos, os meios humanos e materiais que superiormente nos eram facultados com vista à realização dos objectivos que este pequeno colectivo[133] se propunha; do mesmo modo se distribuiram e atribuiram os papéis e responsabilidades para a respectiva realização concreta responsabilização técnico-executiva.

A revolução de 25 de Abril de 74 e o complexo processo que se seguiu com consequentes transformações nas estruturas dos Serviços de Saúde implicou que se criassem novas soluções institucionais para a gestão, organização e funcionamento do

---

[128] Conceito operatório elaborado por Claud Poncin a partir dos modelos da linguística estrutural, quando em Saint Alban preparava a sua tese de doutoramento em Medicina. V. «Essai d'application des modèles de la linguistique à la thérapeutique Institutionnelle»- *Bulletin Technique du Personnel Soignant de l'Hôpital Psychiatrique de Saint-Alban*, Fasc.B - 1961.

[129] O conjunto nunca foi superior a dezoito pessoas.

[130] Desde logo se considerou que as articulações com as estruturas e agentes daquilo a que ulteriormente se veio a chamar (com outra elaboração conceptual e de praxis) Cuidados Primários de Saúde constituiram um objectivo estratégico de base dado o seu potencial de «função relais» - sobre este conceito ver Pierre Delion in *Revue Pratique de Psychologie de la Vie Sociale et d'Hygiène Mentale*, (Angers,1985).

[131] Na vertente objectiva (com a Escala de Graffar) e na dinâmica intersubjectiva da família.

[132] Privilegiando, prioritariamente, os de participação transcorporativa.

[133] Sobre este conceito v. Jean Oury, «Le Collectif» (Séminaire de Sainte-Anne) - Col. L'Ouverture Psychiatrique (dirigida por Pierre Delion), Ed. Scarabée, 1986.

Dispensário. Na verdade, e pelo que nos diz respeito, o processo de democratização que mau grado, passou por atrabiliárias e confusas purgas, por demagogias oportunistas e por lutas de protagonismos de «prestígio revolucionário» também veio possibilitar três concretizações de significativa importância: que se começassem a criar os Centros polivalentes de Cuidados Primários de Saúde previstos na conhecida Lei de Gonçalves Ferreira (Dec Lei 413 de 1971) com médicos e pessoal de enfermagem a trabalhar em tempo completo; que por proposta da Comissão Liquidatária dos Ex-Albergues de Mendicidade[134] a Ministra dos Assuntos Sociais atribuisse ao Dispensário as instalações e quinta onde antes funcionava a secção feminina do Albergue de Mendicidade de Setúbal; que o mapa de pessoal fosse provido de modo a poder responder aos novos desafios e necessidades: aprofundar o trabalho de prestação de serviços em proximidade mas agora em tentativa de articulação sistemática com os Centros de Saúde que se iam criando; enriquecer a vertente do trabalho em Psiquiatria Infantil com a admissão de psicólogas e terapeutas da psicomotricidade e da fala; utilizar (mediante profundo processo de transformação de ideias e referências; e também materiais) os edifícios e quinta do ex-albergue para aí instalar uma unidade de internamento para doentes psicóticos de evolução prolongada (UDEP).[135]

Esta multiplicação brusca do número de membros do colectivo do pessoal, muitos deles vindos de estruturas psiquiátricas de organização e funcionamento tradicional, a massividade das reivindicações pessoais e sindicais a sobrepôr-se avassaladoramente à responsabilidade da prestação de serviços e a integração coerente do espaço e funções do Dispensário com a do serviço de internamento a instalar conduziram assim a que se instituisse: a Comissão Instaladora (órgão colegial composto por representantes eleitos de cada sector profissional) nos moldes estabelecidos pela portaria de António Galhordas, o Plenário Geral de Trabalhadores e a Comissão Sindical (também constituída por delegados eleitos por todos os sectores profissionais). No seio de cada uma destas «instituições» e nas articulações entre elas, os acordos e desacordos eram múltiplos e diversificados e os consensos e dissociações, em movimento caleidoscópico sucediam-se; mas, compromissos minimamente estáveis lá se foram negociando e com eles, os objectivos estratégicos antes mencionados e de que a anterior Comissão de Organização e Funcionamento cuidou, mantiveram-se e mais ou menos a pé coxinho, lá se iam alcançando...

A evolução do processo político e de estruturação sindical levaria depois não só à promulgação da Lei do Serviço Nacional de Saúde[136] como também à publicação de novos textos legais sobre os órgãos de gestão dos serviços de Saúde e suas competências. Por eles (e pelo contexto socio-político) a Comissão Sindical foi perdendo significação até se extinguir e o Plenário Geral de Trabalhadores passou a ser objecto de grande

---

[134] Criada pela Ministra Lurdes Pintassilgo na sequência da revogação da antiga lei de repressão à mendicidade.

[135] Para melhor compreensão convém recordar que a transferência de posse das instalações do Albergue se acompanhou, em contrapartida, da responsabilidade de «prise en charge» dos doentes mentais nele internados e, do mesmo modo, admitir por transferência o pessoal que nele trabalhava.

[136] Conhecida por Lei Arnaut.

suspeição por parte das instâncias de tutela e dos partidos no Poder (sobretudo nos anos 80 com o governo AD); seria assim com a «Comissão Instaladora» e o entretanto criado «Conselho Técnico» (com constituição e funções previstas definidas por textos deste governo) e por vezes, timidamente, a Reunião Geral de Trabalhadores que o Dispensário (que passou a Centro de Saúde Mental em 1980) foi sendo gerido até 31 de Julho 1992, data em que foi imposta[137] a integração no Hospital Distrital de Setúbal.[138]

Dispositivos para a prestação de cuidados

Não poucas vezes ouvimos a Tosquelles: «la psychiatrie on peut la pratiquer n'importe où à condition qu'on sache en quoi ça consiste» e ele sabia do que dizia...[139] Também se lhe ouvia com frequência: «le B, A, BA de la psychiatrie passe par le corps, le groupe et le langage». Ora: como médico, psiquiatra e psicanalista, a trabalhar por desejo próprio décadas a fio no campo da psicoterapia com psicóticos, é evidente que quando ele dizia «corpo» não se referia apenas ao corpo como ele é entendido pela Anatomia, a Fisiologia, a Bioquímica e as ciências médico-naturalistas da patologia referia-se também ao corpo vivido e fantasmado; quando dizia «grupo» não pensava apenas em referência micro-sociológica, na dinâmica intersubjectiva moreniana, no sistemismo cognitivista ou na psico-sociologia «concreta» na linha do pensamento de G. Pulitzer ele pensava também nos trabalhos de W. Bion, S. Resnik e Foulkes e, obviamente, na sua própria experiência; quando se referia à «linguagem» não tinha em mente uma linguística «coisificada» mas sim as noções de «sujeito do inconsciente» e de «inconsciente estruturado como linguagem» elaboradas por Lacan, as contribuições da linguística poética e o seu singular uso e mestria na arte dum falar que dava a pensar.[140]

Enunciámos: «Dispositivos para a produção de cuidados». Convém que se explicitem um pouco noções neste enunciado implícitas para que melhor se entenda a elaboração de praxis que progressivamente se foi praticando. Dizer produção de cuidados em Psiquiatria e Saúde Mental, leva-nos como Tosquelles nos propõe, a que nos interroguemos sobre as noções de «cuidar», de «psiquiatria», de «saúde mental».

---

[137] Lei Arlindo Carvalho (Governo de Cavaco Silva).

[138] Integrado sob a designação nominal de Departamento de Psiquiatria e Saúde Mental, o serviço perderia toda a autonomia de gestão e organização passando estas a ser exercidas autoritariamente pelos órgão de administração do Hospital no quadro da lógica técnica e gestora do hospital geral.

[139] Sabe-se de como durante a Guerra Civil como responsável pela psiquiatria e Saúde Mental das forças armadas anti-franquistas ele criou, muito antes de Maxwel Jones, as primeiras «comunidades terapêuticas»; organizou e praticou aquilo a que se chamou «psiquiatria e saúde mental comarcã» (leia-se psiquiatria e saúde mental comunitária); sabe-se também de como, internado no campo de concentração de Sept-Fonds após o triunfo do nazi-fascismo (v. o artigo de Jean Ayme) ele aí desenvolveu, com outros prisioneiros, uma organizada acção de psiquiatria e saúde mental.

[140] Veja-se neste número o artigo de Antoine Viader: «Quelques pas avec François Tosquelles - à propos de la fonction poétique du langage».

«Cuidar», como se sabe, provém do latim «cogitare» e significa meditar, aplicar a atenção a, reflectir, trabalhar atento, interessar-se por..., tratar, preocupar-se, sentir responsabilidade e inquietação... no nosso caso, na prática clínica em Psiquiatria e na acção de prevenção em Saúde Mental. «Psiquiatria», como também se sabe, deriva do grego e significa «cuidar da psique» («psukh» em grego; «anima» em latim). Mas este cuidar da psique poder-se-à reduzir, como antes se questionou, a uma constatação supostamente «objectiva» de ausência ou presença de agregados de «sintomas coisas» abstractamente isolados em função da resposta ou não resposta aos produtos que a economia farmacêutica produz e distribui? Constatar ou excluir «organicidade», supôr que se consegue «corrigir» a neuromodulação e neurotransmissão sinaptica pela administração de fármacos serão os únicos critérios caracterizadores da teoria e prática psiquiátrica?[141] Poder-se-à (que não seja por mecanismo de defesa patológico) denegar ou não reconhecer que o ser humano, em todo o seu processo ontogénico e ontolítico vive sempre, como disse Husserl em «intersubjectivação» e que em todo o seu devir ontológico ele incorpora e excorpora, introjecta e projecta sentimentos, emoções e pensamentos — Erro! Marcador não definido na sua relação ao outro, com os outros e com o Umwelt que o circunda?

«Saude Mental» é uma noção vaga, fruto da transposição dos conceitos da higiene e saúde pública e que se procura definir através de um corpus de indicadores socio e epidemio-estatísticos probabilisticamente associáveis e correlacionáveis. Falar da «saúde mental» de um ser humano concreto, na sua singularidade, é falar duma realidade muito relativa tanto na sua estrutura como no seu devir. Falar de saúde e, ou, patologia mental numa singularidade humana, numa «persona» concreta tem a ver não apenas com o sofrimento vivido e induzido mas também com o flutuante equilíbrio entre harmonias e desarmonias que ontologicamente a constituem, com o potencial de elaboração das suas ansiedades neuróticas e psicóticas, com as suas capacidades e flexibilidades evolutivas nos processos dialecticos de Umgang[142] com o outro e os outros. Mas a vida e a experiência clínica mostram que esse equilíbrio e desequilíbrio, a rigidez e fluidez da organização defensiva no estar consigo e os outros se não pode dissociar das «constelações»[143] humanas envolventes.

Estas considerações epistemológicas, a informação teórica e as experiências vividas a que atrás se faz referência estiveram assim, em subjacência, na elaboração da praxis e criação dos dispositivos do «cuidar» do Dispensário-Centro de Saúde Mental

---

[141] V. «Penser ou l'illusion de penser en Psychiatrie» - Bráulio de Almeida e Sousa in Actas das Jornadas da Associotion Méditerrannéenne de Psychothépie Institutionnelle dedicadas a «Psychiatrie et Bárbarie - pour une clinique de l'humain» - Marselha, 1996.

[142] Conceito de Heidegger retomado por J. Oury e Salomon Resnik e que tem a ver com a dialectica de «negociação» implícita na relação com o outro e os outros - v. Salomon Resnik in «L'expérience psychotique» - Psychanalyse, Césura, Lyon, Ed. 1986; Pierre Delion, «Souvenirs et avenir de la Psychiatrie de Secteur - intérêt de la psychothérapie institutionnelle comme méthode de navigation en psychiatrie» - 2as Jornadas Internacionais Sobre Psicoterapia Institucional e Psiquiatria de Sector - Mangualde, 1990 Ed. SPESM; Jean Oury, Séminaire de Sainte-Anne.

[143] Um dos conceitos fundamentais da Psicoterapia Institucional e no qual Tosquelles, Oury, Delion e outros tanto insistem; também conceito implícito na experiência de H. Simon em Gütersloh.

de Setúbal. Logo de início (e sempre) se prestou a maior atenção à «função de aco-lhimento»,[144] questão básica na teorização e praxis do movimento de Psicoterapia Institucional. Esta noção de «função de acolhimento» não se refere a um postigo de espaço burucrático-administrativo de atendimento nem a uma ou um funcionário a que seja atribuída a responsabilidade administrativa de «acolhimento» e que ao peito traga o «crachat»que tal indique; também não tem nada a ver com a teoria e prática de «public relations» ou de maneirismos doces ou sorridentes; refere-se sim, a noções bem diversas: de potencial de «contacto»[145] respeitoso com outrém, de potencial de «empatia»[146] e «encontro»,[147] de função de W. Bion (Delion fala de «fonction pho-rique»,[148] de «abertura à transferência» à dupla transferência» diz Resnik;[149] mas a distinguir por razões conceptuais e técnicas, entre transferência dissociada e fragmentada e transferência neurótica. Como se compreende, o «acolhimento» assim entendido não tem propriamente a ver com diplomas universitários ou estatutos profissionais; está sim em relação com o «sujeito» do inconsciente[150] de cada um na sua ética[151] de trabalho profissional quotidiano. Dizer assim é dizer que a «função de acolhimento» passa por todos os membros constituintes do colectivo em qualquer que seja o espaço específico da função (e nos interstícios de comunicação entre esses diversos espaços) sempre que haja apelo directo (ou indirecto) à comunicação, qualquer que seja o conteúdo da mensagem solicitante, apareça ela explícita ou em suspensão, aberta aos estereotipos de descodificação comum, ou, pelo contrário, a pôr em questão esses mesmos estereotipos (e os doentes esquizofrénicos nisso são exímios mestres). Mas a qualidade e potencial de eficácia do «acolher» depende também da «atmosfera»[152] que no serviço e nos espaços de atendimento se «respira»: ela pode ser de frieza congelan-te, de indiferença fria e «funcionarista», de hiper-ansiedade agitada contagiante, de ritualização obsessiva, de rejeição evacuadora violenta, de inautenticidade mascarada; mas também pode ser cordialmente respeitosa e atenta, de leveza serena, empática na justa medida,[153] que se sente em desejo de cada um estar a fazer o melhor que pode, em autenticidade.

---

[144] V. Pierre Delion, op. cit.

[145] Veja-se a teorização elaborada pela escola de de J. Schotte de Louvain a partir do vector «contacto» do sistema pulsional de L. Szondi; nomeadamnete: «Le Contact» ed. Universitaires, Bruxelles, 1990.

[146] V. Max Scheler, «Essencia y Formas de la Simpatia», Losada, S.A. (Biblioteca Filosófica) - Ed. Argentina, 1947.

[147] V. Jean Oury, «Onze heures du Soir à la Borde - essais sur la psychothérapie institutionnelle», ed. Galilée, Paris 1980.

[148] Op. cit.

[149] Op. cit.

[150] V. Horace Torrubia, «Actualité de la Psychothérapie Institutionnelle» - edição promovida e coordenada por Pierre Delion, ed. Matrice PI, 1993.

[151] Compromisso no agir/não agir entre o desejo e a possibilidade, diz Lacan.

[152] Salomon Resnik, op. cit.

[153] Evoque-se a noção grega de Kairos.

Trabalhar para que no dia a dia se produza a função de acolhimento como assim se entende pressupõe uma cultura sui generis: não «funcionarizada», desburocratizada, aberta à expressão de tensões e conflitos mas sobre a vivência de fundo de estar a trabalhar num quadro de solidariedade, de cooperação e entre-ajuda face à responsabilidade de se fazer, lá onde se está, o melhor que se pode com discernimento.[154]

Entender a produção da função de acolhimento assim espacializada e «encarnada» no decorrer das actividades quotidianas e ao longo do tempo, não remete, de modo nenhum para a crença de que isso resulta de sermões de presunção santa e cândida ou de juramentos de fé missionária bem intencionada. Esta produção implica persistente atenção (sem compulsão obsessiva, obviamente) e valorização (embora com flutuações e modulações diversas ao longo dos anos) as quais no caso da experiência que estamos a relatar, foi resultando, em mais de duas décadas, duma natural e continuada «mise en comun» de vivências e informações entre aquilo que se chamava a «primeira linha de atendimento» e o pólo das funções de diagnóstico e terapêutica.[155] Nesta nossa experiência isto a que chamamos a «primeira linha de atendimento» tem uma história marcada por dois tempos: um primeiro tempo inicial em que a pobreza em número e interdisplinaridade profissional não permitia constituir aquilo a que se veio a chamar as «equipes nucleares de sector» e um segundo tempo em que foi possível constitui-las. No primeiro era o enfermeiro que com o apoio da funcionária administrativa estavam na primeira linha do atender a quem quer que se dirigisse ao serviço; no segundo, já com quatro técnicas de serviço social, tornou-se possível que o «instante inaugural» da personalização do acolher fosse encarnado por uma técnica desta especificidade profissional. Três razões a isso levaram: uma, a grande penúria de pessoal de enfermagem que dificilmente chegava para o desempenho das suas técnicas específicas; outra, a da preocupação de prevenir tudo o que pudesse conduzir a uma administrativização burocratizante do atender; a terceira a da formação de base das técnicas de Serviço Social.

Mas, talvez não seja demais sublinhar, esta produção da «função de acolhimento» entendida como função no conceito de W. Bion[156] ; [157] exige não só algum saber sobre a «música»[158] destas coisas como «instrumentos» que possibilitem o seu aparecer e desenvolver. No nosso caso «fez-se caminho» por um lado através dum seminário teórico-prático semanal (que durou mais de três anos) centrado na sensibilização à distinção entre «solicitação» manifesta e desejo inconsciente, nas fenomenologias

---

[154] Do latim. «discernere»: ver ou conhecer distintamente; distinguir; diferenciar; discriminar; avaliar; decidir; apreciar, medir.

[155] Para nós e todos os que partilham os conceitos da Psicoterpia Institucional tanto a riqueza dinâmica do processo diagnóstico como o consequente efeito terapêutico resultam da conjunção dinâmica inter-activa dos diferentes papéis e competências que pelo «sujeito do inconsciente» se actualiza no funcionar da equipe.

[156] v. R. W. Bion, «Elements de psychanalyse» - trad. francesa, PUF, 1979; «Transformations» - trad. francesa, PUF, 1982; «L' Attention et l'interprétation», trad. franc, Payot, 1974.

[157] Condição de possibilidade e acesso à função «semafórica» e «metafórica» no processo terapêutico com psicóticos (v. Pierre Delion, op. cit.).

[158] Metáfora fértil no pensamento de Delion.

expressivas da dinâmica familiar, no estar advertido em relação às manifestações contra-transferenciais; pelo outro através do «falar», «trocar impressões» e «partilhar» na elaboração de decisões a que o multiforme trabalho de ambulatório todos os dias obriga e, de modo mais especificamente explícito, nas reuniões de equipe entendidas como indispensáveis instrumentos de «perlaboração»[159] e «análise diacrítica».[160] E quando se diz actividades de trabalho de ambulatório, recorde-se, estamos a referir-nos não só ao serviço de consultas e tratamentos que, para o concelho de Setúbal e parte do de Palmela tinha lugar na sede do Dispensário/Centro de Saúde Mental, como ao que se desenvolvia nas deslocações aos restantes concelhos da área de responsabilidade que se desenvolvia em privilegiada interlocução cooperativa tanto com as estruturas e agentes dos serviços de saúde locais (v. bibliografia adiante referida) como com as instituições de solidariedade e segurança social.[161]

Abordada que foi a questão primordial da produção da função de acolhimento no espaço de exercício das actividades de ambulatório torna-se necessário dizer que divergiam de equipe para equipe (de sector) tanto os quadros teóricos de referência e formação como as respectivas práticas no processo de diagnosticar e tratar: umas mais referenciadas à postura nosografista e privilegiando mais a prescrição medicamentosa no quadro da tradicional relação médico-doente; outra, fundadora do serviço e ulteriormente responsável por um dos sectores, trabalhando com o recurso dos instrumentos conceptuais valorizados e elaborados pelo movimento da Psicoterapia Institucional. Diferenças sim, mas que entre si conviviam superando as compulsões defensivas de recurso ao isolamento autístico, dialogando e confrontando-se numa atmosfera de respeito e consideração recíproca que sempre permitiu a regularidade das «reuniões inter-equipes» e a elaboração de consensos estratégicos de alcance geral tanto de incidência interna como no das articulações inter-institucionais e inter-serviços (nomeadamente com o Hospital Miguel Bombarda, os Centros de Saúde e o Hospital de Setúbal); diferenças que sempre permitiram a convergência e uso diferenciado duma diversificada panóplia de dispositivos terapêuticos específicos: de desintoxicação e correcção biológica na etanol-dependência, de administração de NAPs, de psicoterapias específicas tanto individuais como de grupo tanto na sede do Dispensário como nas deslocações a alguns Centros de Saúde[162] e ainda, durante vários anos, na sede, ergoterapia em grupo e curas de insulinoterapia sedativa, actividades estas que em reunião de conjunto dos «terapeutas» intervenientes eram reflectidas em ordem à necessária análise dos processos de transferência-contratransferência; em relação às crianças sublinhe-se

---

[159] Conhecida fórmula de Lacan.

[160] v. Jean Oury, «Le Collectif» (Séminaire de Sainte-Anne), col. L'Ouverture Psychiatrique dirigida por Pierre Delion - Ed. Scarabée, 1986.

[161] Trabalho este não tanto baseado na noção de articulação funcional entendida em termos de lógica racionalista mas, muito especificamente, na referência do conceito de «holding» elaborado e proposto por Winnicott.

[162] Sobre os efeitos da prática de grupos de psicoterapia pela equipe de Psiquiatria nos Centros de Saúde, V. Bráulio Almeida e Sousa, «Sobre os efeitos da institucionalização de um grupo de psicoterapia numa consulta de Psiquiatria a funcionar num Centro de Cuidados Primários de Saúde» - 2as Jornadas Internacionais sobre Psicoterapia Instituicional e Psiquiatria de Sector»- Mangualde, 1990 Ed. SPESM.

o trabalho terapêutico desenvolvido pelo serviço de Psicologia articulado com os de Terapia da Fala e da Psicomotricidade e ainda o de «Grupo de Stern» aberto às crianças que aguardavam consulta no dia em que a mesma estava marcada.

Foi assim, com este diversificado dispositivo de actividades próprias e o apoio do Hospital Miguel Bombarda articulado e utilizado como atrás se disse e também com as articulações que se foram estabelecendo com os Centros de Saúde que se foi tecendo o «holding» de «cuidar»: umas vezes mais directamente pelo Médico de Família embora com o apoio indirecto dos membros da equipe de Psiquiatria, outras vezes por esta mas com cooperação do Médico de Família e os enfermeiros e técnica de Serviço Social dos Centros, por vezes apenas em «situema»[163] de consulta e tratamento ambulatório, outras com passagem pelo «situema» do Hospital M. Bombarda, outras ainda em recurso cooperativo ao «situema» de internamento no pequeno hospital do Centro de Saúde[164] isto, de modo continuado e consistente a partir da implementação da rede de Centros de Cuidados Primários de Saúde, ano de 1976 e seguintes.

Articulações de alcance preventivo

Pretende-se aqui fazer referência a um diversificado leque de articulações de efeitos preventivos em Saúde Mental, preventivos de uma ulterior necessidade de «psiquiatrização», preventivos ainda de desinserções profissionais e de segregações familiares e socio-comunitárias em doentes psiquiátrcos referenciados.

Foi muito diversificada e variável a experiência que se pôde desenvolver neste âmbito. Foram articulações que surgiram e se estruturaram a partir de contactos e relações pessoais motivadas por dificuldades institucionais (ou em grandes unidades produtivas industriais) relacionadas com comportamentos individuais vividos como «estranhos»: com idosos internados ou a utilizarem as instituições de Segurança Social a eles destinadas, com crianças a serem acompanhadas ou internadas em instituições de assistência a menores, com mães e bébés utentes dos ex-Centros Materno-Infantis,[165] com famílias ou casos «problema» seguidos pelas estruturas do Ex-Instituto de Assistência à Família, com operários referenciados como mentalmente perturbados pelas Técnicas de Serviço Social de Empresa.[166] O Dispensário, depois de conhecida a sua implantação na cidade, era assim procurado por Enfermeiras de Saúde Pública, Educadoras de Infância, Técnicas de Serviço Social de Empresa, responsáveis e téc-

---

[163] v. Claud Poncin, op. cit.

[164] A. Mellich Cerveira, Bráulio Almeida Sousa, Fernando Vasco, Ilda Bastos, M.ª Luísa Magalhães, «Articulação funcional entre os Serviços de Cuidados Primários de Saúde e os Serviços diferenciados de Psiquiatria» - *Revista Portuguesa de Saúde Pública,* 4, 1984.

[165] Ao tempo e antes da implementação da «Lei Gonçalves Ferreira» (D. Lei 413/71) e do D. Lei de Cuidados Primários de Saúde (74 - C/84) a prevenção e assistência materno-infantil era da responsabilidade do Instituto Maternal, estrutura vertical que tinha como «operadores de terreno» os Centros Materno-Infantis.

[166] Antes do 25 Abril de 74 e da organização sindical democrática todas as grandes empresas tinham ao seu serviço técnicas de Serviço Social.

nicos das instituições de menores e de idosos; ulteriormente, também por docentes do Ensino Básico.

Os contactos e solicitações iniciais destes responsáveis e técnicos visavam, como geralmente acontece, a «psiquiatrização» dos casos problemáticos, isoladamente referenciados. Mas o adequado «acolhimento» destas solicitações seguido de um «setting» dual reflexivo sobre as mesmas conduziu, com o tempo, a efeitos aos quais se atribuiu significativa importância: a institucionalização de uma reunião semanal com os técnicos responsáveis das instituições de menores e de assistência à família na qual cada um, por sua iniciativa colocava na reflexão comum, a situação problemática preocupante; o mesmo se passou em relação com as instituições de assistência a idosos, com as técnicas de Serviço Social de Empresa e com as enfermeiras dos Centros Materno-Infantis; mais tarde, nas escolas de alguns concelhos passar-se-ia o mesmo, com significativo número de professores. Estas reuniões nas quais cada um participava por desejo próprio e onde, no dia e hora prevista raramente alguém faltava, eram eminentemente ricas tanto em «material»[167] concreto e diversificado como na reflexão conjunta que a partir do mesmo se ia desenvolvendo. Os profissionais do Dispensário que nelas participavam conduziam-se aí com a delicadeza e tacto adequados concorrendo na medida do possível (e a partir da experiência formativa do Serviço) para que as relações significativas (a dentro da dramatização intersubjectiva nos contextos institucionais e no que da história pessoal e singular de cada caso era referido) fossem pouco a pouco emergindo. Estas reuniões foram na verdade espaços privilegiados de «perlaboração» com efeitos formativos notáveis [168] e também, por elas e por eles, (muitas e muitas vezes por efeito indirecto) uma boa evolução «espontânea» das referenciadas situações problemáticas com o consequente evitar da «psiquiatrização e medicalização» se conseguiu; muitos internamentos psiquiátricos se preveniram; muitas «evacuações» de «maus objectos» e bodes expiatórios se evitaram; muitas ansiedades de mães e profissionais se desdramatizaram; e quando a «prise en charge» psiquiátrica se avaliava como necessária ela era-o e tinha lugar em condições de «holding» marcadamente benéficas quantas desinserções familiares e do mundo do trabalho assim se preveniram!

A duração deste quadro de reuniões assim institucionalizadas foi muito variável mercê de factores diversos. O 25 de Abril e tempos que se seguiram conduziram a profundas transformações na Administração Pública: as estruturas verticais dos Institutos de Assistência à Família e aos Idosos e Inválidos assim como o Instituto Maternal foram extintas e os respectivos serviços e pessoal integrados em estruturas diferentes a Saúde Materno-Infantil foi integrada nos Centros de Cuidados Primários de Saúde e as instituições e serviços de assistência à família, a idosos e inválidos e a crianças foram integrados nos Centros Regionais de Segurança Social entretanto criados. Estas transformações implicaram, como se sabe, radicais mudanças nos quadros e filosofias directivas, grandes alterações nas composições dos colectivos de pessoal, diferentes modos de funcionamento e das atitudes pessoais, muitos desinvestimentos e novos investimentos afectivos de trabalho, muitas clivagens e intolerâncias políticas; e o

---

[167] No sentido que a técnica psicanalítica dá ao termo.

[168] E onde, necessariamente, se procurava evitar todo o jargão psicológico-psiquiátrico (por razões teóricas e práticas sempre se procurou que se falasse sobre o concreto e com a linguagem corrente).

resultado foi: as reuniões com os técnicos responsáveis destas estruturas nunca mais tiveram lugar delas ficaria apenas o efeito que ao tempo tiveram, e a experiência. O Serviço Social de Empresa foi totalmente varrido logo a seguir ao 25 de Abril e, por consequência, também as reuniões com as técnicas destes serviços desapareceram seria com as comissões de trabalhadores dos serviços e empresas que ulteriormente e pontualmente se concertariam alguns «holdings» de «prise en chage» e se preveniriam alguns despedimentos «por justa causa».

A articulação com as escolas seguiu um rumo diferente: as reuniões regulares com o grupo de professores onde elas tiveram lugar (Sines e Sesimbra) tiveram pouca duração por, segundo foi dito, ter havido proibição por parte das hierarquias com o argumento de que elas prejudicavam o trabalho didactico. As articulações que se seguiram surgiriam no quadro do movimento para a criação de CERCIs e, mais tarde, a propósito de solicitações pontuais dirigidas à Terapeuta da Fala.[169] E mesmo em relação às CERCIs só com a CerciGrândola se viria a estabelecer uma prolongada articulação concretizada em regulares reuniões da equipe do Sector responsável pela consulta de Grândola com a equipe técnico-pedagógica desta instituição na verdade um efectivo trabalho de Psicoterapia Institucional.

Em relação às articulações com os serviços de saúde (o hospital geral de S. Bernardo e os serviços locais de Cuidados Primários de Saúde que a partir de 1975-76 se foram integrando na rede dos Centros de Saúde) dois tempos se marcaram: de 1970 a 76 e de 1976 a 92.

Com o hospital geral de Setúbal (S. Bernardo), por efeitos do acolhimento dado às solicitações postas pelos médicos que nele trabalhavam a propósito dos seus doentes, cedo se encetaram relações que levaram ao estabelecer de um protocolo julgado útil para ambas as partes: o Dispensário recorria ao hospital para a realização de exames complementares de diagnóstico[170] e os médicos daquele garantiam a este o necessário apoio de psiquiatria aos doentes internados isto através de uma deslocação semanal regular e das que fossem solicitadas com carácter relativamente urgente.[171] Depois de 76, mercê de razões várias, a deslocação regular em dia e horas certas foi perdendo significado operatório continuando porém a assegurar-se, por «chamada», o apoio de Psiquiatria sempre que solicitado pelo corpo clínico do hospital. E com esta articulação de trabalho (ao tempo ainda não tinha sido importado dos E.U. o sintagma: «Psiquiatria de Ligação») sem dúvida que tanto o hospital como os serviços de Psiquiatria e seus doentes beneficiaram: evitaram-se internamentos psiquiátricos de doentes com patologias somáticas graves (sempre difíceis ou impossíveis de tratar em Hospitais Psiquiátricos), ajudou-se na solução de problemas diagnósticos, reduziram-se

---

[169] Pensamos que a expansão da rede de oferta de cuidados de Psicologia explica (pelo menos em parte) o decrescente recurso aos Serviços do Dispensário/Centro de Saúde Mental.

[170] Mais tarde também foi estabelecido um protocolo para o apoio de lavandaria.

[171] Foi um protocolo e experiência semelhante àquela em que anos antes (quando da introdução em Pneumologia dos tubérculo-estáticos de primeira geração) o responsável pelo Dispensário havia estado responsabilizado (então Assistente no Dispensário da Zona Sul) nos Sanatórios D. Carlos e D. Amélia (hoje Hospital Pulido Valente).

tempos de internamento, economizaram-se despesas com o serviço de ambulâncias e transportes de doentes.

Foi em relação à articulação com os médicos de clínica geral a exercer localmente que a diferenciação dos dois tempos atrás referidos se mostrou mais pertinente. Na verdade, até 1975 - 76 os cuidados primários de saúde eram exercidos pelos clínicos gerais a trabalhar em regime de períodos para as «Caixas» (e na de clínica particular) no que respeitava aos cuidados curativos; e pelos médicos e pessoal de Saúde Pública no que se referia à prevenção primária e administração sanitária. Entende-se bem que neste quadro uma estratégia de articulações julgadas consensualmente úteis era muito difícil de particar pois que: a estrutura da saúde pública não via nela qualquer sentido ou utilidade e os médicos das «Caixas» viam-se obrigados a saltitar de posto para posto durante o dia e a trabalhar, mal pagos, e em péssimas condições as possibilidades objectivas de contacto e relacionamento tornavam-se assim muito difíceis o que não só impedia o emergir e estruturar das articulações que pretendíamos como facilitava as clivagens autísticas e os conhecidos mecanismos projectivos: por um lado o serviço de psiquiatria era imaginado como potencial concorrente a desviar doentes à clínica particular, por outro a servir como «pia de despejo» para os doentes das «Caixas» que «chateavam e não tinham nada» era um despejar sem qualquer articulação nem troca de informação falada (como ainda muitos recordarão a informação escrita reduzia-se às célebres credenciais laranja que na verdade nada informavam).[172]

O reconhecimento de um tal contexto e as dificuldades que o mesmo determinava não impediu porém que com o maior cuidado e tenacidade se fosse «preparando o terreno» para um futuro que não se sabia se alguma vez chegaria; e neste preparar de terreno, apesar das circuntâncias adversas alguns contactos directos e relacionamentos se estabeleceram e, pontualmente, não poucos doentes aqui e ali se foram tratando em cooperação e mesmo através de internamento nos hospitais locais[173] (surpreendentemente, com uma inesperada aceitação e interesse por parte do pessoal de enfermagem e auxiliar as modalidades de contacto e relacionamento da equipe de Psiquiatria, os modos de informar, esclarecer e apoiar, talvez isso expliquem).

Assim, aquém e além, se foram enxertando relações de «duplo transfert»[174] cujos frutos se colheriam quando a implementação dos Centros de Saúde se foi tornando realidade. Adentro da área de responsabilidade do Dispensário foi em Grândola que este processo mais cedo arrancou mercê, julgamos, da formação científica, técnica e ideológica de um casal de jovens médicos que aí se dispuseram a trabalhar em regime de tempo completo. Por isso (e também por antecedentes favoráveis) foi neste concelho que a articulção entre a equipe psiquiátrica do sector e a equipe do Centro de Saúde (médicos, enfermeiros e técnica de Serviço Social) mais cedo e sistematicamente se concretizou. Foi uma experiência que se prolongou ao longo de duas décadas e que funcionou como paradigma nos processos que se foram encetando e desenvolvendo

---

[172] Informavam sim, mas sobre a fenomenologia de contra-transferência negativa tanto dos Serviços como de quem operava a «evacuação»do doente.

[173] Quase sempre da clínica particular dos médicos residentes.

[174] Salomon Resnik, op. cit.

noutros concelhos. Foi assim, no quadro desta articulação não burocratizada nem administrativamente imposta, que a metodologia e conceitos fundamentais da Psicoterapia Institucional[175] nos proporcionaram uma ímpar experiência de trabalho que se desenvolveu segundo três vectores entre si articulados: o do cuidar, o da formação recíproca e o da pesquisa. Era em relação falada directa ou através do telefone que se discutiam e orientavam as situações que aos Médicos de Família se lhe afiguravam de significação psiquiátrica ou em que a Psiquiatria poderia dar contributo diagnóstico assim se tecia o melhor modo de cuidar fosse em «situema» de ambulatório ou de internamento no Hospital do Centro, se articulavam recursos e apoios com os equipamentos locais da Segurança Social, etc. Por outro lado, o facto de se praticar uma «prise en charge» psicoterápica sistemática das mães (ou equivalentes significativos) dos doentes esquizofrénicos (pelo médico ou pela assistente social da equipe psiquiátrica), a enfermeira animar um grupo de psicoterapia de doentes psicóticos e o médico ter também um grupo a seu cargo (tudo isto no quadro e «atmosfera» de acolher de que antes se falou), tudo isto nos espaços físicos do Centro e em adjacência e comunicação com os espaços de trabalho e circulação do seu colectivo de pessoal, tudo isto, dizíamos, induziu efeitos da maior importância no clima e metodologias do atender por parte das equipes de Cuidados Primários.[176] Quanto à formação, a dimensão mais significativa foi a que ia resultando do tecer e funcionar dos «holdings» de «prise en charge», da prática da entrevista e diagnóstico «ombro a ombro» a pedido dos Médicos de Família, dos concertos e cooperações que a enfermeira e a técnica de Serviço Social da equipe de psiquiatria articulavam com as colegas do Centro a propósito de situações concretas; o que, todavia, não impediu que se organizassem e realizassem programas de exposição e discussão sobre temas precisos da patologia e terapêutica psiquiátrica mas sempre segundo as escolhas e propostas dos profissionais do Centro.

Não nos alongaremos na exposição sobre esta experiência de «ligação» das equipes de Sector com as de Cuidados Primários (tanto mais que sobre isto se publicou bibliografia a que se vem fazendo referência e que os interessados poderão consultar; nomeadamente a que aqui se indica em rodapé [177]) mas importa dizer que apesar da significação estratégica que sempre se lhe atribuiu e das persistências postas em acção,

---

[175] J. Oury, «Les concepts fondamentaux - Pratiques institutionnelles et théorie des psychoses» (sous la direction de Patrick Martin), L' Harmatan - Logiques Sociales, Paris, 1995.
Pierre Delion, op. cit.

[176] Bráulio A. Sousa, op, cit. in 2.ªs Jornadas Internacionais sobre Psicoterapia Institucional e Psiquiatria de Sector, Mangualde, 1990 - Ed. SPESM.

[177] Beatriz M.J.O. Marques e Fernando Vasco, «Comunicação sobre uma experiência concreta de articulação de trabalho entre a equipe do C.P.S e a de Psiquiatria a intervir no concelho de Grândola» - I Encontro sobre o Ambulatório em Saúde Mental - vol. publicado, 1980.
Bráulio de Almeida e Sousa, «Sobre a Articulação Comunitária dos Serviços de Cuidados Diferenciados de Psiquiatria com os Serviços de Cuidados Primários de Saúde» - Anais Portugueses de Saúde Mental, vol. I - 1985.
Bráulio de Almeida e Sousa, Fernando Vasco Marques, Cristina Patronilho e Maria Luísa Magalhães, «Serviços de Cuidados Primários de Saúde e Serviços Diferenciados de Psiquiatria no Estudo e Prevenção do Alcoolismo - informação sobre uma experiência concreta no concelho de Grândola» - Anais Portugueses de Saúde Mental, vol. I - 1985.

isso se revelou não ser processo fácil: variou em tempo, alcance e forma de concelho para concelho, desde o mais consistente ao mais precário, desde o pontual ao abrangente. Foi na verdade um processo sinuoso, com avanços, recuos e estagnações mercê de condicionantes objectivas; mas não menos, mercê também de factores subjectivos que tiveram a ver com a formação e postura dos responsáveis hierárquicos dos Centros, os objectivos profissionais investidos pelos médicos, as diferentes formações das equipes psiquiátricas de Sector.

Sobre um espaço para cuidar de doentes graves de longa evolução

Como se disse, a acção de cuidar do Dispensário/Centro de Saúde Mental de Setúbal desenvolvia-se em modelo de Psiquiatria de Sector com recurso ao trabalho de consultas e tratamentos de «ambulatório», aos internamentos nalguns hospitais concelhios, e aqueles que no Hospital Miguel Bombarda se tornavam necessários uns e outros de curta duração e com a finalidade de esbater a sintomatologia a um nível que permitisse a «passagem» para o ambulatório. Sentia-se assim a grande falta de um «espaço terapêutico» onde adequadamente se pudessem cuidar doentes psicóticos crónicos, nomeadamente esquizofrénicos.

A revogação da lei de repressão à mendicidade após o 25 de Abril 74 e a constituição das comissões liquidatárias (nacional e distritais) dos Albergues da Mendicidade (serviços até então dependentes e geridos pelos comandos distritais da P.S.P.) possibilitou que a comissão liquidatária dos albergues de Setúbal propusesse que as instalações e quinta da secção feminina dos mesmos fossem entregues ao Dispensário de Higiene Mental com a contrapartida de ele tomar a seu cargo tanto os doentes mentais internados nos albergues como o pessoal que na referida secção trabalhava.[178] Obviamente que se aceitou; havia agora que transformar um «espaço de repressão» em «espaço terapêutico»...

Pela ética e metodologia de trabalho que o Dispensário prezava resultou que sempre se procurou estar atento aos mecanismos defensivos de Spaltung e às projecções seguidas de «passage à l'acte», evacuadoras de «maus objectos internos». Houve que avançar com tento e tacto respeitando a «regra de ouro» do ouvir,[179] reconhecer, não ferir narcisicamente o que não quer dizer que não se tenha lutado com coerência e persistência contra patologias institucionais estabelecidas, nomeadamente as de organização em «gang».

Bráulio Almeida e Sousa, «Articulation fonctionnelle de l'equipe de soins psychiatriques de secteur avec les equipes de soins primaires de santé dans la prise en charge du malade mental - une expérience, Setúbal (Portugal)» - Le Théâtre du soin, ses acteurs et ses lieux (sous la direction de M. Sassolas) - Ed. Cesura PGI, 1990.

[178] De modo análogo ao que nos outros distritos se passou.

[179] Ouvir o sujeito que individualmente se posiciona em desejo de reconhecimento e interlocução mas sem esquecer a «polifonia» - expressão de Tosquelles - falada no colectivo; *fundo* do qual o falar pessoal emerge como *figura*.

Pelo que foi problematizado e discutido nas reuniões da Comissão Instaladora e do colectivo geral de pessoal (v. o que atrás se disse sobre o dispositivo institucional de organização e funcionamento) chegou-se a um consenso sobre decisões que se nos afiguravam de inegável importância estratégica com vista ao objectivo da transformação que se pretendia; foram elas: colocar no «espaço» físico e humano recém recebido, uma presença de Serviço Social e de Enfermagem quotidianamente efectivas; assegurar a presença de um médico um dia por semana (e por chamada nos restantes dias); enriquecer significativamente a componente de pessoal auxiliar; iniciar obras de conservação e transformação das instalações. Conseguido que foi o acordo superior para estas propostas e com os ínfimos meios de que se dispunha «passou-se à prática» de «arranque»: um casal de enfermeiros com larga experiência hospitalar e de ambulatório e com características pessoais particularmente adequadas aceitaram o destacamento, uma técnica de Serviço Social «apaixonada» pelo movimento e experiências da Psicoterapia Institucional (com várias deslocações a França, nomeadamente a Saint Alban) e o médico com responsabilidade da direcção do Dispensário aceitaram também, com gosto, estas novas responsabilidades.

Admitido o pessoal auxiliar mínimo que se pôde (nunca se conseguiu que algum técnico de terapia ocupacional se candidatasse) iniciou-se o trabalho no «terreno».

Começou-se por instituir a reunião semanal de pessoal (médico, técnica de Serviço Social, pessoal de enfermagem, pessoal auxiliar de todos os serviços o antigo e o recém admitido) e a partir dela trabalhar no sentido de se concretizarem alguns objectivos que se consideravam básicos: organizar o processo clínico de todos os internados, integrando neles a informação médica, social e de enfermagem; instituir (e pôr desde logo a funcionar) as actividades de ergoterapia e socioterapia instituindo também desde o início a distribuição de «incentivos pecuniários» de ocupação;[180] referenciar todos os espaços funcionais da vida quotidiana (cozinha, refeitório, tratamento de roupas, etc.) e também o das explorações agro-pecuárias como espaços ergoterapêuticos;[181] «abrir» a unidade permitindo e animando (com reflexão e ponderação) as saídas à cidade ou de visita a lugares pessoalmente investidos na história singular de cada um; transformar rapidamente um edifício de exploração avícola (topograficamente bem situado em relação à ordenação geral das construções) em espaço de instalação de um clube o Clube Doutor Fernando Ilharco[182] no qual se pusessem a funcionar um bar-cantina possibilitador dos convívios socio-recreativos e dos consumos subjectivamente escolhidos e assumidos e onde pudessem ter lugar actividades festivas, as reuniões das actividades ergo e socioterapêuticas com os internados, etc; considerar o «discurso» agido e falado

---

[180] Segundo uma constelação de critérios («interesse pela ocupação, ter ou não ter dinheiro próprio, os modos como utilizava os incentivos recebidos, interesse e saídas em visita a familiares ou idas a cinemas ou outras actividades socio-culturais, etc.) que eram individualmente e semanalmente atribuídos mediante ponderação discutida em reunião do *staff* técnico com os internados.

[181] Referenciando o respectivo pessoal como «monitores de ocupação».

[182] Sobre o desenvolvimento desta experiência, v. «Clubes Terapêuticos: um conceito e uma experiência».

dos acontecimentos quotidianos quaisquer que eles fossem como «dignos» (e úteis) de atenção e «merecedores» de reflexão na «reunião semanal de pessoal»[183].

E foi a partir desta matriz que:

- se recrutou pessoal de enfermagem (algum em regime de tempo parcial) de modo a garantir uma escala de serviço permanente.

- se diversificaram as actividades ergo-socioterapêuticas com recrutamento e formação de monitores (jardinagem, agro-pecuária, marcenaria, de expressão rítmica e plástica, de lavagem e conservação de roupas, de cabeleireiro).

- do concreto mas oficioso Clube se criou a IPSS Associação de Saúde Mental Doutor Fernando Ilharco, integrando na sua fundação e corpos gerentes não só doentes e técnicos de psiquiatria como personalidades da comunidade citadina. Esta Associação, com personalidade jurídica própria e mediante protocolo (primeiro na prática e depois também formalmente estabelecido) com o Dispensário/Centro de Saúde Mental, passou a responsabilizar-se pela animação, coordenação e gestão de todas as actividades ergo-socioterapêuticas; responsabilidades desenvolvidas através da criação de comissões de actividades (de ergoterapia, cultural-recreativa, solidariedade e informação, bar-cantina) e do serviço de Banco de Utentes.[184] O pessoal em serviço nestas actividades (médico e técnica de serviço social em tempo parcial, enfermeiro e monitores) foi sempre pessoal vinculado ao Dispensário/Centro de Saúde Mental mas para elas destacado mediante acordo inter-institucional. Seria longo determo-nos aqui sobre o rico historial deste complexo processo de articulação inter-institucional e do que só através dela se poderia conseguir; diremos apenas: por ela se desenvolviam as actividades referidas de modo flexível e não burocratizado possibilitando a emergência e assumpção subjectiva, se puderam receber donativos e ajudas benévolas, se enriqueceu o número de associados (familiares de doentes e outros) se pôde apresentar candidaturas e realizar projectos de parceria com o Instituto de Emprego e Formação Profissional, no quadro do Programa Horizon, etc.

E também:

---

[183] A funcionar com duas regras explícitas: igual direito de palavra a todos os participantes e abstenção de terminologia técnica pelos os «técnicos» - havia que dizer em linguagem que todos entendessem.

[184] Ao valor e função desta instituição no complexo institucional da terapêutica e psicoterapia Institucional dedicou Y. Racine vários trabalhos; destacamos entre eles: «Techniques institutionnelles: la banque des malades», *Bulletin Technique du Personnel Soignant de l'Hôpital Psychiatrique de Saint-Alban*, fasc. A, 1961 e «Argent et échanges à l' H.P.», Bib. de Psychiatrie Pratique (diriga por R. Gentis), CEMEA. Ed. Scarabée.

- se criou a valência de hospital de dia para doentes de evolução prolongada residentes no concelho de Setúbal e Palmela.[185]

- se puderam ir transferindo doentes internados no Hospital Miguel Bombarda logo que útil e oportuno em termos de diagnóstico e estratégia terapêutica.

- se utilizou este serviço do Dispensário/Centro de Saúde Mental como privilegiado espaço[186] de sensibilização à metodologia e conceptualização teórico-operatória da Psicoterapia Institucional.

Compreende-se que um tal processo de criação de um serviço vocacionado para o tratamento a longo termo de doentes psicóticos graves (U.D.E.P.) a partir da transformação da instituição policial que se descreveu e em articulação institucional com a Associação (IPSS) coordenadora de todo o dispositivo terapêutico «não medicamentoso» (apraz recordar que a própria elaboração semanal de ementas e organização do serviço de refeitório se discutia e decidia com os doentes na «reunião semanal da ementa» no espaço convivial do Clube) implicou a institucionalização de adequados instrumentos articulantes que prevenissem tanto quanto possível a patologia institucional de «cloisonnement»; foram eles:

- que a reunião geral do colectivo de pessoal do Dispensário/Centro de Saúde Mental tivesse lugar alternadamente nas instalações do Dispensário e nas da UDEP.[187]

- que houvesse discussão regular sobre as iniciativas (e problemas surgidos) entre a Comissão Instaladora do Dispensário/Centro de Saúde Mental e a direcção da Associação de Saúde Mental Doutor Fernando Ilharco atarvés de reuniões entre os dois órgãos e de contactos e encontros entre os responsáveis executivos dos serviços.

- que o responsável médico da UDEP fosse o que ao tempo tinha as responsabilidades de direcção do Dispensário/Centro de Saúde Mental.[188]

---

[185] Valência cujos doentes sempre partilharam as refeições e actividades ergo e socioterapêuticas *sem qualquer distinção espacial ou de pessoal* em relação aos doentes internados em tempo completo - institucionalizou-se assim e porque assim se entendeu que devia ser em termos de estratégia de prevenção de estruturações isolacionistas e clivadas geradoras de patologias institucionais ou inter-institucionais estagnadas e sem potencial evolutivo; e também por razões de economia de pessoal - ele foi sempre tão insuficiente!

[186] Porque de apreensão mais concreta e facilitada.

[187] A distância física (o primeiro dentro da cidade e a segunda à periferia) levaram a esta decisão de modo a evitar-se este «cloisonnement» que estamos a referir.

[188] Depois de pedir exoneração destas funções mas continuando como responsável de Sector e membro do Conselho Técnico manteria a responsabilidade de coordenação da UDEP.

Naturalmente que sempre surgiram mal-entendidos, tensões, especularizações e projecções de maior ou menor dramatização paranóide entre o Dispensário, coordenador das acções de Ambulatório e a UDEP do mesmo Dispensário; e entre estes e a Associação. Isto era inevitável tanto por razões humanas comuns como pelos efeitos dinâmicos do trabalho com doentes psicóticos. Era inevitável e era «bom sintoma» pois que era indicador dum processo vivo dialecticamente inter-relacionado; diferente portanto, seja dos isolamentos autísticos obsessivos ou esteriotipadamente mortos ou então, dos impasses da relação paranóica estagnadamente «mortífera» formas comuns e graves da patologia institucional psiquiátrica, como se sabe.

Sobre a experiência formativa

Em trabalho anterior[189] expuseram-se alguns conceitos que nos parecem preliminarmente pertinentes quando se trata de pensar sobre a «formação em psiquiatria». Vejamos como a partir dessa conceptualização e no espaço da experiência de trabalho que se vem referindo, se foi desenvolvendo o processo formativo do pessoal do Dispensário/Centro de Saúde Mental: «situemas» em que se processava, como se processava, sobre que se processava.

Ela processava-se nos «situemas» implicados pelas actividades quotidianas («formação contínua em serviço»), em seminários no espaço dito de Formação Permanente situado na UDEP[190] (formação sobre temáticas e «apresentação de casos clínicos») e, no exterior, em estágios, cursos, visitas de estudo, encontros, jornadas, congressos. etc.

Sem dúvida que sempre foi à «formação contínua em serviço» que mais valor se atribuiu e isto por duas razões maiores: o ter lugar em relação directa e concreta com os problemas emergentes no processo de trabalho o que de modo mais ou menos directo acaba por implicar, necessariamente, todo o colectivo de pessoal; e também porque só pelo trabalho clínico, na pluridimensionalidade que ele sempre implica se pode apreender as fenomenologias decorrentes da intersubjectivação e por elas se «perlaborarem» as problemáticas transferenciais-contratransferenciais (tanto da equipe como das singularidades individuais que a compõem) implícitas no processo do «acolher» e «cuidar», como problematizar e decidir com «discernimento e justa medida»,[191] aquilo que concretamente se torna necessário e é possível fazer. Dizer isto é dizer que havia «mais valia formativa» quando no dia a dia e na sequência de solicitações de atendimento para consulta (dos próprios doentes, de familiares, dos Médicos de Família, autoridades, etc.) os intervenientes da equipe implicados (e com base no contacto e formação aprendida) decidiam por uma consulta no próprio dia ou em marcação ulterior. Ela também tinha lugar quando a equipe punha em comum[192]

---

[189] Bráulio Almeida e Sousa, «Sobre a formação em Psiquiatria - notas prévias à elaboração e formulação do conceito de formação» - *Anais Portugueses de Saúde Mental,* Vol. 4 - 1988.

[190] Antes do dispositivo da UDEP e insttituição deste, tinham lugar na sede do Dispensário, aos sábados.

[191] Evoque-se mais uma vez a útil noção grega de Kairos.

[192] No quadro da inter-acção do trabalho quotidiano ou nas reuniões de equipe.

a informação recolhida e a partir da mesma elaborava e decidia sobre as estratégias de seguimento e articulações necessárias à «prise en charge» dum doente concreto. Do mesmo modo quando nas reuniões da equipe de trabalho ambulatório ou «reunião de pessoal» da UDEP[193] cada um comunicava o que deste ou daquele doente consigo se tinha manifestado e sobre isso se produzia significação e sentido;[194] não menos, obviamente, quando a equipe se debruçava sobre os movimentos afectivos e «juizos» que um qualquer com ela partilhava a propósito da fenomenologia do relacionamento com os doentes e seus familiares. Também, evidentemente, quando os participantes da equipe nos diversos grupos de psicoterapia a seguir se reuniam para «falar e pensar» sobre o «percebido» e vivido no decurso da sessão; do mesmo modo e similar valor formativo quando em comum, nas «reuniões de pessoal» da UDEP se comunicava e discutia sobre o que acontecia (o que do acontecer era «percebido») nas reuniões de «incentivos» nas da «ementa», no atendimento do serviço de Banco de Utentes, nos grupos de actividades de ergoterapia e socioterapia, etc. Mais valia formativa, todos e cada um retiravam quando em reuniões de equipe se discorria e ponderava (nas suas múltiplas implicações imediatas e futuras) sobre a forma e conteúdo de um documento solicitado. E ainda, quando nas reuniões gerais do colectivo de pessoal se problematizava, discutia e elaboravam em referência multidimensional consensos sobre estratégias gerais de organização e utilização dos meios com vista a alcançar os objectivos definidos e acordados; ou quando nelas se analisavam as dificuldades e impasses (por razões objectivas e subjectivas) surgidas no processo de realização.

A «formação permanente», como tal explicitamente designada, surgiu e institui-se em relação com a publicação de disposições legais que a previam e quando foi possível agenciar um espaço no qual se pudessse realizar aconteceu que foi num degradado edifício pre-existente da UDEP que se conseguiu esse espaço com condições minimamente adequadas mediante obras de remodelação.

Foi pois nesse espaço que num quadro organizativo e de metodologia julgados apropriados em função dos critérios teóricos atrás mencionados que a «formação permanente» se passou a processar em termos de elaboração e realização de programas: sobre exposições (seguidas de discussão) temáticas, de «apresentação de casos clínicos» (especificamente necessária quando ao Serviço também foi incumbida a responsabilidade de formação de Internos), de realização de seminários, de cursos e acolhimento de visitas de estudo,[195] de estágios que eram solicitados.[196]

---

[193] Sobre estas importa referir: mostrou o estorial do serviço (aliás confirmando outras observações) que, salvo algumas excepções, sempre foram os médicos que mais dificuldades tiveram em se integrarem nesta praxis de trabalho (para alguns narcisicamente insuportável) e o argumento comum de resistência era sempre o da questão do segredo profissional como se este fosse exclusivamente médico e como se ao pessoal não médico os doentes e famílias nada comunicassem de íntimo...

[194] Sublinhe-se a importância deste processo na apreensão das «greffages» transferenciais fragmentárias e multireferenciadas dos doentes esquizofrénicos.

[195] Recordaremos como particularmente enriquecedoras e gratas as de médicos brasileiros do Rio de Janeiro e de S. Paulo, das equipes e grupos de Dax e Saint Alban (França).

[196] Durante vários anos (até à integração dos serviços no Hospital S. Bernardo em 1992) funcionou um protocolo de estágio de formação para os alunos da escola de Enfermagem Calouste Gulbenkian; uma

Mas para além da transmissão de saber por aqueles que eram supostos saber mais, sobre temas ou questões a tratar (convidados do exterior ou do próprio colectivo interno) e das discussões partilhadas que habitualmente se seguiam, nós pensamos que «mais valia formativa» importante foi a que resultou da elaboração e decisão sobre o dispositivo da «formação permanente» a instituir e da metodologia do seu funcionamento.

Foi na verdade instituído um dispositivo que incluía a organização e funcionamento da biblioteca e uma coordenação para a «formação permanente» assistida por uma secretária em tempo parcial; quanto à metodologia de funcionamento ela caracterizava-se por:

- através de reuniões e consenso cada sector profissional propunha uma listagem de temas que desejava que fosse tratado.

- em reuniões gerais, na sede do DEP (Departamento de Educação Permanente) os diversos sectores profissionais discutiam e acordavam um programa de formação para o ano seguinte.

- todas as sessões de realização do programa eram abertas à presença e participação na discussão de todos os membros do colectivo de pessoal que o desejassem.

À coordenação e secretariado cabia accionar esta metodologia, obter e organizar os meios materiais e humanos necessários à realização do programa, zelar pelos registos e arquivos, passar, quando pedidos, os documentos comprovativos de presença.

Outros «situemas» de efeito formativo foram os derivados de iniciativas de organização e realização de encontros técnico-científicos para os quais as equipes contribuiram não só com trabalhos de pesquisa epidemiológica socio-ecologicamente referenciada nos respectivos sectores de responsabilidade como sobre as experiências decorrentes das articulações com da rede de serviços de Cuidados Primários de Saúde comunitariamente inseridos articulações estas referenciadas em relação ao «cuidar», à inter-formação recíproca e aos estudos e pesquisas programadas e realizadas em parceria.

Uma última palavra para dizer que, obviamente, mediante concreta reorganização da prestação de serviços, cada um (individualmente ou organizadamente em grupo) procurava colher informação e formação de acordo com os seus interesses, gostos e possibilidades: no país ou no estrangeiro frequentando cursos, realizando viagens de estudo e estágios, participando em jornadas, encontros, congressos, etc..

psicóloga francesa veio estagiar na UDEP e um psiquiatra de S. Paulo fez um estágio no quadro de Ambulatório com vista à preparação de teses académicas. Estágios de Psiquiatria e Saúde Mental para graduação de médicos especialistas em Clínica Geral/Medicina de Família.

Dificuldades de «percurso» algumas notas

Pelo que aqui se rememorou facilmente se denota que o «grupo fundador» se situou, foi elaborando decisões e (executou), em referência a dois âmbitos de registo: por um lado em relação a um ideal ético que tinha a ver com a identificação a normas de exigência e necessidade social para a prestação técnica de cuidados e, por outro, ao de uma teoria psiquiátrica e da natureza e funcionamento das insituições e dos «agenciamentos técnicos» em Psiquiatria. Falamos de «ideal» no sentido de horizontes («pontos exteriores de referência») em relação aos quais se poderá orientar o «navegar»[197] de modo a evitar o mar morto da rotina ou os transvios naufragantes.

Também connosco a própria especificidade do trabalho em Psiquiatria e o contexto determinavam, como sempre acontece, múltiplas e renovadas dificuldades. Caberia ao colectivo, na medida do seu potencial técnico e de «desejar», aperceber-se dos «escolhos», problematizar e ponderar, decidir e agir na tensão entre o idealizado e o possível.

Como se evocou, os factores «objectivos» de dificuldades eram e sempre foram de monta: conflitualidade inter-institucional com o Hospital Miguel Bombarda numa inter-reacção de «corpo estranho» certamente a funcionar como «derivativo» de tensões internas em recorrência crítica; incoerência organizacional das estruturas de prestação de Cuidados Primários de Saúde até à implementação da Lei 413/71 de Gonçalves Ferreira a que se seguiu a instituição da Lei de Cuidados Primários de Saúde do S.N.S; condições de trabalho (e de subsistência) dos médicos de Clínica Geral; a formação e tradição da instituição médica; a sempre crónica penúria de meios com que o Dispensário/Centro de Saúde Mental teve que trabalhar. O que atrás se narrou (julgamos) diz o suficiente sobre a teorização e a tecnicidade com que no decorrer do tempo se foi trabalhando esta inter-relação entre o Dispensário/Centro de Saúde Mental e o campo topológico do seu intervir.[198] Não nos alongaremos portanto sobre isso. Importa sim, pensamos, é aduzir alguns elementos sobre dificuldades internas pelas quais inevitável e necessariamente o colectivo de pessoal e cada um teriam que ir passando no seu processo de «navegar; vejamos:

A situação de «fundação», a composição e dimensão (em número) da equipe «fundadora» e a regra de colocar entre parentesis tanto a hierarquia e a autoridade formalmente personalizada como os estatutos sociais e socio-corporativos dos profissionais que a integravam levou a que o tempo primeiro do estruturar e devir do grupo fosse o da «estrutura fusional simbiótica». Mas a referência imperativa[199] ao trabalho e às complementaridades das especificidades técnicas abriam a possibilidade de sair da despersonalização e evoluir para o estar em três registos fundamentais: o da

---

[197] v. Pierre Delion, «Souvenirs et avenir de la Psychiatrie de Secteur - intérêt de la Psychothérapie Institutionnelle comme méthode de navigation en Psychiatrie». J. Tosquellas, M. Berenguer, «Décision et Confusion - rôles techniques et dynamiques» in 2ªs Jornadas Internacionais sobre Psicoterapia Institucional e Psiquiatria de Sector - Mangualde, 1990 Ed. SPESM.

[198] v. Bráulio de Almeida e Sousa, «Da Politopia e da Poliporia na prática da Psiquiatria de Sector» - 2.ᵃˢ Jornadas Internacionais sobre Psicoterapia Institucional e Psiquiatria de Sector - Mangualde, 1990 Ed. SPESM.

[199] No sentido do imperativo categórico kantiano.

execução técnica, o da instância de problematizar e decidir e também o de situação dinâmica.[200] A instituição de três «situemas» de base, (referidos a recortes de espaços e tempos específicos) para «tratamento» de cada um destes registos e talvez um mínimo de clareza na respectiva diferenciação e referêcia de uso terão, porventura, superado os escolhos das «psicotizações estagnadas» ou das ritualizações obsessivas do colectivo e manter vivos a capacidade e processo de simbolização pese embora a inevitável complexidade das identificações projectivas e introjectivas em emergência, o difuso e recorrente deprimir tanto no registo narcísico como no de «perda de objecto», as fenomenologias de clivagem, que operatoriamente se foram «perlaborando».

Com a maior diversidade de composição técnica e de formação e a multiplicação em número no colectivo (para cerca de sessenta pessoas) e porque o «real» assim determina, natural foi que em momentos e formas diversas se formassem «grupos espontâneos reactivos»[201] em relação especularizada com aqueles que supostamente partilhavam o ideal histórico dos «primeiros tempos»... Por isso, não foram raros os «ataques ao quadro»: em registo perverso, de «imagenerização»[202] histeróide, de fenomenologias de isolamento e compartimentalização, etc. Mas a «navegação», como se narrou, foi prosseguindo durante mais de duas décadas: com trabalho objectivado e objectivável, com «sublimações»em amizades e solidariedades que resistiram e persistem.

E certamente não naufragou porque «navegou» guiada pela sombra referencial de Tosquelles e de «toute la bande»[203] que pôs em nossas mãos a bússola conceptual e metodológica da Psicoterapia Institucional...

O Dispensário/Centro de Saúde Mental de Setúbal e o movimento das ideias e das realizações práticas nas duas últimas décadas da psiquiatria pública portuguesa

Não queremos finalizar estas notas de rememoração sobre experiências aqui trazidas como «homenagem em trabalho» à figura de Tosquelles,[204] sem uma breve referência ao que de inter-activo (tanto no plano das ideias como das realizações) se passou entre o Dispensário/Centro de Saúde Mental de Setúbal e outros serviços públicos de psiquiatria, na sequência do 25 de Abril 1974.

Pode-se dizer que o Serviço viveu bastante fechado sobre si-próprio desde a sua fundação até à eclosão da revolução democrática de Abril. Assim aconteceu, talvez assim fosse necessário. O conhecimento do «terreno» em que tinha que assumir as suas responsabilidades, os esforços a desenvolver para se instalar e obter os meios ma-

---

[200] Em sentido tópico e da dramatização intersubjectiva dos investimentos pulsionais.

[201] F. Tosquelles, «Note sur la séméiologie de groupe» - *Bulletin Technique du Personnel Soignant de l'Hôpital Psychiatrique de Saint-Alban*, Fasc. B, 1961.

[202] Expressão de J. Oury - v. «Le Collectif» op. cit.

[203] Expressão com que Horace Torrubia costuma designar o grupo de amigos e animadores do movimento da Psicoterapia Institucional.

[204] E cabe recordar aqui o provérbio catalão que nos diz que é caminhando «às cavalitas» dos que nos antecederam que melhor se poderá ver o caminho a trilhar...

teriais e humanos de trabalho, a atenção a dedicar ao modo como se iria organizar, a teorização e estratégias que importava elaborar e decidir e a ética de coerência entre o que se pensava e decidia e o que na prática se ia fazendo, mobilizava todas as energias do pequeno colectivo; porventura haveria também a consciência da necessidade (dado o conhecimento sobre a organização e funcionamento da generalidade dos serviços públicos de Psiquiatria e o da evolução e resultados dalgumas experiências empreendidas nos últimos anos da década de 60) de trabalhar silenciosamente, de passar «despercebido».

No movimento geral de democratização que atravessou a sociedade portuguesa após o 25 de Abril, as estruturas públicas de saúde não ficaram incólumes. As de Psiquiatria (com excepção das clínicas univeristárias) não foram as que menos acusaram o impacto desse movimento transformador. Mas, na generalidade, acusaram-no fundamentalmente em termos de confrontos e lutas pelo poder numa confusa amálgama que ia da seriedade lúcida aos oportunismos e sedes de protagonismo. Na verdade, salvo raras excepções, não foi grande o investimento dirigido a uma transformação democrática que democraticamente se assumisse como responsável por serviços a prestar o que campeou, como se disse, foram as lutas pelo poder e protagonismo, as reivindicações de mais e mais direitos e regalias tanto corporativas como individuais. Mas, dialecticamente, também em todos os estabelecimentos e serviços surgiram profissionais que distinguiam e pugnavam pela diferenciação entre luta sindical e luta por transformação da organização e funcionamento dos serviços de modo a que melhor servissem tanto as responsabilidades de prestação de serviços como mais adequadas formas de praticar a Psiquiatria e fazer prevenção em Saúde Mental.

Foi na Zona Norte e Sul do então Instituto de Assistência Psiquiátrica[205] que esta tensão dialectica mais dinamicamente se manifestou. E manifestou-se levando a processos eleitorais tanto para as organizações sindicais e para os órgãos gestores dos estabelecimentos e serviços como para que a generalidade desses órgão gestores[206] reconhecessem a utilidade de regularmente se encontrarem para entre si discutirem não só sobre os problemas e dificuldades que tão complexo processo levantava como sobre os novos modos de organizar os serviços e de distribuir os meios financeiros e humanos que pelo governo eram facultados à assistência psiquiátrica. Surgiram assim os «Plenários de Zona»[207], que reuniam ordinariamente todos os meses (não poucas vezes reuniram extraordinariamente) e que foram oficiosamente reconhecidos até princípios de 1977.

As condições objectivas de trabalho, as estruturas e histórias institucionais e as dotações em meios eram (e são) muito diferentes entre os hospitais psiquiátricos e os serviços de implantação e responsabilidade distrital (Dispensários/Centros de Saúde

---

[205] Estrutura legal e executiva responsável por toda a assistência psiquiátrica pública e de prevenção em Saúde Mental em todo o país (e também com responsabilidade de tutela sobre as instituições e serviços privados).

[206] Órgãos colegiais eleitos e homologados nos termos da portaria de António Galhordas - Secretário de Estado da Saúde do I Governo provisório post 25 de Abril.

[207] Formalmente constituídos pelo conjunto dos órgão gestores das entidades e serviços da Zona embora abertos a quem quer que dos Serviços desejasse participar.

Mental); por isso acesas eram as discussões, tensos os confrontos, não poucas vezes irredutíveis foram as posições era a polémica entre o «hospitalo-centrismo» e «comunitário-centrismo», entre representatividades por volumes de pessoal, por volume de populações assistidas por serviço representado, por cada serviço em si; foi a irredutabilidade sobre a questão da distribuição dos meios e das medidas a tomar para que o pessoal técnico se interessasse em sair de Lisboa, Porto e Coimbra e se fixasse em serviços de implantação distrital. De tudo isso muita coisa passou sem fazer história mas também algo ficou e parece ter feito cultura...

Com o 25 de Abril o Dispensário saiu do isolamento. Talvez porque alguns dos membros do seu pessoal estivessem ligados e militassem em organizações democráticas que lutavam pelo fim do regime ante-25 de Abril, logo que este eclodiu, eles e os restantes, foram apelados à participação em múltiplos registos e modos de intervenção. Foram as responsabilidades de direcção sindical, foi o integrar a Comissão de Saúde e Segurança Social constituída pela Câmara Municipal de Setúbal, foi a participação no processo que levou às CISSLs[208] e à constituição e funcionamento do seu plenário distrital,[209] foi o ter que responder a um vasto leque de pedidos para participar em sessões de esclarecimento sobre problemas de Saúde (Saúde Mental e não só), etc.

Como se compreende, o Dispensário de Setúbal foi sempre participante activo tanto no processo que levou à constituição dos plenários de Zona como no funcionamento do da Zona Sul. Aí discutiu, se confrontou, apresentou propostas, e participou em trabalhos e estudos julgados necessários e urgentes: sobre dispositivos e quesitos para a formação profissional em Psiquiatria, sobre ratios de distribuição de meios, sobre modelos e dispositivos para a prestação de cuidados, etc.

Naturalmente que estava presente e intervinha em função da sua experiência e cultura científica e ideológica; naturalmente que desencadeou hostilidades e rejeições assim foi, assim se sabia que seria; mas também surgiram sintonias independentemente dos posicionamentos ideológicos.[210] E com o tempo foi dado constatar que do que se passava nestes forums alguma coisa se ia enxertar nos serviços participantes ditos de periferia (os exteriores a Lisboa) e que por aqui e por ali iam surgindo iniciativas e experiências, debates de ideias, novas modalidades de «estar e praticar» na Psiquiatria.

Em 79 este movimento já parecia significativamente diversificado e amplo e é então que as equipes do já então Centro de Saúde Mental de Setúbal se lançam na iniciativa de organizar o I Encontro Nacional Sobre o Ambulatório em Saúde Mental [211] iniciativa aberta a todas as categorias profissionais e organizado por área temáticas: «O Ambulatório na contribuição para os estudos epidemiológicos em Saúde Mental»; «Articulação do Ambulatório com as estruturas de apoio – internamento, semi-inter-

---

[208] Comissões Integradoras dos Serviços de Sasúde Locais - órgãos legalmente reconhecidos e que, constituídos por representantes dos Serviços de Saúde, das autarquias e outros tinham como finalidade o estudo e propostas para a integração de todos os Serviços locais de Saúde.

[209] Alguns dos estudo e recomendações deste órgão viriam a ser reconhecidos e integrados na Lei de Bases do Serviço Nacional de Saúde (Lei Arnaut).

[210] Na verdade, como seria de esperar, o que levava à aproximação sintónica ou à divergência intolerante, era a semelhança ou dissemelhança das condições objectivas de trabalho.

[211] 28, 29 e 30 Março 1980.

namento, trabalho protegido e outras estruturas comunitárias»; «O Ambulatório e a formação dos técnicos em Saúde Mental»; «A Equipe de Saúde Mental sua estrutura, funcionamento, dinâmica, possibilidades, objectivos»; «O Ambulatório em Saúde Mental e outras estruturas de Serviços de Saúde»; «Meios de Acção do Ambulatório em Saúde Mental a regulamentação das Bases do Serviço Nacional de Saúde; meios financeiros, política de pessoal, etc.»; «Contribuição do Ambulatório na Comunidade para a reformulação da teoria e prática da Saúde Mental».

Este Encontro foi na verdade um sucesso: reuniu cerca de quinhentos participantes de todas as categorias técnicas dos serviços de saúde tanto da Psiquiatria como dos Cuidados Primários vindos de todo o país e o dinamismo de participação nos debates foi uma surpresa;[212] surpresa também o que se pôde perceber sobre o processo de transformação de ideias e práticas que por um lado e outro (tanto nas estruturas de Psiquiatria como na rede dos Cuidados Primários de Saúde) iam surgindo. E pelo evoluir deste movimento se é levado à iniciativa do II Encontro em 1984 (Setúbal, 27, 28 e 29 de Abril), o qual se organizaria nos mesmos moldes. Depois, já com a Sociedade Portuguesa para o Estudo da Saúde Mental e o Secretariado dos Encontros Nacionais dos Centros de Saúde Mental Distritais constituídos, seria a organização, em parceria, do III Encontro (Mangualde 1990).

A extensão e diversificação deste complexo processo (de que a regular organização dos Encontros Nacionais dos Centros de Saúde Mental Distritais até Julho 1992 também é expressivo indicador) e o crescente e difuso interesse manifestado em relação às necessidades de aprofundar o estudo das temáticas tratadas nos Encontros levaria a que em 1985 se fundasse em Setúbal a Sociedade Portuguesa para o Estudo da Saúde Mental (SPESM), meio institucionalizado destinado não só a possibilitar a continuidade dos estudos e da reflexão sobre tais temas como a dar-lhes publicação.

A Lei de Arlindo de Carvalho de 31 de Julho de 1992 que extinguiu os Centros de Saúde Mental e integrou os respectivos patrimónios, pessoal e serviços nos hospitais gerais, veio não só acabar com os históricos Encontros Nacionais dos Centros de Saúde Mental Distritais como também veio afectar a vida e dinamismo da SPSEM.[213] No entanto ainda é por ela que se publica o presente volume dos *Anais Portugueses de Saúde Mental* dedicado à figura humana e científica de Tosquelles. Antes, e por decisão e esforço da sua direcção organizar-se-iam: as «Jornadas Luso-Francesas sobre Saúde Mental e Cuidados Primários de Saúde» – Grândola, Castelo Branco e Bragança, 13 a 17 de Maio 1986); o «Encontro Internacional Sobre Relação Terapêutica no Quadro da Psiquiatria de Sector» - Évora 19 e 20 Outubro 1987; as «2.ªs Jornadas Internacionais sobre Psicoterapia Institucional e Psiquiatria de Sector» e já referido «III Encontro Nacional sobre o Ambulatório em Saúde Mental» (Mangualde 7, 8 e 9 Março 1990); finalmente, o «I Encontro Internacional sobre Psiquiatria de Sector" – Setúbal, Outubro 1992. Tem sido também por sua decisão e esforço que até hoje

---

[212] Ver volume publicado «I Encontro Nacional sobre o Ambulatório em Saúde Mental - Comunicações e Debates» - Setúbal, 1980.

[213] O campo de praxis sobre o qual incidiam as suas preocupações e objectivos de estudo foram por elas bloqueados.

se publicaram não só as comunicações e comentários das mencionadas Jornadas e Encontros como os sete volumes dos seus Anais.

Será que este estar na Psiquiatria e neste registo de participar no amplo processo de transformação das suas estruturas não ressoa, como que em pálido eco algo do que foi o movimento da Psiquiatria francesa post-libertação e do papel que Tosquelles e os que com ele trabalharam em Saint Alban nele tiveram? Bom, mau? o futuro o dirá. Contudo, para nós, entre os caminhos possíveis, foi por este que se enveredou; à escala das nossas possibilidades.

Sesimbra, Janeiro 1997.

OBRIGADO BRÁULIO!

Conheci-o em pessoa talvez em 1976, recém Interno de Psiquiatria no Hospital Miguel Bombarda, suponho que ao vê-lo atravessar a cerca para observar doentes "de Setúbal" ali internados. Postura digna e decidida, cabelos esvoaçantes, tendencialmente silencioso mas quase sussurrante quando iniciava a fala, evidenciando por sistema no fácies reflexivo um sorriso.

Neófito no hospício e quase na Psiquiatria, procurava situar no fundo daquele contexto degradado, física e humanamente, as figuras de vários personagens, alguns referenciados por ecos, num registo com algo de quase lendário ou de que ouvia falar no dia-a-dia institucional, até que surgissem de carne e osso.

Acrescia que o ambiente relacional hospitalar se foi evidenciando como pouco sereno – o 25 de Abril de 74, bem recente ainda, por ali fora particularmente turbulento, como fui percebendo com perplexidade e curiosidade pois do "Miguel Bombarda" tinha a ideia de um "ambiente de esquerda". É que vinha de 9 meses, inesquecíveis como pessoa e médico, no "Alentejo profundo", de Serviço Médico na Periferia (não "à" Periferia como o inconsciente interesseiro foi designando) por terras de Mértola, prenhe de vivências, humanas e profissionais, na sequência do júbilo com a "Revolução dos Cravos." Sem profunda formação política mas, desde a adolescência precoce, muito atento à realidade política e social, nacional e internacional, compensava com muito idealismo e sensibilidade para o existir o que faltava no saber.

Fui aprendendo que naquele espaço institucional (onde até existiam doentes!) tinha havido um Administrador, familiar de alguém próximo do ditador Salazar, que caciqueiramente, suponho (por ser essa a moda prevalente naquele modelo de ser e de estar), enxameara os serviços administrativos de conterrâneos, de Santa Comba Dão ou de lá perto, alcova do tirano. Em contrapartida, os enfermeiros psiquiátricos (na época, com muitas limitações formativas mas genericamente íntegros e dedicados aos doentes) provinham em grande número do Alentejo, onde, como é sabido, o Partido Comunista, na sua classe social de origem, imperava. A nível médico-psiquiátrico, aparentemente por génese diversa, alguns, poucos, defendiam um modelo político idêntico, em contra corrente à maioria dos seus pares, sintónicos com a classe de origem ou o mero estatuto social alcançado, mas onde uns tantos, com boa capacidade de liderança, iam impondo, na sua forma de ser e de estar, pela praxis e formação, um cunho humanista.

Foi nesta amálgama de vectores, acrescida pela experiência vivida em grupanálise pessoal, durante parte significativa da licenciatura, que também conheci "os de Setúbal", em relação aos quais, como a todos os outros, procurava traçar os "azimutes mentais", avesso como sempre fui a considerar as pessoas pelo que os interlocutores de ocasião ou de relação social ou profissional os etiquetavam.

Suponho que, tirando eventuais cruzamentos em fóruns científicos organizados pela Sociedade Portuguesa de Psiquiatria Social[214] e, mais tarde, por Centros de Saúde Mental (CSM)[215] ou pelo secretariado em que entretanto, informalmente, se federaram, só terei começado a lidar de perto com o Bráulio Almeida e Sousa após a criação do Centro de Saúde Mental de Lisboa-Oeiras, em Fevereiro de 1989, em reuniões regulares daquele Secretariado com representantes dos vários CSM, que, por força das circunstâncias, passaram a procurar gerir a crise instalada com a paragem da reforma do modelo de psiquiatria hospitalar, mitigado e custodial, para o da Saúde Mental Comunitária.

Depois foi um convite para Dax, repetido, mas que, por imprevistos da vida, só pude aceitar por mais duas vezes. As suficientes no entanto para verificar que, a par do respeito afectuoso que os militantes portugueses da Psiquiatria de Sector tinham por ele[216], idêntica atitude era inequívoca por parte dos colegas de França. Aí cheguei a conhecer o mítico François Tosquelles, bem como os dinamizadores destes encontros, Minard, psiquiatra, e Alain, enfermeiro especialista.

Porquê então o título *OBRIGADO, BRÁULIO!?*
Em primeiro lugar por me ter permitido recordar, sistematizando, as memórias acima expressas e o que adiante acrescento.

Depois, por no conteúdo deste livro me ter possibilitado entender acontecimentos, atitudes e perspectivas epistemológicas que permaneciam mal ligados em mim e, sobretudo, por disponibilizar o riquíssimo conteúdo conceptual da Psicoterapia Institucional, em que, confesso, nunca tinha mergulhado de modo tão sistemático.

---

[214] Associação que desde a década de 70 se bateu pela saída dos hospitais para a comunidade mas cujos próceres médicos quando os colegas biologistas/farmacologistas, comprometidos com a indústria, foram nomeados pelo poder político, em 1990, para substituir Caldas de Almeida na gestão central da reforma em curso, traíram o que pareciam ser ideais de uma vida, contribuindo para o reforço do poder dos hospitais psiquiátricos e o estrangulamento dos centros de saúde mental.

[215] A equipa comunitária que escolhi para fazer a formação psiquiátrica, soube-o depois, era uma das que tinha, desde antes de 1974, mais investido na saída dos muros asilares. Dirigida por um homem-bom, sensato e clínico sapiente, o Chefe de Serviço e Grupanalista Manuel Saldanha de Azevedo, a equipa era responsável pelos Sectores de Cascais e Barreiro onde (tal como na de Sintra-Montijo), a arrepio dos alienistas, procurava efectivamente inserir-se.

[216] De memória e entre os Psiquiatras, Fidalgo de Freitas, de Viseu, Duarte Osório, de Castelo Branco, Trigo de Sousa, de Évora, Sousa Martins, de Braga, Machado Rodrigues, de Bragança, Edgar Cardoso, de Vila Real, Wilson, de Leiria, Fernando Areal, de Beja, Delfim Cardoso e Mendonça Neves, de Faro.

Finalmente por me ter honrado com o convite para o prefaciar.

Como não me sinto competente para tecer mais considerações sobre o copioso e curioso conteúdo desta obra, inequivocamente datado, ao ver referências ao Plano Nacional de Saúde Mental 2007/2016, a cuja implementação também passei a estar ligado muito recentemente como Coordenador para a Saúde Mental da Região de Lisboa e Vale do Tejo[217], recordei o período de Fevereiro de 1996 a Outubro de 2000 em que, como Director dos Serviços de Saúde Mental da Direcção Geral da Saúde, fui actor e, em parte, autor, de algumas medidas políticas do Ministério da Saúde (sobretudo enquanto presidido por Maria de Belém Roseira, neste particular bem assessorada pela Enfermeira Psiquiátrica e velha militante da Psiquiatria Social Ana Sara Alves de Brito[218]). É em nome da história vivida e dos ideais e investimentos profissionais comuns que ouso partilhar este breve exercício mnésico.

Com os condicionalismos inevitáveis do mal feito e a evolução, decorrente da experiência e da reflexão internacionais, com origem sobretudo na *OMS-Euro* e na *Santé Mental Europe*, ecoadas entre nós, em particular, pela APSM (Associação Portuguesa de Saúde Mental), começou por se procurar aumentar a auto-estima abalada com a integração inopinada dos CSM nos hospitais gerais, como Departamentos de Psiquiatria e Saúde Mental (Decreto-Lei n.º 127/92, de 3 de Julho) e sensibilizar as administrações, quer das Regiões de Saúde quer dos hospitais gerais, para a importância e as especificidades da Psiquiatria e da Saúde Mental Comunitária, a par da actualização da legislação de referência[219] e da criação de departamentos e serviços de psiquiatria e

---

[217] Para que conste em letra de forma, alguém com responsabilidades supremas recentes na Saúde do país não apreciou que eu, num contexto profissional mas também cívico, aparecesse ao lado dos Educandos da Casa Pia de Lisboa vítimas de abuso sexual. Para além de esse personagem ter declarado, perante público específico e num contexto social estrito, que eu traíra (palavras textuais) determinado grupo de amigos, deu, quando mais tarde iniciou funções de relevo, indicações para que não me nomeassem para qualquer lugar de destaque do Ministério da Saúde. Fiz-lhe a vontade e, entretanto, aceitei ser requisitado, em tempo completo, a partir de Fevereiro de 2006, como Médico Coordenador da Casa Pia de Lisboa (funções que já vinha exercendo em tempo parcial)!

[218] Como assessores escolhi: *(i)* em permanência a Maria da Conceição Almeida, Psiquiatra, e a Maria José Vieira de Almeida, Enfermeira de Saúde Mental; *(ii)* para as Regiões de Saúde, na do Norte o António Leuschner, do Centro o Fidalgo de Freitas, Lisboa e Vale do Tejo o Caldas de Almeida, Algarve a Gabriela Santos; *(ii)* para a Saúde Mental da Infância e Adolescência o Luís Simões Ferreira; *(iii)* para a Enfermagem a Helena Moura; *(iv)* para o Serviço Social Isabel Fazenda.

[219] A nova Lei de Saúde Mental (Lei n.º 36/98, de 24 de Julho), ainda em vigor, enquanto anteprojecto de diploma foi de autoria de um grupo de trabalho coordenado por Jaime Milheiro, integrando os médicos Jorge Costa Santos, do I. M. Legal, Francisco Santos Costa (H. Lorvão e Un. Coimbra) e António Leuschner (H. Magalhães Lemos), e os Juristas Maria João Antunes (Un. Coimbra), Leones Dantas e Jorge Costa (Magistrados do Ministério Público), nomeados pelo Despacho conjunto n.º 7/96, de 23 de Julho. O Decreto Lei n.º 35/99, de 5 de Fevereiro, que a regulamenta, teve por base uma proposta elaborada por outro grupo de trabalho coordenado por José Miguel Caldas de Almeida, integrado por uma vasta equipa multidisciplinar – os psiquiatra António Leuschner, Duarte Osório (Departamento de SM do H. de Castelo Branco), Morgado Pereira (H. Sobral Cid), o pedopsiquiatra Luís Simões Ferreira e a Psicóloga Margarida Fornelos (do Departamento de S. M. Infantil do Hospital de D. Estefânia), a Enf.ª Especialista Helena Moura (Departamento do H. da Covilhã), a Assistente Social Maria José Figueiredo (H. Conde Ferreira), a Assessora jurídica da DGS Albertina Castro.

saúde mental nos hospitais gerais em construção e em planeamento. Complementarmente foi possível, pela primeira vez em Portugal, comprometer a Segurança Social com a doença mental, como foi plasmado em dois diplomas – o Despacho Conjunto n.º 407/98 (que ainda regula a criação e financiamento de estruturas residenciais e de fóruns sócio-ocupacionais) e a Portaria n.º 348-A/98, que no âmbito do Mercado Social de Emprego considerou as pessoas com doença mental e os ex-alcoólicos em processo de reabilitação entre os potenciais beneficiários de financiamento na criação de Empresas de Inserção. Foi também deste período, entre outras, a descentralização da colocação de Pedopsiquiatras, integrados em Serviços ou Unidades dos Departamentos de Saúde Mental dos hospitais gerais, a comparticipação a 100% dos antipsicóticos (com importante intervenção de familiares de pessoas com doença mental), a retirada do Hospital do Conde de Ferreira da rede pública assistencial (Decreto-Lei n.º 131/98, de 13 de Maio), o Plano Nacional contra o Álcool.

Há um ditado chinês que muitas vezes, em registo psicoterapêutico, cito: *"A mesma água não passa duas vezes debaixo da mesma ponte"*. De facto sabemos qual foi a mudança (qualitativa e quantitativa) da Saúde Mental em Portugal através dos Centros de Saúde Mental, quer em termos relativos quer em termos absolutos. É um saber que para muitos de nós, como para o Bráulio Almeida e Sousa e tantos outros de vários grupos profissionais entrosados pelo trabalho em equipa, foi de experiência feita, muito suada mas com muito gosto, prazer até, comprovados não só pela consciência pessoal mas, sobretudo, pelo afecto dos doentes, até dos efectivamente esquizofrénicos, em particular dos que experimentaram a diferença entre a tendencial impessoalidade hospitalar psiquiátrica e a diferenciação de trato e de respeito pela "pessoa doente", como Eduardo Luís Cortesão fazia questão de sublinhar. E como teria sido a evolução se os Centros de Saúde Mental não tivessem sido extintos, sobretudo do modo autoritário, revanchista, como se verificou? Estamos em crer que diferente e seguramente que com menos custos humanos, quer para os doentes quer para os profissionais envolvidos. Ah, e de certeza que também com maior rentabilidade económica, uma vez que, como na época a APSM demonstrou, os CSM com 60% do movimento assistencial global do sistema tinham alocados apenas 40% do pessoal e do orçamento!

Serão precisos mais argumentos para demonstrar que a decisão foi arbitrária, descabelada, com óbvia desconsideração pela qualidade de vida de quem era cuidado e pelo investimento e seriedade profissional de quem cuidava?
Aparentemente na sua génese esteve a arrogância, cega e sádica, de contrariar quem tinha uma forma diferente mas fundamentada de entender e gerir a doença mental, com anos de prática por todo o país, baseada em modelo conceptual bem comprovado pela Europa e Américas.

Como sabemos, a natureza humana também é assim. E não apenas em registo clínico, com alguns dos que nos procuram ou que apresentam desadaptações sociais! Lamentável é quando, como por vezes na política, a imposição e a humilhação imperam, em detrimento do respeito e da análise dos factos, sobretudo quando o que está em causa é a política de saúde mental de um país!

Valham-nos os registos de atitudes e análises como as do Dr. Bráulio Almeida e Sousa para que, no futuro, se evitem repetições.

Pelos menos por isto, *Obrigado Bráulio!*

Lourinhã, Agosto de 2008.

Álvaro A. Carvalho

Psiquiatra – Chefe Serviço do Centro Hospitalar de Lisboa - Ocidental/
Hospital de S. Francisco Xavier

Coordenador da Saúde Mental na ARSLVT

Assistente da Faculdade de Ciências Médicas de Lisboa.

Qu'est-ce que je fais là ?
Jean Oury

DÉDIÉ

À mes filles.

À ceux qui ont partagé avec moi le travail de l'équipe de l'ex-Dispensaire, puis Centre de Santé Mentale de Setúbal (1970 à 1992).

Aux malades avec qui j'ai appris et je continue à apprendre.

Aux maîtres qui nous ont transmis du savoir, de l'expérience et de l'exemplarité et que je n'oublie pas.

À l'État français qui, par l'Institut Français au Portugal, m'a accordé une bourse pour faire un stage dans les services de Delay et de Deniker à S^{te}. Anne et qui, ensuite, m'a permis de travailler comme interne à l'hôpital de Saint-Alban.

À Madame Arieta, au docteur Yves Racine et au Docteur Jean Ayme qui conjointement m'ont prodigué la possibilité de travailler à Saint-Alban.

Aux amis français dont l'amitié et la solidarité m'ont fortement soutenu au cours des années.

À la mémoire de Tosquelles et de Hélène, son épouse, pour l'accueil touchant envers ma fille Teresa et moi-même, quand nous étions à Saint-Alban ; et après…

À Jean Oury.

REMERCIEMENTS

Tout ce qu'on a dit et tout ce qu'on fait au cours de notre existence responsable, étant le fruit de la *singularité* radicale et complexe de chacun, il est certain aussi que les itinéraires et les choix qui parsèment le parcours résultent de l'embrouillement de circonstances objectives, des relations interpersonnelles, des méandres du hasard; ceci possibilitant le «chemin qu'on fait en marchant». Et il est à faire, le parcours où adviennent et s'entremêlent des liens: ceux qui sont éphémères, d'autres qui le sont moins. Cependant, il y a aussi ceux qui s'enracinent et qui nous transforment au-dedans…

Et qui pèsent obscurément dans nos décisions de chaque jour et dans chacun de nos actes, d'où il advient des sentiments de reconnaissance qui poussent et qui persistent s'associant à la conviction qui est par la «touche» de telles rencontres et de ce qui s'ensuit de solidaire et de généreux qu'on finit par faire ce qu'on fait — soit la production et l'assomption d'un texte…

- L'ouvrage qu'on présente ici est le fruit de convergences et de connivences multiples sans lesquelles il ne serait pas advenu — d'où ma profonde gratitude envers tous ceux qui personnellement ont assuré cette complicité, cette solidarité et cet effort et parmi lesquels je ne peux pas ne pas mentionner ceux-ci:

- Dr Maria Luísa Magalhães dont le dévouement tout au long de plus de trois décennies l'a menée à prendre à sa charge exclusive l'effort de taper et d'organiser ce que j'ai écrit au cours de ces années; ceci étant le fruit de notre dialogue sur le travail commun et de ses critiques pertinentes et opportunes sur des détails…

- Docteur Jacques Tosquellas, Docteur Michel Minard et Docteur Pierre Delion: leur amitié et leur solidarité les ont menés à me proposer de participer aux rencontres psychiatriques dont ils dynamisent régulièrement l'organisation. C'est grâce à ces participations que j'ai écrit la majeure partie de ce qu'on publie ici. Je les remercie aussi du soin qu'ils ont eu à corriger le français de quelques textes. En outre je tiens à remercier vivement à Michel Minard pour son initiative et soin de faire la révision et la correction finale de l'ensemble des textes.

- Docteur Antonio Labad et Docteur Garcia Ibañez de l'Institut Père Mata de Reus pour leurs invitations à participer aux «Jornades d'interès psiquiatric» de la semaine sainte qu'ils organisaient autrefois tous les ans.

- La Direction de la Sociedade Portuguesa para o Estudo da Saúde Mental et à Imprensa da Universidade de Coimbra qui ont eu l'idée d'éditer et de publier ce recueil de textes choisis, à propos de la psychothérapie institutionnelle.

- Mes filles Maria Teresa et Lurdes Gracinda pour leur aide à passer à l'ordinateur quelques-uns des textes bilingues qui figurent ici.

NOTE EXPLICATIVE ET D'AVERTISSEMENT

La Direction de la «Sociedade Portuguesa para o Estudo da Saúde Mental", par la voix du docteur João Redondo, a insisté auprès de moi pour que je publie, sous forme de livre, des textes sur la psychothérapie institutionnelle que j'ai écrit au cours du temps et presque toujours en rapport avec des interventions à l'occasion de rencontres et de journées organisées par les équipes de soins psychiatriques françaises qui s'efforcent de pratiquer une psychiatrie humaine.

J'ai hésité face à la proposition de la SPESM, mais João Redondo ne cessait d'insister avec ses arguments: vous faites partie des gens informés sur ce qu'est la psychothérapie institutionnelle comme théorie et méthode de pratiquer la psychiatrie et il faut penser au personnel jeune qui est en formation... Ces arguments et l'approbation récente par le gouvernement du «Plan de restructuration et de développement des services de santé mentale» proposé dans le rapport du groupe de mission nommé par le ministre de la Santé m'ont conduit à la décision de publier ce recueil.

J'ai hésité à inclure des textes sur l'historique du mouvement de la Psychothérapie Institutionnelle puisque le manque généralisé d'intérêt actuel par rapport au développement de la connaissance se montre massif et il est connu qu'on assiste à une pesante culture du rejet de tout ce qui n'est pas de valeur d'utilité pratique immédiate — c'est l'un des phénomènes de la modernité; c'est l'«anhistoricisme». Cependant, il y a encore beaucoup de monde qui résiste et qui s'intéresse à la culture historique pour ce qu'elle nous apporte de plaisir cognitif et de vigilance critique.

Ainsi, j'ai décidé d'inclure des textes concernant l'histoire et l'actualité de la psychothérapie institutionnelle dans ce recueil et à l'organiser en deux parties: une «première partie» concernant des textes sur l'historique avec des apports sur l'actualité et une «deuxième partie» assemblant des textes qui se rapportent à la méthode de la psychothérapie institutionnelle dans la pratique de la psychiatrie de secteur.

Et j'ai organisé le recueil de cette manière, puisque de cette façon ceux qui ne s'intéressent pas aux aspects historiques de cette praxis peuvent, s'ils le veulent, sauter directement à la deuxième partie; partie, qui dans sa majorité, est composée de textes d'interventions en forums divers sur des thèmes eux aussi divers, mais dont l'ensemble est lié par la référence à la psychothérapie institutionnelle et je les laisse tels qu'ils ont été présentés puisque de cette manière ils permettent de prendre connaissance sur les lieux, les institutions organisatrices, les thèmes et les circonstances d'intervention.

Sesimbra, mai 2008.

PRÉFACE

Braulio de Almeida e Sousa m'a demandé de faire une préface à son futur livre. Pour ce qui est de la version Française en tout cas, puisqu'il est prévu deux versions. Je devrais dire, en fait, m'a fait l'honneur de me demander. Ce qui me rend la tâche encore plus difficile. C'est en effet une question d'honneur, mais pas que cela. C'est d'abord une question de fraternité. Fraternité? Certes par l'attachement ou à la re-connaissance vis-à-vis de mon père François Tosquelles. «Fils de…». On sait en effet qu'il a été pour beaucoup, à des places différentes, occasion de rencontres essentielles. Rencontres avec qui et quoi ? J'en laisse la question ouverte. Je pourrai en répondre quelque peu pour moi, mais certainement pas pour d'autres que moi. Ni pour Braulio. Tout ça pour dire que Braulio apparaît à une bonne place dans mes «constellations». Il est pour moi incontournable.

Quand je l'ai rencontré pour la première fois, il avait déjà séjourné à Saint Al-ban, mais je ne l'avais pas rencontré dans ce lieu où il travaillait. J'en avais entendu parler, en particulier par Michel, mon frère. Pas inintéressant que les choses se soient transmises de frère en frère! Du frère «biologique» au frère par référence, frère que je nommerai «adopté». Lors de cette première rencontre, c'est d'abord un Portugais que je rencontrais. Un Portugais exilé de son pays, en lutte manifeste avec le régime dictatorial qui dévastait son pays depuis nombre d'années, le régime fasciste de Sa-lazar. Alors, bien entendu, il devenait le «grand frère», relié, dans le temps présent, à la position du père, en Espagne, lors de la guerre civile, contre le régime fasciste de Franco. Mais, ce qui m'avait fait signe d'emblée, c'était mes associations avec la figure de Robespierre. C'est dire que pour moi, il prenait certes une position d'esprit et de dires, mais aussi une position incarnée. C'est en effet sous les traits de ce personnage que je me représentais Braulio pendant un temps, personnage qui garde quelques aspects par ailleurs discutables, au-delà de la fascination première. Je buvais du «petit-lait» en le regardant et l'entendant. J'avais à peine 18 ans et j'étais plein depuis déjà des années de cette révolte politique. Du côté du marxisme sans aucun doute. Et voilà qu'une personne se présentait devant moi, me parlait, en association évidente avec mon père, mais aussi avec d'autres figures de ce que j'appelais, et continue d'appeler, la «révolution» ou en tout cas la lutte pour la promotion active de l'humain. Par la suite, de Braulio, ce qui est passé au-devant de la scène, c'est sa gentillesse, sa douceur, sa disponibilité, tout en gardant l'enracinement de ses choix politiques, professionnels et amicaux. Pas de mouvements d'hésitation ou de trahison. La «dureté» supposée ou montrée du Robespierre imaginaire du début a laissé place à la tendresse relationnelle mais aussi à la fermeté des choix et des actions.

Alors, les textes qu'il nous propose?

J'apprécie, quand, dans son interrogation sur les propos qu'il tient sur l'histoire de la psychiatrie et plus encore de la psychothérapie institutionnelle, il décide de ne pas les exclure de sa présentation. Par là, il se fait plus que témoin. Il se situe lui-même dans un contexte et une histoire. Dans ces rappels, il fait certes montre d'un choix théorique et pratique, mais aussi d'une fidélité et d'une filiation. Tout ce qu'il va développer par la suite et qui réfère à une pratique collective s'inscrit dans ce mouvement. Braulio se pose fondamentalement comme non isolé. Il n'est pas un Maître. Il n'est pas non plus celui qui procède à sa propre naissance par la vertu d'un savoir plus ou moins universitaire ou institué. Il est fils d'une histoire, et là, sur le plan professionnel comme sur le plan politique et social. Sur le plan personnel, les textes proposés n'en disent directement pas grand-chose, ce n'est pas l'objet du développement, mais je suis sûr, que malgré sa grande pudeur en la matière, il est aussi dans ce domaine créé par l'expérience et les rencontres actives avec les autres. Sans doute avec ses exigences, ses possibilités et ses limites. Braulio montre de façon évidente qu'il est en lien avec le monde environnant. Il insiste tout le temps sur l'arrière-fond politique du développement de ses actions et des évolutions générales de la psychiatrie dans son pays. Il nous parle des développements des actions de transformation qui le concernent sans doute en tant que personne, mais surtout qui concernent les divers collectifs qu'il a été amené à côtoyer ou à animer. On voit qu'il n'est pas dans la reproduction incessante du même, comme pour maîtriser le monde en le pétrifiant, mais dans la création toujours mouvante de l'accueil de ce qui va surgir des cadres vivants, à la fois proposés, à la fois partagés et vécus. À travers les expériences qu'il conduit et les dispositifs qu'il constitue, avec d'autres, pour que le soin émerge, il utilise la référence à la psychothérapie institutionnelle et à certaines figures de ce mouvement. Mais ses références sont loin d'être dogmatiques. Il rappelle leur importance, pour lui et pour les patients en souffrance. Plus, et de façon essentielle, il rappelle certes, mais il «invente», en tenant compte des réalités locales. Et il insiste. Il est bien fils d'une histoire, mais il est surtout acteur de cette histoire, autant à titre personnel qu'à titre collectif. On le suit à la trace avec ses propos et ses analyses. Alors, certes, on pourrait dire qu'il évoque peu l'inscription du Portugal dans les mouvements complexes qui viennent ouvrir ou fermer le champ de la psychiatrie au niveau européen, pour ne pas dire mondial. Mais cette remarque reste secondaire, quand on sait que, souvent, il en a développé oralement le fait. Personnellement, c'est vrai, j'ai tendance à rappeler, pour ce qui est de la France dans l'Europe, donc aussi du Portugal, un moment essentiel dans le mouvement de réduction de la psychiatrie. C'est celui qui réfère à la rencontre des Ministres de la santé à Stockholm, en 1982 ou 1983, avec, en particulier, le discours du Ministre de la santé de la France, Edmond Hervé, qui fixe des orientations terribles en ce sens. L'évolution de la psychiatrie va découler de ce moment. En particulier, la décision de faire gérer les organisations sectorielles de la psychiatrie publique française par les établissements hospitaliers. À partir de ce moment, la maladie mentale, lieu de réduction de la souffrance psychique dans un discours médical ne peut pas faire autre chose que de devenir une maladie comme les autres. C'est-à-dire que le modèle du processus diagnostic et thérapeutique est le modèle médical. Modèle au cours duquel la plainte subjective du sujet est réduite en signes objectifs, par une opération de lecture au nom du savoir médical, et où la maladie qui en sera enfin déduite est conçue comme le manque d'un objet précis. On pourra alors combler ce manque par l'apport d'un objet adéquat choisi dans le monde du trésor des techniques et des médications. Nous sommes ici, certes dans le monde de la vie, monde bien sûr fondamental et indispensable. Monde du besoin. À ce titre aussi, monde univoque, transparent, prévisible et fondamentalement repérable. Au moins dans ses grandes lignes. Monde du besoin, et donc monde qui ne réfère pas à l'existence et au désir. Ce qui semble, tout de même, être spécifiquement le monde de l'humain. Toutes les réductions plus ou moins mortifères de l'homme se sont faites et continuent de se faire autour de cette négation de la question du désir et donc de l'inconscient. En France, le groupe minoritaire qui tentait de proposer que la gestion du secteur renvoie à un organisme public spécifique, donc non hospitalier (y compris psychiatrique), perd la partie. Nous n'avons pas vu l'importance de la catastrophe liée à cette décision, qui, encore une fois, réduisait la maladie mentale au rang d'une maladie comme les autres, et le psychiatre au rang d'un médecin comme les autres. Nous étions en fait aveuglés par la nécessité du sauvetage de la sectorisation elle-même, inquiets que nous étions dans l'attente du nouveau rapport sur la psychiatrie demandé par le nouveau gouvernement (de droite) à un psychiatre privé. Et miracle, ce rapport émet un avis très favorable à la poursuite et au développement de la sectorisation. Alors, peu importaient les questions de gestion et de rattachement. Peu importaient certains propos de la circulaire de 1990, insistant largement sur l'intégration de la psychiatrie dans la médecine. Peu importait une circulaire des années 92 autorisant la fuite des effectifs soignants du sanitaire vers le médico-social ou le social… Aveugles donc. Pourtant, l'hôpital général n'a été conduit à gérer qu'un gros tiers des secteurs de psychiatrie. L'essentiel est resté rattaché à l'hôpital psychiatrique. Mais, c'est l'idéologie de l'hôpital général, basée sur l'alliance de la nouvelle gestion économique d'entreprise et de la médecine qui s'est imposée dans les hôpitaux psychiatriques.

L'insistance de Braulio touche à l'évolution du champ psychiatrique Portugais, dans ses progressions et illusions, tout comme dans ses régressions ou répressions. On voit bien se dessiner sans cesse les oppositions entre ce qui relève de l'hôpital général et de l'université dans ce qu'elles font œuvre de généralisation de ce qui relève de la particularité et de la singularité des expériences locales et des conditions mêmes des possibilités de leurs émergences. Et là, on sent bien que l'hôpital général qui prend brutalement, au Portugal, la place de la gestion est en fait le lieu du pouvoir qui vient s'allier avec le savoir, incarné par l'université. Non, je corrige, pas s'allier, car hôpital général et université, c'est au fond la même chose: le pouvoir et le savoir sont, comme on disait autrefois, le «sabre et le goupillon» d'une même structure. En France, c'est l'organisation qui a été promue au premier plan, peut-être parce que la psychiatrie était depuis longtemps en fait une affaire d'Etat. L'Etat avait dû imposer par exemple, certaines formes d'organisation, comme ce fut le cas avec la sectorisation et bien avant le développement de l'extrahospitalier par le biais de la prévention. Contre, j'insiste bien, contre, les structures locales ou régionales et contre aussi les pouvoirs féodaux des psychiatres publics de l'époque et de l'université. Cette dernière est souvent restée en dehors de la question de la sectorisation, comme au Portugal, lors de la création des Centres de Santé Mentale. Il faut marteler le rappel historique, les psychiatres publics, dans leur grande majorité, ont été contre l'idée et la pratique de la sectorisation. Je ne suis pas sûr qu'ils ont vraiment changé sur cette question. Certes, le psychiatre n'est plus en position du «baron d'Ostende», comme le proclamait notre confrère de l'époque, Paillot. Il n'est plus un notable qui est nécessairement invité et attendu au bal de la Préfecture! Il est devenu un technicien, plus ou moins responsable. Mais certainement plus un organisateur, ou mieux un entrepreneur, lequel peut permettre ou non l'ouverture du travail des uns et des autres, par son pouvoir d'organisation. Pouvoir à ne pas confondre avec la place qu'il est forcément amené à occuper dans les constellations transférentielles et contre-transférentielles du lieu. Il a abandonné cette place possible, certes pour quelques avantages financiers, pas négligeables d'ailleurs, dans les dernières années 1960, mais aussi et surtout pour avoir la «paix» quant aux nécessités d'organisation du champ institutionnel et à ses difficultés. On ne se coltine plus la souffrance psychique que dans un champ de rapports individuels cloisonnés les uns des autres. Ce qui laisse la psychose, partie la plus régressive de l'existence humaine, en total abandon. Vers le champ du social ou du médico-social. Mais, hors du champ du sanitaire. Donc, dans les «meilleurs» des cas, vers l'adaptation et la réadaptation, vers le cognitivisme exclusif et le comportementalisme. Ce qui ne veut pas dire qu'il n'y ait pas de points intéressants à prendre dans ces démarches. Mais, mes remarques visent le principe de base. La question me semble être, depuis longtemps, du comment mettre au point des techniques, isolées les unes des autres, qui permettent de tenir à distance l'irrationnel qui est aussi à la base de l'humain. Vouloir éradiquer la folie de l'humain reviendrait à éradiquer l'humain disait mon père. Ce qui ne veut pas dire qu'il n'y ait rien à faire. Il y a quelque chose à faire, et Braulio nous indique, dans ses textes, certes des références, mais surtout des tentatives de pratiques dans ce sens.

C'est ainsi que Braulio nous invite à visiter la situation au Portugal. Mais ça ressemble à bien d'autres situations. De certaines tentatives isolées, à la loi sanitaire de 1963, aux «œillets» (avril 1974) avec la loi du service national de santé, de l'enthousiasme de l'ouverture et du développement créatif lié à la montée de la lutte contre le fascisme, jusqu'à la reprise centralisatrice sous la houlette du pouvoir et du savoir, incarnée le plus souvent aujourd'hui par l'hôpital général et l'université. L'hôpital général l'université, lieux armés du pouvoir organisationnel et gestionnaire, qui reprennent au fond, au Portugal, la place perdue provisoirement face aux émergences et aux pressions actives des forces démocratiques en mouvement. Même si, dans les faits, les éléments de la contradiction apparaissent avant les faits historiques qui viennent donner forme. Et je ne peux pas manquer de penser que cette place est manifestement en rapport et en collusion avec la domination dictatoriale sociale et politique antérieure. Il est évident que cette évolution politique a été fondamentale, concrètement, vitalement souvent. Il n'est pas question pour moi d'en nier la chose ni l'importance. Pourtant, présenter les choses ainsi serait par trop simplificateur et réducteur. Par exemple, on ne peut pas ne pas se poser la question suivante: est-ce que, avec ce poids nouveau de l'hôpital général et de l'université, du pouvoir et du savoir, il ne s'agirait pas en fait d'un «simple changement» des formes de la dictature, en tant que modalités de domination, en tant que négation de la subjectivité, de l'expérience et de l'histoire vécue. C'est encore plus net au Portugal compte tenu de l'histoire du fascisme. Mais alors, on insisterait sur la limitation de la liberté ou sur la limitation de la démocratie, laquelle aurait dû porter en elle-même, comme un principe de base irrévocable, les conditions des déploiements de l'humain dans sa complexité fondamentale. Cette évolution actuelle de la démocratie, par ces côtés-là, s'oppose à ses propres principes fondateurs. Elle devient pseudo démocratie. Elle vient organiser le monde et plus particulièrement les espaces de rencontres des sujets en état de souffrance selon des systèmes bureaucratiques (voir thanatocratiques comme le dit souvent Jean Oury) où tout doit être rapporté au savoir, ici, le savoir médical, systèmes posés avant tout en lien avec la «science», donc en rapport structural au discours du Maître, repris par le discours de l'Universitaire, comme le dirait Jacques Lacan. Monde, en tout cas, où le mystère et l'insu de l'histoire de chacun disparaissent, noyés dans la massification, la prévisibilité et l'interchangeabilité la plus totale. Monde du positivisme et de la transparence. Monde où la subjectivité de chacun doit disparaître, réduite à l'observé et à l'objectivable. Monde où les processus n'ont plus de place, dominés qu'ils sont par l'invasion exclusive des procédures. Procédures qui sont validées par le savoir médical et universitaire.

Je ne peux pas résister au rappel de ce que Braulio nous dit dans un de ses textes. Je cite. « … le processus thérapeutique des malades psychotiques passe par la structuration d'une symbiose à double transfert entre leur être et le cadre de soins dont la structure et l'articulation dynamique ente les membres de l'équipe (Salomon Resnik nous rappelle qu'il y a de bonnes et mauvaises combinaisons) permettent l'intégration de la bonne personnation structurante, vertébrante – ce qui manque dans la psychose)». Et nous voilà du côté de la structure clinique psychopathologique. Ces aspects ne sont pas dits en l'air. Ils réfèrent à. Je continue la citation: «C'est la qualité et du gradient d'élaboration et de perlaboration de l'équipe sur elle-même et sur ce qui se passe entre elle et le malade dans ce processus symbiotique que dépendront l'authenticité et le juste mesure de la rencontre et des décisions prises. C'est de l'internalisation de cette fonction phorique… que va dépende la possibilité pour le malade de se soutenir lui-même, au cours des avatars de la vie, avec les continuités nécessaires et les ruptures imprévues; la possibilité que son désir l'anime à la recherche de trouvailles et retrouvailles vivifiantes». Dans un autre texte, il dit: «J'ai évoqué les pressions internes et externes sur le sac-membane de l'équipe, lequel est en soi-même un système instable, toujours en risque, soit d'imperméabilisation autistique, soit de rupture et d'éclatement. Nous avons tous cette expérience de ce qu'il en est des tendances émergeant à l'intérieur si cet intérieur n'est pas en catatonie. Mais il ne faut pas oublier ou sous-estimer les poids des forces extérieures nommément celles étatico-technocratiques… qui s'imposent comme déterminantes: elles ont le pouvoir d'imposer le budget, elles essayent d'imposer le cloisonnement des lieux et des dispositifs de soin (les aigus, les chroniques, ceux qui répondent en deux ou trois semaines aux médicaments et ceux qui ne répondent pas, ceux qui sont e la responsabilité du champ de santé et ceux qui sont devenus simplement des handicapés et qui doivent être vidés vers le champ de l'assistance sociale…); à la limite, elles ont le pouvoir de raser, à l'échelle nationale, l'histoire des dispositifs de soins qui peuvent signifier des années et des années de travail valable par rapport à une éthique de l'humain». Je rappellerai ici, avec Mao Tsé Toung, que, dans une contradiction, les causes externes agissent par l'intermédiaire des causes internes, lesquelles restent fondamentales. Mais, cette métaphore du sac pour approcher le concept d'équipe est importante. Comme on peut le lire, Braulio évoque les clivages sociologiques d'appartenance, les individus et les groupes formels et informels ainsi que leurs interdépendances complexes. Il rajoute que «la finalité soignante et thérapeutique passe par la capacité qu'a cet assemblage complexe et hétérogène que nous nommons l'équipe de produire une fonction contenante telle que l'a conceptualisé W. Bion; c'est-à-dire: cadre capable d'attention attentive, d'accueillir, de rêver et de penser, tant les turbulences projectives que les indices et les signes émis par les «astéroïdes» autistiques qu'ils soient errants ou cloués à des choses et des points fixes. Produire cette fonction que Bion a nommé fonction alpha, et que Delion préfère appeler fonction phorique, suppose…. une articulation du «holding avec le moving, c'est-à-dire d'un suffisamment bon accueil et partage, d'une capacité de rêverie sur et par ce qui a été inscrit dans l'inconscient au-dedans du sac-membrane de l'équipe». Pour ma part, ici, plus que fonction phorique, je préfèrerai évoquer la fonction sémaphorique. Braulio insiste à plusieurs moments sur cette membrane, en tant qu'elle est «surface-interface». Elle supporte des tensions extérieures et intérieures. Par là, elle a fonction de pare excitation, mais elle peut devenir «surface d'inscription». Elle peut encore avoir une «fonction de support des systèmes de pores de perméabilité».

Braulio insiste avec raison sur le caractère de la rupture qu'a introduit la décision bureaucratique de rattachement des centres de santé mentale avec l'hôpital général. C'est la fin de l'expérience en cours et des capacités d'expérimenter. Les Centres de Santé avaient eu à travailler les articulations avec les services de santé primaires. Ce qui est bien le propre de la sectorisation. Travailler dans un champ délimité où interviennent divers protagonistes et permettre que se dessine une aire de jeux. Dans le respect de chacun. Mais aussi dans l'identification des rôles que chacun est amené à jouer dans la relation et dans ses effets avec le patient et leur famille. Les ruptures brutales, administratives, hors de la question clinique et interrelationnelle, n'ont rien à voir avec les «discontinuités propres au timing psychiatrique et au processus d'intégration sociale». Cet énoncé est essentiel. L'ordre clinique ne peut, en aucun cas, être rabattu sur l'ordre gestionnaire, quel que soit celui-ci. Et c'est bien la raison pour laquelle Braulio nous rappelle la double construction dans son montage institutionnel proposé et expérimenté: le montage de l'organisation, qui réfère aux lois et obligations réglementaires, le montage associatif, avec le club thérapeutique en première place qui va permettre une mise en activité des patients et des divers collectifs. C'est bien cette articulation que la psychothérapie institutionnelle a inventé pour permettre quelques développements dans la question des soins. Braulio a saisi cette opportunité technique et l'a transférée au Portugal, en l'adaptant. Je ne peux pas, à ce moment de mes associations sur les textes de Braulio, manquer de rappeler la «trouvaille» de Frantz Fanon, à Blida, qui au lieu d'instaurer un bar à la française, instaure un café maure. C'est-à-dire qu'il tient compte de la situation locale, sociologique et culturelle, mais aussi avec ses arrière-fonds politiques. Oui, pas de doute, la structure, dans le dispositif de soin proposé, ne peut pas être représentée exclusivement comme celle de l'état ou de l'organisationnel. C'est avec la dimension associative, variable selon les lieux et les moments historiques, que peut apparaître une possibilité de jeu et donc de mise en scène des différentes problématiques, celles du patient certes, mais aussi celles de l'institution d'accueil. J'aime bien rappeler Diego Napolitani à ce sujet: les mouvements de la maturation du sujet sont homologues à ceux de l'institution qui l'accueille, famille ou communauté thérapeutique, c'est-à-dire qu'ils renvoient aux jeux dialectiques complexes entre les forces confusionnelles et celles de la différenciation.

Braulio avait déjà dit tout ça au travers de l'énonciation de quelques «mots d'ordre» à valeur conceptuelle et de positionnement éthique. Ces mots d'ordre me semblent tellement essentiels que je vais en citer les plus importants. Au premier plan, «une éthique centrée sur la souffrance du malade et de sa famille». Au second plan, «la production d'espaces de rencontres pour la réflexion en commun portant sur les questions de gestion et les questions cliniques». «La production d'une atmosphère d'accueil». «La production d'un espace pour la formation continue». «Une attention particulière aux stratégies d'articulation avec les autres acteurs de l'aire géo-démographique, médecins de famille, infirmiers, assistants sociaux du Centre de Soins Primaires de Santé». «Travailler dans un champ animé par cette boussole désirante, en posture d'ouverture au désir singulier de tout un chacun». «Mettre en chantier un dispositif dont le pivot était l'équipe qui avait à garantir le soin en continuité et proximité, et à être toujours attentive aux relais existants pour articuler les stratégies du soin et les tentatives de solution des difficultés sociales concernant les malades pris en charge». Il continue : «garantir aux malades et à leurs familles l'accessibilité et la continuité de l'accueil et du soin en temps opportun», «soigner le «nécessaire» et «ce qui suffit dans des espaces et seetings les moins ségrégatifs et totalitaires possibles», «l'équipe comme institution institutionnalisante», «nécessaire articulation dialectique de la hiérarchie statutaire... avec l'autarcie subjectale dans ses rapports avec la reconnaissance du sujet dans le fonctionnement des équipes», implication permanente d'un «champ de transfert – contre-transfert où viennent s'actualiser et se manifester les psychopathologies de tout un chacun», «notion que le transfert psychotique.. est un transfert dissocié, morcelé et pluri-différencié», «articulation conceptuelle des notions d'accueil et de soin avec celles de holding... et de fonction alpha».

Enfin, Braulio nous décrit quelques moments centraux dans l'évolution de la psychiatrie portugaise. Ces moments constituent de véritables noeuds significatifs qu'il serait par ailleurs intéressant de comparer avec les évolutions françaises ou autres. Et au-delà d'analyser les raisons de ces différences, qui au final aboutissent presque à la même chose.

Bien sûr, d'abord, il nous rappelle, comme déjà dit, que la dénomination de psychothérapie institutionnelle a été proposée au Portugal, en 1952, par Daumézon et Koechlin. Chose surprenante, compte tenu de la situation de la psychiatrie, à ce moment-là au Portugal. L'effet en a été nul puisque rien ne pouvait venir s'associer avec les notions avancées. Même pas des résistances. En France d'ailleurs, l'effet n'a pas été terrible non plus, sauf dans certains milieux de la psychiatrie, largement minoritaires. Pour ce qui est du Portugal, ce champ apparaît alors dominé par l'université de Lisbonne intéressée par la leucotomie, voire les effets ergophysiologiques du travail. Pas d'influence de la psychanalyse non plus. L'assistance psychiatrique se partageait en fait entre les cliniques universitaires et les hôpitaux psychiatriques. Et Braulio nous montre comment, peu à peu, ces structures vont être infiltrées, à la fois par la psychanalyse, et à la fois par les questions du groupe thérapeutique. Mais nullement par la psychothérapie institutionnelle. C'est sous le nom «d'un jeune psychiatre» qu'il se désigne dans ses écrits. «Exilé» en France, pour un stage à Saint Anne, à Paris, puis pour des fonctions d'internes à Saint Alban, c'est ce «jeune psychiatre» donc qui va rapporter cette méthode, en l'expérimentant lui-même. Car il n'y a pas de psycho-thérapie institutionnelle sans déploiement d'expériences singulières (et collectives), sans pratiques et sans processus d'historicisation. Ce sont par contre les contrecoups de la circulaire sur la sectorisation française qui vont produire des effets importants rapides, avec, en particulier, dès 1963, la loi de Santé Mentale (qui laisse de côté les cliniques universitaires). Tous les développements que Braulio va être amené à animer s'inscrivent de façon claire dans ce cadre de la sectorisation, reliée à une méthode, celle de la psychothérapie institutionnelle. Avec les premières tentatives d'introduction de cette méthode, un certain nombre d'avatars vont se produire avec des effets négatifs. La répression politique n'est pas sans place dans cette affaire. En tout cas, le résultat en est, provisoirement et paradoxalement, le renforcement de la routine et de l'inertie.

Ce n'est que dans un deuxième temps que la psychothérapie institutionnelle va prendre place pour irriguer largement les développements de cette nouvelle psychiatrie. Jusqu'en 1985, les Centres de santé mentale travaillent isolément. Puis, ils s'organisent pour se rencontrer. J'ajouterai: pour tenter d'instituer une force collective face à ce qui s'annonce de l'extérieur, mais aussi face au morcellement interne. Le résultat en est «l'élaboration commune de notions ayant valeur méthodologique et opératoire dans la praxis du soin, notions qui en grande partie rejoignent bon nombre de celles qui ont été mises en évidence par le mouvement de la psychothérapie institutionnelle». Ne cédant pas à l'euphorie, il indique d'où vient, de l'extérieur en tout cas, le danger: les lobbies des cliniques universitaires, les hôpitaux psychiatriques, les cliniques privées, les ordres religieux propriétaires d'asiles conventionnés, la Direction Générale des Hôpitaux et les fers de lance de l'industrie pharmaceutique». Et voilà, dès 1992, la grande réforme et la fin de la politique de psychiatrie et de santé mentale axée sur les Centres de Santé Mentale. Décision politique avant tout Les effets sont immédiats. Bien entendu, dissolution de l'équipe ministérielle chargée de la chose. Dissolution des Centres de santé mentale en action avec intégration administrative, financière du personnel et du patrimoine dans les hôpitaux généraux. On croit, pour ce qui est des premiers effets, entendre ce qui s'est passé en France, bien avant, avec la disparition de la cellule chargée de la psychiatrie au Ministère de la Santé, au début des années 60, avec le ministre Marcellin si je ne trompe pas, dont Madame Mamelet a fait les frais et surtout le groupe spécifique qui travaillait autour d'elle, en rapport avec quel-ques psychiatres «éclairés», groupe qui a été largement responsable du véritable «coup d'état» de 1960 qui a permis l'énonciation de la circulaire sur la sectorisation. Par contre, la situation française n'a pas entraîné, à l'époque, la disparition des Centres de Santé Mentale, peut-être pour la raison la plus simple qui est qu'ils n'existaient pas vraiment et que le secteur commençait à peine, avec difficulté et résistance, à se mettre en place. En tentant de s'appuyer sur les hôpitaux psychiatriques. Nous n'en n'étions pas encore là, et l'évolution concrète du travail en extension des secteurs de psychiatrie n'autorisait plus leur éradication du jour au lendemain. Il y faudra des tactiques plus fines, ce qui est, sans aucun doute aujourd'hui, en cours.

Voilà, ce dont nous parle Braulio. Avec son style. Et il le fait, dans la deuxième partie de ce qu'il nous propose à la lecture, après l'avoir proposé oralement au cours de diverses rencontres, il le fait donc en partant de sa pratique concrète, de la pratique des collectifs qu'il a dû animer, et qui l'ont sans doute animé lui-même. Pratiques reliées à l'analyse permanente de ce qui se passe et de ce qui vient les soutenir et les contextualiser. Certains diraient qu'il s'agit là d'analyse institutionnelle, reliée, d'une part, aux deux jambes de la psychothérapie institutionnelle, la jambe marxiste et la jambe psychanalytique et, d'autre part, à la double aliénation, l'aliénation mentale et l'aliénation sociale.

Alors, merci Braulio.

Jacques Tosquellas

Cabriès, octobre 2008.

PARTIE I

PSYCHOTHÉRAPIE INSTITUTIONNELLE:
UN PEU D'HISTOIRE

INTRODUCTION

Nous avons hésité à inclure dans ce recueil une partie consacrée au contexte historique, aux origines et au développement du «mouvement de la psychothérapie institutionnelle». Et on a hésité parce qu'on vit à une époque de désintérêt généralisé pour l'Histoire; désintérêt qui semble se conjuguer avec les politiques d'éducation et d'enseignement qui la disqualifient au nom d'une prétendue «inutilité pratique»[220] — vision pragmatiste et techniciste qui réduit la politique éducationnelle à une politique de production massive d'*exécutants* programmés et «formatés», déchargés (ou devenus incapables) de penser. Et on peut comprendre une telle politique puisque, en vérité, la formation historique *ouvre* à la relativisation et au questionnement — à la pensée critique non réductrice, à une perspective de la complexité en évolution.

Et on a hésité encore parce qu'il est courant de rencontrer des gens qui, se donnant des airs de savoir de quoi ils parlent, considèrent la «psychothérapie institutionnelle» comme quelque chose qui est apparu dans les asiles et les hôpitaux psychiatriques, que ce n'est que là qu'elle a eu sa raison d'exister et ainsi, avec la «désinstitutionna-lisation» et la réduction de l'hospitalisation aux «services d'aigus», la psychothérapie institutionnelle n'a plus de pertinence ni pratique ni théorique…
Ainsi, face à ces deux raisons, mon inconfort réactif m'a amené à ne pas exclure de cette publication ce morceau de matériel historique; mais cette décision d'introduction ne réside pas seulement dans cette raison réactive face aux stratégies de la «culture de l'inculture» — notamment en ce qui concerne la connaissance psychiatrique, celle qui nous intéresse ici. Non: la raison majeure de l'introduction vient de la préoccu-pation de montrer que l'origine, le développement et l'actualité de la psychothérapie institutionnelle se rapportent au travail clinique (dans le sens de la pratique psycho-pathologique et de soins thérapeutiques en co-action) avec les malades psychotiques en articulant ce travail clinique avec l'analyse et l'intervention sur les conditions et les situations concrètes du champ de travail — soulignons qu'on parle ici d'une cli-nique du sujet dans son «historicité» et en situation et d'une psychopathologie qui se réfère au transfert/contre-transfert, en contradiction radicale donc, avec la psychiatrie objectivante, standardisée et quantitative.

---

[220] Ainsi se passent les choses au Portugal.

Psychothérapie institutionnelle a été le nom de baptême[221] donné par G. Daumézon et Ph. Köechlin à une méthodologie déterminée à pratiquer et à penser la psychiatrie. La conceptualisation de cette méthodologie (vraie rupture) a découlé d'un processus dialectique complexe d'expériences diversifiées de transformation des structures psychiatriques et elle a émergé en rapport avec un contexte historique déterminé: celui de la Guerre Civile d'Espagne et de la Seconde Guerre Mondiale, dont la première a été l'«essai» de la seconde. Et elle a émergé en rapport étroit avec le processus de lutte des forces démocratiques contre la barbarie des forces nazi-fascistes: d'abord en Catalogne, puis en France dans le contexte de la Résistance à l'occupation allemande d'Hitler. En vérité, ce sont les psychiatres catalans et français, participants actifs de cette lutte de résistance démocratique et libératrice qui ont été les pionniers de ce vaste mouvement qu'on est venu à nommer «mouvement de la psychothérapie institutionnelle» — génération de pionniers, qualifiée par beaucoup comme celle des «psychiatres penseurs».

Nous croyons pouvoir situer le début de ce mouvement dans les années 35 – 36 lorsque Mira y Lopes, titulaire de la chaire de Psychiatrie de l'Université de Barcelone et directeur de l'Institut Père Mata de Reus (Catalogne), a accueilli à l'Institut des psychiatres et des psychanalystes juifs qui fuyaient la persécution de la terreur nazi en Europe Centrale. En ce temps-là, à l'Institut Père Mata travaillait et était en formation le jeune psychiatre Francesc Tosquellas (François Tosquelles après sa naturalisation française) qui est devenu cadre détaché dans l'armée républicaine au cours de la guerre civile, puis, en France, pendant la Résistance. C'est à l'Institut Père Mata également qu'il a participé activement à la mise en place de structures et de dispositifs d'articulation et d'animation démocratique de la vie sociale des malades hospitalisés (par le moyen d'une organisation adéquate des activités ergo et sociothérapeutiques) et, soutenu par les psychanalystes réfugiés, il a pratiqué la psychothérapie analytique avec les malades de l'Institut. Ultérieurement, en tant que responsable du service de psychiatrie et de santé mentale de l'armée républicaine et bien avant Maxwell Jones, il a créé des «communautés thérapeutiques» au front et il a initié l'intervention communautaire de psychiatrie et de santé mentale, appelée alors psychiatrie de «comarca».[222] C'est enrichi de ces expériences qu'il arrive à traverser la frontière après le triomphe franquiste et qu'il est interné dans le camp des Sept-Fons, près de Toulouse, par les autorités françaises. Des confrères français ont eu connaissance de son internement dans le camp et se sont mobilisés pour le faire sortir; et c'est grâce à l'amitié solidaire du Docteur Chaurand qu'il entre à l'hôpital de Saint-Alban, dont le directeur était alors le Docteur Paul Balvet. Ainsi, c'est avec Tosquelles, Chaurand et Balvet (et un peu plus tard avec Lucien Bonnafé dans le cadre de l'organisation de la Résistance) que s'initient les transformations intra-muros de l'hôpital et la pratique de l'intervention intra-communautaire, germes de la future conceptualisation de ce qu'on est venu à appeler «psychiatrie de secteur».

---

[221] Article publié in "Anais Portugueses de Psiquiatria" (1952).

[222] En espagnol, contrée, région, secteur géographique.

Du travail pionnier de Saint-Alban et de ses effets d'irradiation à travers de multiples expériences originelles émergeant ici et là en fonction des histoires institutionnelles respectives et des hommes qui ont partagé l'effort cognitif et pratique (et de position éthique) pour une psychiatrie de l'humain pour les humains[223], on parlera dans le texte «Notice sur le mouvement de la psychothérapie institutionnelle» qui a été écrit quand Tosquelles était encore vivant — texte qu'il a revu et grandement enrichimû par sa générosité.

Comme cela a été dit auparavant, il y a des gens qui pensent que le mouvement de la psychothérapie institutionnelle convenait (et pourra convenir) exclusivement à l'intra-muros des établissements psychiatriques et que les concepts opératoires élaborés et mis en valeur par l'effort cognitif et pratique du mouvement n'auraient pas de raison d'être au dehors de l'hôpital. En vérité, ceci n'est pas vrai. Et il ne me semble pas inutile de rappeler que les pionniers et les principaux protagonistes du mouvement de la psychothérapie institutionnelle ont été précisément ceux qui ont conçu et lutté pour la psychiatrie de secteur — lutte qui a amené à la publication de la circulaire historique du 15 mars 1960, laquelle, on le sait, consacre les principes de l'articulation cohérente de toutes les structures psychiatriques responsabilisées pour l'action psychiatrique d'une aire géo-démographique définie, de manière à garantir l'usage adéquat des complémentarités respectives et en continuité tout au long du processus thérapeutique et socialisant. Et il n'est pas vrai non plus que la théorie et la méthodologie de la psychothérapie institutionnelle soient obsolètes et «choses du passé» puisque ses notions voient confirmée leur validité dans l'actualité. Notions[224] comme celle de «potentiel pathoplastique» des institutions et des dispositifs d'accueil et de soin; celle de «fonction d'accueil» qui a été élaborée à partir de la conjonction des apports de l'anthropo-phénoménologie, du travail de l'École de Louvain sur le vecteur *contact* et de la conceptualisation de la fonction *alpha* de W. Bion; celles de «transfert dissociéet multiréférencié et de constellations de transferts/contre-transferts» mises en évidence par Tosquelles et Oury; celles d'équipe-groupe et de réunion de soignants comme des outils de base de l'accueil et du soin aux malades psychotiques; celle de «transversalité de la communication» due à Félix Guattari; la distinction (et l'articulation dialectique) entre «hiérarchie statutaire» et «hiérarchie subjectale» apportée par Pierre Delion; les notions de «collectif» et de «tablature de complémentarités», fruits de l'élaboration d'Oury; les notions d'«ambiance et d'atmosphère» dans l'accueil et le soin, etc. Toutes ces notions concernent des concepts dont la portée théorique et méthodologique nous semble de valeur fondamentale dans n'importe quel setting du travail psychiatrique — les textes inclus dans cette partie de l'ouvrage, dans leurs références multipolarisées d'expérience et d'évolution au cours du temps en sont le témoignage; on a déjà parlé des raisons de l'introduction de cet historique. Et de la valeur pratique de l'usage de la méthodologie inspirée de ces concepts dans le suivi

---

[223] Êtres à "restaurer" dans leur dimension subjective et sociale.

[224] Voir bibliographie.

des malades psychotiques au long du temps, en complémentarité articulée avec les réseaux du sanitaire et du social dans le «terrain communautaire», on en parlera dans la deuxième partie de cette publication. Et des implications des décisions du pouvoir politique et administratif comme condition de «possibilité» (ou d'impossibilité) de la poursuite d'un tel travail, on sera bien obligé d'en parler...

Sesimbra, mai 2008.

NOTICE SUR LE MOUVEMENT DE PSYCHOTÉRAPIE INSTITUTIONNELLE[225]

Débutons ce propos en reproduisant le paragraphe de J. Ayme publié dans *l'Information Psychiatrique, le 3 mars 1983*:

> «*La Psychothérapie Institutionnelle n'est pas (n'a pas été un mouvement organisé...) C'est un mouvement caractérisé par la tentative d'élaboration d'une doctrine et par le dégagement d'une méthode permettant l'articulation du fait psychopathologique avec la réalité institutionnelle dans une démarche dialectique de leurs transformations*».

Il nous est impossible de jalonner ici toutes les «effervescences» et tous les significatifs de ce mouvement; cependant les intéressés pourront lire, avec profit, le chapitre: «Histoire Critique du Mouvement de Psychothérapie Institutionnelle dans les Hôpitaux Psychiatrique Français» in *Education et Psychothérapie Institutionnelle; F. Tosquelles–Hiatus; Col. P.I. 1984 (Reed.*); ainsi que la bibliographie qu'on trouvera à la fin. De toute façon on s'efforcera de rappeler ici quelques jalons du parcours, sorte de repères du mouvement.

Dans son travail sur l'histoire du mouvement que nous venons de citer, F. Tosquelles scande deux temps dans le mouvement: un premier temps d'effervescence, polycentrique, qui démarre (dans le contexte d'occupation – résistance – libération pendant la guerre 1939-1945) à la suite de la communication de Paul Balvet sur l'expérience de Saint-Alban *«Asile et Hôpital Psychiatrique, expérience d'un établissement rural»* au

---

[225] Ce texte (encore revu et substantiellement enrichi par F. Tosquelles) a été écrit en 1985 et publié dans le Vol. I (Ano 1) des *Anais Portugueses de Saúde Mental*. On a hésité, dû le temps passé, si on devait le traduire en portugais et l'inclure dans ce recueil. On a opté pour l'inclure, avec une note finale d'actualisation, due la valeur de la «psychothérapie institutionnelle» quel que soit le champ du travail psychiatrique. Le clivage ségrégatif à la mode, «aigus / non aigus» pourra amener à penser qu'il n'y aura plus de place pour une telle pratique... Cependant, la psychothérapie institutionnelle, nous la considérons d'indubitable valeur dans le travail psychiatrique quel que soit le setting opératoire – nommément, si les soins à long terme des malades mentaux, prévus dans la récente résolution du conseil de ministres portugais relative au programme de structuration des services de psychiatrie et santé mentale, soient mis en place.

Congrès des Psychiatres et Neurologues de Langue Française 1942, à Montpellier; il va, «grosso modo» jusqu'aux années 50. Cela a été une période qui a eu comme champ d'expérience: l'Hôpital de Saint-Alban (Paul Balvet, F. Tosquelles, Chaurand, L. Bonnafé), celui de Fleury-les-Aubrais (Service de G. Daumézon, avec P. Köechlin), celui de Ville-Evrard (Sivadon, S. Folin, Ridoux, H. Chaigneau et d'autres); on doit encore faire référence à ceux de Le Guillant, P. Bernard, H. Ey et même celui de Ueberschlag à Lannemezan, de Belay à Mont-Perrin, etc.

Pour mieux comprendre le processus au début et l'épanouissement de ces «effervescences» il faudrait considérer la richesse des échanges cognitifs (et affectifs) entretenus par les animateurs entre eux, notamment le rôle décisif du groupe saint-albanais (F. Tosquelles, J. Oury, F. Fanon, Millon et puis Gentis et Racine). Il est aussi utile de rappeler quelques faits du contexte historique. D'abord le contexte culturel catalan où F. Tosquelles est né (Réus) et l'ambiance d'humanisme et d'éclectisme de recherche animé par Mira y Lopes à Barcelone et Réus; puis la monté du nazisme et du fascisme et l'exode des psychiatres allemands et autrichiens d'origine juive, beaucoup d'eux accueillis par Mira à Réus et Barcelone; ensuite la Guerre civile (internationalisée) d'Espagne suivi de la Seconde Guerre Mondiale avec l'occupation allemande en France; après, la Résistance et la Libération. F. Tosquelles, jeune psychiatre à l'Institut Pere Mata de Réus à l'arrivée des réfugiés allemands et autrichiens, y fait son analyse avec un d'eux. Une intervention éclairante de Werner Wolf au cours d'un contrôle d'une psychanalyse engagée à l'hôpital par Tosquelles et qui depuis quelque temps «ne marchais pas» (on pourra lire la savoureuse anecdote à la page 214 de l'œuvre cité) lui montre qu'un «établissement (champ institutionnel) est un *ensemble* d'éléments et espaces articulés, dont on ne peut pas isoler sans leurre les parties, voire les individus en co-action dans ces espaces»; n'en pas tenir compte amène à ne rien comprendre de ce qui se passe.

La montée du nazisme et du fascisme et l'évolution de la guerre en Espagne secouent «l'intelligentsia» française, dont les psychiatres, surtout les plus jeunes, nommément ceux de ce qu'on appelle la génération de l'Internat de 1936 (L. Bonnafé, H. Ey, Sivadon, Daumézon, Le Guillant et d'autres); beaucoup d'eux, comme Tosquelles d'ailleurs, lisaient attentivement Marx, Engels et Lénine; ainsi que l'œuvre du jeune Politzer assassiné pendant l'occupation; spécifiquement leur épistémologie d'une Psychologie concrète par l'opposition à la Psychologie idéaliste régnante. À la même époque, Moreno, réfugié aux E. U. poursuivait ses expériences de groupe et d'analyse «sociométrique». En Espagne, pendant la Guerre Civile (qui comme la Seconde guerre mondiale s'inscrivait dans la lute antifasciste), F. Tosquelles, psychiatre et psychanalyste, militant de gauche et marxiste, s'engagea vite dans l'armée de la République; il développe ainsi une intense activité psychiatrique sur le front d'Aragon avant 38 et puis, en 38-39, chef des services psychiatriques de l'Armée aux front du Sud, il y organise «les Services mobiles de secteur» et crée la communauté thérapeutique d'Almover del Campo. Lorsqu'il put échapper au piège franquiste, il gagna la France (le 1er septembre 1939) et il fut «interné» au camp de concentration de Sept-Fonds, près de Toulouse. Cela a été pour lui l'occasion d'instaurer un service de psychiatrie «au bord» de ce camp de concentration, puisque comme il aime le dire «on peut faire une psychiatrie valable n'importe où, à condition de savoir à peu près en quoi cela consiste». Depuis janvier 1940, par connaissances, démarches et invitations de confrères et amis français, il sort du camp et est accueilli à l'Hôpital de Saint-Alban en Lozère, alors dirigé par Paul Balvet. À ce «champ opératoire» arriveront après la «débandade de 40», refuge et nécessité de l'organisation de la Résistance, un certain nombre d'intellectuels, de médecins et d'hommes de lettres et parmi eux, L. Bonnafé et Paul Eluard; les rapports de l'Hôpital de Saint-Alban avec le maquis de la Résistance sont d'ailleurs bien connus.

Il s'agit donc d'évènements et de conditions exceptionnelles, grâce auxquelles il fut possible de mettre en place un dispositif psychiatrique où l'expérience de Tosquelles pouvait opérer et se montrer opératoire. La projection et la diffusion de cette expérience feront tache d'huile, surtout après la guerre.

Après ces quelques notes jugées nécessaires, reprenons le mouvement de «l'effervescence» en question. Tout commença par l'expérience de Tosquelles, Chaurand et Balvet des années 40-41 qui a été le support de la communication de Balvet au Congrès de Montpellier en 1942 dont on a déjà parlé. C'est sur cet appel que Daumézon et la plus part des ex-internes de St. Anne de la génération de 1936 firent converger leurs efforts personnels. Parmi ces efforts l'apport pratique et théorique de Daumézon (rappelons son expérience de Fleury-les-Aubrais) a été souvent le plus actif et efficace. On parlait de structurer «par dedans» les services hospitaliers de façon à permettre «une clinique d'activités» (Daumézon) ou encore de permettre «l'organisation thérapeutique de la vie sociale à l'hôpital», fondée sur la psychothérapie de groupe (Bernard). À cette époque, plus au moins tous les promoteurs du mouvement faisaient appel à la notion de groupe thérapeutique. Ils insistaient toutefois sur l'aspect concret de ces groupes engagés dans une activité pratique — peut-être par opposition aux groupes «imaginaires et artificiels» anglo-saxons dont il était fort question. Bernard insistait d'une part sur les «groupes récréatifs qui sont au moins aussi importants que les premiers». Dublineau se référait aux expériences des «institutions rééducatives pour enfants». Dès lors apparaissait par la bouche de Daumézon un clivage entre, d'une part, ce qui consiste en une attitude médicale d'orientation éducative, éthique, voire culturaliste, et d'autre part, une attitude médicale orientée par des notions analytiques et socio--dynamiques, mettant à profit la spontanéité et la créativité des groupes. Daumézon dira encore plus tard, à l'École de Santé Publique, s'adressant aux psychiatres: «Quant à la part plus spécialement psychothérapique ou simplement psychologique de notre métier, il convient d'annexer à la vieille clinique — et, si j'étais parfaitement sincère, je dirais sans doute de substituer à celle-ci — une clinique d'activités. Il ne s'agit plus de rechercher des signes d'aliénation, il s'agit essentiellement d'étudier de façon dynamique, au cours des comportements ayant eux-mêmes un dynamisme curateur en premier le comportement des sujets confiés à nos soins». Il ne s'agissait pas de détourner et de tarir artificiellement — par la culture d'une adaptation normative idéale — la source du dynamisme des comportements individuels et collectifs. Les groupes thérapeutiques, disait-on à l'époque, à l'exception des activités théâtrales doivent être «la vie elle-même et non pas devenir une vie factice et trop apparemment imposée» (Bernard).

Sivadon insistait d'emblée sur «la neutralité affective» du médecin ou du moniteur du groupe, et sur la faible densité indispensable à ces groupes thérapeutiques, ainsi que sur leur constance. La neutralité affective n'était pas, pour lui, contradictoire avec le besoin objectif d'une «organisation» a priori du groupe. Cette même idée d'organisation des groupes, on la retrouve chez Bernard, lorsqu'il propose des «plans de vie» et une succession de «programmes» à fournir aux malades (un vrai «régime» de participation à divers groupes); ce qui rappel les programmes style Klapmann et ses collaborateurs. Ainsi, n'importe quelle activité de groupe, même celles qui sont centrées sur le travail, viennent s'insérer dans un plan général. Pour lui, d'ailleurs, conformément à ce que la pratique des groupes expérimentaux nous a appris, la tâche du groupe, pour concrète qu'elle soit, n'est pas le but véritable du groupe. Le but étant celui de créer une communauté, d'y participer, d'y trouver sa place, bref de «retrouver ensemble le sens social» (Bernard). Ce qui ne veut pas dire que ce qu'on fait concrètement dans le groupe ne soit pas indispensable à l'évolution du groupe.

En ce qui concerne l'expérience de Bernard, qui va coïncider par beaucoup de points avec celle de Tosquelles à Saint-Alban, il ne s'agissait pas de «rééducation par introspection» comme dans les «groupes therapy»; on ne pouvait pas confier la «guérison» à une tâche rééducative qui serait consécutive au fait de se connaître soi-même par l'action concomitante d'une reconnaissance intellectuelle de chacun des partenaires du groupe; il semblait préférable de «faire vivre le programme thérapeutique aux malades en le rendant conscient au groupe». Il fallait donc faire «vivre», dans l'hôpital, les malades inscrits d'une façon ordonnée dans des petits groupes différents, réalisant une vraie «pluralité de genres d'activités». L'activité «ergothérapique» ne prenait son sens et sa valeur de «figure» que de sa participation au «fond» constitué par l'ensemble des activités du champ institutionnel, même si, comme Sivadon s'y efforce, on essaye de différencier les caractéristiques des équipes de travail et celles de la matière à travailler, de façon à ce que ces aspects de l'activité collent à la dynamique propre à l'évolution du malade. On dépasse ainsi la simple classification des capacités de travail, conçue comme une possibilité statique définie par les catégories de la sémiologie et de la nosographie classiques, comme c'était le cas chez H. Simon et aussi au Portugal, avec Barahona Fernandes à l'Hôpital Júlio de Matos. Par contre pendant que Barahona Fernandes et Seabra Diniz écrivaient que les malades ne devraient toucher aucune rémunération («parce qu'ils travaillent pour se guérir»), Tosquelles, Bonnafé et Chaurand s'attachaient à montrer qu'à travers le travail, les malades, non seulement pouvaient investir à l'intérieur du groupe et de la matière travaillée, quelque chose d'eux-mêmes, mais que, l'objet fabriqué, par sa portée sociale, ouvrait le groupe vers l'extérieur. Ainsi se tissent des relations chaque fois plus complexes qui contribuent à la structuration de la «gestalt du monde et du moi» (Sivadon). C'est pourquoi ils insistaient sur l'utilisation thérapeutique du rendement et surtout de la rémunération. Par l'accent mis sur la rémunération et les problèmes créés par la manipulation de l'argent et sur les liens vécus par les malades dans les divers groupes, se concrétisent ainsi les «programmes de vie» de Bernard et Daumézon. De toute façon, il faut dire que le développement théorico-pratique de cette communication (à la Séance de la Société Médico-Psychologique) n'a mis pied dans le concret que bien des années plus tard, avec les études de Colmin, Ayme et Racine.[226] Comme le dit Tosquelles «les problèmes de l'argent, on le sait, sont tabou dans notre société — chacun y sacrifie son ambivalence, le plus souvent par la dénégation névrotique ou par la méconnaissance délirante». Ainsi les administrateurs et les médecins, fonctionnaires de l'État, opèrent «une véritable dénégation des phénomènes économiques et financiers qui, cependant, constituent un des systèmes d'échanges essentielles dans le champ social total».

C'était pourquoi Bonnafé, Chaurand et Tosquelles dans la même communication faisaient état de la pratique saint-albanaise qui utilisait la «Société d'Hygiène Mental du Centre» (institution de solidarité sociale à but non lucratif) pour coordonner (et assurer la responsabilité juridique) «toute vie économique et financière des *coopératives de travail* et de l'ensemble de la vie sociale des malades de l'hôpital». La fonction thérapeutique de la rémunération et de la manipulation de l'argent par les malades n'a été reconnue officiellement que bien plus tard par la circulaire de février 1958. Mais, au Portugal, très peu de psychiatres ont pu saisir la portée thérapeutique de la manipulation de l'argent par les malades qui ainsi avaient la possibilité de s'inscrirent dans les circuits d'échanges totaux.

Dans le cadre de référence aux «effervescences» de cette première décade, il faut encore souligner l'importance donnée à deux types d'activités: des cercles de malades — ou clubs — et des activités théâtrales. Sivadon et Paul Bernard, instruits par d'anciennes traditions de la Psychiatrie française, avaient, indépendamment de l'expérience saint-albanaise, décrit en 1947 leur pratique des «cercles de malades» parmi l'ensemble d'activités de groupe mises sur pied dans leur services; Sivadon constatait dès lors le besoin de réserver dans l'hôpital un secteur où l'organisation des activités était confiée au malades eux-mêmes. P. Bernard constatait qu'en dehors de l'utilisation des groupes de discussion du «cercle» nécessaire à l'organisation et au développement des activités récréatives et des tâches qui leurs étaient confiées, l'existence du «cercle» lui-même avait une heureuse influence sur l'ensemble des malades hospitalisés même lorsque certains malades ne prenaient pas part à ces activités. Cependant, c'est bien des années plus tard que la portée pratique et théorique des «cercles de malades» ou des «Clubs thérapeutiques» a été mise en évidence avec les travaux de Millon, Teulier et Fargot, Gentis et surtout ceux d'Oury et Ayme.

Plus prés des préoccupations et des activités du groupe d'études français de sociométrie (Ancelin Suchtenberger et F.Tosquelles), on retrouve aussi dans les travaux de Sivadon et de P. Bernard, comme dans les activités de Saint-Alban, la mise en place, dès les débuts de la pratique de transformation des hôpitaux psychiatriques, des techniques théâtrales de référence morénienne. Bernard pensait toutefois que les jeux d'expression dramatique et les techniques de Jacques Copeau étaient peut-être plus efficaces que les techniques de Moreno. Ceci, avec la connaissance de la pratique traditionnelle des activités dramatiques scouts — des tréteaux des troupes baladeuses de la commedia dell'arte — amènent toutefois Bernard à mettre l'accent à la fois sur la spontanéité de l'expression et le besoin de porter le «jeu dramatique» dans les cours des quartiers et des salles d'alitement. Cette technique a encore chez Bernard un autre

---

[226] cf. bibliographie.

but thérapeutique bien précis: celui de «faire vivre concrètement les liens» (rappelons une fois de plus la référence à Politzer) qui existent entre les divers groupes et secteurs de l'hôpital, puisqu'on sait comme les liens sont scotomisés à la fois par la position de retrait social des malades et l'organisation cloisonnée, «quartierisée» des hôpitaux; la révélation et la reconnaissance de ces liens joueraient un double rôle thérapeutique d'un seul tenant: *aussi bien au niveau de chaque malade qu'au niveau du champ institutionnel.* À Saint-Alban, Tosquelles abordait la pratique régulière de la «séance théâtrale» devant le nombreux public réuni à la «salle commune» (club) et ceci dans le cadre des techniques moréniennes; ainsi, on élaborait devant tout le monde le thème de la représentation, peu à peu – sur place – avec l'apport et l'appel des spectateurs qui se transformaient en acteurs. Par ailleurs divers techniques théâtrales d'inspiration morénienne ont été utilisées dans les services de Ville-Evrard par Sivadon, Follin, Ridoux, Chaigneau, Angelergues, Oulés, Koëchlin, Joueux et collaborateurs (voire la thèse de Ridoux, 1950 et de Scheerr-Lyon, 1951). Ce climat de recherche et d'expériences aboutit à la «réunion d'études sur le psychodrame» à l'hôpital Henri Rousselle (1949) où ont été posés un certain nombre de problèmes, à savoir la délimitation des indications du psychodrame et surtout celui de ses fondements et de ses buts.

Ainsi nous voyons comment dès le début de ce mouvement, le Psychodrame cherchait sa place dans l'ensemble des pratiques de thérapeutiques collectives ou de thérapeutiques de groupe dans les hôpitaux psychiatriques. En 1966, au Congrès de Psychothérapie de Groupe et Psychodrame à Barcelone, Mme Germaine T. Bonal souligna la place et la valeur du Psychodrame dans la formation professionnelle des soignants…

C'est le moment de parler de la conscience que, dès le début du mouvement, leurs principaux acteurs, Daumézon, Bernard, Sivadon, Bonnafé, Balvet et Tosquelles ont eu sur l'indispensable évolution des tâches et des responsabilités confiées au «personnel auxiliaire». De cette conscience et des efforts qui en naquirent, résulterait l'institutionnalisation du diplôme d'infirmier psychiatrique et la création par le Docteur Daumézon et Mme Le Guillant – Le Hénaf des stages des C.E.M.E.A.[227] où un grand nombre d'infirmiers, au long des décades, a bénéficié d'une organisation de formation professionnelle permanente très vivante.

Dès cette époque on peu constater que les médecins les plus engagés dans cette révolution psychiatrique se sont aperçus par leur propre praxis qu'il ne suffirait pas de demander seulement un personnel possédant un niveau culturel élevé, mais qu'il fallait encore travailler avec eux à partir d'une «situation de groupe» dans laquelle les rapports d'alignement hiérarchique étaient transformés.

Ainsi sont nés, sous diverses formes, des «réunions du personnel» (Follin, Bonnafé), des «réunions de pavillon» (Daumézon), des «comités techniques de quartiers» (Bellay), des «réunions d'équipe» (Balvet), etc.

Avant de finir cette première partie de notre exposé, il nous faut rappeler deux faits concrets grâce auxquels le mouvement a progressé: le premier rassemblement international de psychiatres à Paris en 1950 grâce à la grande activité de Henri Ey

---

[227] Centres d'Entraînement aux Méthodes d'Education Active.

(Congrès International de Psychiatrie) où dans les publications du Congrès (n° 3 et n° 7) Tosquelles rapporte quelques faits précis sur «l'organisation matérielle de l'hôpital et son but thérapeutique» et surtout sur «la psychothérapie de groupe dans l'hôpital psychiatrique», mais aussi la création en 1947, à Clermont-Ferrand, sur l'initiative de P. Doussinet de la première société régionale Croix-Marine qui dès le début a joué un grand rôle dans la propagation et la mise en place d'un certain nombre de faits positifs de thérapeutique institutionnelle et de dynamisation de création d'autres sociétés à structure et buts identiques, lesquelles ont conduit à la bien connue Fédération des Sociétés Croix-Marine et dont les initiatives et la vie peuvent être suivies en lisant la suite des numéros de la «*Revue Pratique de Psychologie de la Vie Sociale et d'Hygiène Mentale*».

Après cette décade d'élan créatif (40-50) va se poursuivre, contrastant avec l'abandon du mouvement par quelques-uns, l'approfondissement de la réflexion critique et théorique par d'autres, toujours articulé à la pratique et à la praxis. Nous en parlerons par la suite. Plusieurs facteurs ont joué dans cette sorte de «dissociation» du groupe dynamique premier du mouvement, dont beaucoup d'interférences d'allure dogmatique et autoritaire de source extérieure au champ psychiatrique. Beaucoup de rationalisations, utilisant des références idéologiques, ont joué dans ces critiques et dans ces abandons: on soulignera l'usage supposé que les américains auraient pu faire des conceptions de la psychothérapie de groupe, la manipulation du personnel de l'industrie; de même il faut rappeler la fascination réductrice des théories pavloviennes, mais, surtout, l'effet même des changements et des déplacements des principaux protagonistes dans les services où les conditions de travail ne pouvaient être les mêmes.

Les critiques les plus réfléchies ont été faites par Le Guillant au Symposium de Bonneval en 1951 dans les numéros 7 et 8 de la «*Raison*». Heureusement, si l'on peut dire, ce n'est pas fini, étant donnés les actuelles conditions de la pratique psychiatrique où «l'extrahospitalier» et l'intervention «intra-communautaire» deviennent dominantes partout.

Revenons aux années 50 pour citer le travail de Daumézon et Köechlin publié dans les «*Anais Portugueses de Psiquiatria*», en décembre 1952 où ils ont essayé de résumer ce que, pour la première fois, ils appellent la «psychothérapie institutionnelle contemporaine».

Dans cet exposé (écrit avant son départ de Fleury-les-Aubrais[228]) Daumézon résume son expérience et sa pensée. Pour commencer, il rappelle son texte de 1947 publié dans l'«*Evolution Psychiatrique*» où il résumait la doctrine générale du mouvement. Il conçoit l'hôpital comme un microcosme, lequel, pour devenir thérapeutique, doit faciliter au malade «l'investissement de ses conflits». A tous les nivaux des activités offertes aux malades, il doit y avoir des «occasions prégnantes d'identification et de transfert». «Pour ce faire il faut diversifier suffisamment les aspects du service et les types de relations partant des activités». Il devra multiplier au maximum les organi-

---

[228] Rappelons que Fleury-les-Aubrais a été le champ d'expérience de Daumézon.

sations et les *structures* (c'est nous qui soulignons le mot structures). C'est à partir de ces investissements que le psychiatre jouera pour obtenir la résolution des conflits des malades par leur «intégration dans la société». Il devra les assumer en lui, en surmontant le déchirement fondamental de cette société, «qui fut un des facteurs déterminants d'aliénation», laquelle est une tentative de solution de conflits sur le plan personnel. Il surmontera cette contradiction en la vivant dans l'hôpital, «en la faisant vivre à ses collaborateurs et à ses malades».

C'est en vue de la mise en pratique d'une telle thérapeutique institutionnelle que Daumézon fait l'analyse sociologique de l'hôpital «pour en pénétrer la structure essentielle». Il analyse ce microcosme divisé «en castes rigoureusement étanches» liées entre elles par des relations «officielles» de subordination, la superstructure de rites qui y fonctionne, les hiérarchies à visée autarcique, etc.

Il se rend compte qu'il ne «sera jamais possible d'éliminer totalement ces diverses structures», mais le but de la psychothérapie collective devra consister essentiellement à faire naître des activités de groupe à la suite de quoi la structure asilaire se trouvera, en quelle sorte, mise entre parenthèses.

Ici Daumézon fait rentrer la notion de «co-action» à la suite de Moreno, de Tosquelles et des méthodes actives de la pédagogie – «l'hôpital fait pour guérir: la tâche, la responsabilité de guérir appartient aux malades autant qu'aux infirmiers ou au médecin». Encore une notion morénienne: «Cette entreprise dépasse le cadre du traitement pris individuellement, il faut que tous traitent l'hôpital, voire les hôpitaux psychiatriques en général.»

Dans ces tâches va jouer toute une série de tensions entre les divers membres du groupe hospitalier, «ce sont ces tensions qu'il conviendra d'expliciter, d'éclairer de manière à les orienter vers la résolution selon les principes généraux exposés plus haut. D'où la fonction des réunions du personnel.»

Par ces considérations on voit bien que Daumézon s'occupe de la préparation du «champ» pour que la tâche thérapeutique puisse s'épanouir; mais dans sa perspective l'efficacité de ces premières actions qui prépare le collectif soignant ont déjà par elles-mêmes une véritable action thérapeutique.

Il examine ensuite «le problème thérapeutique individuel» et il établit un plan schématique pour chaque malade, en signalant trois étapes au cours de la cure:

- L'accrochage: «la première étape est d'intégrer le malade au groupe, de l'intéresser, de le compromettre.»

- Donner une pleine valeur sociale à l'activité du malade: «les tâches prenant un sens dans un groupe déterminé; les responsabilités pouvant être assumées.»

- La période de résolution et de réadaptation sociale.

Ici Daumézon éprouve le besoin de préciser sa pensée et sa délimitation des techniques psychanalytiques. En parlant de la deuxième étape, il signale que les troubles peuvent s'y «manifester d'une façon plus claire». En effet, cette étape de «pseudo – socialisation» constitue le moment crucial pour le malade et pour le médecin, et

Daumézon croit, par opposition à la technique psychanalytique, que la tâche psycho-thérapeutique d'un médecin se développe dans l'activité «réelle et concrète du malade et non point sur le monde du phantasme». Mais cette opposition ne sera pas tranchante, puisque au paragraphe suivant, il rapproche le comportement du médecin à cette étape de la thérapeutique institutionnelle des «réalisations symboliques» de Mme Sechehaye. Signalons seulement que sa conception l'amène à la conclusion pratique suivante à laquelle nous n'aurions pas entièrement souscrite: «Tout doit se passer, en principe, dans le cadre des groupes sociaux de telle sorte, par exemple, qu'aucune interprétation personnelle individuelle ne soit fournie au sujet, mais seulement des interprétations collectives, en particulier, il (le médecin) se gardera des contacts directs avec le malade.» On conçoit, dit-il qu'étant donné la «réalité» très concrète des activités vécues, «une relation médecin-malade trop étroite ne permettrait plus les liquidations nécessaires du transfert et constituerait une réalisation pathologique secondaire eminement dangereuse… Si un transfert psychanalytique peut se liquider, c'est en partie parce qu'il apparaît comme une démarche imaginaire, dans le phantasme. Ici, au contraire, dit-il, les relations médecin-malade, infirmier-malade, malade-maladie, sont des relations réelles et concrètes, aussi prennent-elles une valeur et une solidité beaucoup plus grandes. Surtout réclament-elles des «réalisations» plus totales. Si un médecin n'a pu su les canaliser strictement dans le cadre des buts poursuivis en commun, rien ne permet de les dissoudre ou d'éviter les drames qu'elles postulent alors.»

Il y a, sans doute, beaucoup de vrai dans cette mise en garde sur les difficultés de liquider le transfert, mais ces difficultés restent aussi valables pour les psychothérapies duelles classiques et, contrairement à ce que croit Daumézon, elles ne sont pas moins difficiles à liquider, du seul fait de l'activité concrète des malades et, le cas échéant, du médecin, *que dans la mesure où le médecin et le malade n'auront pas fait l'analyse de ce transfert.* Remarquons, en outre, qu'au passage, Daumézon a formulé cette règle très importante de ne pas donner aux malades des interprétations de caractère individuel. Il ne nous semble pas d'ailleurs sans significations qu'à la suite même de cette formulation de la théorie de la pratique institutionnelle, Daumézon en vienne à dire que «l'instrument essentiel de cette pratique consistera dans des réunions de divers groupes, réunions de pavillons, réunions de personnel, réunions d'ateliers, du comité du journal, etc., dans *lesquelles le médecin joue son rôle psychothérapeutique».* Le souligné est de nous. Nous voudrions seulement dire par là que, malgré l'apparente discordance que nous venons de ponctuer, Daumézon, comme nous, pense donc que l'aboutissant et les instruments médicaux essentiels que l'on trouve au niveau de la réalité hospitalière développée sur le plan de la thérapeutique institutionnelle sont bien les divers types de psychothérapies de groupe.

Nous ne voudrions pas finir ce résumé des opinions de Daumézon sans souligner au passage divers points qu'il signale au cours de l'exposé des «principales réalisations» de la psychothérapie institutionnelle en France:

a) Le problème de l'espace vécue par le malade (et les soignants) et l'«orientation» thérapeutique des espaces. C'est un problème qui a été étudié par Fernandez Zoila à Paris, et Gentis et Poncin à Saint-Alban, et que Oury étudie depuis une trentaine d'années. Il semble essentiel, dans l'étude structurale de la psychothérapie institutionnelle, autant lorsque son champ est hospitalier que lorsqu'il est extra-hospitalier, dans l'intra-communautaire du secteur et à plus forte raison, dans l'articulation complémentaire thérapeutique de l'un et l'autre.

b) «Les problèmes de la rémunération du travail et de la circulation de l'argent». Voir à ce sujet, d'une part les travaux de Le Guillant qui les envisage en tant que modèle culturel normal et comme besoin social concret; d'autre part, dans le sens d'une véritable thérapeutique institutionnelle, il faut se référer aux travaux d'Ayme, Colmin et Racine. La table ronde organisée à Saint-Alban (1961) sur ces problèmes a apporté aussi d'utiles éclairages. Voire sur ce thème la bibliographie.

c) «Le besoin thérapeutique de réaliser les activités sociales et le travail thérapeutique en *dehors du cadre administratif classique...*»

Un peu partout, tous les protagonistes des effervescences transformatrices, dont nous avons parlé, se sont heurtés à des difficultés imposées par le système et la rigidité de la machine administrative publique. Ils se sont rapidement aperçus qu'il fallait créer des structures rendant possibles les échanges économiques, sociaux et relationnels en syntonie avec la socioculture originelle des malades et par là les utiliser de façon thérapeutique; ce que la «tutelle» globalement assujettissante de l'administration des hôpitaux psychiatriques ne permettait pas. Ceci a abouti à la création «pré-légale» et parfois illégale de quelques sociétés ou «amicales de malades» dans les services de Sivadon et Le Guillant à Paris, d'Uberschlag à Lannmezan, de Perret à Toulouse, d'Oulés à Vauclaire, de Belay à Montperrin, d'Ey à Bonneval et d'autre part à l'aboutissement de la continuité et la persévérance du Club Paul Balvet de Saint-Alban. Finalement, la pression des Sociétés Croix-Marine (sociétés privées d'aide aux malades et handicapés psychiques, à but non lucratif – loi 1901) vont à la fin adopter la création et le fonctionnement des «comités hospitaliers» qui assurent l'autonomie thérapeutique indispensable à ces projets et tendent à coordonner cet effort sur le plan national.

Les «Clubs thérapeutiques» sont un sujet qui a donné et continue à donner lieu à beaucoup de recherches: les rapports des Assemblées Croix-Marine (Tosquelles 1954; Ayme 1957; Oury 1959); les thèses d'Azoulay (Université d'Alger, 1954), de Teulié («*Réflexions sur une Institution Psychothérapique: le Club Paul Balvet de Saint-Alban*» – *Toulouse 1954*), de Théallet (Bordeaux 1952), de Segui («*Notion d'ambiance psychothérapique à l'hôpital psychiatrique*» – *Toulouse 1955*), de Rappart («*Les clubs psychothérapiques*» – *Bordeaux 1955*) et encore les travaux de Sivadon, Follin, Tourneau – «*Les Clubs Socio-thérapeutiques à l'Hôpital Psychiatrique*», A.M.P. 1952; Million, Fargeot et Teulié – «*Club Paul Balvet de Saint-Alban*».

Plus récemment: «*Clubs Thérapeutiques – Club Paul Balvet*» – *Bráulio de Sousa, 1965 (arquivo de ext. Instituto de Assistência Psiquiátrica*); du même auteur et collaborateurs: «*Clubes terapêuticos: um conceito, uma experiência*» – *communication in Congresso Luso--Espanhol de Psiquiatria e Psicopatologia Social – Mérida 1983*).

Nous nous sommes un peu appesantis à résumer le travail de Daumézon et Koëchlin de 1952. Cela se justifie parce qu'ils ont résumé les principaux faits d'expérience et ont posé les problèmes pertinents. D'autre part cette réflexion de Daumézon se situe dans un temps où beaucoup de gens abandonnaient le mouvement pour des motifs divers que nous avons déjà cités.

Mais le mouvement va se poursuivre en France et à l'étranger, tout au moins dans certains de ses aspects. Ainsi, dans presque aucun service psychiatrique on ne peut ignorer l'importance et la nécessité des réunions du personnel; toutefois l'investissement des collectifs soignants dans les pratiques de la psychothérapie institutionnelle est très variable d'un service à l'autre. De toute façon il y a eu trois chemins entre-croisés que le mouvement a poursuivis: celui de la formation du personnel par les stages des CEMEA, auxquels Daumézon a donné son appui jusqu'à sa mort (1976); la toujours vivace et épanouissante action des Sociétés Croix-Marine tournée vers les expériences et les réalisations pratiques dans le champ de la création d'équipements et d'actions intermédiaires diversifiés, souples et adaptés aux besoins concrets; l'effort de recherche pratique et théorique pertinente développé à partir de Saint-Alban, de la Clinique de la Borde et du Clos du Nid. Nous devons en effet souligner l'importance du groupe de La Borde animé par J. Oury. Soulignons d'abord que Tosquelles, Fanon, Gentis, Racine et d'autres qui, en ce temps-là, travaillaient à Saint-Alban, mais aussi Oury et ses collaborateurs travaillant à La Borde, étaient des gens qui travaillaient à plein-temps dans les établissements. Ils habitaient même dans le service, ce qui ne semble pas tellement sans importance quant on veut saisir quelque chose de leur désir et comprendre la pertinence et la fécondité de ces démarches, dans les recherches pratiques et théoriques engagées.

Disons qu'en dehors des initiatives et des actions pratiques de tous les jours élaborées à partir d'une analyse permanente de la phénoménologie et de la structure dynamique des liens institutionnels, ils vont se pencher sur des problèmes au seuil desquels certains s'étaient arrêtés et d'autres s'étaient enfuis, non sans des rationalisations plus au moins séductrices. Il s'agit de l'analyse des aléas du désir et du champ sociologique dont l'esquisse avait été clairement posée par Daumézon dans l'article cité plus haut. Disons encore que les délimitations méthodologiques des questions à étudier et les réflexions théoriques entraînées par des expériences souvent alors très différentes étaient élaborées dans des réunions régulières de week-end où le sous-groupe de Saint-Alban et celui de La Borde se rencontraient ensemble et auxquelles Ayme, Torrubia, Rothberg et d'autres participaient aussi.

Voyons, un peu pêle-mêle, quelque-uns des problèmes abordés:

• Le problème de l'entourage immédiat du malade: c'est une problématique sur laquelle Oury réfléchit et écrit depuis une trentaine d'années. Dans sa communication au 2ème Congrès International de Psychothérapie de Groupe de 1957 à Zurich, il apportait déjà des réflexions dont la portée théorique et pratique menait loin. Partant d'une constatation consensuelle sur «la fonction structurante que l'entourage a dans l'édification du syndrome psychiatrique (ce qui amène à l'exigence d'une prise de conscience technique du milieu où les soins psychiatriques s'articulent)» il ajoutait: «cela permet de dévoiler progressivement l'articulation dialectique de l'aliénation plus transcendantale de la folie, avec ce type d'aliénation sociale... C'est ainsi que toute psychothérapie (individuelle, de groupe ou biologique) *peut être située d'une façon cohérente».* Comme dit Tosquelles, se référant à ce très important travail de Oury: «ce n'est plus l'opposition absolue, ni le «moulage» passif, forcé ou hasardeux entre milieu psychiatrique interrelationnel et folie, que nous devons avoir en vue dans nos analyses et nos agissements. Il s'agit d'une véritable *articulation*, dans laquelle il sera possible de délimiter la forme de l'action médicale et de la place du médecin, en même temps qu'on définit les systèmes de forces agissant dans chaque «article» sur les surfaces d'application». Et Oury ajoute dans sa communication: «par une technique du milieu, le médecin arrive à éclairer des zones de la personnalité de chacun qui serait restées à tout jamais dans l'ombre». Puis il cerne cette technique en disant qu'elle «tend à créer des systèmes de *médiation* (comme dans l'articulation du genou, les ménisques) contrôlées médicalement entre l'ensemble du personnel et l'ensemble des malades» (à l'hôpital). Cette mise en lumière de «la dialectique soignants-soignés instaure un ordre particulier qui bouleverse les structures anciennes, et donne sa signification à tout système médiatif que l'on cherche à créer». C'est encore au congrès de Zurich et l'année suivante au congrès de Barcelone — il y reviendra aussi au congrès de 1966 — qu'il aborde la question de l'analyse du groupe des soignants qu'il définit comme «un groupe hétérogène où l'on peut distinguer: les «Nous» plus au moins solides en rapport avec des constellations plus au moins stables, plus au moins changeantes». Dès lors la fonction du médecin est, à ce sujet, de «constituer culturellement ce groupe hétérogène afin qu'il soit efficace dans le sens de la désaliénation et qu'il s'articule thérapeutiquement avec le groupe hétérogène des malades». Ce qui ne se fera pas par «des cours ni en faisant des rapports, mais surtout en pratiquant l'apprentissage de l'approche sympathique de l'Autre». Ainsi il fournit un éclairage nouveau aux réunions de soignants où on peut analyser et faire évoluer «des structures de forclusion qui se créent dans le réseau signifiant (que le milieu constitue) et sur les types d'acting-out néfastes qui se manifestent, et, finalement, surtout, sur la façon pratique de transformer ces acting-out en acting-in utilisables»; comme dans la topologie de forces qui sont mises en jeu dans les groupes thérapeutiques il est possible de concevoir alors l'articulation du «signifiant-symbolique» avec «le signifiant-imaginaire» (que Lacan a introduit) sur le plan quotidien de «l'évènement éclos dans la vie hospitalière» (Tosquelles) — ou comme dit Oury: «un évènement individuel apparaît alors pris dans une chaîne de causalité, dont l'entrecroisement avec d'autres chaînes constitue la trame de la vie quotidienne. Le réseau du signifié est celui qui entretient l'instance imaginaire des différentes personnes qui composent le groupe: c'est lui qu'il faut étudier pour comprendre les phénomènes de contagion hystériforme, de répétition en miroir dans certaines situations; il constitue le pôle de l'aliénation sociale le plus proche de l'individu. L'élaboration topologique de ce réseau peut se faire par une étude compilatrice des diverses situations et permet de fournir les bases d'une stratégie psychothérapeutique de l'ensemble du groupe»; encore: «on pourra intervenir dans le milieu, tendant à déstructurer certaines constellations pathologiques se structurant fatalement entre malades et personnel et qui tendent à figer et à bloquer tout le système des échanges qui faisait que le milieu était désaliénant». Il est clair que de telles «constellations pathologiques» ne se structurent pas fatalement et exclusivement «entre malades et personnel». Gentis, dans son étude sur *«Psychothérapie individuelle et phénomènes de groupe dans une institution hospitalière*[229] expose des faits d'une expérience concrète vécue dans son travail à Saint-Alban et il met en lumière la complexité dialectique d'effets, au niveau non seulement de ce que Poncin conceptualisera comme «situèmes», mais aussi au niveau des interrelations des ensembles et de sous-ensembles interagissant dans le champ institutionnel hospitalier. Dans la même ligne de préoccupations, Tosquelles dans un travail où il nous donne à voir l'extrême richesse de son expérience de clinicien institutionnel et de groupe, y compris celle de sémiologue *(«Note sur la séméiologie de groupe» – Bulletin T.P.S., Hôpital Saint-Alban, Fasc. B)* dédie tout un chapitre aux «groupes spontanés, parmi les malades du service» réactifs à des choix préférentiels des médecins, ce que recouvrent des phénomènes superposables à ceux qu'Oury décrit dans un exemple concret rapporté par lui au Congrès de Barcelone et qui concernait les effets de l'analyse individuelle d'un de ses collaborateurs sur le champ institutionnel de la Clinique de La Borde. Dans le même cadre d'analyse phénoménologique et institutionnelle se situe la communication de Gentis sur *«Psychothérapies individuelles dans un service hospitalier»*, celle de Barthez, Bráulio de Sousa, Sadoul et Sim-Sim, sur les *«Incidences de la thérapeutique biologique dans la psychothérapie institutionnelle»* et aussi celle de Bráulio de Sousa sur *«Recherche psychopharmacologique et champ de psychothérapie institutionnelle»* rapportées et discutées au IIᵉ Congrès International de Psychodrame, Dynamique de Groupes et Psychothérapie de Groupe, Barcelone, 1966 (Voir *Psychothérapie Institutionnelle nº5*).

À ces faits d'expérience rapportés beaucoup d'autres pourraient être cités: comme celui de H. Chaigneau *«Sur les interrelations des malades psychotiques entre-eux, au cours de l'hospitalisation, et son utilisation dans une perspective sociothérapeutique»*. On y décrit leur complexité phénoménologique, dont «la connaissance approfondi dans le champ total institutionnel et son dynamisme, est indispensable pour toute manipulation thérapeutique de l'institution» (Tosquelles). Et c'est encore à ce propos qu'Oury dit à Barcelone que «l'analyse systématique de tels phénomènes (certaines constellations pathologiques qui figent et bloquent les systèmes d'échanges) nécessite une intervention rapide et souvent brutale»; ce qui n'a rien à voir avec «l'idéalisme actif ou normatif de certains, ni même avec les interventions de certains psychanalystes de l'École de Chicago; pas plus qu'avec une impatience réactive contrastant avec la passivité classiquement proposée». Les interventions dont Oury fait état ne sont pas des acting-in du psychiatre de structure maniacoïde, devant la dépression consécutive à la lenteur des bouleversements attendus. Il faut y voir plutôt le «dépassement de ce qu'il peut y avoir de défenses contre-transferentielles dans la passivité imposée à soi-même par certains psychiatres qui ont peur de se compromettre, peur de prendre position, voir peur de ne pas pouvoir maîtriser leur désir de domination» (Tosquelles).

C'est donc par une intervention active dans le collectif et par l'institution elle-même» qu'Oury procède à la «destructruration de ces types de constellations pathologiques qui sont des véritables faits de «résistance» dans le sens analytique du mot. Il faut alors savoir décider si l'intervention doit être strictement psychanalytique, ou «situationnelle»; souvent même un simple conseil technique — parfois même, une intervention

---

[229] Bulletin Technique du Personnel Soignant – Hôpital de Saint-Alban. Fasc. A.

sur une personne peut résoudre toute une situation complexe si cette personne est le point nodal d'un vaste système et réseau».

Par ces transcriptions un peu longues nous avons voulu mettre en évidence toute la portée théorique et pratique du concept d'»entourage» tel que Tosquelles et Oury l'ont envisagé et l'envisagent encore. Du même coup nous avons touché la question des bouleversements et des remaniements survenus dans les «homéostasies» de l'entourage (à valeur thérapeutique ou pathogène — question de science et d'art du psychothérapeute) par la présence et les modes d'intervention du désir du psychiatre, citant à ce propos les travaux d'Oury, de Gentis et de Bráulio de Sousa — on pourrait en citer d'autres, parmi lesquels ceux du premier jour de travaux sur *les techniques d'activation des collectivités psychiatriques»* au Congrès de Barcelone, 1966 (*Revue de Psychothérapie Institutionnelle n° 5*).

Les animateurs de ce mouvement de recherche se sont alors posé, de façon plus prégnante, deux types de problèmes à interférence réciproque: d'un côté la recherche et l'utilisation opératoire de modèles d'analyse du champ institutionnel et de l'«entourage» qui y vit, de l'autre, ceux qui surgissent de la réélaboration des concepts-outils dans la praxis psychothérapeutique de tous les jours.

Sur les premiers problèmes, pour tous les membres du groupe, il semble qu'un certain accord tacite sur le premier modèle marxiste d'analyse des échanges était considéré comme indispensable — indispensable mais non suffisant (les travaux de Tosquelles, Oury, Ayme et d'autres sur les Clubs thérapeutiques et ceux de Y. Racine sur *«Les échanges matériels affectifs dans le travail thérapeutique»* et *«Techniques Institutionnelles: la banque des malades»* le montre assez bien). Avec Poncin, qui a apporté avec lui à Saint-Alban sa formation de linguiste-structuraliste, le groupe saint-albanais (Poncin, Gentis, Racine et Tosquelles) essaient l'utilisation des modèles d'analyse linguistique à l'analyse du champ institutionnel et dégagent l'importance du concept de «situème» — C'est sur ce sujet que Poncin présente sa thèse de doctorat en médecine qu'il publie (*Bulletin Technique du Personnel Soignant - Hôpital de Saint-Alban - Fasc. B 1961*) le travail: *«Essai d'application des modèles linguistiques à la thérapeutique institutionnelle»*. Cette référence à la Linguistique Structurale et aussi aux travaux de Mauss et de Lévi-Strauss va devenir utile à Ginette Michaud dans l'élaboration de sa thèse sur *«La notion d'institution dans ses rapports avec la théorie moderne des groupes»* (1958). Tosquelles, à propos de rééducation thérapeutique, articulait avec art les concepts de l'analyse linguistique et ceux de Lacan dans le fameux livre: *«Structure et Rééducation Thérapeutique - aspects pratiques»* - Ed. Universitaires. 1967.

Oury, pour sa part, ne laissera jamais d'utiliser les concepts élaborés par la Sémiotique et la Sémantique Structurale dans ses travaux d'analyse de l'«entourage». Et nous-même à propos d'une recherche citée plus haut tente l'application de l'Algèbre de Boole à l'analyse dialectique du champ institutionnel, articulant à ce modèle le modèle d'analyse freudien, lequel était devenu intrinsèque à la pratique journalière de la psychothérapie institutionnelle depuis une dizaine d'années.

L'autre versant de la recherche, comme nous l'avons dit tout à l'heure, a été l'élaboration, le choix et l'expérience pratique de concepts-outils dans la clinique psychothérapeutique ayant lieu dans le champ institutionnel. Comme toujours, c'est Tosquelles et Oury qui ont contribué à cette élaboration avec les apports les plus féconds sans qu'on oublie par ailleurs ceux de Y. Racine et d'autres. Il faut dire que cette élaboration a eu lieu depuis 1960 dans le cadre de l'activité du G.T.P.S.I. (Groupe de Travail de Psychologie et de Sociologie Institutionnelle, plus tard Groupe de Psychothérapie Institutionnelle) qui dès le début partait de claires options psychanalytiques et socio-économiques (ainsi le dit Oury). Le groupe se penche, pendant plus d'une dizaine d'années, sur des thèmes tels que le «transfert et le contre-transfert en psychothérapie institutionnelle»; «l'établissement psychiatrique comme ensemble signifiant» (1961); «fantasmatisation des réunions des thérapeutes par les malades d'une institution»; (1962); «phallus et institution» (1963); «le concept de production dans le collectif psychiatrique» (1964); «notion de superstructure en institution» (1965); «sur-moi et institution». «L'ici-et-maintenant et la notion de lieu dans la psychothérapie institutionnelle» deviennent un thème constant dans la réflexion d'Oury; celui d'«analyseur» l'a été aussi pour Torrubia; Tosquelles et Y. Racine se penchent particulièrement sur le «maternage thérapeutique». Pendant tous ce temps, grâce aux apports d'Oury, le groupe essaie aussi l'articulation à la psychothérapie institutionnelle des concepts et des formulations de Lacan, telles que la distinction entre «symbolique», «réel» et «imaginaire» et ceux de «privation», «frustration» et «castration»; les formulations du concept d'«inconscient», du «A» du «a»; les distinctions entre «demande» et «désir», etc.

Il nous est impossible de donner ici une analyse, même très sommaire, de tout ce travail élaboratif, mais les intéressés trouveront à la fin de cet exposé une bibliographie utile à laquelle ils pourront se référer. Pour le moment (et c'est exprès que nous le faisons seulement maintenant) nous toucherons au concept d'«institution» tel qu'il est conçu par les chercheurs de ce mouvement. Il nous semble utile de faire référence à l'importante thèse de G. Michaud sur «*La notion d'Institution dans ses rapports avec la théorie moderne des groupes» (Université de Paris, 1958).* Dans son travail, G. Michaud, s'appuyant sur les travaux de Durkheim, Mauss, Hauriou, Lévi-Strauss et Gurvitch, et après avoir fait référence «à la majorité des sociologues américains qui usent et abusent du terme institution avec une profusion et un manque de clarté frappants, et aussi à l'identification (souvent inconsciente) «entre institution et ordre» opposant ainsi la «sociologie de l'ordre à la sociologie du progrès», tente la réhabilitation du concept dans une approche fonctionnelle dans la suite de G. Deleuze et la définit «comme moyen d'assurer une fonction de communication aboutissant à un échange, comme garante de la possibilité permanente pour un individu d'en référer au groupe en tant que celui-ci le représente, comme il représente tous les autres membres avec lesquels il faut communiquer par son intermédiaire», ou: «l'institution est une structure *élaborée* (c'est nous qui soulignons) par la collectivité tendant à maintenir son existence en assurant le fonctionnement d'un échange social de quelque nature qu'il soit». Mais sans oublier pour autant qu'on «observe parfois que l'institution n'assure pas le fonctionnement d'échange et même le bloque… en effet, le groupe lorsqu'il crée une institution se trouve dans le moment en accord avec elle, mais le groupe évolue se modifie, la demande change; si aucun pouvoir ne s'y oppose, il peut modifier ses institutions sinon celles-ci risqueront de ne plus assurer leur fonction et de devenir aliénants pour le groupe d'autant plus que celui-ci en a rarement conscience».

C'est ainsi qu'elle analyse avec le complexe d'Oedipe et la loi de l'exogamie, la loi d'échange, et par la suite le milieu institutionnalisé de la clinique La Borde et plus particulièrement l'articulation institutionnelle «Club» de la même clinique. Dans la deuxième partie elle étudie la «demande du groupe en tant que phénomène de culture», «la notion de communication», «les plans d'échanges», «la médiation institutionnelle». Avec les faits qu'elle analyse à l'appui, elle essaie de montrer que pour que «la société (le groupe) progresse, il faut qu'elle échange, biens, techniques, idées»; l'institution-langage, par l'échange de paroles, permettra d'instituer d'autres moyens d'échange, moyens d'assurer la transmission des biens, techniques, idées; ou: «lorsqu'on voudra analyser la structure d'une société ou d'un groupe ayant une existence historique, il faudra étudier la modalité des échanges économiques, idéologiques, sexuels». Tosquelles, à sa façon imagée de penser et de le dire le dit encore aujourd'hui aussi: «pour moi, une institution n'est pas fatalement un hôpital psychiatrique ou un service semblable: une Institution est un espace *vivant* de par les échanges et les rencontres — qui se déroulent avec une certaine régularité — sur le même terrain»; et il continue: «pour moi, le modèle de base, a surgit plutôt des *foires traditionnelles des villages*, avec leurs contextes de fêtes et d'enjeux économiques, politiques, voire sexuels; en fait s'il y a lieu d'envisager le rôle de ces institutions dans le développement des hommes — et par là aussi, en thérapeutique — jamais il n'y est question *d'un seul système relationnel*; en fait, il y a toujours convergence et divergence agissante de *plusieurs institutions*; l'homme participe en même temps à plusieurs cercles et espaces d'échanges; ainsi la Thérapeutique institutionnelle même lorsqu'elle s'est formulée à Saint-Alban, dans un hôpital psychiatrique classique — et au dehors — a comporté la mise en place de diverses institutions».

Ainsi ces auteurs, et avec eux Oury, articulent toujours le fait psychopathologique (dans sa singularité individuelle ou de groupe) aux processus et aux modes de blocages des échanges en tenant compte des concepts de «pulsion», «but», et «object de désir», et corrélativement, de «frustration», «privation» et «castration» tels que Lacan les a formulés — «*La relation d'object et les structures freudiennes in Bulletin de Psychologie 1955*)».

Ainsi ils préconisent et ils ont créé une technique et promu un art de faire évoluer les blocages psychopathologiques des échanges entes les individus et les groupes et les groupes entres eux, par les «médiations institutionnelles».

Nous jugeons maintenant, étant donné la dimension de cet article, qu'il faut essayer de cerner ce que les chercheurs de ce mouvement entendent par psychothérapie institutionnelle. Disons d'abord que, malgré le fait historique qu'elle s'est élaborée dans des contextes hospitaliers (surtout à Saint-Alban et à La Borde) elle n'est pas du tout une technique et un art de convertir un univers hospitalier en une «Cité de Dieu»; son intérêt et sa valeur pratique ne sont pas seulement utiles dans l'intra-muros hospitalier, mais aussi dans le travail de secteur.

Tosquelles écrivait en 1966 (*Revue Pratique de Psychologie de la Vie Sociale et d'Hygiène Mentale - n.º 3 et 4*): «La psychothérapie institutionnelle consiste essentiellement dans une thérapeutique du face-à-face. Que ce soit au rythme des séances ou des activités prévues ou disponibles, ou encore dans le face-à-face permanent et néanmoins non obligatoirement contraignant du groupe de vie. Cela rend nécessaire un style de la pratique psychothérapeutique qui arrache le thérapeute de sa place défensive classique du *bureau médical* et du système de *conserves culturelles* que celui-ci incarne. Le bureau médical a un rôle de lieu opérationnel parmi d'autres nombreux également investis des mêmes marques thérapeutiques. Le sens thérapeutique qu'elles permettent de donner au discours ne s'articule que dans une perspective structuraliste de l'institution dans son ensemble.»

Ce qu'il y a de nouveau, dans «le psychiatre baladeur» (H. Torrubia) de la psychothérapie institutionnelle, c'est une nouvelle pratique psychanalytique et une analyse structurale du collectif par le collectif lui-même; pratique qui seule permet que le discours des uns et des autres s'enchevêtre, d'après les mêmes lois, ou à quelque chose près, que celles qui articulent le discours analytique, avec ses glissements et ses effets de sens, avec ses coupures, avec ses blocages, avec ses acting-out et ses acting-in; pratique qui seule permet au psychothérapeute d'écouter ou plutôt d'entendre avec la même attention flottante que celle du fauteuil; pratique qui va lui permettre de donner des interprétations ou d'intervenir à bon escient. D'ailleurs comme l'a montré Oury, ses interprétations ne sont pas toujours verbales et ne sont pas toujours pris en charge par le thérapeute lui-même». L'art est à les faire entendre.

«Nous arrivons ainsi à fonder une double articulation: d'une part il est indispensable de procéder à la mise en place d'un appareil qui rend possible la récollection d'informations qui concernent l'ensemble de la vie concrète du champ institutionnel, informations au sujet des malades, bien qu'à ce sujet il s'agisse aussi d'une *attention flottante* portée et évoquée dans les réunions du personnel soignant, plutôt qu'une quête systématique où le contre-transfert ne saurait être dévoilé. En dehors des informations il est indispensable d'articuler techniquement le comportement *interprétatif* du psychothérapeute. Il ne s'agit pas de dire n'importe quoi. Ici — si la pratique psychanalytique classique est indispensable pour, d'une part, pouvoir se soustraire aux pièges du contre-transfert, et d'autre part, pour pouvoir jouer à bon escient des interprétations de défense et de transfert — nous devons dire d'emblée, que le face-à-face baladeur nous amène souvent à de simples interventions qui se tiennent fort à propos dans la ligne des techniques de Rogers. Toutefois nous devons dire que l'efficacité de l'interprétation ne va pas toujours de pair avec son propre contenu. Ce qu'on dit a moins d'importance que la place d'où on parle... ce qui est important c'est de pouvoir *parler* et engager le dialogue de *la place du transfert*. C'est à une telle détection que l'oreille du thérapeute doit s'exercer pour pouvoir s'y trouver spontanément au bon moment. Or nous venons de dire que le transfert dans le champ institutionnel n'est pas un privilège du médecin. Le transfert se noue et se joue sur le groupe labile et non seulement par des «transferts latéraux». Ce qui est labile n'est pas tant le transfert des psychotiques, mais le groupe lui-même sur lequel il se place. Et lorsque nous disons «groupe labile», nous ne parlons pas seulement des personnes malades ou soignantes mais des objets et des situations. Ceci explique que de vraies et utiles interprétations de transfert soient en fait données aux malades spontanément et, à vrai dire, pas toujours à propos, de n'importe *quelle place et par n'importe qui*, parmi les partenaires du champ institutionnel. Cela amène à la conclusion qu'il n'y a aucune possibilité d'engager une authentique psychothérapie institutionnelle si le champ institutionnel ne dispose pas d'un appareil de réunions du personnel soignant et probablement aussi de réunions du personnel et des malades — réunions permettant de faire évoluer et de rendre dans une certaine mesure inopérant le contre-transfert qui, fréquemment, va jouer au détriment des intérêts profonds des malades.»

Toujours dans ce condensé et en rapport avec la problématique de l'exercice de la psychothérapie institutionnelle, Tosquelles aborde la question de l'équipe en disant: «La notion d'équipe et celle d'institution nous tendent un piège, couvert de lauriers et de lierre grimpant. Celui du mythe de la totalité; de *la bonne gestalt*» rappelant par là l'importance des concepts de «totalisation ditotalisante» et de «pratico-inerte» exposés par Sartre dans sa «*Critique de la raison dialectique*». Il rappelle aussi le concept de «situème» de Poncin et dit: «Dans l'institution thérapeutique on trouvera donc l'articulation des situèmes, qui, eux, constituent la chaîne du signifiant, celle qui structure la chaîne du *symbolique*. Il s'agit d'une vraie dimension de l'inconscient du champ institutionnel, qu'il faut néanmoins dévoiler, connaître et analyser pour s'en servir. Malades et personnel soignant vont articuler avec leur situèmes au gré de leurs propres structures *imaginaires*, au gré de leur Moi, topologiquement situé au lieu des identifications narcissiques. Ils vont apparaître ainsi de *véritables* faits de paroles; un vrai discours dont la lecture ne nous sera pas possible sans la connaissance du crible situationnel propre à chaque champ institutionnel … il ne faut pas oublier que la tâche de la psychothérapie vise précisément *l'ancrage dans l'ordre symbolique* de ces faits de parole, partis à la dérive, dans le langage aliéné du malade. Nous nous refusons donc à fixer comme le véritable but de la psychothérapie un but quelconque d'adaptation sociale; une véritable psychothérapie, sans se refuser dans certains cas à l'usage d'une telle emprise aliénante, adaptative, doit, il nous semble, permettre au sujet soigné de se dégager de lui-même plutôt que de s'ensevelir dans le miroir aux alouettes d'un moi imaginaire tout puissant vécu par procuration».

Dans cet exposé nécessairement sommaire nous avons situé le contexte historique et culturel dans lequel les «effervescences» d'humanisation et de recherche d'un milieu thérapeutique pour soigner les malades mentaux ont eu lieu. On a fait référence à la diversité de ces expériences, à leurs principaux promoteurs et, en filigrane, au dénominateur commun du mouvement. On a montré aussi comment s'est forgé le concept de «thérapeutique institutionnelle» et comment par la persistance de quelques-uns ont est arrivé à la psychothérapie institutionnelle.

Il y a beaucoup de monde qui pense que la massivité de l'usage des psychotropes[230] dans les établissements d'hospitalisation, mais aussi dans l'«ambulatoire», dispense et fait devenir anachronique qu'on parle encore de psychothérapie institutionnelle, voire même qu'on parle de psychothérapie; la pression de l'industrie et du marketing pharmaceutique poussent à une telle dégénérescence de l'épistémologie et de la praxis.

On dit aussi qu'en dehors des murs de l'hôpital il n'y a plus de place pour l'exercice de la psychothérapie institutionnelle; on dit: «Il faut éviter l'institutionnalisation parce qu'elle coûte cher à l'Etat», ainsi on n'a pas besoin des Institutions qui peuvent encore

---

[230] Ce qui présuppose réduire la Psychiatrie à une synaptophatologie…

devenir nocives parce qu'elles peuvent «fixer le malade à la mère institutionnelle trop bonne». Il y a encore ceux qui disent que la psychothérapie institutionnelle sera toujours «une chose impossible» parce qu'elle n'a pas d'objet spécifique, ni de concepts propres et pas même de techniques spécifiques.

Pour ceux-ci et ceux-là, nous croyons que la lecture attentive de cet article et de la bibliographie, associée au désir de la pratiquer (et on est à la question toujours souligné par Oury sur le désir et l'objet du désir du psychiatre) sera suffisamment éclairante.

Cependant et en actualisant un peu:

- Jean Oury (et ceux qui travaillent avec lui) poursuit sa recherche et sa pratique depuis plus de quarante ans.

- Jacques Tosquellas et Antoine Viader recherchent et pratiquent la psychothérapie institutionnelle dans le secteur (Marseille) et organisent tous les ans les Journées de l'Association Méditerranéenne de la Psychothérapie Institutionnelle.

- Pierre Delion (et son équipe) recherche et pratique (et écrit) sur la psychothérapie institutionnelle dans le travail de secteur infanto-juvénile et organise tous les deux ans les «Rencontres d'Angers» (en alternance avec les Journées de Dax). L'ensemble de son œuvre montre l'essentielle nécessité de la méthodologie de la psychothérapie institutionnelle dans l'accueil et le soin des angoisses archaïques de la psychose et de l'autisme infantile et comment, par cette méthodologie, devient possible la «production» du holding (Winnicott), et de la fonction *alfa* de Bion (qu'il appelle fonction phorique), elles-mêmes basales dans l'accueil et la transformation thérapeutique du transfert éclaté. Lui-même, avec Michel Balat, Oury et Danièle Roulot continue aussi à enrichir la dimension sémiotique de la psychothérapie institutionnelle, partant d'une réflexion sur l'œuvre de Charles Pierce.

- Antonio Labad Alquezar et José Garcia Ibañez et coll. ont poursuivi leur travail de secteur dans la province de Tarragone (Catalogne) dans le cadre de la psychothérapie institutionnelle.

- Patrice Hortoneda et son équipe poursuivent aussi leur travail avec les enfants difficiles à Toulouse toujours inspiré par la psychothérapie institutionnelle et l'enseignement de Tosquelles dans ce domaine de la clinique.

- Dimitri Karavokiros (ex-interne d'Hélène Chaigneau) poursuit aussi, avec son équipe, son travail de secteur inspiré par les références de la psychothérapie institutionnelle et organise régulièrement dans le cadre de l'Association de Formation et de Recherche des Personnels de Santé des Hautes-Alpes, des journées annuelles de formation.

La liste des équipes qui s'inspirent des concepts et de la méthode de la psychothérapie institutionnelle serait longue et je m'arrête. Toutefois les intéressés, peuvent consulter avec profit l'œuvre dirigé et organisé par Pierre Delion – *Actualité de la Psychothérapie Institutionnelle* – Ed. Matrice, P.I., 1994; la revue «*Institutions*» dans laquelle on trouve les contributions aux Journées annuelles de psychothérapie institutionnelle qui rassemblent les animateurs du mouvement groupés dans les associations culturelles des soignants en psychiatrie, et bien entendu, les actes et les textes des rencontres de Dax, Angers, Marseille, Laragne et Saint-Alban.

QUELQUES NOTES SUR LE CONTEXTE ET LA PRATIQUE DE LA PSYCHOTHÉRAPIE INSTITUTIONNELLE AU PORTUGAL [231]

Rappelons que le terme « psychothérapie institutionnelle » est apparu pour la première fois en 1952. Il a été employé par Daumézon et Koechlin dans l'article qu'à la demande de Seabra Dinis[232] ils ont publié dans les *Anais portugueses de psiquiatria*, article dans lequel ils rapportent leur expérience de transformation à Fleury-les-Aubrais et exposent leurs réflexions théoriques et méthodologiques, celles-ci ayant comme arrière-fond toute la richesse des confrontations d'idées et de pratiques alors en cours dans le vaste mouvement de transformation de la psychiatrie française.

Quarante ans se sont écoulés depuis la publication de ce texte dans la seule revue portugaise de psychiatrie alors existante et on peut se demander les effets de celui-ci dans la pensée et la pratique des psychiatres portugais. Il ne me semble pas exagéré de dire qu'il a été nul et tout se passe comme s'il n'avait été lu par personne. En effet le « terrain » portugais d'alors n'était pas du tout favorable à la germination d'une telle semence: la chaire de psychiatrie de l'université de Lisbonne, installée dans le nouvel hôpital Júlio de Matos, particulièrement préoccupée de la pratique de la leucotomie proposée par Moniz et par l'introduction au Portugal des récentes techniques biologiques de traitement (cure de Sakel et convulsivothérapie), détenait en vérité toute l'hégémonie concernant le savoir et la formation en psychiatrie dans tout le Portugal.

Aucun psychanalyste n'existait dans le pays et on parlait de la psychanalyse comme d'une mystification idéaliste, produit socioculturel de la belle époque viennoise; de l'expérience d'Hermann Simon on n'avait retenu que les seuls aspects ergophysiologiques; les malades étaient observés, diagnostiqués et traités en tant qu'individus isolés porteurs de troubles qu'on notait selon la méthode de K. Jaspers et de la clinique médicale somatologique et on les classait dans les cadres de la nosologie allemande (Kraepelin, E. Bleuler, K. Schneider, Kretschmer, E. Bonhoffer, Leonhard, Kleist). Aucune réunion des médecins avec les infirmiers: le médecin ordonnait et l'infirmier administrait les soins prescrits. Quant à l'organisation de l'assistance en psychiatrie, depuis 1945 deux structures conflictuelles se confrontaient, surtout à Lisbonne: les

---

[231] Texte écrit à la demande du professeur Pierre Delion pour l'ouvrage *«Actualité de la Psychothérapie institutionnelle»* (Matrice PI, 1994) dont il a eu l'initiative et a assuré la direction.

[232] Alors, secrétaire dos *"Anais Portugueses de Psiquiatria"* et ex-boursier du gouvernement français.

cliniques universitaires (avec services d'hospitalisation et de consultations externes) et les hôpitaux psychiatriques d'un côté et la structure de l'extrahospitalier (ayant comme opérateurs trois centres régionaux d'assistance psychiatrique, chacun d'eux coordonnant les dispensaires et les équipes ambulatoires qui prodiguaient les services de consultations plus proches des populations assistées).

Voilà en quelques mots le contexte qui, à mon avis, explique l'inefficacité de l'article de G. Daumézon et P. Koechlin. Cependant vers la fin des années 50 des changements se produisent: J. Seabra Dinis, boursier du gouvernement français après la libération et devenu secrétaire des «*Anais portugueses de psiquiatria*», maintient ses rapports amicaux et scientifiques avec L. Bonnafé, Le Guillant, Angelergues et F. Zoila et invite à lire l'«*Information psychiatrique*»; João dos Santos, boursier à la même époque et s'intéressant à la psychiatrie infantile (il fut le premier psychiatre d'enfants portugais et celui qui débute la formation en psychiatrie infantile au Portugal), s'initie à la psychanalyse et maintient ses relations avec Lebovici et les gens de l'Institut de psychanalyse; un peu plus tard, E. L. Cortesão, démocrate lui aussi, va à Londres, travaille avec Foulkes, initie sa formation groupe-analytique et introduit la groupe-analyse au Portugal.

C'est ainsi que par la dynamique de ce changement, par l'expansion des services extra-hospitaliers (le manque de lits par rapport aux besoins était dramatique) et la connaissance de la circulaire française de 1960, modèle de la psychiatrie de secteur, émerge le mouvement qui dans le cadre de la «Sociedade portuguesa de psiquiatria e neurologia» finit par produire la pression et la base technique de la loi portugaise de santé mentale de 1963, selon laquelle l'opérateur d'assistance psychiatrique dans tout le territoire national serait constitué par un réseau de centres de santé mentale à créer, chacun d'eux étant opérateur intégrateur de tous les services et activités de psychiatrie (hospitaliers et extra-hospitaliers) dans une région géographiquement définie. Les cliniques universitaires, encadrées par le statut institutionnel des universités, restaient en dehors du système.

On était donc en 1963 mais ni Saint-Alban ni La Borde ni les noms de Tosquelles, d'Oury ou d'autres du mouvement de la psychothérapie institutionnelle n'étaient présents dans le langage et l'imaginaire des psychiatres portugais. Cependant, vers la fin de 1963 un jeune psychiatre[233] s'intéressant à l'ergothérapie, à la sociothérapie et à la pratique des réunions avec le personnel de soins obtient une bourse du gouvernement français pour faire un stage à l'hôpital Sainte-Anne à Paris. Ce fut là que ce psychiatre entendit parler de Saint-Alban lorsque à plusieurs reprises on y envoyait des malades qui ne répondaient pas aux cures successives par les psychotropes. Ce fait a induit son intérêt pour une information plus précise sur la signification d'un tel lieu ce qui, associé à d'autres raisons personnelles et aux possibilités ouvertes par le médecin directeur de Saint-Alban et le syndicat des psychiatres des hôpitaux, amena ce psychiatre à y travailler comme interne à la fin de son stage comme boursier à l'hôpital Sainte-Anne et il y restera jusqu'à la fin de 1968.

Au cours de la même période plusieurs psychiatres portugais se formaient à la groupe-analyse avec E. L. Cortesão et ce sont eux qui, avec F. Medina, débutent une expérience de psychothérapie de groupe à l'hôpital Miguel Bombarda à Lisbonne.

---

[233] Bráulio de Almeida e Sousa.

C'est par les difficultés qu'ils rencontrent et les échanges entretenus avec le confrère qui était à Saint-Alban qu'est venue l'idée d'organiser une séance sur la psychothérapie institutionnelle dans la «Sociedade portuguesa de psiquiatria» (1966), séance que les autorités politiques d'alors ont interdite au dernier moment quand Racine était déjà à la tribune et qu'une salle débordante de monde attendait avec impatience l'autorisation pour le président de déclarer la «séance ouverte»[234].

Cet événement, peut-être de quelque utilité au point de vue de la lutte politique contre le régime d'alors, n'a pas été d'une grande efficacité concernant une utile réflexion sur la théorie et la pratique de la psychothérapie institutionnelle; il ne semble pas osé de dire que les effets ont même été négatifs: le spectacle de la séance interdite, leur utilisation politique de l'un et l'autre côté de la barricade, les rencontres restreintes et privées qui ont eu lieu par la suite entre Racine et quelques confrères[235], et des rapports de rivalité multiples ont déclenché un vaste phénomène imaginaire hystéri-fié et hystérifiant dont l'hôpital Miguel Bombarda a été le plus spectaculaire théâtre de jacqueries diverses, création concurrentielle de plusieurs «clubs» qui évidemment n'avaient rien à voir avec le concept et les fonctions d'un club thérapeutique dans le champ d'un établissement psychiatrique.

Ce phénomène associé à la réaction de renforcement paranoïaque du carcan struc-turel, à la mort dramatique de F. Medina et à la distance prise par E. L. Cortesão (l'un et l'autre médecin du cadre de l'hôpital Miguel Bombarda) auront comme résultat la reprise de la routine, le silence sur la psychothérapie institutionnelle, le réinvestisse-ment du privé par beaucoup de médecins auparavant engagés[236].

Encore un mot — parler de l'hôpital Miguel Bombarda c'est parler de l'établis-sement le plus dynamique de ces temps-là ; les autres hôpitaux psychiatriques du pays suivaient leur routine du travail réduit à la biologie se calquant sur les cliniques universitaires.

Fin de la décennie 60, Salazar est mort. Le régime se libéralise un peu. Le médecin qui était à Saint-Alban rentre au Portugal, Cortesão avait poursuivi avec persistance l'enseignement et la formation groupe-analytique. J. Santos, F. Alvim, P. Luzes, P. Flores avaient créé avec l'appui de l'Institut de psychanalyse de Paris, le groupe psychanalytique portugais. Les psychiatres opposés à la routine commode des hôpitaux et ouverts à une autre éthique de la praxis psychiatrique poussaient dans le sens de la mise en pratique de la loi de santé mentale de 1963 ; c'est-à-dire implanter les centres de santé mentale et fonctionner sur le modèle de la psychiatrie de secteur.

Dans ce contexte plusieurs champs de pratiques se dessinaient: J. Santos, directeur du centre de santé mentale infantile de Lisbonne, implante une structure de travail en équipe d'orientation analytique dans le style de la praxis de Lebovici dans le XIIIᵉ à Paris, França de Sousa et César Dinis, groupe-analystes disciples de E. L. Cortesão,

---

[234] Pour mieux comprendre les éventuelles raisons d'une décision si sotte il semble utile de dire que l'un des organisateurs était F. Medina, beau-frère du secrétaire général du parti communiste, que le médecin qui était à Saint-Alban avait été chassé de son poste pour des raisons politiques et que E. L. Cortesão était neveu d'un historien célèbre très persécuté par le régime de Salazar.

[235] Le médecin qui était à Saint-Alban n'a pas pu venir pour des raisons d'ordre politique.

[236] Les médecins au Portugal travaillent dans le public et le privé.

pratiquent le groupe-analyse et les réunions d'équipe à l'hôpital de jour du service de psychiatrie de l'hôpital Santa Maria à Lisbonne; E. L. Cortesão maintient la pratique des réunions d'équipes et des réunions communautaires de malades dans son service de l'hôpital Miguel Bombarda (Lisbonne); J. Milheiro, groupe-analyste, devient médecin-directeur du centre de santé mentale de Vila Nova de Gaia, à Porto; le médecin qui était à Saint-Alban, une fois levé l'empêchement politique de travailler dans les services publics, se porte candidat au poste de médecin responsable du tout récemment créé centre de santé mentale de Setúbal à côté de Lisbonne et reprend son «part time» dans le staff technique des services d'internement de la direction d'assistance aux invalides.

Nous allons consacrer quelques mots à cette expérience:

Elle a lieu à deux niveaux inter-articulés et s'est déroulée de 1960 à 1976 sur deux temps. Le premier a été une période d'emblavure qui a profité du fait qu'au niveau de la coordination nationale la dimension politique et administrative avait été enrichie par une composante technique (intégration de deux assistantes sociales et de deux infirmières de santé publique) pour tenter de remplacer une politique de gardiennage (les établissements n'avaient que du personnel administratif, des gardiens et un directeur — d'habitude un officier de police retraité — dans une ambiance dantesque) par une politique d'humanisation, remplacement qui a eu comme instruments le recrutement d'infirmiers et d'assistantes sociales (et de médecins généralistes à temps partiel) dans les établissements, l'introduction de la thérapie occupationnelle systématique, la distribution d'un pécule d'occupation, les réunions régulières de personnel, les réunions communautaires style Maxwell Jones, les réunions des responsables et techniciens des établissements avec le staff technique de la coordination nationale — c'est la période qui va de 1960 à octobre 1963 — date du départ du psychiatre pour la France. Le deuxième temps correspond à celui qui suit le retour du psychiatre de Saint-Alban, à la fin de 1968, et à son intégration dans le staff technique de coordination nationale. A partir de l'emblavure existante on enrichit le dispositif avec d'autres outils institutionnels (clubs de coordination des activités occupationnelles avec un bar-cantine et son bureau de direction qui intégrait des représentants des internés) non seulement les réunions organisationnelles mais aussi celles d'analyse des phénomènes relationnels et on essaye de dépasser une sociologie de démocratisation conjuguée à la méthode de H. Simon en y apportant la référence psychanalytique et les outils élaborés dans la réflexion du mouvement de la psychothérapie institutionnelle: soit dans le cadre de la formation du personnel soit dans la praxis du travail quotidien — ce qui obligeait à une réflexion très active de la part du staff puisque le contexte et le champ de travail étaient bien différents.

Voilà le travail qui a été poursuivi dans cette structure particulière jusqu'en 1976, depuis les choses ont pris un autre cours: les lois d'action sociale changent, cet institut d'assistance aux marginaux sociaux est éteint, les établissements sont affectés à d'autres structures ministérielles, le personnel du staff coordinateur est redistribué, les directions des services changent, les activités se bureaucratisent, la logique du fonctionnement bascule dans le sens d'un humanisme de «bonnes intentions» producteur de la passivité dépendante.

Revenons au champ de la psychiatrie.

Depuis les épisodes anecdotiques de 1966 que nous avons évoqués, le mot «psycho-thérapie institutionnelle» disparaît petit à petit du langage psychiatrique portugais. Après la loi de santé mentale d'avril 1963 la polémique devient très vive concernant le «pour ou contre» l'implantation des centres de santé mentale, pour ou contre la psychiatrie de secteur. Les cliniques universitaires et les hôpitaux psychiatriques maintiennent leurs structures dans laquelle la fonction médicale se limite au diagnostic classificatoire selon la CIM ou le DSM et à la prescription de médicaments et celle des infirmiers à s'occuper d'hygiène, de nourriture et de distribution des médicaments.

Seules exceptions à ce modèle, le centre de santé mentale infantile avec João dos Santos et le service de E. L. Cortesão à Bombarda, les deux ouverts à la référence analytique dans la pratique du public; d'autres psychanalystes, médecins hospitaliers, pratiquant seulement en clientèle privée, suivaient à l'hôpital le modèle traditionnel.

Quant à l'implantation du réseau des centres de santé mentale prévu dans la loi, diverses difficultés la bloquent, pressions de résistance dans les couloirs du ministère, politique budgétaire (la guerre coloniale était en cours), une politique de carrières professionnelles et de gestion des effectifs du personnel de santé permettant de se fixer dans les centres urbains de Lisbonne, Coimbra et Porto. C'est ainsi qu'on arrive en 1970, et seul un petit nombre de ceux qui avaient été timidement créés au point de vue légal sont en fonctionnement et tous avec des moyens financiers et de personnel plus que dérisoires. Les choses ont été rendues difficiles et les perspectives de travail limitées par le fait que les structures d'assistance psychiatrique étaient totalement désarticulées et isolées par rapport aux autres structures de services de santé et d'aide sociale. Il est donc bien compréhensible que, dans un tel contexte et en tenant compte du fait que les psychiatres et les infirmiers avaient été formés dans le cadre des hôpitaux psychiatriques, les centres de santé mentale tendraient à fonctionner en reproduisant le même modèle.

Voilà pour le contexte quand le centre de santé mentale de Setúbal est légalement créé en 1969 et que le médecin revenu de Saint-Alban en est le premier médecin nommé.

Le centre a la responsabilité d'une population de 250 000 habitants, avec une sociologie diversifiée, la municipalité la plus éloignée est distante de 120 km Ne disposant pas de service d'hospitalisation, le ministère décida que les hospitalisations se feraient à l'hôpital Miguel Bombarda à Lisbonne (40 km).

Le médecin accepte la responsabilité de la direction du centre dans un cadre de pénurie de moyens bien sûr, mais avec quelques idées dans la tête et le désir de les mettre en pratique. En voilà une synthèse:

• L'idée que le dispositif du secteur avec l'équipe en articulation avec des structures locales de santé et d'aide sociale et d'autres pourvues de potentiel opératoire est un outil indispensable au travail de la psychiatrie publique;

• Que le travail psychiatrique exige une permanente stratégie de prévention des phénomènes d'isolement et de cloisonnement au sein des équipes et entre elles-mêmes;

- Que la qualité de l'accueil est un facteur décisif dans toute stratégie d'articulation de travail et de possibilité de soins, qu'il fallait donc travailler la fonction d'accueil en permanence;

- Que les rapports d'articulation des équipes avec n'importe quelle structure institutionnelle (ou de services) du champ géographiquement du secteur ne pouvaient se faire que dans le rigoureux respect de sa souveraineté;

- Que la garantie de continuité du soin par l'équipe et ses personnages investis et la condition d'une bonne accessibilité, étaient aussi des nécessités auxquelles il s'imposait de répondre sur un mode adéquat.

De ces idées un premier programme opératoire:

- Obtenir du pouvoir la permission et la reconnaissance de la sectorisation du champ géo-démographique de responsabilité du centre de santé mentale de Setúbal et aussi de la nécessité des déplacements périodiques des équipes vers toutes les municipalités à sa charge; ceci pour le service de consultations et les soins possibles et aussi pour le travail d'articulation nécessaire;

- Lutter pour faire reconnaître au pouvoir que l'équipe minima de psychiatrie ne pouvait pas être seulement constituée par le médecin et les infirmiers mais qu'il était aussi indispensable de disposer d'une assistante sociale et de l'appui du psychologue et des techniciens de la psychomotricité et du langage (rappelons que le centre avait la charge de la psychiatrie adulte et infanto-juvénile);

- Entraîner des négociations avec l'hôpital Miguel Bombarda (il faut se souvenir qu'il avait la responsabilité d'hospitalisation des malades du centre) pour que ce soient les médecins et les assistantes sociales du centre de santé mentale qui puissent suivre leurs malades pendant l'hospitalisation et s«occuper de leurs sorties;

- Contacter les responsables des services de santé du niveau municipal et négocier avec eux la possibilité pour que les équipes puissent, le jour du déplacement, travailler dans leurs installations en proximité avec les médecins et les infirmiers de famille — négociations difficiles où il a fallu beaucoup de tact mais dont la portée tactique et stratégique étaient d'une extrême importance;

- Créer un dispositif de réunions indispensables à ce que les décisions organisationnelles soient prises autant que possible par consensus des intéressés, soit au niveau des équipes, soit entre elles, soit entre ses coordinateurs et les responsables des services généraux;

- Promouvoir l'usage diversifié des techniques de soins (références biologiques, psychothérapies individuelles, de groupe, techniques occupationnelles);

- Institutionnaliser le dispositif de formation permanente, formation centrée sur l'analyse des phénoménologies de contact et d'accueil, du rapport aux soins, de celles qui émergent dans le travail d'articulation-analyse donc des problématiques de transfert et de contre-transfert;

- Lutter pour un minimum de moyens de travail (d'installations, financiers et de personnel) aptes à répondre aux nécessités, lutte difficile et sans jamais dépasser le niveau du dérisoire.

C'est dans un tel cadre qu'on a travaillé jusqu'en 1976, date où il est devenu possible au centre de santé mentale de disposer d'un espace qu'on a pu adapter de façon à y installer une unité de soins de longue durée (hospitalisation à plein temps et à temps partiel).

Dans cette unité du centre de santé mentale, justifiée par la nécessité d'avoir un espace pour pouvoir soigner des malades psychotiques graves ayant besoin d'un cadre de soins au cours de toute la journée, éventuellement à long terme et non soumis à des chronogrammes bureaucratiques de sortie, on a pu mettre en place deux cadres institutionnels articulés; le cadre administratif et technique de la responsabilité du centre (logistique hôtelière, du soin biologique et des psychothérapies spécifiques in-dividuelles ou de groupe) et le cadre géré par un club, organe d'une association à but non lucratif semblable à celles prévues dans la loi française de 1901 (activités d'ergo et sociothérapie, cafétéria, banque des malades et des groupes d'activités, etc.).

La définition et l'articulation formelle de ces deux cadres fut d'abord consensuelle et puis objet d'un protocole écrit. Le dispositif d'articulation a bien sûr changé avec le temps, mais il y a des outils qui ont tenu au cours des années: la réunion hebdomadaire du menu (assistante sociale et infirmier attachés au club, malades, responsables de la cuisine et des services d'approvisionnement), la réunion hebdomadaire de réflexion clinique et d'articulation des activités thérapeutiques (médecin-chef responsable de cette unité de soins et de l'articulation avec le club, les infirmiers, les moniteurs d'activités du club, l'assistante sociale attachée au club et responsable de la banque des malades), des réunions de la direction de l'association (*Associação de saúde mental Doutor Fernando Ilharco*) avec la direction du centre de santé mentale. Et il n'est pas inutile de dire que si celle-ci visait exclusivement la fonction d'articulation ce n'est pas le cas des deux premiers, celle du menu ayant aussi un but d'action thérapeutique directe en groupe et celle de réflexion clinique et d'articulation thérapeutique visant encore l'analyse des phénomènes de transfert et contre-transfert.

C'est évident que le cadre de cet article nous oblige à nous arrêter sur la référence à cette unité de soins du centre de santé mentale de Setúbal; soulignons tout simple-ment que pour nous, au-delà de "espace de soins, il était aussi un espace spécifique de formation dont l'importance dans le travail ambulatoire du secteur nous semble fondamentale. Disons encore qu'il n'y a là rien de nouveau au point de vue conceptuel par rapport à ce qui a été élaboré à Saint-Alban jusqu'aux premières années de 1970 et à La Borde, mais qu'il a fallu de la réflexion et un peu d'art pour créer le champ et les modes d'usage de ces outils conceptuels dans le cadre de la réalité culturelle, ins-titutionnelle et technique portugaise, sans cela, le minimum qui pouvait nous arriver aurait été de tomber dans un échec semblable à celui de l'hôpital Miguel Bombarda dont nous avons déjà parlé.

Revenons maintenant aux espaces de l'ambulatoire dans les sept municipalités de la responsabilité géo-démographique du centre de santé mentale de Setúbal.

Lorsque a été obtenu un minimum de moyens on a constitué quatre équipes de secteur, chacune d'elles ayant à sa charge une population de 60 000/70 000 habitants, de composition socio-écologique diversifiée.

Le travail d'assistance des équipes se limitait, les premières années (1970-1976), aux consultations et aux traitements dans le dispensaire de la ville de Setúbal, à se déplacer dans les autres municipalités pour y faire en proximité les consultations et les actes thérapeutiques possibles, à s'occuper de ses malades hospitalisés, ceci en assurant aux malades et à leurs familles la garantie de la continuité de la relation avec les membres de l'équipe (médecin, infirmier, assistante sociale). C'était un temps où les services de santé étaient désarticulés et cloisonnés à tous les niveaux et où le contact et l'articulation de travail inter-institutionnel et interprofessionnel était très difficile, voire impossible, les médecins traitants imaginant même l'équipe de psychiatrie comme voleuse de clientèle. Cependant, pendant ce temps, on a pris contact et fait la connaissance du terrain, on a connu des gens avec lesquels envisager des relais potentiels, on a accueilli les demandes des médecins traitants et des responsables des institutions d'aide sociale locale, on a facilité l'accueil beaucoup plus précoce qu'auparavant à la souffrance psychique, on a instauré les stratégies des traitements nécessaires et possibles plus précocement, on a assuré la continuité des soins à long terme, en soutenant la réintégration familiale et sociale des malades.

La révolution d'avril 1974 a été suivie de la loi du service national de santé laquelle consignait la création de la structure unifiée des soins primaires de santé au niveau local, laquelle avait comme opérateur-intégrateur les centres de soins primaires de santé. Cette structure du service public de santé disposant d'installations pour les services administratifs, médicaux d'urgence et ambulatoires et d'un petit hôpital, dont le fonctionnement technique est assuré par un cadre de médecins de famille et d'infirmiers appuyé par des moyens complémentaires de diagnostic de première ligne et du recours au système hospitalier de niveau départemental et central, est devenue pour nous, dans notre stratégie d'articulation, un relais de la plus haute importance.

Les différences de conditions logistiques, de personnalités, de positions éthiques, et de formations professionnelles ont beaucoup pesé dans l'hétérogénéité extensive et qualitative du travail d'articulation des équipes psychiatriques de secteur avec les équipes des centres de soins primaires de santé. Mais au cours d'une dizaine d'années, sur le terrain auparavant préparé, cette pratique d'articulation produisait, là où les équipes ont pu plus approfondir le travail, des fruits dont la valeur ne semble pas négligeable; en résumé, vécu soutenu et extensif de la valeur utile de la pratique d'entraide, contacts directs entre les professionnels des deux structures de plus en plus facilités et enrichis, possibilité de coopération dans le travail diagnostique et thérapeutique, possibilité d'hospitaliser et soigner en liaison, dans l'hôpital du centre de santé primaire, de multiples situations de psychiatrie. De cette pratique avec les rencontres régulières, des échanges à propos des malades, des consultations côte à côte du psychiatre avec le médecin de famille quand celui-ci le proposait, de la pratique des psychothérapies individuelles et de groupe dans les installations du centre et du suivi articulé des malades a résulté un effet transformateur des professionnels des deux équipes, une forte réduction des hospitalisations dans les structures psychiatriques, un taux infime de rechutes, la possibilité de produire des holdings de soins d'une importance capitale pour certains malades.

Cette méthode et ces pratiques, le centre de santé mentale de Setúbal les a travaillées patiemment et en silence jusqu'en 1980. Depuis cette date les équipes ont décidé d'organiser une rencontre nationale sur l'ambulatoire en psychiatrie laquelle a été suivie d'une autre en 1984.

De ces vastes rassemblements de professionnels de la psychiatrie et du champ des soins de santé primaires venant de multiples endroits du pays a résulté non seulement la création de la «Sociedade portuguesa para o estudo da saúde mental» dont un des buts programmatiques prioritaires est celui de la recherche sur les pratiques d'articulation des services et équipes de psychiatrie avec les autres structures du champ sanitaire et social au niveau local comme, à dimension variable, des efforts de transformation des routines de travail de plusieurs centres de santé mentale. Il s'en est suivi l'organisation (avec le concours de l'Union internationale des sociétés d'aide à la santé mentale) de la «première rencontre sur la psychothérapie institutionnelle» (Setúbal, 1985) et de la «rencontre internationale sur la relation thérapeutique dans le cadre de la psychiatrie de secteur» (Evora, 1987); entre ces deux, les «journées Luso-Dacquoises sur psychiatrie et soins de santé primaires» lesquelles ont eu lieu à Grândola (municipalité du centre de santé mentale de Setúbal), à Castelo Branco (centre de santé mentale de l'intérieur du pays) et à Bragança (centre de santé mentale de l'extrême nord-est portugais). Puis, dans la suite de multiples et régulières rencontres entre les organes de direction des centres de santé mentale, la «Sociedade portuguesa para o estudo da saúde mental», le secrétariat de ces rencontres et l'équipe du centre de santé mentale de Dax organisent à Mangualde (centre-est du pays), en mars 1990 les «deuxièmes journées internationales sur la psychothérapie institutionnelle et psychiatrie de secteur» et la «troisième rencontre sur l'ambulatoire en psychiatrie»; en octobre 1993 à Setúbal, avec la coopération de l'Union internationale des sociétés d'aide à la santé mentale et le centre de santé mentale de Dax est organisé la «Rencontre internationale sur psychiatrie de secteur».

Il faut dire que de 1985 à 1992 l'équipe qui au ministère dirigea la politique de psychiatrie et de santé mentale appuya sans réserves l'implantation et l'action des centres de santé mentale, ce qui n'est pas sans rapport avec le vaste élan participatif et de plaisir au travail par de nombreux professionnels parmi lesquels plus d'une quinzaine de médecins responsables des centres ; l'un d'eux, chargé de l'assistance dans la région occidentale de Lisbonne (C.S.M. de Lisboa-Oeiras) étant dirigé par l'équipe assistante de la chaire de psychiatrie de l'Universidade Nova de Lisboa (créée après la révolution d'avril) dont le titulaire était E. L. Cortesão. À la même époque, João Sennfelt, psychiatre attaché à l'Hôpital Miguel Bombarda (Lisbonne) et professeur à l'École National de Santé Publique a réussi à former une équipe, qui avec lui, développe depuis lors une «expérience de terrain» dans la municipalité de Sintra (près de Lisbonne) particulièrement enrichissante, s'inspirant de concepts théoriques et méthodologiques très semblables à ceux de la psychothérapie institutionnelle dans le cadre de la psychiatrie de secteur.

De ce vaste mouvement il résulta que pendant la période qui va de 1987 à 1992 le pays se trouva être le champ pratique de deux psychiatries distinctes: celle des zones de responsabilité des cliniques universitaires et des hôpitaux psychiatriques de Porto, Coimbra et Lisbonne et l'autre, qui l'entourait, de la responsabilité du réseau des centres de santé mentale.

Évidemment, il y avait de l'hétérogénéité dans le travail d'un centre à l'autre soit au point de vue de la théorie soit quant à la praxis, d'une équipe à l'autre (plus ou moins réductionnistes quant au biologique, plus ou moins ouvertes à la dimension analytique et à la pratique des techniques de psychothérapie). De toute façon les déplacements généralisés des équipes sur le terrain de sa responsabilité soit pour des visites à domicile, soit pour les consultations ou l'administration des médicaments-retard en proximité, soit pour le tissage d'articulations avec les professionnels de l'aide sociale et de la médecine de famille dans un cadre de relations personnalisées et d'entraide se prolongeant dans le temps, tout ceci a contribué à structurer un vaste champ d'efforts anti-ségrégatifs et, lato sensu, psychothérapeutiques dont le bénéfice pour les malades et les familles est devenu évident.

Mais non moins évidents ont été d'autres effets: les hôpitaux psychiatriques (75% des postes de travail et 80% du budget pour la psychiatrie publique) se vidaient grâce à la chute des admissions; les sommes d'achats directs de médicaments par les hôpitaux psychiatriques et les centres de santé mentale baissèrent énormément, la clientèle du secteur privé tomba à des niveaux menaçants.

Le résultat d'un tel état de choses associé à d'autres raisons politiques n'a pas tardé à se manifester; changement de ministre, renvoi de l'équipe ministérielle pour la psychiatrie et leur remplacement par des gens «fer de lance» des lobbies pharmaceutiques et des asiles privés (quelques milliers de lits); ce fût tout de suite l'extinction de tout le réseau de centres de santé mentale avec intégration de son personnel et de son patrimoine dans les hôpitaux généraux ; de ce fait, symptôme d'un endémique manque de «politique d'État» pour la psychiatrie et la santé mentale au Portugal, nous avons maintenant trois types d'opérateurs de la psychiatrie publique: les hôpitaux psychiatriques, les cliniques universitaires (renforcées) et les services de psychiatrie des hôpitaux généraux soumis à la logique générale de l'hôpital.

Les effets d'une telle mesure (1992) sont déjà éclairants: les hôpitaux psychiatriques et les asiles privés deviennent pleins, les malades errent à nouveau, renvoyés «par manque de lits», la clientèle privée semble assurée.

Reprenons, pour finir, la question de la pratique de la psychothérapie institutionnelle. Il est évident que l'ouverture à cette pratique dans sa référence d'élaboration théorique a toujours été difficile et c'est pour expliquer un peu cette difficulté que nous nous sommes appesantis sur les faits contextuels.

A dire vrai c'était seulement au centre de santé mentale de Setúbal que des «outils», le langage et les concepts s'articulaient dans la praxis et où l'œuvre de Tosquelles, Oury et Delion étaient des références dont la valeur de boussole était jugée indispensable. Au reste, que je sache, c'est seulement à l'hôpital de jour du département de psychiatrie de l'hôpital Santa Maria à Lisbonne et au centre de santé mentale Lisboa-Oeiras que des disciples et continuateurs de E. L. Cortesão poursuivent la pratique des réunions de personnel et les réunions communautaires des malades et pratiquent régulièrement les psychothérapies de référence analytique; mais ils ne valorisent pas l'usage d'outils, à mon avis, fondamentaux tels que le club, la structure des circuits d'argent, l'analyse de la quotidienneté, etc.

Face à cette réalité on peut se poser la question: est-ce que le contexte politique, socio-politique et institutionnel explique totalement cette résistance ?

Nous pensons qu'un autre facteur joue: le sentiment généralisé de difficulté (avec réaction d'insécurité et de fuite face au langage, à la conceptualisation et à la mise en pratique) éprouvé à la lecture de la bibliographie disponible. Étant donné que les faits de défense et de résistance personnelle ne sont probablement pas plus marqués chez les Portugais que chez quelqu'un d'un autre pays de culture dite occidentale, les gens de l'« isolat » de Setúbal ont suivi humblement et naturellement la tactique de transposer dans le langage «compréhensible» les idées des perspectives et des méthodes aujourd'hui patrimoine de la psychothérapie institutionnelle, ce qui, sans modestie, semble avoir porté des fruits dans la pratique du secteur pour bon nombre d'équipes.

Par malheur, nous avons été obligés d'écrire cet article en employant les temps passés et avec beaucoup de difficulté, il faut le dire. En vérité, la décision politique de 1992 non seulement a éteint les centres, les équipes de secteur ont été démantelées un peu partout et l'extrahospitalier ambulatoire de proximité est devenu presque inexistant. Face à cette situation et sous la menace d'être mis dans le «cadre des disponibles»[237] des médecins investissent de plus en plus dans la clientèle privée et les autres personnels s'adaptent tant qu'ils le peuvent aux circonstances.

Face à ce spectacle beaucoup de monde s'interroge aujourd'hui sur les voies et sur ce qu'il faut faire pour s'en sortir pour le bien des souffrants psychiques. Mais, pour le moment, il faut attendre pour pouvoir en parler.

---

[237] Cadre de pré-chômage pour le personnel de la fonction publique jugé «excédentaire» par le gouvernement.

PARTIE II

SUR LA MÉTHODOLOGIE DE LA PSYCHOTHÉRAPIE INSTITUTIONNELLE DANS LA PRAXIS DE LA «PSYCHIATRIE DE SECTEUR»

INTRODUCTION

... la psychiatrie de secteur est la condition de possibilité organisationnelle d'une juste répartition sur tout le territoire français des moyens psychiatriques pour être au plus près de ceux qui ont besoin de nos services, tandis que la psychothérapie institutionnelle est une méthode d'exercice de la psychiatrie selon les critères d'humanité acceptables.

Pierre Delion in «Institutions» - revue de Psychothérapie institutionnelle

Et c'est le coup de génie de Tosquelles et Bonnafé d'avoir pensé qu'il ne devait pas y avoir de rupture dans la continuité des soins entre les différents moments de la trajectoire d'un patient. Leur fondation de la psychiatrie de secteur, fécondée par la psychothérapie institutionnelle, est une révolution culturelle authentique, puisqu'elle permet de lier les réponses soignantes faites à un patient à sa trajectoire pathologique, et ainsi de travailler sur les deux dimensions d'aliénation qui sont à l'œuvre dans toute pathologie mentale: la psychotique et la sociale.

Idem, ibidem

... la continuité des soins est la condition de possibilité permettant de tenir compte de la relation transférentielle dans un dispositif qui prétend suivre un patient au long de sa trajectoire pathologique

Idem, ibidem

Dans cette deuxième partie, on inclut des textes présentés à l'occasion de Rencontres et de Journées en référence à l'actualité de la psychothérapie institutionnelle; notamment: à Marseille, Angers, Reus (Catalogne). On a décidé d'inclure aussi un texte publié dans le Nº 8 des «Anais Portugueses de Saúde Mental» dédié à F. Tosquelles — Hommages en Travail — dans lequel on rapporte l'expérience du Dispensaire et Centre de Santé Mentale de Setúbal de 1970 à 1992, date de l'extinction, par décret du gouvernement, du réseau national de Centres de Santé Mentale et l'intégration de leur patrimoine, services et personnel dans les hôpitaux généraux; on ajoute encore quelques textes dans lesquels on fait référence aux effets de cette intégration.

Il s'agit de textes datés et en rapport direct avec la pratique positivement innovatrice du réseau des Centres; en rapport aussi avec le mouvement de résistance contre la conjonction de forces qui visaient son intégration, sans aucune autonomie, dans les hôpitaux généraux; en rapport aussi avec les effets désastreux de l'intégration relativement à l'orientation théorique et pratique des services, aux dispositifs du soin (à certains endroits ils ont été sphacélés) et au travail d'articulation avec les partenaires du champ sanitaire et social dans le territoire et, évidemment, sur les malades et le personnel — dans ce sens, on peut dire que ce sont des textes qui ont aussi de la valeur en tant que subsides pour une histoire de la psychiatrie publique portugaise des trois dernières décennies.

Ce sont des textes en apparence hétéroclites et désarticulés, sorte d'essais, et qui, dans leur ensemble contiennent assez de répétitions — ceci parce qu'ils sont en rapport avec les thèmes de réflexion proposés par les organisations des forums où ils ont été présentés. Cependant, une lecture attentive permet de voir qu'il y a un dénominateur commun qui les relient: celui de la réflexion sur l'usage pratique de concepts fondamentaux qui ont été élaborés tout au long de près de sept décennies de vie du mouvement de la psychothérapie institutionnelle — mouvement qui, par nature, a toujours assumé la polémique épistémologique en psychiatrie et l'analyse des rapports du pouvoir politique et administratif avec les conditions nécessaires pour pouvoir pratiquer une psychiatrie humaine.

Les «concepts fondamentaux» auxquels je viens de faire allusion se rapportent à un ensemble de notions, parmi lesquelles, pour leur valeur pragmatique, je crois devoir mentionner celles-ci:

- Notion de la valeur éthique, technique et scientifique de garantir aux malades et à leurs familles l'accessibilité et la continuité de l'accueil et du soin en temps opportun quelque que soit le «théâtre» et le moment où la demande se manifeste — ceci, tout au long du cours évolutif de la souffrance pathologique.

- Notion de soigner le «nécessaire» et «ce qui suffit»[238] dans des espaces et settings les moins ségrégatifs et totalitaires possibles, n'oubliant jamais le caractère totalitaire du fonctionnement administratif des hôpitaux avec leurs effets de blocage d'émergence du sujet.

- Notion de l'équipe comme institution institutionnalisante. Institution en tant qu'agrégation de personnalités jouant leurs rôles professionnels entre eux différenciés mais entre eux articulés, qui persiste dans le temps et garantie en continuité l'accueil et le soin à la souffrance psychique dès que sollicitée. Institution institutionnalisante puisqu'elle est responsable de l'institution du cadre de l'accueil et du soin et des articulations avec les partenaires et les relais du champ sanitaire et social utiles dans le processus de diagnostic polydimensionnel et dans le soin et l'aide sociale en coopération.

---

[238] Question qui a été l'objet d'analyse subtile et pertinente de la part d'Hélène Chaigneau.

- Notion, très bien mise en évidence par P. Delion, de la nécessaire articulation dialectique de la hiérarchie statutaire (de l'ordre de la logique du général) avec l'autarcie subjectale dans ses rapports avec la reconnaissance du sujet dans le fonctionnement des équipes.

- Notion que l'existence de professionnels, d'une équipe ou d'un setting d'accueil et de soins psychiatriques implique toujours un champ de transfert/contre-transfert où viennent s'actualiser et se manifester les psychopathologies de tout un chacun — postulat impliquant nécessairement, les fonctions de «com-appréhension et d'interprétation[239] dans le sens d'une analyse inductrice d'effets de «perlaboration».

- Notion que le transfert psychotique, notamment celui de la souffrance schizophrénique, est un transfert dissocié, morcelé et pluri-référentié (sur des éléments partiels des personnes, des objets animés ou choses inanimées, sur des délimitations précises de l'espace, etc.) — la reconnaissance et l'articulation de ces deux notions constituent une contribution majeure de Tosquelles et Oury relativement à la compréhension psychopathologique des psychoses et, en conséquence, par rapport à la mise en place des dispositifs adéquats aux soins nécessaires.

- Notion de l'articulation conceptuelle des notions d'*accueil et de soin* avec celles de holding (Winnicott) et de la fonction *alpha* (Bion) — articulation qui est devenue objet de la réflexion persistante de P. Delion (fonction phorique de l'équipe, appelle-t-il ce qui se rapporte à la mise en pratique de ces concepts) et sur laquelle il a beaucoup publié à propos de son travail avec les enfants autistes et psychotiques.

Voilà des notions qui ont orienté le travail de l'équipe dont j'ai fait partie: dans les dimensions de la clinique, de la mise en place des dispositifs d'accueil et de soin et dans la praxis de la complexité des articulations dont on fait référence dans les textes ci-inclus. D'autres notions comme celle de la «transversalité de la communication» mise en évidence par Félix Guattari, celle d'«analyseur» conceptualisée par H. Torrubia, d'«espace potentiel», etc. sont aussi présentes dans ce travail d'une durée de vingt deux ans.

Laissons aux éventuels lecteurs de ces textes le soin de juger de l'utilité de cette expérience de travail dans l'éthique et la praxis face à la souffrance psychotique.

Sesimbra, mai 2008.

---

[239] Problématique qui fut le thème de la table ronde organisée par Tosquelles et Sivadon au cours du Premier Congrès International de Psychodrame (Paris, septembre 1964) et dont l'ensemble des communications et interventions a été publié dans le numéro 1 de la Revue de Psychothérapie Institutionnelle.

ARTICULATION FONCTIONNELLE DE L'ÉQUIPE DE SOINS PSYCHIATRIQUES DE SECTEUR AVEC LES ÉQUIPES DE SOINS PRIMAIRES DE SANTÉ DANS LA PRISE EN CHARGE DU MALADE MENTAL

– UNE EXPÉRIENCE: SETUBAL (PORTUGAL)[240]

1. Quelques notes d'ordre historique et culturel

Au Portugal, dès le début du XXème jusqu'aux années 1945-1950 toute l'assistance publique aux malades mentaux, se faisait par le moyen de l'hospitalisation dans les trois établissements hospitaliers de Lisbonne, Coimbra et Porto. La construction et la mise en fonctionnement de l'hôpital Julio de Matos à Lisbonne et de l'hôpital Sobral Cid à Coimbra (1945 et 1948) ont beaucoup augmenté le nombre des lits d'hospitalisation psychiatrique publique. Et l'utilisation active des thérapeutiques biologiques (malariathérapie, sismothérapie, cure de Sakel, etc.) et de l'ergothérapie permettait dès lors un mouvement d'entrées et de sorties bien significatif. Malgré cela, très tôt la réalité démontra que les possibilités d'hospitalisation devenaient de plus en plus insuffisantes par rapport à la pression des demandes. La fin de la guerre avec la création de l'ONU et la pression sociale pour une assistance psychiatrique adéquate ont conduit le gouvernement d'alors à investir dans une nouvelle politique d'assistance psychiatrique; changement politique qui a conduit à la loi 2006 de 1945. Par cette loi étaient créées trois «zones d'assistance psychiatrique» (Nord, Centre et Sud) chacune d'elles avec un Centre Coordinateur de l'hospitalier et de l'extrahospitalier. Les services de l'extrahospitalier dont les structures opératoires étaient trois Dispensaires Centraux d'Hygiène et de Prophylaxie Mentale: l'un d'eux à Lisbonne, l'autre à Coimbra et le troisième à Porto. Chacun d'eux exerçait son action par le moyen de plusieurs équipes ambulatoires (un médecin, un infirmier et un chauffeur) qui se déplaçaient régulièrement pour donner des «consultations» psychiatriques dans les départements qui les concernaient selon la distribution de responsabilité territoriale définie par la loi.

---

[240] Communication dans le IVème Cours International des Techniques de Soins en Psychiatrie de Secteur — thème: «Le théâtre du soin, ses acteurs et ses lieux» — organisé par Santé Mentale et Communautés; Villeurbanne – Lyon – France - avril 1988.

Associées à cette restructuration du dispositif et de la prestation des services ont été créées trois écoles de formation d'infirmiers psychiatriques, chacune d'elles attachée à l'un des trois Centres de Coordination. Ceci associé à une augmentation significative du nombre de postes pour la formation de médecins psychiatriques.

A peu près simultanément, le gouvernement de Salazar créait un système de Soins Primaires de Santé appelé «services médico-sociaux». C'était un système hyper-bureaucratique où les médecins, dérisoirement payés, travaillaient par périodes de deux heures dans un ou plusieurs «postes de consultation» au cours de la journée; les sources de revenu de ces médecins (et de la majorité des médecins du pays travaillant dans ces conditions) étant les salaires payés par ce système et les honoraires provenant de leur clientèle privée.

Dans un tel contexte, les Dispensaires de soins psychiatriques extra-hospitaliers se trouvèrent très tôt dans une situation qu'on peut résumer ainsi:

- ils étaient vécus comme concurrents par les médecins résidents parce que ressentis comme voleurs de leur clientèle;

- les consultations étaient sur-encombrées parce qu'il y venait des malades non seulement psychiatriques (d'eux-mêmes ou amenés par leur famille ou leurs voisins) mais aussi des malades porteurs d'autres pathologies non accueillies ailleurs. La prestation des consultations était gratuite pour la majorité des malades «inscrits» dans le service de psychiatrie et presque gratuite pour les autres; ceci expliquant, en partie, la venue des souffrants pour d'autres pathologies.

- pour le système de soins médico-sociaux les consultations de psychiatrie avaient aussi une fonction de «poubelle» vers laquelle il déchargeait nombre de «cas» sans un minimum de déontologie ni de technicité non seulement les cas gênants comme une bonne partie du sur-encombrement des demandes de consultations médicales auxquelles le système n'arrivait pas à répondre;

- les Dispensaires et les consultations de psychiatrie avaient aussi une fonction de bouc émissaire face à une situation où les demandes et les nécessités d'hospitalisation psychiatrique dépassaient de très loin le nombre de lits disponibles.

2. L'expérience de Setúbal

Le Dispensaire d'Hygiène et de Prophylaxie Mentale de Setúbal (ultérieurement appelé Centre de Santé Mentale dans le cadre de la loi de Santé Mentale 2118 d'avril 1963[241]), fut créé en 1969 et est entré en fonctionnement au début de 1970. Il dis-

---

[241] Loi dont une partie des raisons visait le dépassement des difficultés de l'articulation entre le dispositif hospitalier et celui de l'extrahospitalier.

posait d'une équipe très petite mais cohérente qui a défini comme objectif la pratique de la psychiatrie de secteur dans son territoire de responsabilité (sept municipalités comptant à cette époque-là 200 000 habitants environ). Pour dépasser la dualité du système alors en vigueur où l'assistance hospitalière et l'assistance extra-hospitalière étaient autonomes et non articulées, il a fallu développer d'énormes efforts afin d'arriver à un contrat avec l'hôpital Miguel Bombarda[242] de Lisbonne (50 km de Setúbal) de façon à ce que l'équipe du Dispensaire puisse y soigner les malades dont l'hospitalisation était nécessaire. On est ainsi arrivé, par ce contrat, à ce qu'une même équipe puisse assurer la continuité des soins, quel que soit le lieu du soin. D'autant plus que le Centre de Santé Mentale de Setúbal disposait à Setúbal même d'une petite unité de soins pour des malades régressifs à longue évolution où nous cherchions à ce que le fonctionnement et l'organisation soient au service d'une pratique inspirée de la praxis de la Psychothérapie Institutionnelle telle que vous la connaissez à partir du travail de Tosquelles, d'Oury, de Gentis, de Racine, de Delion et de beaucoup d'autres.

Mais, avant 1975, notre travail au niveau communautaire était pénible et ingrat étant donné le contexte de l'organisation et le fonctionnement des services publics de Santé dont on a parlé. Cependant, lentement et après la révolution du 25 avril 1974, se sont créées des « ouvertures» qui ont conduit à la loi du Service National de Santé et à la création d'un réseau national de «Centres de Soins Primaires de Santé», où le Centre est l'unité organisationnelle qui a, au niveau municipal, la responsabilité de la fonction d'autorité sanitaire, de l'exécution des programmes de prévention, de répondre aux demandes de soins curatifs dont les pathologies n'exigent pas d'équipements hospitaliers de diagnostic et de thérapeutique différenciés, d'orienter vers le système hospitalier les cas qui en avaient besoin. Il faut dire encore que beaucoup de ces Centres disposent de services d'hospitalisation au niveau municipal même, où l'on soigne des pathologies diverses soit déjà diagnostiquées au niveau des hôpitaux départementaux ou centraux, soit encore des pathologies pour lesquelles l'examen clinique avec le concours d'un petit service de radiologie et d'un laboratoire d'analyses suffisent pour le diagnostic et le traitement. Il convient de dire, pour ce que nous exposerons par la suite, que tous les Centres de Soins Primaires des municipalités où travaille notre équipe de secteur disposent de ce petit service d'hospitalisation locale.

Nous étions donc là, (et nous y sommes encore[243]) au niveau communautaire, les professionnels du Centre de Soins Primaires comme l'équipe de psychiatrie de secteur, en position d'autonomie et sans aucune dépendance hiérarchique ou administrative de l'une par rapport à l'autre.

Le problème qui se posait alors à notre équipe était le suivant: comment franchir les murs d'une situation historique, organisationnelle et institutionnelle réciproquement ségrégative pour arriver à des complémentarités d'articulation possibles? Il fallait trouver et tracer les sentiers d'articulation possibles malgré une situation où l'équipe

---

[242] Hôpital responsabilisé pour l'assistance hospitalière des malades provenant du territoire géo-démographique de la responsabilité du Dispensaire d'Hygiène et de Prophylaxie Mentale de Setúbal qui venait d'être crée.

[243] 1988.

psychiatrique de secteur et les professionnels des Centres de Santé Primaires (médecins et infirmiers surtout) étaient surchargés de travail.

Il nous serait impossible de rapporter ici toute la diversité de situations où l'équipe a saisi la possibilité de jeter des ponts utiles dans cette stratégie d'articulation inter-institutionnelle; ce qui est passé, obligatoirement, par une dimension éthique et technique de l'accueil des demandes des professionnels des Centres de Santé et aussi, bien entendu, sur la manière de leur poser nos demandes de coopération. Nous ne pouvons pas non plus rapporter en détail la richesse phénoménologique des rencontres réussies et ratées ni ce qui émerge toujours de la dimension du désir au cours de ces rencontres. Nous serons forcés de résumer. Commençons par dire que la première rencontre visant des objectifs explicites d'articulation a eu lieu au début de 1976 entre le médecin de l'équipe de psychiatrie et le couple de médecins responsables du premier Centre de Santé Primaire créé à Grândola (municipalité de l'Alentejo); ceux-ci médecins résidents, travaillant à plein temps et en régime d'exclusivité. Cette rencontre a été facilitée par des facteurs conscients de rapprochement; connaissance réciproque d'une position politique commune et aussi une conceptualisation partagée sur ce qui devrait être la structure et le fonctionnement d'un Service National de Santé; et encore: désir d'ouverture à un travail d'expérimentation pratique et théorique partagé.

Alors, sans programme établi d'avance et sans aucune orientation ou imposition administrative ou ministérielle (heureusement!), on est arrivé:

• à la perception commune de la nécessité d'un tri des malades à envoyer à la consultation de psychiatrie, de façon à ce qu'elle n'ait pas comme seule fonction celle d'être le «pot de chambre» destiné à recevoir les «mauvais objets» éjectés. Ce qui impliquait: répondre à la demande de transmission de savoir psychiatrique, à la pratique des règles d'accueil et de «passage» des malades d'un champ institutionnel à l'autre, à la redistribution partagée de la fonction diagnostique et thérapeutique;

• à la conviction de pouvoir hospitaliser et soigner un nombre non négligeable de situations psychiatriques dans le petit hôpital du Centre. En fait, petit à petit, passant par l'accueil des angoisses du personnel infirmier et répondant à leurs demandes de formation théorique et pratique en psychiatrie, on est arrivé à y soigner, parmi les malades souffrant d'autres pathologies, sans ins-tallations de ségrégation, tant des décompensations névrotiques aiguës et des dépressions légères que certaines décompensations psychotiques et même des crises dissociatives aiguës ou sous-aiguës, des pathologies neuro-psychiatriques éthyliques, etc... Bien entendu: ces hospitalisations ont toujours lieu dans le cadre d'un accord commun, ce qui, nécessairement, implique une demande et l'accueil de cette demande, en contact direct, et qui fonctionne dans les deux sens: de l'équipe de psychiatrie vers l'équipe de Soins Primaires (plus particulièrement les médecins et les infirmiers) et vice versa. Ceci, évidem-ment, implique que l'équipe psychiatrique soit en disponibilité permanente pour accueillir les difficultés du service d'hospitalisation face aux symptômes psychiatriques de nos malades pour lesquels nous avons demandé l'hospitalisation sur place, comme pour ceux qui peuvent se manifester chez leurs propres malades hospitalisés pour des pathologies somatiques. Cette pratique semble avoir beaucoup de points communs avec celle de l'équipe de Minard à Dax et depuis 1985, nous avons d'ailleurs beaucoup de plaisir et de profit à découvrir ensemble ces points communs.

Au-delà du soin psychiatrique complémentairement partagé, l'équipe du secteur et celle du Centre de Soins Primaires ont encore pu:

- entreprendre en commun la réalisation de programmes de recherche épidémiologique au niveau communautaire;

- soutenir ensemble les commissions de parents et la municipalité dans la constitution d'une coopérative psychopédagogique pour les enfants porteurs de déficits des fonctions cognitives sortant de la «normalité», quelles que soient les structures sous-jacentes.

Il faut dire que quelque temps après la création du Centre de Soins Primaires de Grândola, l'ancien système des Services Médico-Sociaux dont on a parlé, a été supprimé par le gouvernement et que les services locaux respectifs avec leur personnel ont été intégrés dans cette nouvelle structure qu'est le réseau des Centres de Soins Primaires de Santé.

Alors, dans le champ sanitaire, au niveau municipal, la situation a beaucoup changé. Dans notre cas, celui du Centre de Grândola, nous avions alors non seulement ces jeunes médecins engagés dont on a parlé et d'autres qui, entre-temps, étaient arrivés, mais aussi les médecins, les infirmiers et le personnel administratif des anciens services médico-sociaux dès lors intégrés dans la structure administrative et technique du Centre. Cela a conditionné une situation de clivage, de mise en question et de bouleversements des rapports hiérarchiques, des rapports de pouvoir, des systèmes de prestance et, bien entendu, d'émergence d'angoisses dépressives et paranoïdes avec la dramatisation corrélative de structures défensives diverses: paranoïdes, manicoïdes, hystéroïdes et obsessionnelles. Cependant, malgré ces difficultés, malgré la montée de la marée des demandes qui s'abattait à l'accueil de notre équipe de psychiatrie et les effets de ce contexte dans sa dynamique interne propre, on a pu maintenir cette «tablature opératoire», dont on vient de parler.

Toutefois entre 1977 et 1986, d'autres faits vont peser sur le déroulement de notre expérience d'articulation avec le Centre de Grândola: d'une part, la restauration de droite avec sa note revancharde impose un directeur nommé par le gouvernement, lequel instaure l'autoritarisme hiérarchisé et le bureaucratisme rigide, ce qui déclenche des résistances plus ou moins farouches de la part des médecins généralistes ce qui, en conséquence, mène à des procès disciplinaires; d'autre part, les conditions très dures de travail et l'éloignement de Lisbonne entraînent une constante rotation des médecins attachés au Centre.

Bien sûr, l'équipe de psychiatrie était autonome au point de vue administratif par rapport au Centre et faisait tout son possible pour tenir sa position de neutralité et d'accueil vis-à-vis de tous les professionnels, quelle que fût leur faction d'appartenance.

Dans ce contexte, la «tablature», les potentialités du champ d'articulation et la diversité des articulations opératoires de soins se sont rétrécies et la qualité du tri des malades «pour la psychiatrie» en a, à nouveau, beaucoup souffert. De toute façon, l'articulation pour l'hospitalisation de nos malades sur place s'est maintenue, ce qui impliquait la poursuite des échanges et, du même coup, une réelle poursuite de l'élaboration des projections fantasmatiques en présence.

C'est ainsi que vers la fin de 1985, sont formulées à nouveau des demandes pour réaliser des séances de «formation en psychiatrie» et les médecins généralistes cherchent à rencontrer le psychiatre pour demander conseil et donner des informations directes sur des cas cliniques qu'ils trouvaient utiles d'envoyer à la consultation de psychiatrie. Le corps des infirmiers du Centre, pour sa part, s'identifiait dans la même demande pour qu'on réalise des séances de formation en psychiatrie en multipliant en même temps des contacts directs avec l'équipe.

Et c'est ainsi qu'au mois de mai 1986 l'équipe psychiatrique et le Centre de Soins Primaires de Santé de Grândola organisent les Ières Journées Luso-Françaises sur «L'Articulation Fonctionnelle des Equipes de Soins Psychiatriques avec les Equipes de Soins Primaires de Santé», lesquelles ont eu lieu dans les installations du Centre avec la participation de Alain Castera et Michel Minard de Dax et Claude Cappadoro d'Aire-sur-Adour. Depuis lors, le champ des échanges est devenu de plus en plus riche et approfondi; de telle façon que depuis l'an dernier, il y a des médecins généralistes qui fréquentent régulièrement un Séminaire sur le thème de «La Relation Thérapeutique» organisé par nous à Setúbal (70 km de Grândola) et que la demande pour la mise en marche d'un travail de perspective balintienne a été déjà formulée par des généralistes attachés à deux Centres de Soins Primaires de Santé voisins et localisés dans le secteur de l'équipe.

L'arrivée, il y a trois ans, au Centre de Santé Mentale de Setúbal d'une confrère, semblant s'identifier à ce projet éthique et technique de travail a permis l'émergence de conditions qui ont conduit à la formation d'une autre équipe de secteur laquelle, dans une autre zone géo-démographique de la responsabilité du Centre de Santé Mentale de Setúbal, poursuit une expérience dont les effets, dans le cadre de cette dynamique d'articulation inter-institutionnelle, présente des homologies qui, d'après nous, méritent d'être retenues au niveau d'une élaboration théorique sur le sujet dont nous nous occupons ici.

En outre, l'émergence d'autres expériences récentes dynamisées par d'autres confrères avec leurs collaborateurs dans d'autres Centres Départementaux de Santé Mentale tels que ceux de Beja, Castelo Branco, Viseu, Braga, Bragança et Lisboa, semblent montrer l'apparition de certains faits communs au niveau de l'expérience du travail intra-communautaire; comme si le désir partagé par ces équipes de transgresser et de déchirer un cadre institutionnel figé d'assistance psychiatrique d'inspiration universitaire et hospitalo-centrique (désir qui passe par une demande commune d'ouverture vers l'articulation fonctionnelle non hiérarchisée avec les autres relais institutionnels du champ sanitaire et social) comme si ce désir commun, disais-je, menait au déclenchement de processus homologues qu'il convient de caractériser et dont il convient de saisir les lignes de force. C'est d'ailleurs cette prise de conscience partagée de la nécessité d'une élaboration collective sur le déroulement de ces faits de l'expérience qui a conduit les promoteurs de ces expériences à se constituer en «Groupe de Réflexion Théorique sur la Pratique de la Psychiatrie de Secteur» fonctionnant régulièrement en modèle de séminaire.

Pour en revenir aux faits de notre expérience, il est apparu que dans le cadre du travail dénommé de «formatif» entre l'équipe psychiatrique du secteur et les médecins de famille des Centres de Soins Primaires et dans la suite de la demande de réalisation des séances de formation collective dont on a parlé, a émergé la demande de mise en place de ce qu'on appelle la «formation côte à côte» et qui consiste en ceci: d'après un agenda établi à l'avance avec le psychiatre, les médecins généralistes donnent rendez-vous à des malades dont ils estiment qu'ils ont des composantes psychologiques ou psychiatriques dans leur tableau clinique, voire même des maladies psychiques. La consultation des malades ainsi triés a alors lieu dans le bureau du médecin de famille avec le psychiatre. À la «consultation côte à côte» suit la réflexion clinique conjointe sur les cas consultés avec l'analyse du déroulement de la situation de consultation, puis, sur l'orientation et la stratégie thérapeutique à suivre, etc.

Ceci pose, comme vous le voyez bien, in situ et concrètement, toute la question du rapport entre le savoir médical de référence universitaire (et de l'éventuel besoin de son usage concret) et la dimension de la spécificité psychiatrique dans tout ce que ce rapport a de paradoxal. C'est-à-dire: se situer dans une position d'ouverture à l'autre et à ce qui du sujet de l'inconscient, parle en lui; se situer dans une position d'accueil des singularités soient-elles insolites, comme le dit Oury; du même coup devenir suffisamment averti des dangers de tomber dans les pièges des identifications spéculaires.

Nous sommes donc, en ce qui concerne la référence formatrice de l'articulation, face à deux demandes et deux moyens de travail qui s'articulent entre eux en termes de complémentarité: le travail «côte à côte» auprès du consultant et le travail en groupe qui va de l'«enseignement» jusqu'à la réflexion clinique collective.

Nous nous sommes quelque peu appesantis sur cette dimension formatrice de notre travail d'articulation avec les médecins et les infirmiers des Centres de Soins Primaires de Santé et nous pouvons discuter sur les déterminations de ce choix si vous le voulez bien.

Nous avons fait référence aux articulations avec le champ du sanitaire mais il faut ne pas oublier l'importance des articulations avec les professionnels des Services d'Action Sociale, les foyers pour les personnes âgées, les coopératives de rééducation psychopédagogique, les structures locales de l'enseignement, les commissions de travailleurs des entreprises, etc...; bref: ce que Francis Jeanson appelle le «travail dans la population». La raison de cette prévalence donnée à l'articulation avec le sanitaire, c'est que cela nous est apparu comme une condition indispensable et basale pour pouvoir travailler au niveau communautaire dans le contexte portugais. En effet, pour réaliser un travail psychiatrique qui ne soit pas du simple étiquetage nosographique ou syndromologique et de la mono-thérapeutique chimique dans le cadre des ségrégations multiples et pour essayer de tisser une surface d'accueil qui soit présente à des endroits multiples et, pour ainsi dire, en permanence, il a fallu commencer par une stratégie de redistribution de la fonction psychiatrique, psychothérapique donc, au sens large.

Dans cette redistribution de la fonction d'accueil des sujets en souffrance et de la fonction psychiatrique, il semble évident que le rôle et la fonction de relais des médecins et des infirmiers résidents, institutionnellement attachés au Centre de Soins Primaires de Santé (qui, comme nous l'avons dit, dispose d'un service d'urgence local, d'un service d'hospitalisation et d'un service de consultations et où ces professionnels sont au courant de la vie des familles, des groupes et de tous les réseaux communautaires) imposaient que l'équipe psychiatrique de secteur y investisse de façon privilégiée. Nous l'avons fait et nous croyons pouvoir synthétiser les résultats comme suit:

1. Notre pratique a réduit le poids des demandes de consultations psychiatriques dont la majorité (70%) était composée de structures névrotiques et de réactions émotionnelles. Ceci a permis une plus grande disponibilité pour le travail d'articulation et formateur entre les équipes. Ceci a permis aussi la mise en place de psychothérapies au sens spécifique (individuelles et de groupe) dans les installations du Centre.

2. Nous parvenons à hospitaliser et à soigner sur place la presque totalité des crises aiguës ou sub-aiguës quelle que soit la référence nosographique, de même que les cures de désintoxication éthylique et d'autres toxicodépendances. C'est ainsi que, pour une population de 50 000 habitants, il y a eu seulement deux hospitalisations à l'hôpital psychiatrique au cours de l'année dernière et celles-là provenant d'une municipalité appartenant au secteur mais où l'articulation est encore difficile et pauvre.

3. Il y a eu une élévation du seuil de tolérance communautaire, familiale et des professionnels de santé vis-à-vis du symptôme psychiatrique et de la maladie mentale avec réduction spectaculaire des attitudes ségrégatives et «d'éjection».

4. L'élargissement du champ de potentialités d'articulation a enrichi aussi la tablature d'accueil et les potentialités d'articuler les fonctions diagnostique et thérapeutique dans une perspective polydimensionnelle et complémentairement partagée.
Cette stratégie de pluri-articulations implique un travail permanent d'attention et de réflexion relativement à l'émergence et aux contenus des demandes et relativement au désir; ce qui détermine la mise en question des structures défensives au sein de l'équipe psychiatrique elle-même avec des effets dynamiques complexes dont il faut tenir compte et s'occuper soigneusement.

5. Le fonctionnement propre des Centres Municipaux de Soins Primaires de Santé où travaillent notre équipe et celle de la consœur dont on a parlé s'est beaucoup modifié avec ce travail d'articulation: il est devenu moins cloisonné, des réunions de personnel ont lieu, le registre du fonctionnement des consultations et de ce qu'on appelle «la relation médecin-malade» a basculé dans le sens de la souplesse et de l'ouverture à autrui.

6. Avec un certain nombre de psychotiques on commence à pouvoir travailler dans ce champ d'articulation les problématiques du transfert et du contre-transfert multi-référenciés et multi-référentiables, selon la conception de Tosquelles et d'Oury.

7. L'expérience du Centre de Santé Mentale de Setúbal fait partie, depuis quelques années, de l'imaginaire et du langage de bon nombre de groupes de travail psychiatrique, surtout au niveau des Centres de Santé Mentale départementaux,[244] ce qui mène à la rupture des processus routiniers de travail, à l'émergence d'expériences diversifiées et riches et à la rencontre régulière et élargie des professionnels compromis dans ce processus de transformation.

3. La question des références

On peut se demander quelle est la référence théorique qui soutient notre praxis et celle des autres animateurs engagés dans la recherche de nouveaux sentiers de travail psychiatrique dans notre pays. Il faut dire qu'il n'y a pas d'homogénéité à ce sujet. On peut dire qu'il y a des équipes qui se situent par rapport à la stratégie d'articulation dans un cadre théorique de type fonctionnaliste/cognitiviste recherchant des consensus pragmatiques démocratiquement partagés; leur praxis clinique est celle du savoir et du savoir-faire de la psychiatrie dite classique, ici et là avec une composante significative de l'Ecole Phénoménologique allemande. Pour notre part, comme certainement vous l'avez déjà remarqué au passage, nous pensons que les outils conceptuels élaborés dans le cadre des expériences et de la théorisation du mouvement de la psychothérapie institutionnelle, notamment par Tosquelles et Oury, peuvent nous rendre de grands services. C'est ainsi que des concepts tels que celui de «collectif», d'«accueil», de «transfert multi-référencié», de «groupes réactifs spontanés», de «rapports de complémentarité», d'«analyseurs», de «transversalité», de «position diacritique permanente», etc. sont en sous-jacence dans notre pratique de tous les jours. Comme vous le comprenez bien, c'est une pratique qui n'est pas facile. Pierre Delion emploie la métaphore de la musique: «il faut la connaître pour la jouer mais c'est en la jouant qu'on l'apprend». Il est certain que le champ communautaire du milieu social dit normal n'est pas moins complexe

---

[244] Cette communication a eu lieu en 1988; quatre ans avant de décret qui a intégré les services publics de psychiatrie (à l'exception des hôpitaux psychiatriques) dans les hôpitaux généraux.

que celui du champ institutionnel d'un établissement hospitalier même si celui-ci, dans ses aliénations et son carcan, nous apparaît comme une sorte de caricature de celui-là. Et, bien sûr, les angoisses émergent et pointent partout et les défenses, plus au moins pathologiques, sont toujours là. Et l'équipe est bien obligée de les vivre les unes et les autres, qu'on le veuille ou non. L'important étant que l'équipe ait la capacité de les saisir et de se poser la question très «ouryenne»: qu'est-ce qu'on fait ? Qu'est-ce qu'on peut faire là ?

A ceux qui nous écoutent, il peut sembler que nous envisageons le secteur, les municipalités, les communautés comme des champs plus ou moins semblables aux hôpitaux psychiatriques. Et comme on ne peut pas se dispenser de l'outil de l'interprétation, on peut être tenté de penser que nous songeons à une sorte de grand divan où l'on désire mettre tout le monde, à commencer par ceux avec lesquels nous nous articulons dans le champ du sanitaire et dont on a longuement parlé; bon: quelque chose de l'ordre du paraphrénique. Cependant notre désir de soigner et notre action de soignant visent exclusivement les sujets souffrants qui nous posent directement ou indirectement la demande de soins psychiatriques. Notre stratégie de détection de relais visibles ou potentiels d'articulation opératoire entre eux et nous, n'a pas d'autres objectifs que ceux de:

- redistribuer la fonction psychiatrique selon des critères qui ont été évoqués auparavant;

- réduire la pression ségrégative quel que soit l'endroit où elle se manifeste;

- enrichir autant que possible l'information pertinente dans le processus diagnostique;

- élargir «l'équipe» de soins psychiatriques à des non-psy mais en cohérence articulée avec celle de psychiatrie, articulation qui se prétend souple et ouverte aux émergences du sujet; ce qui implique la nécessité de rencontres multiples et multipliables et très diversifiées dans leur structure et leur «pré-texte»;

- créer des conditions et opérer des actions de dimension formative pour nous tous en tenant compte du désir et des demandes des soignants-acteurs; ce qui implique une diversité mouvante, toujours respectueuse des consensus, des accords et du degré d'implication personnelle;

- améliorer, le plus possible, la qualité de notre travail soignant.

4. Un exemple de notre «faire» en clinique

Un mardi matin, l'infirmier psychiatrique, l'assistance sociale et moi-même arrivons au Centre de Soins Primaires de la municipalité de Grândola, lieu où chaque semaine se déroule une journée de notre travail. Quelques instants après notre arrivée, une infirmière du Centre qui habite à une trentaine de kilomètres et qui prodigue des «soins infirmiers» aux gens du village et à ceux des environs, vient à la rencontre de l'assistante sociale de notre équipe psychiatrique pour lui parler d'une situation qu'elle estime très difficile et pour laquelle elle demande qu'on fasse quelque chose. Voilà la situation: les parents d'un garçon du voisinage, âgé de vingt deux ans, se sont adressés à elle, très angoissés, pour lui demander de l'aide. Leur fils, intelligent, bon élève et travailleur, présentait depuis quelques mois de graves troubles psychiatriques: refusait de manger, ne dormait pas, passait les nuits debout et parlant tout seul en marchant d'un bout à l'autre du couloir de la maison, parlait de choses qu'on n'arrivait pas à comprendre, ne se considérait pas comme malade et refusait obstinément d'aller voir un médecin pour se faire soigner. Mais ce qui gênait particulièrement cette infirmière du Centre, c'est qu'elle avait dit aux parents de l'amener à notre consultation de psychiatrie mais en lui disant, à lui, Victor, qu'il venait pour accompagner son père à cette consultation «des nerfs»; ce qu'il avait accepté. De fait, dès l'entrée dans les installations du Centre, nous avons vu un garçon en bonne tenue qui marchait d'un bout à l'autre du couloir, très, très tendu et guettant tout ce qui se passait autour de lui. Il faut dire que dans ces installations et tout au long de ce couloir, il y a plusieurs cabinets de consultations de médecine générale et quelques salles d'attente où s'agglomèrent des dizaines et des dizaines de personnes pour des consultations, pour des traitements, pour être vaccinées, pour demander des rendez-vous, etc.

L'assistante sociale nous a posé le problème et nous avons décidé qu'elle et les parents fassent l'inscription de Victor pour la consultation, laissant le problème de savoir comment on allait s'y prendre au moment de la consultation; ce qui est advenu deux heures plus tard. Pendant ce temps d'attente, il m'a fallu sortir et entrer dans le bureau de consultation, parler avec d'autres confrères et des infirmiers, aller au service d'urgence pour voir un malade qui venait d'arriver. Victor continuait à guetter toutes les allées et venues des gens, tout ce qui se passait autour, tout ce qui se disait. Bon: le moment est venu pour moi de recevoir dans le bureau; qui? Le père de Victor, puisqu'on lui avait dit d'amener son père à la consultation? Victor tout seul? Tous les deux ensemble? J'ai décidé de venir à la porte du bureau et de dire à Victor d'entrer; d'entrer tout seul. Victor entre sans manifester de résistance et s'assoit en face de moi mais en position un peu oblique. Je remarque à nouveau sa tenue très soignée, son visage tendu, ses mouvements un peu maniérés et je lui dis tout simplement: «Bon, allons! Alors, dites-moi ce qui vous préoccupe».

Victor commence alors à parler sur un ton très sérieux et avec une certaine note dramatique. Il parle de façon «saltigrade», passant des thèmes mystiques et philosophiques à des thèmes concernant ses capacités intellectuelles et esthétiques; cependant ce qui domine dans la structure de son discours c'est la «diffluence» et l'imprécision de la pensée. Et ainsi, pendant trois quarts d'heure, Victor me parle de ses doutes et de ses convictions d'être «empoisonné par sa mère», «d'être né dans une cassette», d'être «un être programmé», d'avoir été «changé», d'avoir «un mystère lié à sa naissance» et de «vouloir savoir ses vraies origines». Il dit aussi qu'il a parlé avec le Pape à Fatima «sans y être», qu'il fait des choses sans s'en apercevoir, mais qu'elles apparaissent parfaites, qu'on l'a mis à fonctionner «à contrario»: lui, son corps, son temps vécu et le temps de toute son existence. Entremêlés à tous ces contenus, à plusieurs reprises, des émergences d'allusion à des thèmes homosexuels, à des influences et transformations venues de l'extérieur sur tous les organes de ses appareils digestif et sexuel.

Bien, le moment est venu de prendre une décision sur le traitement; laquelle? Discuter avec lui de l'hypothèse d'une hospitalisation à l'hôpital psychiatrique d'appui à Lisbonne, ou sur place dans l'hôpital du Centre de Santé? Faire venir une ambulance et l'envoyer à l'hôpital psychiatrique, qu'il le veuille ou pas? Faire venir l'infirmière de l'équipe et s'arranger pour lui faire une injection de neuroleptique d'action immédiate associée à une préparation à action prolongée? Lui faire une prescription de neuroleptiques par voie parentérale et discuter avec lui et l'infirmière de son village du mode d'administration? Lui faire une ordonnance «per os» et discuter avec lui de la façon de prendre les médicaments prescrits? Lui dire d'aller voir son médecin de famille, accompagné d'une lettre avec des indications diagnostiques et chimiothérapiques? Donner aux parents, par voie indirecte, une ordonnance de gouttes d'halopéridol pour qu'ils les mélangent dans la soupe? Nous avons décidé de ne rien faire de tout cela. Nous lui avons demandé tout simplement s'il voulait un rendez-vous pour le mardi suivant; ce qu'il a accepté instantanément avec une mimique de satisfaction très fugace. Et immédiatement après, on s'est dit au revoir.

Il fallait maintenant épauler et atténuer les angoisses des parents et de l'infirmière de façon à ce qu'ils puissent accepter une telle décision. C'est l'assistante sociale de l'équipe psychiatrique qui s'en est chargée après une brève discussion sur la méthode à essayer.

Le mardi suivant, lorsque l'équipe arrive, Victor m'attend: il m'accueille avec un sourire de satisfaction. Dans le cabinet de consultation, Victor s'assoit, non pas en face de moi de l'autre côté du bureau comme la première fois, mais sur une chaise à ma droite, près de moi. En s'asseyant, il sort de sa poche un flacon de cachets d'halopéridol et le pose sur le bureau. A mon regard interrogatif, il me dit: «J'ai été obligé de venir ici; j'ai été très mal; j'étais dans toutes les choses et toutes les personnes étaient en moi; mon corps parlait partout et tout parlait dans mon corps; j'ai cherché le docteur X qui m'a ordonné ces comprimés. Il faut que vous continuiez à me les prescrire parce que je ne peux pas m'en passer; maintenant je suis plus unifié; on ne me fait plus fonctionner a contrario». Effectivement, on a constaté une nette amélioration des phénomènes dissociatifs et délirants.

Ajoutons ceci: vers la fin de cette journée de travail à Grândola, le Docteur X vient nous voir et nous raconte que le lendemain du premier entretien, Victor est venu au Centre très agité et angoissé, demandant partout s'il y avait un médecin de notre connaissance ou un médecin étant notre ami. Lui disant qu'oui, qu'on se connaissait bien, il lui avait prescrit le fameux halopéridol...

Pour finir, disons simplement que Victor ne manque jamais un rendez-vous, qu'il prend obsessionnellement ses médicaments, qu'il ritualise sa vie, qu'il ne présente plus de troubles dissociatifs ni de délire actif, qu'il se réfère à la crise dissociative en disant qu'il était très malade mais qu'il ne se rappelle que très peu de choses de ce qu'il a vécu.

Bien, si nous avons présenté cet exemple clinique, ce n'est pas pour le commenter au point de vue phénoménologique ni pour y réfléchir d'un point de vue psychanalytique; encore moins pour nous présenter devant vous avec un de nos «happy ends» dont nous nous méfions beaucoup. C'est tout simplement parce qu'on a pensé que le cas de Victor, dans les aspects que nous avons résumés, pouvait vous donner une idée concrète du cadre, de la forme et du style de travail de notre équipe à Setúbal.

UN PEU DE MÉMOIRE; UN PEU DE RÉFLEXION
A PROPOS DE L'ÉQUIPE PSYCHIATRIQUE [245]

Chers amis

Pour me rassurer, un peu il faut que je vous avoue que j'ai éprouvé (et que j'éprouve) quelques difficultés pour venir et oser être ici devant vous. En vérité, cela fait seulement quelques jours que j'ai reçu la lettre de Jacques Tosquellas avec la plaquette du programme où est consigné que je devais venir à cette place vous parler après Ayme — la grève de la poste au Portugal et les difficultés de m'avoir au téléphone au cours de la journée sont pour quelque chose dans le retard de la réception de l'information que Jacques gentiment m'a adressé.

Ce petit mot par lequel j'ouvre la bouche, vous le voyez bien, c'est un appel à votre tolérance et patience pour les failles multiples que vous allez entendre par la suite.

En effet je n'ai pas eu suffisamment de temps pour «rêver» sur le thème de ces XIIèmes Journées de l'AMPI et je crois que pour penser il faut rêver; aussi, étant donnée ma lenteur (et d'autres soucis et responsabilités que viennent interférer) il m'a manqué du temps pour me remémorer un minimum utile et indispensable sur la cinquantaine d'années de mon travail en psychiatrie. Alors, tout ceci, associé à mes difficultés de langue et à mes inhibitions personnelles, a fait le reste... que je soumets à votre tolérance.

Toutefois l'amitié et la solidarité ayant déterminé ma décision de venir, je suis indécis sur ce dont je pourrais vous parler.

Alors, en dernier recours, j'ai repris la plaquette du programme et j'ai relu: «espaces du rêve et temps de l'action dans le travail d'équipe!»... Et je me suis dit: bien, si on dit espaces du rêve, rêve dans le travail de l'équipe, est-ce que ce n'est pas d'une équipe de travail à la chaîne dont il s'agit ici — vous savez certainement que par les temps qui courent la psychiatrie n'est pas exempt d'un tel modèle de travail et j'ai même

[245] Communication aux XIIèmes Journées de Psychothérapie Institutionnelle de l'Association Méditerranéenne de Psychothérapie Institutionnelle sur le thème: Espaces du rêve et temps d'action dans le travail d'équipe» - Marseille, novembre 1998.

connaissance d'un pays où a été nommée officiellement une commission technocratique composée d'infirmiers dans le but de décomposer le travail infirmier psychiatrique en tâches précises et de chronométrer avec rigueur les temps d'exécution respectifs...

Mais laissons mes inquiétudes personnelles face à une éventuelle menace d'introduction du modèle robotique en psychiatrie, certainement bien moins coûteux en personnel et accordons-nous pour parler d'équipe psychiatrique en travail.

Nous savons tous que nous devons au mouvement bipolaire de ce que l'on nomme psychothérapie institutionnelle et psychiatrie de secteur[246] la promotion de l'exigence du travail psychiatrique en équipe comme nécessité incontournable. Ceci tout d'abord avec la reconnaissance active de ce que l'être humain, sain ou malade, est une intégration polydimensionnelle qui a à voir avec le corporel, le psychique et le sociale. Puis par le fait que le travail pour soigner les défauts, troubles ou ruptures de cette intégration, exige le concert d'acteurs techniques de spécificités diverses; c'est-à-dire: la reconnaissance active de que le médecin n'est pas le seul détenteur du savoir pertinent et que de la sémiologie concrète au quotidien, indispensable pour une prise ajustée de décisions, il n'en saisit que très peu à partir du seul colloque singulier traditionnel. Pour cela, et surtout par rapport aux patients psychotiques, il lui faut convoquer et écouter ceux qui, au quotidien, au cours de la journée et à plusieurs endroits, sont en rapport direct avec ces patients. D'où, comme vous le savez, l'institutionnalisation de cet outil fondamental que sont les réunions du collectif soignant centrées sur les malades (la praxis démocratique intrinsèque au mouvement élargissant par la suite la pratique des réunions à d'autres configurations et finalités). D'où encore, la reconnaissance active de ce que pour soigner les malades psychotiques il faut implanter une constellation référencée d'espaces d'échanges matérielles, affectives et langagiers, espaces au travers desquels ils pourront librement circuler et qu'ils pourront éventuellement investir — ce qui implique non seulement l'élargissement du théâtre du soin et le découpage spatio-temporel scénique de celui-ci, comme sa nécessaire articulation et intégration (vous voyez bien que j'évoque les clubs thérapeutiques et leurs articulations avec le quartier et l'extérieur).

Il semble évident que ce que je viens de rappeler a été fruit et moteur de la culture démocratique; mais cela a été aussi fruit de la reconnaissance éclaircie de ce qu'on peut appeler le potentiel pathogène/pathoplastique ou au contraire thérapeutique, du champ de soin qu'il fallait aménager. Jusque là tous les intervenants du processus ont été d'accord, il me semble. Mais il me semble aussi que quelques-uns se sont arrêtés dans ce que j'appelle une théorie et praxis fonctionnaliste dynamique. D'autres cependant, ont poursuivi la navigation...

En vérité, bientôt, même avant l'énoncé de la métaphore des deux jambes par Tosquelles lors de la fondation de la Société de Psychothérapie Institutionnelle à Paris,

---

[246] Mouvement où le Syndicat des Médecins des Hôpitaux Psychiatriques, les Stages du CEMEA d'autrefois et les Sociétés Croix-Marine ont joué le rôle décisif que beaucoup d'entre vous ont bien connu mais qu'il me semble utile de rappeler.

en octobre 1965, lui-même, Oury, Gentis, Racine et d'autres, s'inspirant à la fois des travaux de Melanie Klein et de ses continuateurs sur les angoisses et les organisations défensives archaïques et à la fois sur les observations et les réflexions sur la pathologie de l'image du corps et la pratique des groupes, en étaient arrivés à la notion de transfert morcelé et multireferentié, notion qu'ils articuleront à celle de greffe de transfert mise en évidence par Gisela Pankow. Ces notions, enrichies par l'apport de concepts de la daseinanalyse allemande et par les fruits des travaux du groupe de Schotte à Louvain à propos du vecteur contact de Szondi ont conduit à la mise en évidence et à la promotion dans la pratique de la fonction basale d'accueil — ceci bien avant la conceptualisation de la fonction *alpha* par W. Bion et de l'élaboration et la diffusion des concepts d'enveloppe psychique et d'enveloppe groupe, de fonction contenante, etc.

Et depuis nous avons tout le développement du travail pratique et de réflexion théorique produits par le Groupe de Villeurbanne avec Jacques Hochman et Marcel Sassolas, celui produit par Delion et collaborateurs avec les enfants, à Angers; celui de La Borde, Oury nous en témoigne au cours des décennies avec la générosité que nous tous lui reconnaissons.

Ce petit raccourci historique m'a semblé nécessaire pour montrer qu'une équipe de travail en psychiatrie ne doit pas être vue comme groupe ou ensemble de groupes conçus dans sa composition, fonctionnement et inter-activé dynamique selon des paramètres sociologiques seulement, en ce qui concerne la fonction décisionnelle ou celle de la distribution et de l'exécution de tâches techniques, sujet sur lequel on peut lire avec profit le long exposé de Jacques Tosquellas aux 2èmes Journées internationales sur la psychothérapie institutionnelle et la psychiatrie de secteur qui ont eu lieu à Mangualde - Portugal, 1990 et publié par la Sociedade portuguesa para o estudo da saúde mental.

En rester à une telle conception signifie non seulement l'illusion de vidange du sujet de l'inconscient comme le refus de travailler avec lui. Ce qui va ouvrir les portes à la rationalité objectivante et machinique dont les conséquences déjà connues et celles de l'avenir sont beaucoup à craindre tant sur la dimension de l'éthique que sur celle de la pensée scientifique.

Il nous faut donc recourir à d'autres appareillages conceptuels pour essayer de mieux comprendre la «substance» de ce qu'on appelle l'équipe psychiatrique en travail.

Pendant des années, dans ma pensée personnelle, je me servais de la métaphore du sac pour comprendre et travailler dans l'équipe. Et voilà que Delion gentiment me fait parvenir son livre titré «*Séminaire sur l'autisme et la psychose infantile*» où j'ai pu voir que la métaphore du sac et de la logique des sacs en opposition à la logique des boîtes conceptualisés par Michel Serres, lui était aussi utile. Il dit en recourant à une image tellement éloquente que je ne résiste pas à vous la transmettre: «L'équipe, le collectif des soignants, cet organisme bizarre est fabriqué avec des colonnes vertébrales psychiques éthiques de chacun mais dans une peau groupale. C'est un dispositif fragile, précaire; un peu comme quand on se met à quatre ou cinq dans un sac en tissu pour faire le cheval; il y en a un qui est dans les pattes de devant, un autre dans les pattes de derrière et deux ou trois qui font le reste. Il faut que chacun des membres de ce cheval particulier tienne pour que l'ensemble tienne dans un tissu qui représente vaguement un cheval; c'est très fragile et cela peut se déchirer facilement». Et il ajoute: «dans notre travail d'équipe il y a quelque chose de cette ordre-là, un indice de fragilité et de précarité nécessaire pour accueillir les angoisses et les moyens de défense très fragiles des enfants et des adultes ainsi que icônes et les indices qu'ils (nous) envoient».

Évidemment, comme il le dit très bien, c'est un sac très particulier. Composé par un nombre fini de nœuds et de passages entre-eux, l'ensemble tisse une surface-enveloppe à géométrie variable sur des dimensions multiples. Même avec une simple dimension topographique et si on prend le paradigme du secteur, on voit (il serait bien que cela soit ainsi) que l'enveloppe-sac peut se distendre en pseudopodes à la recherche de points de contact et d'articulations nécessaires, ou ils peuvent se rétrécir en plis et replis non moins nécessaires; on voit que cette variation peut se faire selon des mouvements flexibles et bien accordés sur le terrain ou, au contraire, sur un mode plus ou moins rigide et dissonant, indiquant l'identification projective pathologique; on peut même voir l'image de la catatonie avec des points fixes avec l'action de stéréotypies supposées techniques. Et il faut que ce tissage tienne pour que puisse tenir la surface-interface qui fait limite entre un champ extérieur et un champ intérieur et dont chacun a des propriétés particulières de champ. Ici, il me semble utile de vous rappeler l'épistémologie et les concepts de champ psychologique, de champ de groupe et de champ social (avec ses assises écologiques) que Kurt Lewin nous a apportés il y a déjà longtemps.

Cette surface-interface que l'enveloppe-sac constitue, je l'imagine fonctionner comme une membrane qui supporte des tensions extérieures et intérieures, qui a donc fonction de pare-excitation et qui peut devenir surface d'inscription. J'évoque ici les bien connues formulations d'Anzieu. Mais je la vois aussi assurer une fonction de support des systèmes de pores de perméabilité dont les échanges osmotiques et de pompage sont toujours complexes, fragiles et précaires dans leur stabilité fonctionnelle adéquate. Excusez-moi encore de ces recours métaphoriques à la physique-chimie. Comme je viens de le dire, cette surface-interface du sac-membrane est soumise tant à des tensions extérieures (étatiques, d'opinion publique, des familles et de tout le réseau social) qu'à des turbulences intérieures. Elle est toujours en risque, soit de se rompre par débordement endo-exosmotique ou de se défendre sur le mode de carapace autistique imperméable. J'ajouterai encore que de cette surface-interface du sac-enveloppe de l'équipe, soumise à des turbulences extérieures et intérieures plus ou moins destructives, qui émergent et évoluent en rapport avec le potentiel métabolique des «champs climatiques», des «atmosphères» comme le dit Salomon Resnik; phénoménologie d'atmosphère dont les indices sont à détecter et à penser.

Essayons maintenant de diriger notre attention vers le dedans du sac. Vous savez tous ce qu'il en est des clivages sociologiques d'appartenance: statutaires, corporatives, d'historicité, etc.; mais il y a aussi tant du côté des consommateurs que de celui des producteurs de soins (j'aime cette formule d'Oury) des individus et des groupes formels et informels (voire les groupes de «formation spontanée réactive aux supposés choix préférentiels du médecin» comme Tosquelles l'a mis en évidence) avec leurs interdépendances complexes, leurs peaux et leurs champs d'influence et d'atmosphères propres.

Alors, que dire sur les conditions pour que cette complexité tienne afin de jouer ses finalités soignantes et thérapeutiques. Bien sûre que cela ne peut pas advenir avec des sermons et des prières de bonnes intentions; pas plus avec des réglementations bureaucratiques sur des rôles, fonctions, sphères de compétence et cantonnements de responsabilités (ce qui ne veut pas dire qu'au niveau de l'exécution de tâches, les rôles et les responsabilités ne doivent pas être clairement définies et articulées).

Ici je crois que nous sommes d'accord pour admettre que la finalité soignante et thérapeutique passe par la capacité qu'a cet assemblage complexe et hétérogène que nous nommons l'équipe de produire une fonction contenante telle que l'a conceptualisé W. Bion; c'est dire: cadre capable d'attention attentive, d'accueillir, de rêver et de penser, tant les turbulences projectives que les indices et les signes discrets émis par les «astéroïdes» autistiques, qu'ils soient errants ou cloués à des choses et des points fixes. Produire cette fonction que W. Bion a nommé *fonction alpha*, et que Delion préfère appeler *fonction phorique*, suppose ce que J. Dill du Groupe de Villeurbanne, dans la suite de Winnicott désigne comme articulation du «holding avec le moving», c'est à dire d'un suffisamment bon accueil et portage, d'une capacité de rêverie sur et par ce qui a été inscrit dans l'inconscient au-dedans du sac-membrane de l'équipe.

Or, cette production du holding et du moving liés et interdépendants ne peut pas advenir dans les espaces de fusion et confusion où les enveloppes individuelles et les groupes se dissoudraient créant alors un assemblage sans colonne vertébrale éthique, assemblage non orientable au sens topologique, donc sans potentiel attracteur. Une telle situation serait non seulement incapable d'accueillir les angoisses archaïques et celles de toutes sortes et de les métaboliser, mais elle les ferait monter exponentiellement avec des passages à l'acte mortifères et une explosion éclatée; sauf si, dans un mouvement d'urgence défensive, ne s'installait partout une contention rigide non moins mortifère. En effet, un cadre de contention n'est pas un cadre à fonction contenante, comme Delion nous le rappelle fort à propos.

Un cadre à fonction contenante où le processus thérapeutique peut advenir exige l'intégration d'objets arrière-plan qui ancrent l'ensemble-équipe et rendent possible un hétérogène lié et élastique: groupes à composition et références diverses, chacun avec son enveloppe-membrane et son aptitude au contact, et entre-eux, les espaces et les temps interstitiels où le faire signe et le dire, dimensions sur lesquelles insistent Oury et Delion, ont leur champ potentiel d'émergence le plus privilégié. Encore faut-il, je le répète, qu'ils soient perçus, entendus et repris dans le rêver-penser de l'équipe.

Dans l'ensemble de ces objets arrière-plan intégrants du cadre il y a la loi, il y a la constellation de la hiérarchie statutaire, il y a l'échiquier des situèmes (ce concept de C. Poncin persiste à m'être utile) articulé au découpage des temps d'activités; ce qui au fond, a à voir avec la logique du général si j'ai bien compris Delion dans la reprise qu'il fait du travail de l'école de Perpignan sur Pierce.

Sans intégrantes du cadre, le singulier, quelle que soit sa structure, ne semble pas possible; ou comme écrit Delion: «il faut du général pour qu'il y ait du singulier, il faut du singulier pour qu'il y ait du général», rapport dialectique que le poète d'Antigone a si bien posé, j'ajoute. C'est à dire, que le singulier et la hiérarchie subjectale (je continue avec Delion), peuvent exister à condition que le général s'y accorde dans une juste mesure. S'il ce dipôle dialectique n'est pas là, il ne peut pas y avoir de greffes et de constellations de transfert; il n'y aura que du contre-transfert massif écrasant ou incendiaire que s'ignore.

Cependant, ce qui fait question et qui n'est pas du tout de l'ordre du simple, c'est de savoir un minimum sur ce qu'il faut pour que ce dipôle dialectique, toujours en péril, tienne et fonctionne accordé dans une juste mesure.

Je crois qu'on sera d'accord pour ne pas croire qu'un paraphrène géniteur et un magicien accordeur pourraient résoudre cette difficulté. C'est une question centrale sur laquelle ceux qui naviguent dans le bateau de la psychothérapie institutionnelle n'ont jamais cessé de travailler, forgeant des outils conceptuels et opératoires, travaillant leur usage. Parmi eux, celui que Horace Torrubia a appelé analyseur et dont la fonction, si je l'ai bien compris, est celle du travail du penser à la recherche du sens, à partir des indices et des signes perçus ici et là, accueillis et recueillis par le collectif.

C'est volontairement que j'ai pris isolément cet outil avec le non de baptême donné par Torrubia. Pour moi, il a une valeur paradigmatique sur ce qu'il convient pour saisir et travailler dans le champ du transfert-contretransfert, ce champ où les différentes structures de celui-ci s'enchevêtrent toujours et qu'il faut démêler tant qu'on peut, travail nécessaire (selon moi) dans le processus de l'élaboration des décisions et actions soignantes pour quelles ne soient pas en fait des passages à l'acte. Rappelez-vous l'importance de la distinction opératoire lacanienne entre acting-out et passage à l'acte sur laquelle Oury et Delion attirent notre attention si justement.

Je prends encore ce paradigme puisqu'il me semble porteur de la dimension du rêver-penser sur laquelle nous nous sommes appesantis.

On sait que ce processus du rêver-penser dans et par ceux du collectif qui se sont assemblés pour comprendre, et nécessairement prendre des décisions, passe par des temps et par des expressions phénoménologiques bien diverses. Ce qui a à voir, bien entendu, avec la constellation des interdépendances et du sujet de l'inconscient, de ceux qui se trouvent là présents, mais aussi, en rapport avec de ce qui, des malades et du collectif de l'équipe dans son ensemble, a été reçu et refoulé dans l'inconscient de chacun. Je crois que nous avons tous l'expérience d'être trouvés dans une réunion pour réfléchir sur un ou plusieurs patients, ou sur des constellations plus ou moins pathologiques et pathogènes à l'œuvre dans le collectif, sans qu'on sache pourquoi le groupe reste muet, ou même pourquoi le corps de chacun semble vide d'expression. Et ce n'est pas de la réticence; c'est une sorte de vide abyssal qui est là et que la théorie de l'identification projective nous aide à comprendre. Mais je ne continuerai pas à parler de cela. Pour ma part, je rappellerai seulement que si on donne du temps (lequel sera vécu avec des distorsions surprenantes) petit à petit, on peut voir que les corps prennent une forme expressive, qu'ils ébauchent des petits mouvements (comme s'ils ressuscitaient) et que, par ici et par là, des petites brindilles de mise en mots commencent à émerger et à parler, apparemment déliés et décousus, où le souvenir du vu et de l'entendu se mélange de manière confuse sur des temps et des situations très diverses; puis on peut voir un temps où on s'imagine, on formule des hypothèses que sont des canevas d'interprétations; et tout ceci se passe en rapport avec des variations climatologiques qui nous impressionnent, variations, qui, à mon sens, ont valeur d'indice de transformation — transformation du contenu par le contenant-groupe, dirions-nous.

Parfois, on ne sort pas de l'ennui ou bien on fuit vers l'extérieur, on songe au temps et aux vacances... Mais ce qui est surprenant, c'est de constater que, même quand il semble que rien ne s'est passé en rapport avec ce qu'on se proposait de réfléchir, il y en a eu des transformations évolutives indiscutables. J'en pourrais citer des exemples spectaculaires, si j'en avais le temps.

Alors, dans le travail psychiatrique, l'équipe dont on a parlé, ne peut pas se dispenser de se structurer en espaces-temps pour rêver et penser sur ce qu'on rêve; alors seulement, et dans la juste mesure, on pourra peut-être élaborer en partage les décisions jugées nécessaires et opportunes.

Un mot pour finir. J'ai évoqué les pressions internes et externes sur le sac-membrane de l'équipe, lequel est en soi-même un système instable, toujours en risque, soit d'imperméabilisation autistique, soit de rupture et d'éclatement. Nous avons tous l'expérience de ce qu'il en est des turbulences émergeant à l'intérieur si cet intérieur n'est pas en catatonie. Mais il ne faut pas oublier ou sous-estimer le poids des forces extérieures, nommément de forces étatico-technocratiques — je ne sais pas si la langue française admet cette composition de mots — qui s'imposent comme déterminantes: elles ont le pouvoir d'imposer le budget, elles essayent d'imposer le cloisonnement des lieux et des dispositifs de soin (les aigus, les chroniques, ceux qui répondent en deux-trois semaines aux médicaments et ceux qui ne répondent pas, ceux qui sont de la responsabilité du champ de la santé et ceux qui sont devenu simplement des handicapés et doivent être vidés vers le champ de l'assistance sociale, etc.); à la limite, elles ont le pouvoir de raser à l'échelle nationale, l'histoire et les dispositifs de soins qui peuvent signifier des années et des années de travail valable par rapport à une éthique de l'humain. Un exemple: dans mon pays toutes les structures psychiatriques de tous les départements qui n'étaient pas assistés par les cliniques universitaires et les cinq grands hôpitaux psychiatriques ont vécu cette expérience...

QUELQUES RÉFLEXIONS AUTOUR D'UNE INSTITUTION:
LA «PRÉSENCE SOIGNANTE» [247]

L'énoncé du thème de ces septièmes Journées de l'Association Méditerranéenne de Psychothérapie Institutionnelle indique, sur un mode incisif, la dimension de la temporalité, du mouvement: temps stable, temps instable, temps problématique, temps de crisis, temps instituteur, temps de vie de l'institué, temps de transformation des institutions, voire de leur mort; toujours en rapport, avec la temporalité politique, sociologique, technologique, temps de la temporalité des groupes et de segments sociaux multiples; mouvement de rapports de force toujours complexes; temps-mouvement ouvert, à l'ouverture d'une praxis transformante d'un temps fermé de practico - inerte, de ritualisation morte et mortifère de toute émergence de désir; temps producteur de sens ou temps stagné-stagnant; temps d'épreuve, institutions à l'épreuve du temps...

Institutions... Lexème nommant l'objet produit par un pouvoir instituteur: pouvoir autocratique, pouvoir collectif, pouvoir nommable, pouvoir anonyme, pouvoir innommable. Rapport du sujet-instituteur au manque, manque pressenti, plus ou moins réfléchi; toujours mouvement de désir producteur de l'agir.

Institutions, machines logiques de partage, qu'établissent et articulent des différences, qui rendent les conditions et les règles d'échange, qui sont condition du sens, sens des échanges humains à dimensions multiples: biologiques, économiques, sociales, affectives, sexuelles, de mots. Machines logiques, ordinateurs-producteurs d'ordre dans l'espace physique et social, dans le temps, dans le commerce des humains: ordre reconnaissant des différences et définissant entre elles les articulations possibles.

Temps fondateur: perception d'un contexte problématique, identification au manque, émergence d'une praxis institutrice, institution instituée. Moment fondateur circonscrit dans un temps historique précis, dans l'espace-temps d'un mythe, dans un temps à jamais fini comme celui de Babel. Moment fondateur, de l'existence elle-même, d'être corps-sujet. Forclusion ou collapsus de cette articulation et nous voilà face à l'être psychotique?

---

[247] Communication aux VIIèmes Journées de Psychothérapie Institutionnelle de l'Association Méditerranéenne de Psychothérapie Institutionnelle sur le thème «Les institutions à l'épreuve du temps» - Marseille, 1993.

L'énonciation indicative de ce faisceau de topiques dans le cadre d'un horizon pro-blématique autour de la notion d'institution et des institutions par rapport au temps et au sujet ne doit évidemment pas nous faire oublier que nous sommes des gens du champ de la praxis psychiatrique et, certes, nous nous rencontrons ici pour parler des institutions psychiatriques, des institutions à finalité et fonction thérapeutiques... quel mot! Précisons: institutions thérapeutiques parce que non seulement modérateurs d'un ordre établi, mais et surtout parce que condition d'espaces de rencontre, d'émergence du désir, d'articulation de transfert et d'articulation symbolique du sujet souffrant. Institutions dont l'espace praxique peut-être dedans, dehors, à l'intermezzo de l'éta-blissement psychiatrique ou de n'importe quel établissement de soins.

Institutions psychiatriques: rapport avec le concept, le statut, la théorie de la maladie psychique: rapport à l'histoire économique et sociale, au processus du développement scientifique et technique, à l'histoire des institutions politiques et administratives, au niveau de la pensée épistémique, au potentiel et à la force des idéaux humanistes, à la dimension éthique des praticiens de l'institution soignante. Ne suffit-il pas de rappeler, pour notre monde dit occidental, la distance philosophique, scientifique et éthique qui va d'Hippocrate de Kos à l'ombre du vieux pin, à ce qu'établit la bulle d'Innocent VII et le mode de procédures qui en découla, établies par les dominicains Jakob Sprenger et Heinrich Krämers, dit Institor dans leur tragiquement célèbre «Hexammer» *(Mar-teau des sorcières, Strasbourg, 1487)*; la distance qui va des institutions du temps du pouvoir temporel ecclésiastique à celles permettant l'Institution de la Loi Esquirol? Et sur les maisons de ségrégation des fous ne suffit-il pas aussi d'évoquer la différence qui va de l'asile pré-Pinel et Esquirol, comme l'asile célèbre de Bedlam, aux asiles du XIXème? Et par rapport à l'épistème, que dire de l'écart entre la théorie qui fait de la maladie mentale une maladie du cerveau-organe et la théorie s'élaborant dans le sillon de la rupture épistémique de Freud? Et devons nous cesser de pointer les différences d'épistémè, de praxis et d'éthique des professionnels qui labourent dans le sillage du mouvement de la psychothérapie institutionnelle de ceux qui le méconnaissent, le rejettent, le dénient? Questions posées dans un schématisme et une simplification extrêmes, certes, mais qui nous servent à montrer que les institutions résistent, bien sûr, aux épreuves du temps mais qu'il y a toujours du mouvement: prévisible ou im-prévisible, calme, ou plus ou moins agité et critique; il y a du temps apparemment mort et du temps de rupture; il y a du temps de péril...

Réflexions simplistes et superficielles, évidemment, mais qui peuvent nous servir pour introduire quelques questions que j'estime non dépourvues d'opportunité:

- Les politiques budgétaires des pays de la CEE / UE montrent ou non une tendance à la restriction des crédits pour l'assistance psychiatrique ? Sur quelles rubriques la restriction se fait-elle le plus sentir?

- Assistons-nous ou non à la réduction des effectifs du personnel soignant: infirmiers et médecins?

- Assistons-nous ou non à la réduction progressive du temps et de la qualité de «présence» des soignants auprès des malades?

- Peut-on parler ou non d'une détérioration de la formation des soignants en psychiatrie? — et je pense surtout aux médecins.

- Le droit au soin, à vie si nécessaire, n'est-il pas en train d'être sapé dans la pratique? Que dire de la marchandise à la mode des services d'hospitalisation de courte durée et de son corrélat de vidange vers le social? Quel social et dans quelles conditions?

- Que dire de la reprise agitée du mot passe-partout: «La psychiatrie est une spécialité médicale comme les autres»?

- N'assistons-nous pas à la récupération, voire à l'usage pervers, par le Pouvoir et ses serviteurs technocrates du discours idéologique contre les services d'hospitalisation psychiatrique et l'hospitalisation des malades, discours dont le moins que l'on peut dire, c'est qu'il est discours rationalisant soit de la phobie de la maladie mentale («loin des yeux, loin du cœur» dit le proverbe) soit de la toute-puissance mise en échec?

Je sais bien que les questions posées renvoient à des paramètres et à des notions dont la réflexion théorique et la technicité d'usage pratique sont complexes, mais je les ai pointées avec cette simplicité pour mieux cerner la question centrale que je me pose: ne sommes-nous pas, praticiens de la psychiatrie, face à un contexte de fort impact sur les institutions de soins psychiatriques ? Impact portant des effets sur quoi et dans quel sens ?

Ici, aujourd'hui, je me pencherai sur la question de ces effets, sur ce qu'on peut désigner par «présence» dans le travail clinique: «présence», «présence- absence» du soignant par rapport au malade dans la structure de soin. Pour ce faire, permettez-moi un tout petit peu d'histoire.

Vous savez que sous l'impulsion du siècle des Lumières, de la révolution française, et de la progression de l'humanisme consubstancié dans la théorie du droit naturel et les droits de l'Homme, et puis, au cours de la formation des empires colonialistes-capitalistes, s'est institutionnalisée la protection ségrégative des malades mentaux dans l'ensemble des pays européens — ségrégation ayant lieu dans le cadre institutionnel et matériel des asiles d'aliénés.

Vous savez aussi que sous l'impact de ce mouvement humaniste et de l'évolution de la réflexion épistémologique et du progrès scientifique, cette institutionnalisation ségrégative dans les asiles s'est accompagnée de l'institutionnalisation médicale de ceux-ci: au moins en théorie. Vous savez également que c'est dans ce cadre et sous le signe de la pensée positiviste-matérialiste que les médecins se sont approchés des malades pour étudier la maladie psychique et établir les entités nosologiques selon les postulats proposés par Sydenham. C'est de cette approche — dont on peut citer, au cours du 19ème siècle, parmi d'autres, les noms devenus historiques de Pinel, Esquirol, Falret, Baillarger, Morel, Magnan (en France), Kalbhaum, Hecher, Kraepelin et Griesinger (en Allemagne), de Korsakoff (en Russie)... — qu'a découlé, comme nous le savons tous, l'édification du monument à la fois séméiologique, psychopathologique (particulièrement enrichi par la phénoménologie psychopathologique de Jaspers et de ses successeurs au cours de la première moitié du 20ème siècle) et nosologique de la psychiatrie dite classique.

Mais cette «présence» attentive de la praxis clinique n'a pas été, on le sait aussi, la seule observation et élaboration contemplative à visée exclusivement épistémophilique, plus ou moins fataliste. A distribution géographique variable, elle institue la dimension soignante dont vous vous rappelez la suite: l'hydrothérapie chaude prolongée dans la baignoire avec le «soignant dialoguant» à côté; l'expérience de Wagner Von Jaureg, successeur de Kraft-Ebing dans la clinique de Graz (Autriche) provoquant la maladie paludique pour soigner la paralysie générale progressive; celle de Manfred Sakel à Vienne avec l'hypoglycémie provoquée et l'institution de la cure par le choc hypoglycémique répété selon la codification technique élaborée par lui, Braünmuhl, Kalinowsky et d'autres; la sismothérapie initiée par Meduna avec du camphre et du cardiazol, puis obtenue avec le passage du courant électrique selon la technique préconisée par Cerletti et Bini; et on peut encore citer, pour l'avant 1952 et en ce qui concerne les thérapeutiques biologiques, la narcothérapie et puis la thérapie du sommeil prolongé inspirée de la théorie physiopathologique de Pavlov, le choc acetylcholinique de Fiamberti, etc.

Techniques de soins dites biologiques dont l'expansion d'usage, les variations statistiques d'efficacité, les polémiques sur les explications du dénommé «mécanisme physiopathologique d'action» peuvent être saisis en consultant les actes du Congrès Mondial de Psychiatrie de 1950 à Paris.

Mais si j'évoque l'historique de cette suite de soins traditionnellement classés comme soins biologiques, c'est pour rappeler qu'au-delà de la technicité spécifique à chacun d'eux, ils impliquaient tous la présence d'intentionnalité soignante du médecin et des infirmiers dans un rapport complexe avec le malade, voire confrontés à l'angoisse d'un éventuel accident iatrogène mortel; c'est donc évoquer la «rencontre» au niveau de la «corporéité» soignée et parlée et tout ce qui sur le «maternage thérapeutique» a pu être décrit par Gertrud Schwing (infirmière de Federn) et Tosquelles; c'est rappeler encore ce qu'il en était de l'organisation du cadre matériel nécessaire à l'usage de ces techniques (souvenons-nous de la salle de cure de Sakel telle que Braünmuhl la proposait) et le travail sur l'ambiance dont parlait Knight et sur lequel les pionniers de la psychothérapie institutionnelle ont tant insisté; c'est donc dire que cette «présence» dans la praxis thérapeutique n'était pas du simple agir technique, mécanique et stéréotypé, plus ou moins agressif, sur le somatique, mais qu'elle était productrice d'«Erlebnis» dont la qualité expliquerait les différences d'efficacité des méthodes biologiques alors utilisées.

Parler d'une notion de «présence soignante» n'est pas seulement à prendre, évidemment, dans le seul cadre de soin dit biologique; ceci implique avoir en tête le chemin débroussaillé et tenu par tous ceux qui sous le signe de Freud se sont lancés dans l'approche psychothérapique des psychotiques. Rappelons très brièvement: les tentatives au sanatorium psychanalytique de Tegel dirigé par Simmel; le cas rapporté par Bjerre; les efforts du groupe de Burgholzli autour des années 10; le travail des pionniers d'outre-atlantique (Kempf, Clark, Coriat) et l'expérience de Chestnut Lodge Sanatorium avec Sullivan, Bissler, Frieda Fromm Reichmann (parmi d'autres); la modalité de présence de Rosen dans son «analyse directe» (années 40-50); l'apport de Madame Sechehaye rapportant l'expérience du cas Renée dans ses conférences faites au Burgholzli en 51-52; ultérieurement et après l'introduction des neuroleptiques et des antidépresseurs, rappelons encore, parmi d'autres, les travaux de Racamier, Schweich, Rosenfeld, Salomon Resnik, Muller, Winnicott, Gisela Pankoff, Françoise Dolto et Maud Mannoni, le groupe de Lyon - Villeurbanne avec Jacques Hochmann et Marcel Sassolas. Et je reviendrai sur les apports du mouvement de la psychothérapie institutionnelle. Mais pour le faire, il me semble indispensable d'évoquer la contribution de Hermann Simon avec son expérience à Gütersloh.

Vous vous rappelez qu'Hermann Simon, d'abord à Warstein, puis à Gütersloh, dynamise et rapporte une expérience à mon avis essentielle sur les trois points suivants:

- il prend le concept d'analyse structurale de Birnbauhm et en l'élargissant, il l'utilise avec une extrême richesse et une finesse à l'analyse du milieu asilaire en tant que potentiel ethio-pathoplastique à se manifester sur l'expression psychopathologique et sur le cours évolutif des maladies;

- il prend la vie quotidienne et les lieux d'existence comme champ de praxis active d'analyse des effets relationnels du milieu et de l'ambiance; il le prend aussi comme champ de recherche tenace pour trouver des moyens pratiques de prévention de son potentiel pathogène;

- il démontre qu'on ne peut pas soigner le malade si on ne soigne pas le milieu et que ce soin doit être objet non seulement de préoccupation constante mais aussi de mise en place de dispositifs adéquats. Rappelez-vous à titre d'exemple son calendrier de réunions régulières des médecins avec les infirmiers pour la quotidienneté de sa «thérapeutique active».

Evoquons maintenant l'apport du mouvement de la psychothérapie institutionnelle à la «présence» en clinique.

Nous savons tous que Tosquelles arrive à Saint-Alban avec sa culture d'homme catalan de Reus et toute son expérience de psychiatre à l'Institut Père Mata et au front pendant la Guerre Civile; mais il apporte aussi sa profonde connaissance de la psychiatrie allemande, nommément de la Psychiatrie Phénoménologique et de l'œuvre de H. Simon; et également sa formation analytique enrichie par la connaissance des expériences d'approche au traitement psychanalytique des psychoses que j'évoquais auparavant, et encore sa réflexion sur l'œuvre de Marx.

Voilà, pour moi, les ingrédients qui, dans le contexte de l'Occupation et de la Résistance, et en rapport quotidien de travail à Saint-Alban avec Balvet, Chaurant, Bonnafé, Oury (et d'autres), ont produit le ferment de ce qu'on appellera plus tard la psychothérapie institutionnelle.

L'expérience de Saint-Alban, dès le départ, au-delà d'autres considérations, signifie pour moi non seulement la géniale synthèse d'application dans la pratique clinique de toutes les méthodes et techniques de traitement que j'ai évoquées et aussi de celles cueillies de l'expérience avec des petits groupes (rappelons les apports de Moreno, Foulks et Bion) mais encore une rupture épistémique par rapport à tous ces antécédents. Je veux dire que non seulement la clinique des cas, aveugle de tout ce qui se passe autour, est dépassée, mais aussi les références idéologiques, morales et pédagogiques de l'analyse et de la praxis de H. Simon: l'analyse et la praxis de transformation utile du contexte et du milieu de soins se feront ici, dans la pratique quotidienne, avec recours aux concepts fondamentaux de la psychanalyse et des sciences économiques et sociologiques marxistes — chemin ouvert à l'originalité d'une toute nouvelle méthode de travailler en psychiatrie et à l'élaboration progressive (avec concours d'apports importants) d'une originale approche théorique et thérapeutique de la psychose.

Ce n'est pas ici le lieu pour faire l'histoire des développements de l'expérience saint-albanaise ni celui pour suivre les fils de l'influence qu'elle a pu avoir sur d'autres expériences ayant lieu ailleurs.

Pour mon propos, je vous rappellerai simplement les réflexions centrées autour de la notion d'«Institution» en tant que médiateur d'échanges et objet d'investissement (Tosquelles, G. Michaud et d'autres); de distinctivité d'espaces fonctionnels et institutionnels (rappelons la notion de situème apportée par Poncin); de «réunion» (Oury, Rothberg); des groupes et des rapports dialectiques inter-groupes (Tosquelles, Gentis); du transfert et du contre-transfert institutionnel (rappelez vous les apports de Tosquelles, Oury, Ayme, Torrubia, Félix Guattari, H. Chaigneau et d'autres au Congrès International de Psychodrame à Paris - 1964); de la notion «d'ambiance» objet de la réflexion de Oury au cours de toutes ces années; de la «transversalité» de Guattari; du «collectif» (Oury); de la «polyphonie institutionnelle» (Tosquelles); de la notion de»praxis d'accueil» (rappelons la thèse de Bidault et tout ce qui a été publié sur le sujet par *Institutions*»); de la notion de «transfert dissocié et multi-référencié» (Tosquelles, Oury); du concept de «fonction phorique» élaboré par Delion; de l'élaboration et des développements d'Oury à propos de la notion de «rencontre»; de la réflexion poursuivie de Danielle Roulot sur la psychose, scène primitive et institution, etc. Je m'arrête et je vous demande de la tolérance pour mes évocations certainement fastidieuses.

Je les ai faites parce qu'il m'a semblé nécessaire de faire référence à ces quatre apports, pour moi essentiels à la compréhension d'une notion de «présence» en clinique psychiatrique — je m'aventure à dire: de l'institution «présence». «Présence» donc, qui a peu ou rien à voir avec l'assiduité bureaucratique: elle est pré-séance; elle est rythme et modulation de présence-absence; elle exige une extrême finesse dans la géométrie de la proximité. Présence variable par rapport au situème où elle a à se présentifier; présence d'ouverture à l'autre — à l'émergence du sujet; présence de bonne ou mauvaise qualité médiatisant toute la structure de soin, quel que soit le lieu et le moment où elle se présentifie; toujours figure émergeante du fond polyphonique du collectif, toujours avec un statut de décideur, qu'il soit plus ou moins spontané ou réfléchi. On peut énoncer: ouverture/fermeture; accueil/rejet; attention/indifférence; respect/mépris;

modeste (le désirer entre parenthèse)/toute puissance; passivité stagnée-stagnante / agissante — celle-ci réfléchie ou du simple et dangereux passage à l'acte activiste... Et sur tout ceci, combien de variations et de modulations subtiles... Et que dire de la dimension du regard, de la voix, et du silence dans cette «présence»...

Voilà quelques sujets qu'on ne doit pas ignorer en réfléchissant sur la notion de «présence» en clinique. En vérité, sa qualité de valeur opératoire est faite d'une longue histoire, du contexte et de l'ambiance où elle se présentifie dans la pratique quotidienne, de la structure de la personnalité, de la biographie et de la formation professionnelle de tout un chacun.

Nous sommes ici pour parler des «institutions à l'épreuve du temps». Je termine donc en posant une question à nous tous: qu'en est-il aujourd'hui, que va-t-elle devenir cette présence-institution, si laborieuse à fabriquer dans le temps historique, institutionnel et personnel, avec l'envahissant impérialisme technocratique et la non moins envahissante psychiatrie dite biologique dont la praxis semble de la robotique à diagnostiquer par les échelles, de la robotique à prescrire, de la robotique à distribuer piqûres et cachets? Robotique dont les fils sont tissés où et comment ?

Oui, «laissons au temps le temps de jouer...» mais rappelons que le temps, c'est l'homme, les hommes.

PSYCHOTHÉRAPIE INSTITUTIONNELLE AU PORTUGAL: RISQUES ET PÉRILS [248]

Dans l'approche du sujet dont nous sommes invités à parler, nous essayerons de suivre le fil du pèlerinage pathologique de Gilbert, vieux marin de la mer Psychiatrie.

Gilbert est né à Grândola, ville de l'Alentejo, à 120 km au sud de Lisbonne. C'est le lieu de résidence de ses parents et il y habite toujours.

Ses troubles débutent en 1961 quand il a 18 ans, troubles que son père caractérise en disant qu'il manifestait des dires et des conduites étranges et inhabituelles chez lui.

Il se passe deux ans sans qu'il reçoive aucun soin psychiatrique.

Incorporé dans l'armée, il sera bientôt mis en prison militaire. Il commettait des actes agressifs sur ses camarades, il entendait des voix qui l'insultaient, il voyait des gestes provocateurs dans tout son entourage. Transféré de la prison à l'hôpital militaire, il y est mis en observation et puis interné dans un établissement psychiatrique sous juridiction militaire. Il y est alors soumis à la cure de Sakel, à des électrochocs et au Largactil; au bout de quatre mois il passe devant un Conseil Médical militaire qui le juge inapte pour le service des forces armées (la guerre coloniale était en cours).

Retourné chez ses parents, amélioré, il y reste en travaillant comme électricien mais sans aucune assistance psychiatrique pendant six mois. Alors, il rechute et il va entrer dans le domaine de la psychiatrie publique.

Permettez-nous quelques-mots pour vous donner un petit aperçu de la psychiatrie qu'il rencontre — on était en 1966.

Le système était constitué par deux opérateurs indépendants l'un de l'autre, autonomes aux points de vue administratif, financier et technique, et toujours en conflit.

L'un d'eux, opérateur de l'extrahospitalier, était constitué par quatre dispensaires localisés à Faro (Algarve), Lisbonne, Coimbra et Porto. Chaque dispensaire, avec ses services installés à son siège et ses brigades mobiles formées par le médecin, l'infirmier et le chauffeur se déplaçant périodiquement jusqu'à quelques centaines de kilomètres,

[248] Communication au Colloque sur «Pratiques institutionnelles et théorie des psychoses – actualité de la psychothérapie institutionnelle» organisé par le Laboratoire de Recherche Opératoire en Psychologie et Sciences Sociales de l'Institut de Psychologie et Sociologie Appliquée – Université Catholique de l'Ouest; Angers, 1993.

avait la responsabilité de l'assistance ambulatoire des malades et celle de proposer des hospitalisations, quand, au point de vue technique, il était impossible de les éviter.

L'autre opérateur était constitué par les hôpitaux psychiatriques localisés à Lisbonne, Coimbra et Porto — les trois cliniques des Facultés de Médecine avec leurs services de consultation externe et d'internement avaient un statut autonome. Ces hôpitaux étaient toujours en difficulté du fait du dramatique manque de lits, les conséquences étant: infirmeries sur-encombrées, non-admission de nombreux malades dont l'hospitalisation proposée par les médecins des dispensaires était jugée indispensable au point de vue technique, sorties trop précoces, familles (avec l'appui des notables et des autorités locales) rechignant à recevoir les malades puisque par expérience vécue (tant de fois dramatique) elles n'étaient jamais sûres qu'ils seraient à nouveau hospitalisés en cas de rechute. Quelques spectacles scandaleux étaient une conséquence directe de cet état de choses: familles faisant l'aller et retour (parfois des centaines de kilomètres) avec un malade proposé pour l'hospitalisation et que l'hôpital n'avait pas reçu, malades abandonnés dans les alentours des hôpitaux ou transférés dans les dépôts de mendicité qui étaient gérés par la police et dont le personnel était constitué de policiers, des voitures remplies avec des malades jugés non dangereux et livrés à eux-mêmes près du domicile des familles ou à l'entrée des villages.

Ces hôpitaux, nous l'avons dit, se trouvaient dans les trois grandes villes du littoral: Lisbonne, Coimbra et Porto. Leurs directeurs étaient nommés sur des critères politiques — du salazarisme d'alors. La hiérarchie était rigide; la communication formelle, à contenu fonctionnel, était verticale; en général il n'y avait aucun endroit où les médecins, les infirmiers et les aides-soignants pouvaient parler ensemble au sujet des malades; quelques exceptions à cette règle par-ci par-là étaient considérées avec une suspicion de subversion camouflée.

C'était donc dans ce cadre que les malades, revêtus d'un uniforme dès leur entrée, étaient amenés au bureau médical pour le diagnostic des symptômes, des syndromes, de leur entité nosologique, et pour être l'objet des prescriptions thérapeutiques. Séjournant dans des réfectoires et des dortoirs sur-encombrés, ils y subissaient donc des électrochocs, des chocs insuliniques, des cures neuroleptiques ou antidépresseurs, des cures de désintoxication, etc., enfin, toute la panoplie des thérapeutiques biologiques selon des critères ayant pour dénominateur commun un biologisme plus au moins primaire, toujours réducteur. Réduire ou estomper les symptômes le plus tôt possible et «produire» des sorties était d'ailleurs le but essentiel assigné aux soignants.

C'est donc là que Gilbert est amené de force quand il commence à voir des membres de la police politique partout, à penser que les gens vont lui cracher dessus, qu'on lui signifie par gestes qu'il va être forcé à des rapports homosexuels, à s'en aller au cimetière et à y passer ses jours et ses nuits, à avoir des comportements violents contre ceux qu'il identifie comme des persécuteurs.

En sept ans il sera hospitalisé dix fois dans les deux hôpitaux psychiatriques de Lisbonne. Chaque fois il subira le rituel: réception de l'uniforme, confirmation du diagnostic, prescription des mêmes thérapeutiques. En dehors du temps des repas et du temps du sommeil dans le dortoir encombré de l'infirmerie, il déambule soit dans les couloirs soit dans les espaces inter-pavillonnaires où il se met à l'abri de la présence d'autrui en cherchant les coins les plus isolés et les plus invisibles; son regard est ailleurs, les interlocuteurs de ses dires sont «on ne sait pas où». Lorsqu'il est jugé amélioré, il est renvoyé chez ses parents avec le billet du voyage obtenu par le service social et alors c'est la panique qui se déclenche dans la ville. De toute façon ses parents le reçoivent et il restera chez eux pendant des périodes de temps variables sans aucune assistance psychiatrique. L'ordonnance de sortie sans aucun effet, puisque jamais suivie, quelques passages à l'acte et voilà à nouveau l'intervention des autorités et un autre internement, éventuellement dans un autre hôpital (il y en a deux à Lisbonne), des soins donnés par des gens différents mais toujours selon la même méthode. Ses internements seront de plus en plus longs, sans doute non seulement du fait de sa psychopathologie, mais aussi, très probablement, du fait de la pression ségrégative transmise dans le corps soignant par des infirmiers psychiatriques de sa petite ville de résidence.

Réponse de Gilbert à ce schéma ségrégatif: fuir lorsque possible de l'hôpital et faire à pied les cent vingt kilomètres qui séparent Lisbonne de Grândola, sa ville natale.

C'est ainsi que, quand le Centre de Santé Mentale de Setúbal (capitale du département de sa municipalité) est créé (1970), Gilbert se trouve interné dans le pavillon des malades classés non récupérables et dangereux du point de vue pénal.

Le Centre de Santé Mentale de Setúbal[249] a été créé dans le cadre de la loi portugaise de Santé Mentale de 1963, qui prévoyait la couverture du territoire national par un réseau décentralisé de Centres de Santé Mentale, chacun d'eux autonome du point de vue de la gestion administrative, financière et technique, et ayant à sa charge l'assistance psychiatrique d'aires géodémographiques définies — 150 000/250 000 habitants environ.

La responsabilité du Centre de Santé Mentale de Setúbal comprenait sept municipalités et une population globale de 200 000 habitants qui s'éleva à 270 000 vers 1990, population très hétérogène du point de vue socio-économique: ville ancienne et d'implantation macro-industrielle récente, communautés de pêcheurs, communautés rurales diversifiées.

C'est dans trois étages loués d'un immeuble situé dans un quartier résidentiel central de Setúbal que le siège du Centre et le dispensaire pour la ville ont été installés.

Si l'espace, bien situé parce que central et entouré de voisins, était clairement insuffisant, plus insuffisants encore ont été les moyens en personnel: en réalité on n'a jamais eu plus de six médecins (presque toujours 3 ou 4), six infirmiers psychiatriques, quatre assistantes sociales, une psychologue, une thérapeute pour la psychomotricité et une autre pour le langage. Depuis 1980, disposant alors d'un espace pour l'hospitalisation de malades psychotiques de longue évolution, cinq moniteurs et du personnel auxiliaire ont aussi été recrutés.

C'est dans les trois premières années, 70-73, que l'équipe matrice a été constituée: le médecin-directeur ayant une longue expérience des hôpitaux psychiatriques, du travail dans l'opérateur extra-hospitalier dont on a parlé et de cinq ans à Saint-Alban, quatre infirmiers ayant une expérience du travail dans les hôpitaux psychiatriques (un d'eux dans un dispensaire de l'extrahospitalier aussi), trois assistantes sociales récemment diplômées.

---

[249] Vingt deux ont été créés jusqu'en 1988.

Ce petit groupe au-delà du désir singulier de chacun de ses membres, a pu produire un vecteur de travail et une histoire institutionnelle, dont les éléments essentiels peuvent être résumés comme suit:

- une éthique centrée sur la souffrance du malade et de sa famille.

- la production d'espaces de rencontre pour la réflexion en commun concernant soit les problèmes de gestion, soit ceux de nature clinique et d'élaboration de solutions pratiques pour le soin et le suivi des malades, soit l'analyse et l'essai de dépassement des difficultés relationnelles émergeant au sein de l'équipe — ceci toujours en rapport avec le travail concret.

- la production d'une atmosphère d'accueil, opératoire dans le travail quotidien et donnant valeur de singularité pathique aux rencontres impliquées par ce même travail.

- la production d'un souci opératoire de formation continue privilégiant le champ de la clinique concrète.

- une attention soutenue aux stratégies d'articulation avec les acteurs qui, sur le terrain, ont la fonction de relais telle que Delion la conçoit: de manière privilégiée, les médecins de famille, les infirmiers et les assistants sociaux du réseau des Centres de Soins Primaires de Santé[250].

Travailler dans un champ orienté par cette boussole désirante, en posture d'ouverture au désir singulier de tout un chacun, tout le monde sait combien cela est difficile puisque mouvements pulsionnels, angoisses, dramatisations défensives parsèment le chemin de tous les jours. De toute façon, le choix était le bon et bientôt ce petit groupe a pu mettre en chantier un dispositif dont le pivot était l'équipe qui avait à garantir le soin en continuité et proximité, et à être toujours attentive aux relais existants pour articuler la stratégie du soin et les tentatives de solution des difficultés sociales concernant les malades pris en charge — malades de toutes les pathologies psychiques et de tous les âges.

Ce fut dans le cadre de cette matrice que d'autres professionnels venus par la suite (et qui sont restés) se sont intégrés, quatre équipes se formant ainsi, chacune d'elles ayant à sa charge un secteur de 70 000 habitants environ.

La responsabilité du travail dans l'ambulatoire et du soin en hospitalisation obligeait les équipes à faire des déplacements réguliers et à distances variables: aux municipalités où siègent les centres de soins primaires de santé, dont le plus éloigné est distant de cent vingt kilomètres; à l'hôpital Miguel Bombarda à Lisbonne où sont soignés les situations cliniques classées aiguës; à l'Unité pour les Malades Psychotiques de Longue Évolution où toutes les activités occupationnelles thérapeutiques sont gérées par un

---

[250] Ce réseau fait partie essentielle du secteur public du Service National de Santé portugaise.

club appartenant à une association de solidarité sociale à but non lucratif. Le médecin coordinateur de cette unité et responsable de l'articulation de la gestion de celle-ci avec les activités du club est aussi le médecin d'une des équipes de secteur.

Ce travail d'assistance du Centre de Santé Mentale de Setúbal, développé comme on vient de le dire par quatre équipes de secteur, obligeait aussi, bien entendu, à la mise en place et au fonctionnement d'un dispositif producteur d'un minimum de cohérence dans le fonctionnement de l'ensemble (mais sans préjudice de la dynamique et du style propre à chacune d'elles), à savoir: de la gestion administrative et financière, de l'articulation intersectorielle, de l'articulation des projets de formation et de recherche, des échanges d'expériences techniques, de la cohérence dans les procédés d'accueil, etc.

Nous n'en parlerons pas et nous revenons à Gilbert.

Rappelons que pour l'empêcher de fuir de l'hôpital, on l'avait mis dans une sorte de forteresse à l'architecture et à l'ambiance choquantes destinée aux malades jugés non responsables du point de vue pénal et classés dangereux.

Un an et demi après la création et la mise en fonctionnement du Centre de Santé Mentale de Setúbal, il y était encore.

Entre-temps, l'équipe chargée de l'assistance aux malades de sa municipalité se déplaçait régulièrement (d'abord tous les quinze jours et ensuite toutes les semaines) dans sa petite ville de résidence pour y faire des consultations, administrer les médicaments d'action retardée aux malades psychotiques, se rendre disponible à l'accueil des sollicitations des différents acteurs sanitaires et sociaux résidents, tisser des articulations pour la solution des problèmes concrets.

Ce travail, nous dirons banal, mais sur lequel les gens de la ville sentaient qu'ils pouvaient compter, a eu parmi d'autres effets celui de réduire la peur de la folie, d'élever le seuil de tolérance au symptôme psychique et d'être vécu comme dispositif sécurisant.

Gilbert était donc à l'hôpital, dans un espace elliptique entouré de hauts murs. Sa cellule donnait sur une cour elliptique elle aussi. Il y marchait à grands pas toute la journée, tête penchée sur la poitrine, plongé dans ses soliloques; de temps en temps il s'arrêtait, regardait le ciel par le trou de son elliptique cour, levait les bras et ses mains se contorsionnaient dans des gestes de manipulation; puis il poursuivait sa course sur l'axe majeur de l'ellipse de cet espace. De son discours, presque inintelligible telle était la dissociation et le mode syncopé de son élocution, on pouvait retenir quelques fragments dont le contenu semblait avoir des rapports de menace contre les voix d'insulte qu'il entendait, avec des propos de dénonciation et de justice sociale, avec la manipulation du soleil.

Voilà donc l'équipe face à un travail à deux volets: obtenir qu'un de ses membres ait accès à l'espace muré de Gilbert et devienne, en quelque sorte, significatif pour lui; travailler auprès des infirmiers de sa ville, de ses parents et des autorités locales de manière à dépasser la rigidité du stéréotype craintif et ségrégateur.

Vous ne vous doutez certainement pas combien il a fallu à l'équipe de ténacité, de délicatesse, de savoir-faire: plus d'une année de visites régulières à Gilbert, visites dont la durée convenable devait être pressentie chaque fois et qui pouvait soit se limiter à dire «Bonjour Gilbert» et à rester silencieux, plus au moins proche de son chemin d'aller et retour, soit à mettre en sujet de «dialogue» de petits bouts de son existence de jadis dont on savait qu'il les avait investis; auprès de ses parents et des autres relais de la ville à travailler de manière à ce qu'on fasse confiance à l'équipe et à ce que les soins à Gilbert soient régulièrement assurés et que son hospitalisation ait immédiatement lieu si nécessaire.

Enfin, quand l'équipe a jugé que Gilbert pouvait sortir avec un minimum de conditions et sans grand risque d'un retour répétitif à l'hôpital, on s'accorda avec son père pour le jour de la sortie et il l'emmena avec lui à la maison; on s'accorda aussi devant Gilbert pour qu'il vienne en consultation chaque fois que l'équipe se déplacerait dans sa ville.

Sa mère, une déprimée chronique sub-clinique, vint rarement avec lui; c'est son père, ouvrier dans une carrière, bonhomme toujours empreint d'un calme triste et fataliste, qui l'amena avec régularité pendant quelques mois; par la suite il viendra tout seul, vingt ans durant.

Pendant tout ce temps, dans ses déplacements réguliers à Grândola, l'équipe a accueilli et soigné (je ne dis pas guéri) des centaines de déprimés, une grande masse de névrotiques, beaucoup d'alcooliques, un nombre significatif de psychotiques organiques, quelques dizaines de schizophrènes et d'autres psychotiques délirants, travail qui a eu lieu dans des installations du Centre de Soins Primaires de Santé et dans la mesure du possible en articulation avec des médecins de famille et les infirmiers du Centre; en somme travail conventionnel dans un cadre assez conventionnel selon la pratique du Centre de Santé Mentale de Setúbal.

Mais le travail de l'équipe avec Gilbert prend en quelque sorte des contours qui évoquent le théâtre de l'absurde tellement l'efficacité est mince. La présentification des signes de son rapport avec les membres de l'équipe semble se stéréotyper au cours des années, les apparences de dialogue sont insolites, les lieux d'accueil sont discordants par rapport au schéma traditionnellement attendu.

Suivons d'abord Gilbert dans son espace au fil des jours. D'après les dires de ses parents, il se lève tôt, toujours à la même heure, prend son petit déjeuner et sort; il est aussi assez ponctuel dans sa rentrée pour le repas du midi et le soir. Il ne sort jamais la nuit; il ne se renferme pas non plus dans sa chambre; très rarement il résiste en acte aux demandes de ses parents, qui semblent d'ailleurs être en syntonie avec son rythme et son mode d'existence puisque ce qu'ils lui demandent semble être très peu et très simple.

Son itinéraire dans la ville se répète tous les jours et dans le même sens: en rond. Il ne cherche jamais de coins solitaires, de coins d'ombre. Sa solitude, sidérale, se manifeste en d'autres lieux. Le proscenium de son parcours, avec ses points d'arrêt, se situe ombilicalement dans le centre de sa ville: dans les rues centrales, dans les petites places et dans le jardin public, central lui aussi. Gilbert c'est un personnage des clairières où les gens passent. C'est au milieu de ces espaces ouverts et publics, où il arrive à grands pas comme le lui permettent ses longues jambes, qu'il s'arrête pour ses travaux sans fin: opérer dans le soleil pour que les choses changent sur la terre. Dans ces clairières, à faire ce travail, il est un personnage radicalement solitaire au milieu de la scène. Sa posture est la suivante: les jambes écartées, les pouces dans les creux de ses aisselles et les autres doigts étendus et appuyés sur sa poitrine; tantôt il regarde, concentré, le soleil, tantôt, penché et absorbé, il fixe avec une expression triste et fataliste le bout de ses pieds.

Quand il est plongé dans ce travail d'Hercule cosmique il vaut mieux ne pas le déranger, puisque la réponse ne sera certainement pas agréable, même s'il ne frappe personne — en vérité depuis que Gilbert est sorti de l'hôpital il n'a jamais fait de mal à quiconque. Les gens ayant assisté à de multiples rencontres avec lui et l'équipe, que ce soit dans les trajets sur son chemin dans la rue, que ce soit au bistrot où il entre s'il y voit quelqu'un de ses soignants, que ce soit quand on le salue quand il est plongé dans son travail cosmique ou quand il attend à la porte du Centre de Santé avec un maximum de régularité la voiture avec l'équipe qui arrive toutes les semaines, les gens, nous disions, ont perdu toute crainte, et l'étrangeté insolite de Gilbert est devenue banale; on la considère même avec beaucoup de bonhomie.

D'habitude il ne parle pas spontanément aux gens de sa ville, mais il peut s'arrêter ici ou là si un de ses anciens copains le salue: là, dans sa posture semblable à celle des marchands de bétail des foires de son Alentejo, avec son air froid et détaché, regardant soit le sol et le bout de ses pieds soit le lointain, dans le vague, il peut dire bonjour et produire un de ses monologues faits d'insolite.

L'équipe connaît bien cette posture, cette approximation distante et détachée, cette mimique de dieu martyr, ces conglomérats de sons émis de tons bas et agglutinés. On devine à peine certains mots tant sont nombreux et variés les suppressions, les adjonctions et les permutations de phonèmes. Mais à travers le filigrane de cette production langagière, on croit saisir les thèmes dont se tissent les rapports de Gilbert au monde, monde où tout ordre du sens commun semble subverti. En effet, son monde à lui est une mer d'injustice, de malveillance et de cruauté où les gens lui tiennent des propos ignobles, monde intemporel où lui, immortel, évoque les deux tâches qu'il doit accomplir: la transformation rédemptrice de la terre travaillant dans le soleil et l'égorgement des vivants actuels pour les faire renaître purs et immortels comme lui.

On a dit plus haut que Gilbert manque rarement d'être à la porte du Centre de Santé quand l'équipe arrive. C'est là qu'il vient pour ses piqûres de neuroleptiques retard, pour les consultations, mais aussi pour ses ordonnances de médicaments personnels ou pour rejoindre le groupe de psychothérapie, qu'il refuse parfois. Mais quand il le refuse, il se dirige vers l'assistante sociale ou quelqu'un d'autre de l'équipe et debout, dans sa posture singulière, il lui présentifie son mode de contact et ses dires stéréotypés.

Quand on lui propose ou qu'on mentionne simplement une hospitalisation dans l'Unité pour les Malades d'Évolution Prolongée où l'on dispose d'un ensemble complexe d'activités gérées par le club, jugées utiles à son soin, là il refuse net et clair.

Depuis plus d'une vingtaine d'années, l'équipe respecte ce refus même quand sa mère devient totalement invalide et dépendante avec une maladie d'Alzheimer et que son père, vieux, devient invalide lui aussi.

Cette situation dramatique, qui est toujours l'horizon des malades psychotiques portugais qui vivent avec leurs parents, a trouvé sa solution en ce qui concerne Gilbert par le fait du travail d'articulation de l'assistante sociale de l'équipe avec celle du Centre de Soins Primaires de Santé et de celle-ci avec la responsable d'un foyer de jour pour les vieillards. En effet, sans que la crainte en bloque la possibilité, il y va prendre ses repas et ses bains. Quant à l'entretien de son linge et au nettoyage de la maison où il continue à vivre avec son père invalide, une belle-sœur s'en est chargée. Ainsi se sont passées les choses jusqu'en août de l'année dernière. Par la suite tout ceci prendra un nouveau tour, un mauvais tour.

Nous avons dit théâtre de l'absurde durant longtemps; travail plat, saugrenu peut-être; certainement décevant pour les «créatifomanes»; ridicule et indigne de statut pour les scientistes quel que soit leur acabit. En vérité, travail anodin fait de tissage, de raccommodage, de petits nœuds sur les fils qui ici ou là risquent toujours de casser. Travail difficile, voire impossible à chiffrer dans la grille des indicateurs technocratiques, travail certainement classé comme absurde et difficilement reconnu par les «administrateurs économicistes de la Santé».

Évidemment, il faut être attentif à ne pas se figer dans une position défensive manichéiste et on doit se poser la question de savoir si ce travail de construction et de reconstruction de holding — de fonction phorique comme l'appelle aussi notre ami Delion — dans lesquelles on a pu tenir Gilbert pour qu'il puisse mener son existence là où il est né et croire à quelque validité au-delà du blason d'une éthique humaniste n'ayant d'autre fonction que celle de masquer le contre-transfert de l'équipe dans sa navigation de cabotage que le travail de secteur implique, on doit donc se poser la question de savoir si ce travail en vaut la peine.

En effet il y a vingt-cinq ans que Gilbert ne travaille plus, qu'il ne cesse de délirer et que son score pathologique mesuré par l'échelle PANSS ou autre, objectivera un lourd poids de symptomatologie dite positive et négative; on peut se demander donc si une hospitalisation fermée dans une infirmerie de malades chroniques, bon marché, ne serait pas beaucoup plus rentable, au point de vue économique, si son assistance ne serait pas beaucoup plus simple à tenir dans le cadre asilaire en attendant l'expérience de la molécule miraculeuse qui viendra résoudre l'écueil de la symptomatologie dite négative.

A ces questions et à d'autres sous-jacentes dans le fil de cet exposé, Gilbert nous donnera la réponse. Mais avant d'en parler, permettez-nous de faire un petit détour.

Contre la mise en pratique de la loi qui proposait la création du réseau de Centres de Santé Mentale pour l'assistance psychiatrique au Portugal, se sont toujours dressées des forces diverses et puissantes. Cependant, petit à petit, toujours avec des moyens dérisoires, vingt-deux Centres se sont créés et sont entrés en fonctionnement. Comme il est bien compréhensible, chacun d'eux avait sa praxis, son style propre. Mais il y avait aussi des points communs dans leurs pratiques: un travail développé par de petites équipes et à proximité des populations assistées, une connaissance concrète plus ou moins approfondie du terrain, un suivi à long terme des malades assistés par la même équipe, empreint de bon sens pour s'articuler avec les autres acteurs utiles (surtout médecins de famille et institutions de solidarité sociale) en vue de la solution des problèmes concrets posés par l'assistance aux malades.

Jusqu'en 1985, les centres travaillaient plutôt isolément. Depuis cette date, en réaction à l'offensive qui se faisait sentir contre leur existence, ils s'organisent pour se rencontrer. Depuis lors et jusqu'à leur extinction, l'année dernière, des dizaines de rencontres de leurs organes de direction et de ses équipes ont eu lieu pour élaborer des stratégies de défense bien sûr, mais aussi et parce que c'est une des dimensions de cette lutte pour réfléchir sur les expériences mises en pratique. Ceci a permis l'élaboration commune de notions ayant valeur méthodologique et opératoire dans la praxis du soin, notions qui en grande partie rejoignent bon nombre de celles qui ont été mises en évidence par le mouvement de la psychothérapie institutionnelle.

Des lobbies de nature diverse, tels que les cliniques universitaires, les hôpitaux psychiatriques, les cliniques privées, les ordres religieux propriétaires d'asiles conventionnés, la Direction Générale des Hôpitaux et les fers de lance de l'industrie pharmaceutique se sont conjugués dans l'attaque de la politique de Psychiatrie et Santé Mentale axée sur les Centres de Santé Mentale. Le résultat a été le remplacement de l'équipe qui au ministère permettait l'exécution de cette politique et enfin, l'année dernière, l'extinction des vingt-deux Centres, avec intégration administrative et financière du personnel et du patrimoine dans les hôpitaux généraux.

On peut observer quelques différences de style dans l'exécution de cette intégration. Cependant la constatation d'un dénominateur commun est évidente: la réduction des dépenses de l'assistance psychiatrique publique, la réduction globale du personnel de soin (l'autre personnel a été immédiatement placé dans les services généraux de l'hôpital), le changement (avec réduction de leur nombre) des infirmiers et des assistantes sociales. On juge enfin le service de psychiatrie selon la logique et les paramètres des autres services médico-chirurgicaux (reconnaissant seulement le nombre de consultations, d'admissions, de sorties, de réduction du temps d'hospitalisation...), le reste, pourtant essentiel en psychiatrie et qui a à voir avec la dimension psychothérapeutique et le travail sérieux avec les malades psychotiques, étant vu comme sans signification, voire jugé comme pure fantaisie, voire même comme alibi pour la paresse des soignants. En ce qui concerne les équipes qui existaient auparavant, chacun peut déduire ce qu'elles sont devenues: la destruction pure et simple ou le découragement et la «fonctionnarisation» plus au moins bureaucratique; quant au personnel, chacun à sa manière se conforme au «pas d'histoires avec l'administration et les hiérarchies».

Et les malades ?

Une fois encore nous allons revenir à Gilbert. Vous vous rappelez que nous avons dit qu'à l'extinction du Centre de Santé Mentale de Setúbal, il avait donné sa réponse.

En effet c'est peut-être à Setúbal que les conséquences immédiates de l'extinction et de l'intégration, ont été les plus brutales: des sept infirmiers de psychiatrie, deux des plus qualifiés ont été envoyés de force dans les hôpitaux psychiatriques de Lisbonne. Le dispensaire de la ville de Setúbal se doit de fonctionner sans infirmier, un nombre significatif de membres du personnel auxiliaire du service d'hospitalisation a été retiré et mis dans les autres services de l'hôpital, la continuité de la relation de soins est cassée lors des hospitalisations à Lisbonne (dont la fréquence d'ailleurs monte en flèche), l'arrogance des «exarques» choisis et nommés par le ministre prend les contours du grotesque, deux médecins prennent leur retraite, la municipalité de Grândola (parmi d'autres), lieu de résidence de Gilbert, n'a plus d'équipe s'y déplaçant. D'ailleurs c'est à propos des déplacements pour l'assistance de proximité qu'un de ces «exarques», le directeur clinique de l'hôpital, a donné voix à sa pensée en disant : «Si les boiteux, les cardiaques et les autres viennent à l'hôpital quand ils en ont besoin, pourquoi pour les fous on ferait autrement? La psychiatrie est une spécialité comme les autres».

Et voilà alors la réponse de Gilbert: il refuse l'usage du relais médecin de famille-infirmiers du Centre de Soins Primaires de Santé (on dit maintenant que c'est à eux de s'occuper des malades chroniques, c'est-à-dire de lui faire des ordonnances et des piqûres de neuroleptiques retard). Gilbert n'y va pas et d'abord préfère prendre l'autobus, faire l'aller et retour de soixante-dix kilomètres, et venir à la consultation à Setúbal où il trouve l'assistante sociale de l'équipe qui le soignait. Mais bientôt il arrête de venir; sa symptomatologie délirante et hallucinatoire s'aggrave, ses passages à l'acte se manifestent à nouveau, l'équilibre de tolérance et d'appui de l'environnement se brise; il s'ensuit quatre hospitalisations au cours de cette année à l'hôpital Miguel Bombarda à Lisbonne, lesquelles sont suivies d'autant de fugues, et, tout récemment, d'automutilations graves.

C'est le moment de me taire et de laisser la place à tous ceux qui sont intéressés par les multiples lectures et interrogations auxquelles Gilbert nous invite: nature et singularité de sa souffrance, significations de ses liens aux soignants, à l'équipe et au cadre théorique d'exercice de la psychiatrie, à ce qui précipite ses naufrages, voire celui de la psychiatrie elle-même.

CONTINUITÉ, DISCONTINUITÉ, RETROUVAILLES QUELQUES NOTES SUR UNE EXPÉRIENCE DE SECTEUR [251]

Il est bien connu que le mot *continuité* est un mot clé dans le langage et les écrits du mouvement de la psychiatrie de secteur.

L'usage de ce mot, par ceux qui s'en réclament, montre qu'il sert à désigner une notion opératoire reconnue comme essentielle, mais dont le sens n'est pas le même pour tous, et on peut évoquer à ce propos des différences indéniables chez les pionniers historiques du mouvement; fait qu'on peut constater en lisant, à titre d'exemple, les écrits de H. Duchenne, Daumézon, Ph. Paumelle, F. Tosquelles.

De nos jours, il ne me semble pas moins indéniable qu'on peut distinguer, très schématiquement, trois lignes de pensée chez ceux qui parlent et écrivent *continuité* à propos de la psychiatrie de secteur: ceux qui emploient le mot dans un sens qui semble s'épuiser dans la référence aux critères de rationalité organisationnelle et administrative à visée *économiciste* et parlent de *continuité* comme une des conditions de *rentabilisation* des moyens; il y a ceux qui utilisent le mot pour dénommer une pratique de routine d'accompagnement qui ne dépasse pas le diagnostic classificatoire, le gommage des symptômes avec l'usage plus au moins indiscriminé des médicaments, la stéréotypie de prescription qui se poursuit au cours des années sur un fond d'humanisme relationnelle d'inspiration démo-libéral du médecin; mais il y a encore ceux qui disent *continuité* pour désigner la stabilité et la cohérence d'un dispositif qui soit condition de l'instauration et la manutention du *cadre* en temps qu'élément basal du processus psychothérapique au cours du temps. Et rappelez-vous, à propos de cette question, l'institutionnalisation technique (princeps) du cadre psychanalytique établi par Freud, les querelles par rapport à l'orthodoxie ou l'hétérodoxie de ce qu'il a établi, et comment toute la recherche et la progression technique de la psychothérapie des structures psychotiques ont passé par la réflexion et la transformation adéquate du cadre de traitement. Rappelons à titre d'exemple, Melanie Klein et ses continuateurs directs, rappelons Gisèla Pankow, rappelons tout particulièrement la recherche inaugurale qui a émergé ici même à Pere Mata avec Tosquelles et s'est prolongé à Saint-Alban, à La

[251] Présentation aux XXVII Jornades d'Interès Psiquiàtric, Reus, 1994.

Borde avec Oury, dans le secteur avec Delion; et la psychothérapie institutionnelle n'est-elle pas une permanente réflexion sur les transformations adéquates à opérer avec juste mesure dans la forme et le rythme de la *continuité discontinuité*, de certains composants du cadre?

Il nous paraît justifié, pour parler de *continuité* et de *discontinuité* dans le cadre de la psychiatrie de secteur, d'évoquer quelques questions telles que:

- Pourquoi la notion de cadre a-t-elle une valeur dans le soin psychiatrique?

- Pourquoi la dimension de *continuité* est-elle un des éléments essentiels de la structure du cadre?

- On dit *continuité;* continuité de quoi? Peut-on en parler sans penser au transfert / contre-transfert?

- La valeur opératoire de la notion de *continuité* n'implique-t-elle pas son articulation avec la notion de *coupure*? et celle-ci avec le concept d'interprétation?

- *Coupure*; quand et comment?

- Peut-on parler de *coupure* sans appeler la distinction: *coupure* dans le processus / *coupure* dans le cadre — *passage* à un autre cadre?

- Que dire sur les dynamismes et phénoménologies réciproques dans le rapport; être-soigné?

- Ne faut-il pas distinguer *discontinuités* (produit d'une élaboration et d'une praxis de l'équipe soignante attentive à sa propre pathologie narcissique) des ruptures imposées par un pouvoir arbitraire s'exerçant dans l'équipe elle-même ou alors ruptures imposées par décision d'un pouvoir administratif, voire politique?

- *Ruptures* parcellaires dont un raccommodage est possible ou *rupture* par démantèlement sans aucun espoir de renouer les fils cassés et de reproduire un peu de ce qui existait de structurant auparavant?

Questions banales que je me suis permis de vous rappeler parce qu'utiles à introduire quelques données d'observation d'une expérience récente, subie par les malades et l'équipe d'un des secteurs de l'ex-Centre de Santé Mentale de Setúbal.

Parler de ces malades et de cette équipe soignante, c'est parler d'un cadre qui s'est structuré et a tenu pendant vingt deux ans.

L'année dernière, nous avons évoqué ici même la dimension organisationnelle et fonctionnelle de ce cadre; mais aussi, sa rupture abrupte par décision arbitraire du pouvoir politique. Aujourd'hui, nous essaierons de nous pencher davantage sur d'autres dimensions.

Mais avant de poursuivre, et dans la suite de ce qui a été écrit par l'école argentine (José Bleger et S. Resnik, notamment), le groupe de Villeurbanne (J. Hochmann et M. Sassolas), Delion et tant d'autres que j'oublie, je me permets de vous dire ce qui pour nous, dans notre travail, été retenu à propos de la notion de cadre:

- Constance (stabilité) du dispositif organisationnel — si changement il y a qu'il soit suffisamment réfléchi et bien dosé et qu'il n'introduise pas le traumatisme, la confusion, l'incohérence, l'angoisse d'abandon.

- Une certaine constance de la tablature des situèmes dans l'ensemble du dispositif du secteur (notions bien connues d'après Oury et Poncin).

- Une certaine constance de parcours et des rythmes de présence-absence des soignants dans cette tablature. Constance aussi de l'existence de dispositifs d'analyse adéquate des structures symbiotiques (parmi d'autres) dans l'équipe et de celle-ci avec les soignés, de l'analyse donc de ce qui a à voir avec le transfert et le contre-transfert selon le cadre théorique et pratique qui nous est proposé par Tosquelles, Oury, Resnik, Torrubia, Delion, J.Tosquellas et beaucoup d'autres.

- Constance d'une praxis de recherche et d'articulation de relais à incorporer dans le tissage du dispositif producteur de la fonction phorique (Delion), laquelle, pour nous, peut-être à tort, semble signifier la conjonction du *holding* de Winnicott avec la fonction *alfa* de Bion.

- Constance minime d'une présence de la part du personnel professionnel de l'équipe dans l'équipe; s'il y a des changements ou des roulements du personnel, qu'ils soient parlés et travaillés de sorte qu'ils soient métabolisables et sans danger pour les assistés; ce qui implique la persistance d'un noyau minime de l'équipe qui tienne.

À l'énoncé de ces paramètres, vous voyez bien que je parle de la psychiatrie publique, de l'équipe de secteur et que je parle particulièrement de la prise en charge des structures psychotiques.

Ceci dit, revenons alors concrètement à l'équipe de Setúbal.

En effet, tout au long de vingt-deux années (février 1970 - juillet 92) il a été possible d'éviter des ruptures ou des remplacements massifs dans ce que nous pouvons appeler le noyau de l'équipe: médecin, assistante sociale, infirmier; l'assistante sociale a toujours été la même depuis 1973 et le médecin toujours le même, sauf une courte interruption où il a été remplacé par un de ses médecins assistants. Il a été possible de garantir la continuité de la prise en charge des assistés, soit dans l'ambulatoire, soit au cours des hospitalisations jugées nécessaires: qu'elles soient à l'hôpital psychiatrique ou dans les petits hôpitaux généraux rattachés aux Centres de Soins Primaires de

Santé. Il a été possible d'établir, de maintenir et d'enrichir des articulations de travail diagnostique, de soins et d'assistance sociale avec les médecins, les infirmiers et les assistantes sociales de famille attachées au réseau des Centres de Soins Primaires de Santé. Il a été encore possible de s'articuler avec la structure des services d'Aide Sociale de façon à tisser des appuis d'entraide utiles.

Pour cet exposé, je vous rapporterai quelques données de l'expérience concernant une des municipalités de l'aire géodémographique du Secteur, la municipalité de Grândola, à quatre-vingts kilomètres du siège du Centre de Santé Mentale de Setúbal (vingt-deux mille habitants environ).

L'action de l'équipe dans cette municipalité s'exerçait (au-delà de la disponibilité téléphonique) par le déplacement hebdomadaire du médecin psychiatrique, de l'infirmière et de l'assistante sociale de l'équipe à Grândola. Le travail essentiel se déroulait dans les installations du Centre de Soins Primaires de Santé où sont implantés les services de consultations de Médecine de Famille, le service d'Urgence, les infirmeries d'hospitalisation pour les pathologies dont le recours à des hôpitaux plus différenciés n'était pas jugé nécessaire, les services de Médecine Préventive, etc.

L'intérieur de l'édifice du Centre de Santé évoque une gare d'autobus: le grand *hall* ouvrant sur deux couloirs; l'un d'eux donnant accès aux Services d'Urgence et d'hospitalisation, l'autre (grand ouvert) donnant accès au Service de Médecine Préventive et aux consultations de Médecine de Famille avec plusieurs espaces d'attente, non fermés, situés à l'entrée de destins divers: cabinet des Médecins de Famille, cabinet de l'assistante sociale du Centre, salles de travail des infirmiers, cabinet du Médecin de Santé Publique. C'était au fond de ce large couloir de passage ouvert et qui donnait accès à ces espaces de transitivité et de spécificité que se situaient l'espace d'attente et les cabinets destinés à l'équipe de psychiatrie, une fois par semaine comme nous le disions. C'est-à-dire, les malades, leurs accompagnants et l'équipe étaient obligés de croiser tous ces espaces de transit et d'attente, pleins de monde, avant d'arriver à leur espace propre; parcours de transitivités multiples et diversifiées et de rencontres diverses soit avec le personnel du Centre de Santé (médecins et infirmiers, surtout), soit avec les malades venus pour les autres consultations (même ceux de la Psychiatrie quand ils avaient besoin de soins somatiques).

Dans cette structure d'espaces transitionnels, on se rencontrait par le regard, par le salut, par les émotions du moment; on s'arrêtait pour évoquer des choses apparemment sans importance, pour rapporter des événements ayant à voir avec les malades de prise en charge commune (par le médecin et l'infirmière de famille résidants et par l'équipe de Psychiatrie).

L'équipe de Psychiatrie avait son travail dont la responsabilité spécifique était reconnue par tous: l'assistante sociale prenait les cartons de rendez-vous de la main des malades dans l'espace d'attente, accueillait les demandes pour les consultations, écoutait ce qui devait être dit en privé dans son cabinet, prenait des notes sur la vie de la famille, poursuivait son travail de prise en charge *parlante* avec les partenaires de la relation symbiotique ou para-symbiotique des malades suivis, traversait nombre de fois l'espace soit pour transmettre des informations utiles aux divers partenaires de la prise en charge, soit pour articuler des solutions pour des problèmes sociaux concrets avec sa consœur du Centre de Santé, laquelle fonctionnait comme relais d'articulations avec les services d'aide sociale de la municipalité; l'infirmière de l'équipe avait son travail d'administration des médicaments, articulait la prise en charge médicamenteuse avec ses confrères du Centre de Santé, avait son groupe de psychothérapie; le médecin psychiatre avait son travail de consultations, ses prises en charge de psychothérapie et se chargeait des articulations avec les Médecins de Famille telles que répondre à leurs demandes et leurs doutes à propos des malades de leur responsabilité, leur demander une coopération pour des aspects concrets du suivi des malades psychiatriques (comme la prescription des médicaments, solution d'incidents ou d'intercurrences prévisibles pendant les six jours d'absence de l'équipe, affiner les possibilités de contact téléphonique, etc.); faire aussi l'aller et retour au service d'urgence et aux infirmeries soit pour répondre aux demandes de coopération diagnostique et de traitement, soit pour solliciter et articuler les possibilités d'hospitalisation de situations psychiatriques dont le soin local était jugé non seulement possible mais le plus conseillé.

Ensuite, au retour, dans la voiture, spontanément, chaque membre de l'équipe apportait, en parlant, leurs surprises et leurs vécus marquant la journée de travail soit avec les malades et leurs familles, soit avec le personnel du Centre de Santé. Ainsi dans cette navette d'une heure et demie, au retour, la poubelle de l'équipe, ou l'équipe poubelle, finissait par accueillir le matériel émergeant du mouvement contre-transférentiel de chaque membre — plus value du commerce d'une telle journée de travail.

Mais l'équipe poubelle, on le comprend bien, n'est pas un contenant mécanique passif, elle est un contenant transformateur qui, dans le processus transformant, se transforme elle-même. C'était ainsi, que par les évocations plus au moins décousues, les angoisses et les appréhensions plus au moins manifestes, les difficultés pratiques plus au moins ressenties et explicitées et les impuissances partagées, l'équipe, dans le transport automobile, se manifestait comme machine à produire des rêves de signification pour l'insensé, du sens pour le fragmentaire déposé ici et là sur la scène de cet étrange théâtre; comme machine à produire des solutions pratiques pour des problèmes plus au moins inquiétants. Parfois, il fallait reprendre ces problèmes et ces difficultés dans la réunion ordinaire ou extraordinaire de l'équipe, soit dans la réunion inter-équipes de secteur ou de celle-ci avec le Conseil de Direction du Centre de Santé Mentale.

Parler de ce travail de *tissage* et de *raccommodage*, dont l'objet explicite était de faire ce qu'on jugeait le meilleur pour le malade (et ainsi pour soi-même), c'est parler d'un théâtre à espaces et dimensions fixes et variables où des personnages constants et itinérants s'articulant à d'autres plus au moins incertains ou hasardeux, ont joué leur être sur des tableaux multiples et multiformes au cours de vingt-deux ans. Drame fait d'un nombre indéfini de péripéties, avec des incidents, certes, mais sans accidents, heureusement; jusqu'au jour où tout à coup, par décision politique, le déplacement de l'équipe est suspendu et les malades, seuls ou avec leurs accompagnants, sont forcés de ce déplacer à Setúbal (80 km, nous l'avons dit) pour ce qu'on appelle maintenant les consultations externes de Psychiatrie de l'hôpital. Évidemment, le contact et les articulations directes avec les autres partenaires dont j'ai parlé, particulièrement avec les médecins, les infirmiers et l'assistante sociale du Centre de Soins Primaires, ont été, du même coup suspendus.

Avec l'extinction du Centre de Santé Mentale de Setúbal et la dite intégration de la Psychiatrie dans l'hôpital général, a cessé aussi la continuité de prise en charge au cours des hospitalisations: en effet, les malades sont envoyés à l'Hôpital Psychiatrique Miguel Bombarda à Lisbonne et soignés par les médecins et les infirmiers de l'hôpital, sans aucune rencontre ni échange avec ceux qui s'en occupent dans l'ambulatoire de la *Consultation Externe* de l'hôpital général de Setúbal. Les ex-équipes de l'ex-Centre de Santé Mentale ont été, dans la pratique, démantelées, et en ce qui concerne l'assistance aux malades de la municipalité de Grândola, seule la même assistante sociale persiste et insiste à faire ce qu'elle peut, sorte d'écho du travail d'auparavant: mode d'accueil, contacts d'articulations par téléphone, messages par le courrier ou le téléphone aux malades et à leurs familles.

Rappeler cet événement (ou avènement) de rupture brutale qui n'a rien à voir avec les *discontinuités* propres au *timing* psychiatrique et au processus d'intégration sociale (dont nous avons parlé l'année dernière ici même) c'est re-poser une des questions posée au début de cette intervention: quels ont été les effets visibles de cette rupture du *cadre* chez les malades psychotiques? De ce travail de deux décennies, qu'est-ce qui a transité du holding environnant (telle que nous l'avons évoqué) au holding *internalisé*?

Il m'est impossible de vous rapporter des données, concernant les effets de cette rupture, qui puissent être saisies dans le contact et le dialogue direct avec cette trentaine de malades schizophrènes qu'on suivait, puisque nous ne sommes plus là dans le théâtre de la psychiatrie publique. Ce que je vous rapporte, c'est donc ce que je crois avoir saisi au cours de plusieurs rencontres plus au moins occasionnelles soit avec l'ancienne assistante sociale de l'équipe qui continue à les accueillir, soit avec les confrères Médecins de Famille et une infirmière du Centre de Santé, rencontres où l'évocation de ces malades et d'événements vécus en commun à propos d'eux, revient régulièrement; ce que je crois avoir saisi aussi au cours de rencontres de travail avec une équipe technique qui s'occupe d'une institution associative pour enfants dit déficitaires, à Grândola; ce que je crois avoir saisi encore en rapport avec un autre fait dont je vous parlerai par la suite.

Je vous dirai tout de suite que la majorité de ces malades s'est dirigée vers la prise en charge, disons exclusive, des infirmiers et des Médecins de Famille du Centre de Santé sans aucun accident de décompensation clinique apparente. Leurs Médecins de Famille les reçoivent et les écoutent quand eux ou leurs familles le demandent, leur font des ordonnances de médicaments qu'ils demandent régulièrement, refusant cependant toute tentative d'altération de la prescription d'auparavant; les infirmiers du Centre avec lesquels on a beaucoup travaillé les accueillent aussi et leur donnent les piqûres prescrites (neuroleptiques retard, notamment).

Un autre groupe a maintenu la relation greffée (de mode bifocal, disons) sur deux espaces de la relation de soin, espaces que son assistante sociale de psychiatrie articule: l'espace de la Consultation Externe de Psychiatrie de l'Hôpital Général de Setúbal où les malades viennent et la rencontrent; et aussi l'espace de relation avec leur médecin, leur infirmier et leur assistante sociale du Centre de Santé de Grândola. Bon nombre de ce groupe a tenu (et tient) dans cette double greffe sans avoir eu de rechutes, mais trois d'entre eux ont rechuté gravement, pris par des angoisses catastrophiques intenses, par l'agitation délirante dissociée, par la projection violente d'éléments *beta* (Bion), tout ceci contraignant à l'hospitalisation à l'hôpital psychiatrique.

Pour ces trois malades, c'est donc après la sortie de l'hôpital que sur le registre de la réalité se sont renouées les relations à ces espaces, deux espaces dont nous venons de parler.

Une note peut-être non dépourvue de signification: ces trois malades et les autres, qui font régulièrement les quatre-vingt kilomètres aller et retour pour venir aux consultations à Setúbal, demandent toujours à leur assistante sociale des nouvelles de leur infirmière et de leur médecin d'auparavant, et chaque fois ils lui demandent de leur transmettre leurs salutations: comme si les gens de l'ancienne équipe pouvaient se rencontrer et continuer à parler d'eux.

Encore une autre note sur trois autres malades psychotiques de Grândola: après la rupture du dispositif de psychiatrie publique qui les assistait, ils sont venus voir leur ancien médecin dans son cabinet privé, lui ont demandé s'ils pouvaient venir si nécessaire et, surtout, pour scruter ses pensées et ses sentiments sur les personnes qui allaient les assister par la suite; heureusement, (je pense) aucun n'est revenu, mais ils lui adressent des malades de leur voisinage et l'un d'eux lui a amené sa mère en dépression. J'ai appris qu'ils sont réguliers dans la prise de leurs médicaments et qu'ils ne manquent jamais les rendez-vous proposés par le dispositif actuel.

Mais il y a un malade qui a toujours été très ambivalent par rapport à l'ancienne équipe, qu'il accusait de vouloir l'anéantir comme si on était tous ligués contre lui. De ce malade on ne sait rien, aucun écho ne nous est parvenu, il semble qu'il ait disparu de la ville de Grândola.

J'admets volontiers que le rapport de ce qui vient d'être dit dans ce qu'il a de particulier, n'est pas de grand intérêt pour ceux qui ont eu la patience de m'écouter. De toute façon, je crois que cette catamnèse sur deux ans à propos des malades psychotiques de Grândola nous permet d'avancer une hypothèse dont la valeur heuristique ne sera pas à négliger: le processus thérapeutique des malades psychotiques passe par la structuration d'une symbiose à double transfert entre leur être et le cadre de soins dont la structure et l'articulation dynamique entre les membres de l'équipe (Salomon Resnik, nous rappelle qu'il y a de *bonnes et de mauvaises combinaisons*) permettent l'intégration *de la bonne personnation structurante, vertébrante* — ce qui manque dans la psychose. C'est de la qualité et du gradient d'élaboration et de perlaboration de l'équipe sur elle-même et sur ce qui se passe entre elle et le malade dans ce processus symbiotique que dépendront l'authenticité et la juste mesure de la rencontre et des décisions prises. C'est de *l'internalisation* de cette fonction phorique, comme l'appelle Delion, que va dépendre la possibilité pour le malade de se soutenir lui-même au cours des avatars de la vie, avec les *continuités* nécessaires et les ruptures imprévues; la possibilité que son désir l'anime à la recherche de trouvailles et retrouvailles vivifiantes.

ESPACES D'EMERGENCE, EMERGENCE D'ESPACES
— À PROPOS D'UNE EXPÉRIENCE PERMETTANT
LA LECTURE DE PHÉNOMÈNES CRITIQUES [252]

À nos amis catalans de Reus, ville berceau de Francesc Tosquelles en tant qu'homme et psychiatre, le *muito obrigado* des amis psychiatres du Portugal ainsi que de moi-même. Votre invitation prend pour nous le sens d'un geste de solidarité contre la barbarie qui vient de s'abattre dans l'espace de la psychiatrie portugaise. Par la suite, nous pourrons en parler si vous le voulez bien.

À la Faculté de Médecine de Reus et à l'Universitat de Rovira i Virgili ma reconnaissance très personnelle pour l'invitation à intervenir dans ces Journées du «Master de psychiatrie de secteur» en vous parlant d'une expérience permettant la lecture des phénomènes critiques.

Vos *Jornades d'Interès Psiquiàtric* sont centrées sur le thème des *crisis vitals humanes* dans ses rapports avec la Psychiatrie. Ce qui à notre avis pose le problème: quelle Psychiatrie pour accueillir les gens en *crise vitale*? C'est-à-dire, quelle épistémologie de base, quel cadre d'exercice, quelle praxis, quelle éthique de cette Psychiatrie pour y répondre?

Vastes questions qui méritent une réflexion élargie et approfondie et qui doivent se poursuivre sans relâche sous peine de sombrer dans une robotique psychiatrique mortifère qui servira peut-être uniquement les intérêts du complexe pharmaceutique et les politiques budgétaires anti-sociales des gouvernements. Ce n'est pas ici le lieu pour m'étendre sur ces questions-là, et je profiterai du temps dont je dispose pour vous dire quelques mots sur une expérience portugaise, qui a duré les dix dernières années, dans ce qu'elle a à voir avec la question que je viens de soulever.

Notre loi du Service National de Santé (1979), la loi des Soins Primaires de Santé (1984), la loi de Santé Mentale existante et le placement en 1985 à la Direction Nationale des Services de Psychiatrie et de Santé Mentale d'une équipe ayant une formation analytique et aussi une formation en Santé Publique ont permis l'émergence d'un vaste espace d´émergences multiples, dont la référence à l'expérience discrète du Centre de Santé Mentale de Setúbal a eu sans doute son poids.

---

[252] Présentation aux XXVI Jornades d'Interès Psiquiàtric, organisées par l'Institut Pere Mata, Reus, Catalunha, 1993.

C'est très complexe ce qu'il y aurait à dire sur cette espace de transformation, voire de subversion par rapport à la situation antérieure. Je me limiterai à une tentative de résumé, en disant:

— En dehors de Lisbonne, Porto et Coimbra (villes des cliniques universitaires et des lieux d'implantation des grands hôpitaux psychiatriques publiques) tout le reste du territoire national a été couvert par un réseau de Centres de Santé Mentale, lesquels avaient leur autonomie gestionnaire, financière, administrative et technique.

Ils disposaient de dispensaire d'ambulatoire et, presque tous, de services d'hospitalisation. Donc: espace de responsabilité géodémographique définie, nombre d'effectifs humains de petite ou moyenne dimension, services d'hospitalisation de petite ou de moyenne taille, ambulatoire fonctionnellement articulé sur le terrain avec les équipes de soins primaires de Santé et avec d'autres partenaires du champ social.

De la taille géodémographique de responsabilité de chacun des Centres dépendait l'existence d'une ou de plusieurs équipes de Secteur assurant chacune la continuité des soins dans le cadre de sa propre dynamique.

Ajoutons encore que depuis 1985 ont été attribuées aux Centres de Santé Mentale des responsabilités très spécifiques dans la formation des Internes de Psychiatrie ainsi que dans celle des médecins généralistes (de la spécialité de Médecine de Famille).

D'un Centre à l'autre il y avait d'évidentes homologies, que les conditions concrètes de travail et la richesse des échanges facilitaient, mais il y avait aussi, comme c'est bien compréhensible, de significatives différences dans le domaine de la praxis, différences dues à beaucoup de facteurs parmi lesquels on peut citer: la socio-écologie du terrain, la structure et le fonctionnement des services du champ sanitaire et social, les différences du dispositif de soins et la qualité de formation produites par chaque Centre; des différences de positions théoriques ainsi que des possibilités et des modes d'émergence du désir «operatropisé» (Szondi) expliquent aussi, à notre avis, ces différences dans la praxis des équipes.

De toute façon, quelles que soient les différences qu'on puisse dénoter, l'implantation de ces opérateurs de soins dans des lieux de proximité avec les gens assistés a eu des effets qu'on peut dire communs. Voilà lesquels:

• Connaissance directe et personnalisée des malades et de leurs familles ainsi que des Médecins de Famille et de l'autre personnel du champ sanitaire et social; connaissance prolongée dans le temps, tant par les médecins et les infirmiers, que par les assistantes sociales et les psychologues des équipes psychiatriques.

• Accessibilité, proximité et facilité, pour la demande directe ou indirecte d'accueil de soins.

• Facilité de contact et de rencontre entre les partenaires de l'équipe de psychiatrie et ceux des équipes de soins primaires de santé; de même, avec ceux appartenant à des équipements sociaux divers.

- Grâce à ces contacts et à ces rencontres, des possibilités d'émergence de consensus pour la résolution pratique des problèmes concrets.

- Connaissance réciproque des difficultés concrètes avec lesquelles les services se débattent pour répondre aux demandes auxquelles ils ont à répondre.

- Possibilité d'émergence de liens de respect et de considération réciproque entre services autonomes et souverains (de Psychiatrie et de Soins Primaires de Santé).

- Responsabilité personnalisée à honorer les compromis interinstitutionnels et interprofessionnels assumés.

- Prise de conscience (et de responsabilité éthique), partagées par les équipes psychiatriques et les autres professionnels du champ sanitaire et social, dont l'accueil et même le soin des malades psychiatriques ne sont pas, ne peuvent pas être le travail d'un seul technicien ou d'un service si qualifié qu'il soit, mais qu'il faut un travail conjoint inter-articulé, toujours à élaborer et à définir à partir des situations concrètes. Donc: travailler ensemble pour l'émergence d'un espace d'émergence du désir de travailler en commun.

C'est ainsi qu'un tel processus, à développement variable d'un Centre à l'autre, a conduit les équipes aux expériences suivantes:

- Contact direct, prolongé dans le temps, avec la souffrance des malades et de leurs familles.

- Clinique de détection et de prévention des situations de risque psychiatrique.

- Enrichissement et affinement de la séméiologie des prodromes des décompensations cliniques.

- Affinement technique tant de l'accueil que des prises de décisions vis-à-vis des situations dites de crise — ceci avec le concours et l'appui privilégié des médecins de famille résidants.

- Nécessité pratique du diagnostic pluridimensionnel; donc dépassement clinique utile de l'induction réductrice, voire nuisible, des systèmes classificatoires à la mode.

- Entraînement de la capacité de prévision pronostique basée sur le diagnostic pluridimensionnel et sur la connaissance des potentialités du holding de soins mobilisable.

- Structure et données à prendre en compte en ce qui concerne la question de la *psychiatrisation* — celle qui est nécessaire et seulement celle qui est nécessaire; celle-ci en accord avec les données de la clinique et le cadre des possibilités articulatoires sur le terrain.

- Suivis cliniques à long terme, particulièrement dans le domaine des structures psychotiques.

- Effets utiles de l'accueil empathique et compréhensif des attitudes phobiques et contraphobiques face à la violence projective de la souffrance psychotique: des médecins et d'autres professionnels des Centres de Soins de Santé, des familles et des voisins des malades, des membres de l'équipe psychiatrique elle-même, etc. Comment cet accueil élève la tolérance au symptôme et éventuellement le réduit; comment il transforme bénéfiquement l'atmosphère humaine de l'ambiance, comment il facilite l'émergence d'attitudes de coopération par rapport au soin.

- Enfin, effets du déplacement régulier des équipes aux Centres de Santé Primaires et du travail côte à côte dans la mobilisation des mécanismes défensifs d'isolement, mécanismes que l'histoire, la tradition, la malformation professionnelle et la structure défensive de tout un chacun, avec plus au moins de rigidité utilise; de même, effets opératoires potentiels de cette mobilisation dans la prise en charge conjointe des malades dans l'ambulatoire, ce qui exige l'analyse conjointe et pertinente des situations cliniques concrètes ainsi que des rôles à assumer et à jouer par chacun des partenaires. Ceci, évidement, dans le cadre du respect de leur identité professionnelle ainsi que du cadre institutionnel où chacun est inscrit, mais aussi du désir qui est en scène.

Il faut dire que pour la majorité des équipes travaillant dans le cadre organisationnel des ex-Centres de Psychiatrie et Santé Mentale dont je viens de parler, les effets répertoriés ont émergé et pris forme de manière à peu près spontanée du fait du petit nombre de membres et de la composition interprofessionnelle des équipes, du déplacement ensemble dans la même voiture, de la continuité du travail partagé au cours des années dans les mêmes lieux du théâtre de responsabilité, des repas de midi fréquemment pris ensemble, de l'homologie des tâches à accomplir: répondre aux demandes des Médecins de Famille, à celles des infirmiers et des assistantes sociales des Centres de Santé Primaire, faire des consultations, administrer les médications retard, faire le suivi à long terme des malades psychotiques, articuler l'accueil des familles des malades, articuler la solution des problèmes sociaux si nécessaire, faire la préparation de l'accueil des malades hospitalisés après la sortie, etc. Ceci dit, il faut dire que très peu d'équipes pratiquaient des psychothérapies individuelles et/ou de groupe, en cadre spécifique, lors de leurs déplacements ambulatoires; mais le travail quotidien avec les malades et les partenaires du champ sanitaire et social associé à la pratique générale des réunions interdisciplinaires de type fonctionnel avaient certainement, de façon indirecte, des effets psychothérapeutiques dus à l'ouverture accueillante. Ce qui n'exclut pas, évidemment, la possibilité réelle de structuration d'attitudes contretransférentielles figées, donc pathogènes, quand il n'y a pas un dispositif et une pratique régulière de l'analyse de leurs attitudes.

Voilà pour un panorama général des vingt-deux centres d'assistance psychiatrique que le gouvernement portugais vient de supprimer, par force de loi, le 31 juillet passé; centres qui ont promu des rencontres régulières et fréquentes entre eux au cours des dernières années, non seulement pour se défendre des attaques de certains hôpitaux psychiatriques et de certaines cliniques universitaires et de Maisons de Santé privées, mais aussi pour réfléchir ensemble sur leurs pratiques. On ne va pas faire ici le bilan de tout ce travail de rencontre et de réflexion, mais il ne me semble pas inutile de dire que, dans le développement d'un tel processus, a été présente la boussole portée par les gens travaillant dans la référence analytique articulée dans la méthode de la psychothérapie institutionnelle ce qui, probablement, a eu son importance dans un tel processus.

Voilà donc pour la configuration d'une expérience d'espaces d'émergence et l'émergence d'espaces d'ouverture. Ouverture à d'autres manières d'être présent dans le travail quotidien, à d'autres registres d'expression du désir, à d'autres objectifs et méthodes de travail complètement différents de ce qui était (et est) la routine des établissements cloisonnés.

À quiconque a eu la patience de nous écouter, il peut sembler que nous avons oublié le thème de vos Journées et que nous avons parlé à côté du sujet. Cependant, je ne le pense pas. J'ai exposé de manière directe les effets: une méthodologie de travail psychiatrique qui a à voir avec l'accueil des *crisis vitals* et de manière indirecte une expérience collective de vécu critique — celle résultant de l'extinction des Centres de Santé Mentale avec réintégration brutale des Services dans les hôpitaux généraux. Au-delà et en effet, je questionne: pour répondre de façon adéquate (au minimum) à des gens ou à des groupes naturels en rupture d'équilibre psychologique, peut-on se dispenser d'un travail de réflexion et de production de dispositifs d'accueil et de soins nécessairement différents de ce qui est encore routinier dans la majorité des cliniques et des établissements psychiatriques? Peut-on se cantonner *intra muros* à de telles routines pour en répondre? Peut-on négliger la valeur opérationnelle de l'articulation de l'équipe psychiatrique avec les structures et les professionnels du champ sanitaire et social qui sont là dans l'espace communautaire où les *crisis vitals* et existentielles émergent et où ils sont les premiers à être appelés? Ces espaces d'articulation à produire des espaces d'accueil de proximité ne sont-ils pas toujours à travailler dans le concret? Quelle méthode pour travailler ce travail et ce concret? Est-ce que l'envoi direct pour l'attention directe d'un service de Psychiatrie est toujours la meilleure solution? Mais, si l'accueil et le soin doivent éventuellement être joués dans le cadre et la scène des services de Soins Primaires de Santé, est-ce que l'équipe de Psychiatrie ne doit pas être toujours en disponibilité opératoire réfléchie pour répondre aux demandes du médecin de famille, de l'assistante sociale ou de l'infirmier du Centre de Santé? Et pour que ces demandes puissent être formulées et articulées de manière adéquate et opportune, quelle praxis et quel art de l'équipe de psychiatrie au long des jours, des mois, des années?

LA HIÉRARCHIE: UN PEU D'HISTORIQUE, UN PEU D'ACTUALITÉ[253]

La hiérarchie statutaire (réalité incontournable) participe du cadre général de fonctionnement des équipes soignantes mais elle ne doit pas être un des points organisateurs

(Delion, Séminaire sur l'autisme et psychose infantile - Érès, coll. des Travaux et des Jours, pg 83)

Il y a longtemps que la question de la hiérarchie a fait l'objet de vastes et vifs débats. C'est ainsi qu'on peut rappeler le colloque de Serre-Chevalier organisé par Bonnafé du 10 au 14 mars 1965 ainsi que les arguments qu'il a rédigés avec ses collaborateurs de Perray-Vaucluse et qui ont été publiés dans le Nº 4 de la revue «*Psychothérapie institutionnelle*» en 1966. Je n'irai pas jusqu'à rappeler ici leurs contenus, mais j'ai la conviction que dans les temps qui courent, il ne sera pas inutile de les relire.

Depuis, le débat s'est amolli. Les gens, en général, ont proclamé leur adhésion au discours de la de-hiérarchisation; nombreux se sont efforcés de la pratiquer et bon nombre sont passés par la souffrance des bonnes intentions déçues, enfin, des malheurs bien connus entraînés par la toute-puissance volontariste, quels que soient les habits avec lesquels elle se voile.

Ceci dit, si je ne me trompe pas, il y a des décennies que les résistances à aborder un tel sujet semblent être vastes et efficaces.

Je n'aborderai pas ici la conjonction complexe de facteurs susceptibles de proposer une compréhension possible d'un tel phénomène, mais je me permets, pour mieux situer mon propos, d'évoquer un autre paradigme méthodologique de travail en psychiatrie où la problématique de la hiérarchie est toujours au cœur des préoccupations dans la praxis; rappelez-vous du préambule avec lequel notre ami Horace Torrubia,

[253] Communication aux XIIIèmes Journées de Psychothérapie Institutionnelle de l'Association Méditerranéenne de Psychothérapie Institutionnelle sur le thème : «Résistances – Hommage à Horace Torrubia» - Marseille, novembre 1999.

à qui nous rendons hommage ici, introduisait sa notion d'analyseur (*Psychothérapie institutionnelle n° 1, p. 83*).

De fait, on sait que les pionniers et les continuateurs de ce qu' il est convenu d'appeler «psychothérapie institutionnelle», pour des raisons épistémologiques (je vous rappelle que Bonnafé appelait cette génération celle des «psychiatres philosophes»), éthiques et théorico-pratiques, ont intégré, nécessairement, la dimension analytique dans le champ de l'intra et de l'extrahospitalier psychiatrique, et qu'ils se sont vite confrontés avec la question de la hiérarchie dite traditionnelle. Plus, comme ils en avaient vécu l'expérience, et on peut dire qu'en partie, l'émergence de ce mouvement a à voir avec la mise en considération réflexive des méfaits et des impossibilités qu'un tel carcan peut imposer sur le champ du travail soignant.

Cependant, l'historique génération de ces pionniers bien connus, armés qu'ils étaient de notions et de concepts pertinents, n'a pas cédé à la tentation du volontarisme naïf et bien-intentionné pour provoquer une utile de-hiérarchisation en affrontant directement la structure hiérarchique établie laquelle, comme Horace nous l'a rappelé, se conjugue avec la société. De plus, ils ont saisi que le système hiérarchique était une réalité incontournable qui triomphe toujours et se renforce face à des velléités iconoclastes. Ils ont également reconnu, comme l'a pointé récemment Delion, que la hiérarchie statutaire, étant porteuse «d'une logique du général» (au sens de Pierce), peut avoir une fonction non seulement d'arrière-plan contenant, mais aussi, qu'à partir d'elle, peut se mettre en place un système équivalent qui articule le général avec le singulier (Delion, *Séminaire sur l'autisme et la psychose infantile, Ères, coll. des Travaux et des Jours, p. 83 - 1977*).

C'est dans cette voie que les historiques se sont efforcés, pour frayer le chemin, avec l'institution de structures de complémentarité telles que des tablatures de réunions jugées pertinentes et possibles et, tirant parti de la Loi 1901, avec la création des Comités hospitaliers et l'institution des clubs thérapeutiques. Rappelez-vous le rapport d'Oury de 1960 (dans la revue de *Psychologie de la vie sociale et d'hygiène mentale*), les travaux de Tosquelles, Gentis, Racine et Poncin publiés dans les Bulletins techniques du personnel soignant de l'Hôpital de Saint-Alban et la thèse de Ph. Rappard inspirée et orientée par H. Ey. On sait que ce cadre basal de complémentarités est une condition pour que les complémentarités de «l'interstitiel» et du «vacuolaire» puissent exister et jouer leur fonction fondamentale dans le métabolisme des angoisses et dans le tissage du transfert.

Il est possible et probable que parmi ceux qui m'écoutent, il y en ait qui s'interrogent sur la nécessité de revenir sur le passé. Toutefois, cela m'a semblé nécessaire pour mieux situer la question dans les temps qui courent. En effet, comme je le disais tout à l'heure, le débat et la réflexion sur la question de la hiérarchie et l'exercice du pouvoir dans l'actualité du champ psychiatrique, se sont insidieusement émoussés, un peu partout, mais pas là, je crois, où on s'efforce de travailler dans le cadre de la méthode (ainsi définie par Ayme de manière incisive et saisissante) de la psychothérapie institutionnelle. Et cet amollissement de l'attention réflexive sur cette problématique ne pèse-t-il pas sur ce glissement progressif vers ce trop de «logique du général» imposé que Delion dénonce, ce qui est concomitant avec la restriction-abolition du champ de possibilités pour que le «singulier» et l'articulation dialectique du «statutaire» et du «subjectal» puissent avoir lieu?

Et peut-il y avoir ouverture au champ du transfert-contretransfert et minimisation du passage à l'acte pathologique et pathogénique diffus sans cette articulation dialectique?

La réalité et le péril dénoncés par Delion, ainsi que le manteau de silence qui pèse sur ces questions ont à voir, certes, avec l'envahissante robotisation de la psychiatrie (voir par exemple la nature et les effets des D.S.M. ou le réductionnisme chimiothérapique à l'œuvre de manière standardisée et massive). Cependant, je crois qu'on ne peut pas oublier deux forces, deux pouvoirs, qui dans l'actualité pèsent sur les collectifs de soins psychiatriques. Je veux parler du pouvoir technocratique et du pouvoir hiérarchique et gestionnaire hospitalier qui dans les hôpitaux généraux subordonnent les services de psychiatrie.

Auparavant, vous le savez tous, les structures de soins psychiatriques étaient contenues dans une enveloppe techno-juridique et administrative. Malgré sa rigidité potentielle venant scléroser les canaux d'échange avec le champ social extérieur, un gradient d'autonomie et de stabilité était toutefois permis. Ainsi étaient rendu possible les spécificités des praxis de soins, voire même des transformations qualitatives internes, elles aussi inductrices de création et de mise en place de dispositifs de complémentarités et d'articulations comme on peut le voir dans la structure et la pratique de secteur.

Au cours des dernières décennies, comme nous le savons tous, les choses ont considérablement changé. Les deux pouvoirs auxquels je fais référence se conjuguent et se configurent comme forces d'intrusion totalitaire, effaçant l'interface membranaire absolument indispensable à toute structure et à tout dispositif de soins.

Je ne m'étendrai pas sur le technocratisme économique et bureaucratique dont on connaît la rationalité imperméable et écrasante avec l'imposition de la théorie des «groupes homogènes» de pathologie en psychiatrie, théorie importée d'outre-Atlantique, la logique organisatrice et la logique de vidange du sanitaire vers le social, les systèmes d'évaluation et de contrôle de «rentabilité», etc. Je m'étendrai par contre davantage sur les effets du pouvoir bureaucratique-administratif et gestionnaire hospitalier des hôpitaux généraux sur les services de psychiatrie qu'ils intègrent. Et je le ferai en évoquant ici un «morceau exemplaire» de clinique institutionnelle.

Dans la suite de la signature du Traité de Maastricht en 1992, tout le réseau des services portugais de psychiatrie (à l'exception des hôpitaux psychiatriques de Lisbonne, Porto e Coimbra), alors autonomes au point de vue juridique, financier, administratif et technique, a été totalement intégré dans les hôpitaux généraux. J'en ai déjà parlé ici lors des Journées précédentes.

Avec cette intégration, le médecin-directeur du service et tous les autres médecins ont été placés sous la dépendance hiérarchique du directeur clinique de l'hôpital.[254] C'est ce qui est advenu également avec le personnel infirmier et auxiliaire, lesquels ont été hiérarchiquement subordonnés à l'infirmière directrice qui siège au Conseil d'Administration de l'Hôpital. Ces deux chaînes hiérarchiques sont corporatives,

---

[254] Un médecin.

autonomes et parallèles entre elles (ce qui ne veux pas dire qu'elles ne soient pas pié-
gées elles-mêmes dans une conflictualité sans issue). C'est ainsi que l'infirmier (ère)
directeur a le droit et le pouvoir de redistribuer comme il l'entend tout le personnel
infirmier et auxiliaire de l'hôpital, y compris celui de la psychiatrie.

Voyons donc ce qui s'est passé dans un de ces hôpitaux portugais. Immédiatement
après l'intégration, bon nombre de personnels auxiliaires du service d'hospitalisation de
l'ex-Centre de Santé Mentale a été retiré et placé dans d'autres services et infirmeries
de l'hôpital. Inversement, le Département de psychiatrie est vite devenu la boîte où
l'on pouvait envoyer les infirmiers (ères) rejetés des autres services. C'est ainsi qu'une
infirmière-chef[255] qui du fait de sa pathologie narcissique avait été successivement
éjectée de tous les services, a été désignée comme infirmière-chef du département de
psychiatrie sans que la directrice médicale puisse s'y opposer.

Une foi nommée, rapidement, de manière autoritaire et violente, elle a fait table
rase de l'histoire et de la culture du service en imposant arbitrairement son «savoir-
à-elle». Infirmière diplômée d'État, sans aucune expérience du champ psychiatrique,
elle a retiré des traités de psychiatrie, d'organisation et de gestion des services, ce
que lui semblait utile dans sa logique de confrontation et d'écrasement des autres,
réorganisant et manipulant comme elle l'entendait son champ de responsabilité, et
bien entendu celui de toutes les personnes qui lui étaient subordonnés. Elle est entrée
en confrontation agressive et irréductible avec le pouvoir et les compétences médicales, décidant à son gré de la liberté de circulation des malades hospitalisés. Et bien
entendu, elle n'a pu éviter d'assujettir les malades, massivement, à sa fantasmatique
personnelle, entraînant par là, soit des régressions symbiotiques multiples, soit des
passages à l'acte graves.

Face à cette expansion pathogénique et pathogène, le corps médical a démissionné
de ses responsabilités pour tenter de dépasser l'impasse; parmi le personnel subalterne,
certains ont essayé de recourir aux syndicats, d'autres au top de la hiérarchie hospitalière, laquelle a fait la sourde oreille pendant trois ans environ, et beaucoup se sont
soumis, avec une passivité plus au moins hypocrite.

Cependant, dans l'espace du service d'hospitalisation, il y avait (et il y a) une autre
entité juridique autonome, une association de type 1901, qui intègre le Club, avec
laquelle l'ex-Centre de Santé Mentale avait autrefois établi un contrat de prestations
réciproques. Le Club devait assumer la responsabilité de promotion et de coordination
des activités ergo et sociothérapeutiques, du service de bar/cantine, de la banque des
malades, de la distribution de pécule — tout ceci articulé par des dispositifs indispensables.

C'était bien évidemment une réalité insupportable pour un tel désir de possession
et de contrôle. D'où une compulsion effrénée d'intrusions destructrices de tout ce
qui était du domaine de la responsabilité du Club: de la subordination hiérarchique
directe du personnel attaché à ses activités, à l'interdiction et au blocage de l'accès des
malades aux activités, jusqu'à la création à son gré d'activités parallèles tenues avec

---

[255] Cadre-infirmier dans la dénomination française, je crois.

son petit groupe de fidèles. En même temps elle a mis en œuvre une recherche non moins effrénée de tout ce qui, d'après elle, pourrait conduire à l'éjection de l'Association et du Club. Enfin, elle refusait d'une façon rigide et systématique d'être présente lors des réunions mensuelles d'articulation entre le bureau de direction du Club et la responsable hiérarchique du Département, alors qu'elle était elle-même directrice médicale de cette unité d'hospitalisation. Ce refus allait en fait jusqu'à celui de faire face à toute tentative de dialogue et de recherche d'un minimum de consensus.

Tout ceci a duré trois ans. Le dépassement de cette crise est passé par le changement de l'infirmière directrice de l'hôpital et par l'intervention des syndicats compte tenu du fait que les menaces et les revanches punitives sur tous ceux qui devenaient l'objet de sa méfiance pleuvaient en crescendo.

Face à une telle situation, le Conseil d'Administration de l'hôpital (constitué par la direction médicale et administrative et l'infirmière directrice) n'a rien fait. La directrice du Département, qui est en même temps responsable du service, a fui ses responsabilités, «laissant-aller» et se limitant à passer de temps en temps et très rapidement. Les autres médecins passaient aussi, à peine le temps nécessaire pour accomplir les tâches bureaucratiques relevant de leur responsabilité, faire les diagnostics de type DSM et laisser par écrit les prescriptions médicamenteuses.

Toutefois, il faut dire quand même que la directrice du Département a tenu dans la résistance à ce que les moniteurs et l'assistante sociale attachés au Club ne soient pas mis sous la dépendance hiérarchique de l'infirmière-chef; ce qui leur a permis non seulement de résister aux attaques destructrices, mais de tenir le cadre des activités, les services et les dispositifs d'articulation et de participation du Club.

Il est probable que ce raccourci descriptif (sur lequel je me suis peut-être appesanti) n'ait rien à voir (ou très peu) avec votre réalité. Cependant, je me suis permis de vous le rapporter parce que dans son exemplarité extrême, ce qui a été observé dans une position mi-dedans/mi-dehors, peut servir à une réflexion sur des questions dont la pertinence actuelle me semble indiscutable face à la marée montante de l'intégration des services de psychiatrie dans les hôpitaux généraux.

Les technocrates et de nombreux de psychiatres disent qu'il n'y a pas d'alternatives. Pourtant, il faudrait savoir en quoi consiste cette intégration, quelles en sont ses logiques, comment elle peut se faire, quelles seront les garanties juridiques et administratives indispensables au maintien d'une interface suffisamment stable et adéquate, tant vis-à-vis de la nécessaire fonction contenante des dispositifs de soins psychiatriques, que vis-à-vis de la non moins nécessaire régulation des échanges entre la structure de pouvoir de l'hôpital et la structure du service de psychiatrie.

Dans l'exemple cité, l'imposition massive et abrupte de toutes les logiques de l'hôpital (d'organisation matérielle et fonctionnelle des services, de définition d'acte médical et de l'acte infirmier, des critères d'évaluation de «rentabilité», d'enchaînements et d'exercices du pouvoir hiérarchique, etc.) a conduit, comme vous l'avez vu, à une pathologie institutionnelle complexe et grave. En effet, l'imposition d'un tel isomorphisme administratif et hiérarchique, associé à la connotation vite établie du Département de psychiatrie comme service et espace de moindre dignité scientifique et technique par rapport aux autres spécialités médicales, donc aussi comme poubelle pour recevoir les mauvais coups éjectés par les autres services, a conduit au placement, en fonctions d'encadrement disciplinaire, technique et administratif, de l'infirmière dont on a parlé. Ce placement, porteur d'une pathologie personnelle dont les effets dans n'importe quel collectif de soins ont été soulignés par beaucoup, a eu lieu, comme nous le disions, dans une espace sans frontières susceptibles de garantir un minimum de souveraineté, où la dépression collective était massive et où la hiérarchie statutaire des médecins n'avait pas de consistance ni de capacité de résistance.

Dans un tel espace, il n'est pas difficile de comprendre qu'une telle pathologie personnelle, investie de pouvoir d'encadrement et de gestion de la quotidienneté, puisse s'épandre sans contenance ni mesure, avec des attaques tenues sans relâche contre tout ce qui aurait pu résister à son désir d'emprise: contre la culture et l'histoire du service, contre le savoir et l'expérience pré existant du collectif de soins, contre la tablature des rôles et des compétences des professionnels et des groupes, contre les rapports contractuels entre le Club et l'hôpital, contre les médecins, dans une rivalité concurrentielle avec eux. Tout ceci se mélangeant avec la soupe quotidienne d'agressions narcissiques vis-à-vis des supposés résistants et des manipulations perverses vis-à-vis des complaisants.

Ce que je viens de dire, il ne faut pas l'entendre d'un point de vue manichéiste visant un mécanisme de recherche d'un «bouc-émissaire». Je crois en avoir suffisamment dit sur le contexte de toute cette pathologie individuelle, de groupe et de l'ensemble du champ institutionnel. Et l'on sait qu'on ne peut rien comprendre de ces choses-là si, dans l'analyse concrète, on ne tient pas compte de la complexité des identifications, des contre-identifications et des complémentarités qui s'enchevêtrent toujours. Il n'y a pas de coryphée sans chœur.

L'observation rapportée montre encore que, comme Freud l'a souligné, les résistances du sujet individuel, de groupe ou de n'importe quel ensemble humain, ont toujours à voir avec les défenses contre les angoisses. En effet, le collectif psychiatrique dont on vient de parler, porteur d'une culture propre et d'une longue histoire de travail, a vécu les angoisses de démantèlement; mais les porteurs des références et des pouvoirs de l'hôpital ont aussi vécu des angoisses émergeant de la confrontation à la différence, et l'on sait que l'incarnation du pouvoir est par nature inapte à supporter et à élaborer les angoisses de castration phallique.

Il faut que je termine. Toutefois, en me rappelant le thème de ces XIII Journées de l'AMPI et de l'argument proposé, je le ferai en laissant ici quelques questions: quand on parle de résistances ne faut-il pas savoir de quoi on parle? Sur quel référentiel se place-t-on? Et pour naviguer sur des mers troubles, éventuellement homologues à celles dont je vous ai rapporté une courte observation, ne faut-il pas réfléchir à la méthode et aux cartographies pertinentes? Et la boussole éthique, peut-on la négliger?

DE LA PSYCHOTHÉRAPIE INSTITUTIONNELLE COMME MÉTHODE DANS LA PRATIQUE DE PSYCHIATRIE DE SECTEUR

Expériences partagées[256]

La loi portugaise 2006 de 1945 prévoyait une organisation des services d'assistance psychiatrique publique basée sur deux structures autonomes du point de vue juridique, financier, administratif et technique: d'un côté, le réseau des hôpitaux psychiatriques localisés à Lisbonne, Coimbra et Porto (sièges aussi des cliniques universitaires), de l'autre, un réseau national de Dispensaires d'Hygiène et de Prophylaxie Mentale départementaux ayant à leur charge tout ce qui concernait l'extrahospitalier, y compris la proposition des hospitalisations nécessaires. Toutefois, le manque de personnel (les hôpitaux absorbaient tous les médecins et tous les infirmiers[257] qui se formaient en psychiatrie), l'absence d'une politique efficace de décentralisation dans la distribution des moyens, associée à l'attraction exercée par les grands centres urbains de Lisbonne, Porto et Coimbra — sur les médecins notamment[258] — et la politique budgétaire du gouvernement, ont conduit au résultat suivant: quinze ans après la publication de la Loi seuls les dispensaires centraux de Lisbonne, Coimbra et Porto et celui de l'Algarve (Faro) étaient créés et en fonctionnement — ces dispensaires prodiguaient le déplacement périodique des «brigades mobiles» de médecins et d'infirmiers pour réaliser des «consultations externes» (dans des conditions d'encombrement épouvantables) dans les capitales de département de leur Zone de responsabilité (Sud, Centre et Nord).

Le manque dramatique de lits pour les hospitalisations (on était à l'époque dorée de la cure de Sakel, des sismothérapies, de la cure de sommeil et puis, de l'entrée en scène des cures neuroleptiques) dont la responsabilité de l'évaluation de nécessité et

---

[256] Texte publié en portugais dans le n° 8 des «Anais Portugueses de Saúde Mental» – numéro en hommage à Tosquelles. Ce texte rapporte une expérience de vingt trois ans et il est farci de références concrètes relatives à l'historique de la psychiatrie publique portugaise (et son contexte) récente dont la lecture d'une traduction intégrale serait accablante pour le lecteur étranger; on a ainsi opté pour une traduction synthèse du texte publié en portugais.

[257] Les infirmiers étaient formés dans les trois «Écoles d'Infirmiers Psychiatriques» de Lisbonne, Coimbra et Porto jusqu'à leur disparition à la fin des années 60.

[258] Ils travaillaient (et travaillent) en majorité dans le public et le privé.

de la proposition d'internement était, par force de la loi, attribuée aux Dispensaires – Centres de Zone, et tout ceci associé à une résistance tenace de la part des hôpitaux face à la politique de décentralisation et, bien entendu, face à l'autonomie de la structure extrahospitalière, a mené à une tension et à une confrontation permanentes entre les deux structures institutionnelles — surtout à Lisbonne où la Clinique Universitaire fonctionnait à l'hôpital psychiatrique de Júlio de Matos.

Cette situation montrait à l'évidence que le modèle organisationnel dichotomique fonctionnait très mal dans la réalité portugaise. Le partage élargi de cette conviction, la connaissance de la circulaire historique française du 15 mars 1960 et de l'expérience du XIIIème arrondissement de Paris avec Ph. Paumelle et le rapport de forces dans le domaine de la psychiatrie portugaise d'alors ont mené au mouvement d'où est sortie la Loi de Santé Mentale d'avril 1963 qui consignait (pour la psychiatrie publique sur tout le territoire national) le modèle d'un réseau de Centres de Santé Mentale dont la création, la mise en fonctionnement et en coordination de l'ensemble serait de la responsabilité de l'Institut d'Assistance Psychiatrique[259] prévu par cette Loi.

La Loi consignait à chaque Centre la responsabilité de l'assistance psychiatrique intégrale d'un espace géo-démographique défini — tout l'ensemble des services (de dispensaire, d'hospitalisation, de soutien logistique, etc.) sous la direction d'un psychiatre. En ce qui concernait les zones urbaines de Lisbonne, Coimbra et Porto, les Centres à créer se partageaient entre eux les lits des hôpitaux de ces villes; pour les départements où il n'y avait pas la possibilité d'avoir un service d'hospitalisation à court terme, des dispensaires autonomes seraient créés, comme prévu par la loi de 1945, mais soutenus par les hôpitaux en ce qui concernait la responsabilité d'hospitalisation.

Mais le rapport de forces inter-institutionnelles entre l'Institut d'Assistance Psychiatrique et les hôpitaux (associés avec les cliniques universitaires) et, évidemment, la politique budgétaire du gouvernement, ont bloqué le processus d'implantation des Centres de Santé Mentale et ont rendu difficile même la création et la mise en fonctionnement des Dispensaires départementaux — il a fallu attendre les années 70 pour que le réseau de l'ensemble de ceux-ci soit mis en fonctionnement; et les doter de conditions minimes pour qu'ils puissent devenir Centres, il a fallu attendre les années 80.

Voilà le contexte juridique, politique et institutionnel dans lequel a été créé le Dispensaire d'Hygiène et de Prophylaxie Mentale de Setúbal[260] en 1969 — devenu Centre de Santé Mentale en 1980.

Le Dispensaire d'Hygiène et de Prophylaxie Mentale de Setúbal

Le texte de loi qui a créé le Dispensaire de Setúbal lui a attribué la responsabilité de l'assistance psychiatrique d'une population de l'ordre de 250 000 habitants comprenant sept municipalités dont la plus éloignée est à une distance de 120 Km — une

---

[259] Organe de tutelle auquel les hôpitaux et les «hospitalo-centristes» ont toujours résisté et qui a fini par être supprimé à la suite de la révolution d'avril 1974.

[260] Capitale du département du même nom.

population assez hétérogène du point de vue socio-écologique: rurale latifundiaire, rurale minifundiaire, communautés de pêcheurs, population urbaine alors en croissance rapide due à une forte implantation de la macro-industrie (navale, automobile, du bâtiment, etc.).

Des difficultés d'ordre budgétaire et de processus administratif ne permettant pas de bâtir à court terme un édifice propre pour installer le service, il a fallu louer des installations qui puissent servir — problème difficile à cette époque dans la ville de Setúbal et qui a fini par être résolu, (de façon très précaire[261]), en louant un rez-de--chaussée et un premier étage (quatre appartements avec des voisins au-dessus et dans la cave) dans un quartier résidentiel localisé dans le centre de la ville.

Le médecin qui a accepté le poste de direction de ce nouveau service a donc dû l'installer et le mettre en fonctionnement — ce qui est advenu au mois de février 1970 avec cinq personnes attachées: le médecin, un infirmier, une assistante sociale, une fonctionnaire administrative et une employée de services généraux — les services de comptabilité et de trésorerie seraient assurés par l'Institut.

Le médecin possédait une douzaine d'années d'expérience des hôpitaux psychiatriques portugais, trois années de travail dans l'extrahospitalier public, neuf mois de stage chez Delay et Deniker à Ste. Anne, quatre ans et demi comme interne à Saint-Alban.

La connaissance de la réalité institutionnelle des hôpitaux psychiatriques et des cliniques universitaires et le manque de connivences et de solidarités cognitives suffisamment solides pour arriver à une tentative de changement dans le sens d'une praxis de psychiatrie de secteur inspirée de la théorie et de la méthodologie de la psychothérapie institutionnelle[262] dans le cadre de ces structures institutionnelles et l'ouverture de la tutelle (Institut d'Assistance Psychiatrique) à une pratique de proximité et d'accessibilité dans la prestation du service psychiatrique ont pesé, de façon décisive, dans l'acceptation de la proposition pour diriger ce nouveau service.

Il y avait des difficultés à supporter et des problèmes à résoudre comme la pénurie de moyens, la précarité et la qualité des installations (avec un rejet éventuel de la part des voisins[263]), trouver des gens disposés à sortir des hôpitaux de Lisbonne (50km de distance) pour venir travailler dans un service nouveau et dont le cadre de fonctionnement serait, certainement, différent. Toutefois, deux médecins et un infirmier, avec qui on avait travaillé auparavant ont accepté le défi; et on a eu la chance de trouver des assistantes sociales récemment diplômées et résidant en ville.

Mais il y avait des avantages d'une importance stratégique certaine: le service était implanté au cœur de la ville, il démarrait comme premier service de psychiatrie publique implanté sur le terrain; le petit nombre de professionnels est devenu rapidement un groupe producteur d'une matrice institutrice — pour le «quoi faire?», «où le faire?», «comment le faire?». Ceci impliquait maints processus d'analyse et de décision mais l'ensemble a été d'accord pour que ce soit un travail partagé par tous — de là,

---

[261] Vingt-cinq ans après on y était encore…

[262] Jugées par le médecin nommé comme les plus aptes à répondre à la responsabilité du travail psychiatrique.

[263] Ce qui, contre toute attente, n'est pas arrivé.

l'institution de la «réunion d'organisation» ouverte à tous les membres du collectif et où tout le monde avait droit à la parole, avec une règle: parler un langage accessible à tous (ce qui obligeait les médecins à réfléchir…).

La première tâche qui s'est imposée à ce collectif en «réunion d'organisation» fut la mise en évidence des problèmes à résoudre face à des critères sur lesquels il fallait un accord de principe — de fondation, disons. En voilà quelques-uns:

- L'expérience empirique et des études réalisées montraient le rapport de la distance kilométrique entre le lieu de résidence et le lieu où étaient offertes les consultations de psychiatrie publique: si la distance et les difficultés de transport étaient grandes, il n'y aurait pas de malades venant de leur propre initiative — ils étaient amenés par des autorités ou leurs familles et toujours dans un état clinique pour lequel l'hospitalisation se montrait cliniquement obligatoire; le problème, c'était qu'il n'y avait pas de lits pour les recevoir…[264]

Alors, comment résoudre ce problème?

- Le Service ouvert, rapidement nous avons été confrontés à une énorme pression de demandes: demandes encombrantes de consultations de la part des gens de la ville, demandes aussi d'hospitalisation venant des autorités, des établissements d'internement de vieillards, des services «d'action sociale», des familles des malades… Alors, face à la pénurie de personnel, à l'insuffisance des installations et au refus de l'hôpital psychiatrique d'appui (Miguel Bombarda à Lisbonne) à recevoir les malades par manque de lits, que faire?

- Les institutions d'assistance aux enfants, les services des dispensaires d'assistance materno-infantile alors existants[265] et les écoles nous contactaient, posant des problèmes de santé mentale et poussant à la «psychiatrisation» des enfants-problème — fallait-il répondre par un oui automatique (ou un refus d'alibi bureaucratique[266]) sans un minimum de questionnement, de pré-diagnostic, et sans essayer de percevoir ce qui pourrait parler à travers le symptôme de l'enfant?

- La formation et la pratique routinière des médecins (elle avait lieu seulement soit dans les hôpitaux psychiatriques soit dans les cliniques universitaires) et des infirmiers présupposaient que le médecin était porteur du seul savoir

---

[264] Et, si hospitalisés et soignés, ils rechutaient à court terme après la sortie par manque de suivi.

[265] Après la Révolution de 1974, l'Instituto Materno-Infantil qui les coordonnait et les administrait au niveau national a été supprimé et les services de materno-infantile ont été intégrés dans les Centres de Soins Primaires de Santé – dont on parlera ensuite.

[266] Il y avait le Centre de Santé Mentale Infantile de Lisbonne théoriquement responsable pour toute l'assistance aux enfants et adolescents de Lisbonne et de toute la Zone Sud de Portugal, plus de quatre millions d'habitants…

valable, le rôle de l'infirmier étant formellement réduit à l'exécution des prescriptions médicales. Soulignons encore que la formation psychiatrique des médecins était essentiellement nosographiste et de détection des symptômes cibles visant la prescription des moyens biologiques de traitement. L'évaluation diagnostique et la décision thérapeutique étaient opérées dans le cadre du cabinet et sans prise en considération de l'information sémiologique concrète portée par l'entourage soignant du malade.

Fallait-il se résigner sans questionnement à une telle praxis ou la mettre en question pour s'en sortir et s'ouvrir au travail en équipe?

Le partage cognitif de ces problèmes par le groupe «originaire» dans la suite de leur discussion à la «réunion d'organisation» a mené à l'élaboration des décisions suivantes:

- Assumer une praxis de secteur en équipe pluridisciplinaire avec déplacement régulier aux sièges des sept municipalités; pour la ville de Setúbal, on a attribué les responsabilités par quartier de façon à ce que chaque secteur ait à sa charge une population rurale et une population urbaine. Les «équipes de base», face aux moyens disponibles, seraient constituées d'un médecin, d'un infirmier, d'une assistante sociale et d'un psychologue.[267] Une orthophoniste et une psychomotricienne (tout ce qu'on a pu obtenir quelques années après le début du fonctionnement) siègeraient à plein temps dans les installations du Dispensaire et feraient un appui intersectoriel. C'est cette structure de base qui a tenu jusqu'en juillet 1992, date de l'intégration du Centre de Santé Mentale d'alors dans l'hôpital général. Cependant, il faut dire que si les assistantes sociales et les infirmiers ont toujours bien accepté ce modèle de travail, on ne peut pas en dire autant en ce qui concerne les médecins — certains venaient et, ne supportant pas le travail ambulatoire de proximité ni les réunions pluridisciplinaires d'organisation ou d'équipe (essentiellement centrées sur l'analyse clinique et la distribution des tâches face aux problèmes qui se posaient), finissaient par partir.

La tutelle d'alors (Institut d'Assistance Psychiatrique) a bien accepté la proposition de ce modèle de travail de proximité, mais leur concrétisation sur le terrain n'a pas été facile: il fallait trouver des installations pour développer le travail et se faire accepter comme coopérateurs par les médecins généralistes résidants...[268]

---

[267] En ce que concerne le médecin, l'infirmier et l'assistante sociale, cette constitution a toujours tenu de manière satisfaisante. Relativement aux psychologues, les choses ont été toujours difficiles: résistance de la tutelle à créer des postes, instabilité de fixation de ceux qui étaient admis, etc.

[268] Il faut dire à ce propos que la base principale du revenu de leur travail venait de leur clientèle privée; crainte donc que l'équipe de psychiatrie («corps étranger» qui venait et allait toutes les semaines et qui prodiguait des consultations gratuites à la majorité des usagers) fut une voleuse de cette même clientèle. Cette situation a radicalement changé après la révolution d'avril 74 avec la création du réseau des «Centres

Et que faire sur le terrain? Bien sûr, il fallait répondre aux demandes de consultation en tenant compte de la priorité clinique, assumer le suivi à long terme des malades psychotiques (rappelons qu'on était déjà en possession de psychotropes efficaces), mais il fallait aussi travailler le tissage d'articulations avec les partenaires potentiels du champ sanitaire et social; et ultérieurement, pendant un certain temps, avec des écoles d'enfants aussi. Les objectifs d'un tel travail, on le voit, c'était de produire des effets anti-ségrégation, réduire la pression pour l'internement, prévenir les rechutes, élever le niveau de tolérance communautaire face au symptôme et à la maladie psychique; travail qui passait par des contacts (avec tact...) opportuns et possibles, par des réunions avec les responsables d'institutions de mineurs, de vieillards, avec des instituteurs/trices, avec les infirmières des dispensaires materno-infantiles, etc. Pour prévenir le risque de rupture des liens de travail causés par les symptômes et la maladie psychique et faciliter la réintégration professionnelle après la rémission symptomatique de la maladie, on a opté pour une stratégie de contacts et de rapports coopératifs avec les assistantes sociales des grandes entreprises,[269] rapports qui ont conduit à une réunion régulière avec leurs confrères du Dispensaire. Après la Révolution de 1974 et l'évacuation de ces professionnels d'entreprises, c'est avec les «commissions de travailleurs» qu'on a poursuivi cette stratégie de travail.

• Pour l'hospitalisation: on sait que même si le travail ambulatoire sur le terrain est bon, le recours à un service d'hospitalisation sera toujours nécessaire. Comme le dispensaire ne disposait pas de ce service, le texte officiel qui l'a créé, établissait que son hôpital psychiatrique de soutien serait l'Hôpital Miguel Bombarda, à Lisbonne (45 Km de distance). Cette circonstance déterminait une rupture de la continuité (et de la stratégie) de la relation thérapeutique et, trop souvent, le refus des hospitalisations indispensables. D'où, une décision de l'équipe afin d'obtenir de la tutelle,[270] permission et soutien pour des négociations avec la direction de l'Hôpital Miguel Bombarda de façon à ce que les équipes de secteur du Dispensaire de Setúbal assument la responsabilité des admissions, du suivi médico-social (sauf situations d'urgence) et des sorties de leurs malades quand l'hospitalisation est nécessaire. Négociations difficiles (la résistance du corps médical et infirmier de l'hôpital à cette intrusion d'un «corps étranger» venant de la rive gauche du Tage... a été véhémente et tenace) mais qui ont fini par un accord d'acceptation de la proposition du Dispensaire de Setúbal — accord pour lequel le soutien persistant du directeur de l'Institut d'Assistance Psychiatrique d'alors a été décisif.

---

de Soins Primaires de Santé»; structure dans laquelle le personnel (médecins généralistes, infirmiers, assistante sociale et personnel d'appui logistique) devenait attaché à plein temps et travaillait dans des installations propres.

[269] Avant la Révolution d'avril 74, toutes les grandes industries de Setúbal (navale, automobile, cimentière et chimique) avaient des assistantes sociales dans leurs cadres de personnel. C'était une époque où les grands groupes économiques jugeaient utile de donner une image soi-disant inspirée de l'Encyclique Rerum Novarum...

[270] Direction de l'Institut d'Assistance Psychiatrique – organe de coordination nationale de tous les services de psychiatrie publique comme cela a été dit auparavant.

Ce cadre de stratégies, de dispositifs (qu'il fallait adapter aux variations de circonstances et aux moments jugés opportuns), de praxis particulièrement centrée sur l'attention à la fonction d'accueil (avec les malades, les familles, les partenaires évoqués) a tenu (malgré les difficultés et la surcharge de travail) sur un «terrain» sensiblement identique jusqu'à la Révolution d'avril 74.

La Révolution, évidemment, a bouleversé ce statu-quo avec des transformations plus ou moins radicales: au niveau de l'organisation sanitaire, des services publics et associatifs d'action sociale, de l'organisation et des rapports de forces des structures économiques et dans les entreprises, au niveau de l'émergence de clivages divers et de connotations politiques... Et également de l'équilibre dynamique des équipes de secteur et du rapport entre les équipes.

En ce qui concerne cette question, voyons ce qui nous semble le plus notoire à rapporter:

- Le programme révolutionnaire proposait l'institution d'un Service Nationale de Santé universelle (pour tout le territoire du pays sans exception) et tendanciellement gratuit — la Loi respective a été votée au parlement et promulguée quelques années plus tard. Cependant, à partir de 1975 et basée sur une loi de 1971 (jusqu'alors jamais implantée sur le terrain) ont démarré la création et l'implantation d'un réseau national de Centres de Soins Primaires de Santé d'implantation et action locale — à un niveau municipal en milieu rural. Ces centres ont été mis en fonctionnement (et continuent) avec des équipes constituées de médecins généralistes[271] travaillant à plein temps (ouverte aux médecins résidants s'ils le voulaient), d'infirmiers, d'assistantes sociales et de personnel de soutien logistique nécessaire. Les Centres visaient l'intégration de la pluralité autistique et chaotique des prestations préexistantes, l'élévation de l'efficacité technique au niveau de la Santé Publique et de la Médecine Préventive, de la Médecine de Soins curatifs en complémentarité avec le réseau hospitalier; en outre, la généralité de ces Centres de Soins Primaires étaient dotées d'un service d'hospitalisation[272] très utile pour des situations cliniques passibles de soins possibles localement.

Cette transformation du champ sanitaire a ouvert des possibilités particulièrement intéressantes pour notre stratégie de pluri-articulation, notamment celle de ces équipes de soins primaires avec nous: échange d'information précieuse dans le processus diagnostique, articulation dans les soins thérapeutiques, formation professionnelle réciproque, recherche dans le domaine de la socio-écologie dans ses rapports avec la santé mentale et aussi, l'accord de l'équipe psychiatrique avec l'équipe de soins primaires pour soigner des situations psychiatriques dans les services d'hospitalisation de ces Centres.

---

[271] Ultérieurement, après l'institution de la spécialisation et de la carrière de Médecine de Famille, par les médecins de cette spécialité.

[272] Actuellement, ils sont fermés pour des raisons de politique économiciste.

Avant la Révolution, en ce qui concernait nos nécessités d'hospitalisation à long terme pour les malades psychotiques, nous en étions totalement dépourvus puisque l'hospitalisation à l'Hôpital psychiatrique Miguel Bombarda servait seulement à soigner des tableaux cliniques dits «aigus» ou «sub-aigus». Mais la Révolution, avec l'abolition de la loi d'internement de force des marginaux sans domicile dans des établissements dépendant de la police (du point de vue juridique, administratif et de fonctionnement) nous a permis de nous installer dans l'un de ces établissements à Setúbal, sous condition de prise en charge des «marginaux» malades mentaux internés auparavant par la police. Ceci a impliqué pour le Dispensaire des responsabilités de taille: transformer un espace de gardiennage policier en un espace de soins psychiatriques avec obligation de garder le personnel pré-existant — porteur de sa culture policière, évidemment... Ceci impliquait des démarches difficiles pour obtenir du Pouvoir (alors très instable) le personnel nécessaire, ce qui, pour des raisons déjà exposées, n'était pas du tout facile en ce qui concernait les médecins et les infirmiers — pour les moniteurs occupationnels, les assistantes sociales et les aides-soignants, cela a été facile de les recruter en ville. De toute façon, cela a impliqué une entrée rapide et massive d'un personnel «nouveau» avec le clivage prévisible entre «les historiques» et les «nouveaux» et, naturellement, la mise en contestation de la matrice organisationnelle et fonctionnelle de fondation — cependant, avec des adaptations et la création de dispositifs jugés adéquats, la «matrice» a tenu jusqu'à l'extinction du Centre...

Et c'est sur ces entrefaites que le Dispensaire change de statut et devient Centre de Santé Mentale avec autonomie administrative et financière.

Comme cela a été dit, les équipes de secteur hospitalisaient pour une courte durée, soit dans l'hôpital psychiatrique à Lisbonne, soit dans les services d'hospitalisation des Centres de Soins Primaires de Santé locaux.[273] Pour les nécessités d'hospitalisation de longue durée, nous avions dorénavant cet espace hérité de la Police — espace qui fut nommé, par le ministre, Unité pour les Malades d'Évolution Prolongée (UDEP). La question se posaitalors: comment transformer cette institution en une structure de soins?

Le fait que le médecin directeur du Centre ait assumé la coordination de cette U.D.E.P. associé à l'admission de personnel infirmier, moniteurs occupationnels et aides-soignants, a été sans doute décisif dans ce processus de transformation. Pour cela, il fallait avoir, dès le début, des idées clairement assumées sur ce qu'on doit entendre par soins psychiatriques adéquats aux malades psychotiques graves et sur la question de méthode pour les rendre possibles. Les notions de potentiel psychothérapique/ pathoplastique de l'ambiance, de transfert dissocié et multiréférencié, de fonction d'accueil, de constellation de transfert/contre-transfert, d'espace potentiel, de greffe de transfert, de socio-pathologie/socio-analyse institutionnelle, de transversalité et complémentarité, etc.[274], nous ont servi de boussole.

---

[273] Dans le respect de leur cadre organisationnel et fonctionnel évidemment.

[274] Notions que les penseurs connus du mouvement de la Psychothérapie Institutionnelle ont élaboré à partir de leur pratique et de la mise en valeur des travaux de Gisela Pankov, D. Winnicott, Dupréel,

Du point de vue pratique, on a commencé par l'institutionnalisation de la réunion hebdomadaire du personnel avec deux règles énoncées: tout le monde avait droit égal à la parole et tout le monde devait parler un langage accessible à tous. Et c'est à partir de la réflexion partagée lors de cette réunion qu'on a établi la «loi» de la libre circulation des malades dans l'espace institutionnel (espace ouvert, sans portail ni concierge), qu'on a identifié et programmé l'adaptation des installations, qu'on a créé un espace de convivialité avec bar-cantine, qu'on a institutionnalisé les groupes d'activités d'ergothérapie et de sociothérapie, la réunion du menu, celle de la distribution de pécule,[275] celle des réunions des commissions d'activités avec des malades élus, etc. etc.

Bientôt, la réunion hebdomadaire du personnel a évolué dans le sens de pouvoir jouer plusieurs fonctions: organisation de la vie quotidienne, analyse des phénomènes de transfert et de contre-transfert, formation continue.

Bientôt aussi, s'est fait sentir la nécessité d'une coordination partagée par les malades, de l'ensemble des activités occupationnelles et d'un service de banque pour servir les commissions d'activités et les malades eux-mêmes. Alors, de cette constatation est née la décision de constituer un «Club» avec des fonctions de dynamisation d'initiatives, de coordination de l'ensemble des activités et de leur gestion administrative, de responsabilité pour le bon fonctionnement du Service de «Banque»[276] et du service de «Bar-Cantine».

Pendant quelques années, le Club avait son autonomie propre, mais restait sous le contrôle et la responsabilité administrative du Centre de Santé Mentale. Ultérieurement, avec la fondation de l'Association de Santé Mentale Docteur Fernando Ilharco (dont le statut juridique est similaire à celui des associations loi 1901 françaises) et moyennant un contrat établi entre le Centre de Santé Mentale et cette association, les fonctions du Club avec leurs activités et leurs responsabilités sont passés de la tutelle juridique et administrative du Centre de Santé Mentale à la tutelle de l'Association de Santé Mentale Docteur Fernando Ilharco; et même après l'intégration des services du Centre de Santé Mentale dans l'hôpital général, en 1992, la Direction de celui-ci a aussi ratifié ce protocole de contrat. Cependant, petit à petit, l'hôpital a pris le contrôle gestionnaire des activités et l'Association se trouve à présent limitée à assurer et à gérer le service de Bar-cantine et à coopérer avec l'argent et les moyens de transports dans les fêtes et les excursions de malades de cette Unité.

Voilà, en résumé, ce qu'on a entendu par «psychothérapie institutionnelle comme méthode dans la pratique de la psychiatrie de secteur», à propos d'une expérience concrète se déroulant de 1970 jusqu'à la date de l'intégration des services du Centre de Santé Mentale de Setúbal dans l'hôpital général en juillet 1992.

Lacan… et quand je dis penseurs connus du mouvement de la Psychothérapie Institutionnelle, je pense à Tosquelles, Oury, F. Guattari, Delion, Horace Torrubia, etc.

[275] Auxquelles participaient les malades, les moniteurs, l'assistante sociale et, parfois, le médecin coordinateur.

[276] Celui-ci sous contrôle direct de l'assistante sociale de cette unité de soins.

POSTFACE

J'ai été très sensible à l'amitié que m'a faite Bráulio en me demandant d'écrire quelques mots à l'occasion de la publication de ce livre.

J'ai raconté dans un autre livre dirigé par Patrick Faugeras, *L'ombre portée de François Tosquelles*, comment ma rencontre avec Bráulio dans les années 80 avait entraîné mon rapprochement concret avec toute la bande de la psychothérapie institutionnelle: François Tosquelles, Horace Torrubia, Jean Oury, Roger Gentis, Pierre Delion, Danielle Roulot et quelques autres.

J'ai raconté ailleurs comment le contexte des pratiques des centres de santé mentale portugais et celui de notre secteur de psychiatrie générale de Dax avaient contribué à rapprocher de manière durable nos équipes (Setúbal, Castelo Branco, Covilhã, Beja, Faro, Bragança, Viseu, Dax, entre autres.) Ce contexte se caractérisait par la pauvreté des moyens en personnel, l'absence ou le faible nombre de lits d'hospitalisation, nos liens étroits avec les centres de soins primaires, la médecine généraliste ou l'hôpital général, nos articulations fortes avec les dispositifs d'assistance et d'aide sociale; et donc l'obligation de travailler, de travailler beaucoup, dans nos communautés mi-urbaines mi-rurales, avec les professionnels du champ sanitaire et social de ces communautés, avec les élus, avec la population, avec les associations, avec les familles.

Nos approches, à la fois très sociales et très respectueuses des individualités, avaient beaucoup de points communs. Et la psychothérapie institutionnelle, comme la psychiatrie de secteur, nous donnait de précieux outils pour penser, pour organiser et pour mettre en pratique des soins psychiatriques dignes des attentes de nos patients et de leurs proches.

Ce beau livre de Bráulio relate bien les difficultés à mettre en oeuvre une pratique psychiatrique digne de ce nom, *et* les fruits de cette pratique lorsqu'il est possible de la mettre en oeuvre: des patients respectés dans leur humanité, considérés d'abord comme des alter ego, soignés de sorte à ne pas rajouter l'aliénation à l'aliénation, libérés au mieux par les soins, des familles éprouvées prises en considération, et des acteurs de la communauté associés à ce travail.

Mais ce livre montre aussi combien ce genre d'expériences thérapeutiques est plus facile à détruire qu'à construire: y suffit une décision politique irréfléchie ou imbécile, un cadre infirmier pervers, un psychiatre en poste de responsabilité incapable d'exercer cette responsabilité, une direction bureaucratique, quelques professionnels paresseux ou ignorants faisant bloc, une diminution drastique de financement ou le départ d'un des fondateurs. Et l'on sait bien en France que l'expérience de Saint-Alban n'a pas eu de lendemain à Saint-Alban même, après le départ des fondateurs: aujourd'hui Saint-Alban est un hôpital psychiatrique banal, assez asilaire, où quelques rares professionnels - surtout infirmiers - tentent de maintenir pour un temps encore quelque chose de l'esprit de François Tosquelles.

C'est sans doute une des vertus du livre de Bráulio que d'amener le lecteur à s'interroger sur ce fait troublant: pourquoi les expériences les plus novatrices, dans le champ spécifique de la psychiatrie, durent-elle si peu après le départ de ceux qui les ont mises en place, sauf très rares exceptions? Difficultés de transmission? Absence de politique nationale claire, valide et durable? Incapacité d'un grand nombre de psychiatres à assumer des responsabilités d'organisation et d'animation d'une équipe pluridisciplinaire, à élaborer des projets cohérents, à travailler en réseau? Inadéquation des formations initiales, y compris universitaires, des professionnels de la psychiatrie? Insuffisance de la formation des cadres infirmiers? Insuffisance de formation continue? Incompétence des autorités de tutelles? Méconnaissance des équipes de direction, si promptes à assimiler la prise en charge d'un schizophrène chronique au traitement d'une appendicite aiguë? Conception archaïque du pouvoir, particulièrement du pouvoir médical, mais aussi du pouvoir infirmier? Séquelles du vieil asile, dépassé depuis fort longtemps, mais toujours bien là? Panne de pensée? Absence de motivation?

Chacun de vous pourra allonger cette liste à l'envi. A nous tous d'essayer d'y répondre ensemble, pour ne plus enclencher la marche-arrière, pour ne pas retomber sans cesse dans les pratiques asilaires du passé, le mépris des malades mentaux, l'hospitalo-centrisme, la soumission aux injonctions de l'industrie pharmaceutique, les politiques ultra-sécuritaires et la bureaucratisation croissante des fonctions soignantes.

Y répondre ensemble, ce serait être fidèle à notre ami Bráulio et aux conceptions de la pratique psychiatrique qu'il représente et que nous sommes encore si nombreux à partager.

Michel Minard

BIBLIOGRAFIA[277]*

AYME, J. – «Attitude interprétative dans le transfert en psychothérapie institutionnelle»in Revue de Psychothérapie Institutionnelle, n.º 1, 1965.

— Relation pédagogique et relation thérapeutique dans les institutions psychiatriques» in Revue de Psychothérapie Institutionnelle, n.º 4, 1965.

— Chroniques de la psychiatrie publique à travers l'histoire d'un Syndicat» - Ed. ERES, coll. Des Travaux et des Jours, 1995.

AYME, J.; RAPPART, Torrubia – «Thérapeutique Institutionnelle» in Encyclopédie Medico-Chirurgique, 1964.

ALQUÉZAR, A. L. – «La Psiquiatría de Sector sobre la base de la psicoterapia institucional en la provincia de Tarragona (Cataluña)» in I Encontro Internacional Sobre Psiquiatria de Sector - Setúbal, 1992 – Ed. SPESM.

BALAT, M. – «La triade en psychanalyse: Pierce, Freud et Lacan» - Thèse de doctorat, Université de Perpignan.

— Sémiotique, transfert et coma» in Chimères n.º 12, 1991.

— Introduction et direction de publication des Journées «Autisme et éveil du coma – Signes et institutions» – coll. Connivences – Ed. Champ Social, 1997.

BALVET, P.; VERMOREL – «Aspects doctrinaux actuels concernant l'évolution de l'hôpital psychiatrique» in Annuels Medico-psychologiques, 1958.

BAUDRY, Tatessina – «Définition du coefficient de sociabilité utilisable en sociopsychiatrie» in Annuels Medico-psychologiques, 1957.

BIDAULL, T. – «L'accueil envisagé dans une perspective thérapeutique d'intégration du malade au groupe» - Thèse de Lyon, 1957.

---

[277] (*) Esta bibliografia refere-se ao artigo «Notícia sobre o Movimento da Psicoterapia Intitucional» (pg. 27 a 47).

Passaram vinte e dois anos desde a publicação deste artigo nos *Anais Portugueses de Saúde Mental*; por isso julgamos útil introduzir alguma actualização bibliográfica a que atribuímos significativo valor.

(*) Cette bibliographie se rapporte au texte «Notice sur le mouvement de la Psychothérapie Institutionnelle» (p. 193 a 212).

Vingt-deux ans sont passés depuis la publication de cet article dans *Anais Portugueses de Saúde Mental;* donc nous trouvons utile une certaine actualisation bibliographique à laquelle nous attribuons une valeur significative.

BONNAFÉ, L. – «Argument sur l'hierarchie» in Revue de Psychothérapie Institutionnelle, n.º 4, 1966.

— «Argument sur les sanctions» in Revue de Psychothérapie Institutionnelle, n.º 4, 1966.

— «Argument sur la prescription médicamenteuse» in Revue de Psychothérapie Institutionnelle, n.º 4, 1966.

— «Argument à partir de la notion d'examen complémentaire» in Revue de Psychothérapie Institutionnelle, n.º 4, 1966.

BONNET, Solier; TUFFERY, Chevalier – «Le club des malades, lieu d'articulation des divers échanges entre les groupes à l'hôpital St. Alban» in Revue de Psychothérapie Institutionnelle, n.º 5, 1967.

CHAIGNEAU, H. – «L'ergothérapie au CTRS de Ville-Evrard, essais de systématisation» in Annuels Medico-psychologiques, 1958.

— «Réflexion à partir de la terminologie et du transfert dans l'institution» in Revue de Psychothérapie Institutionnelle, n.º 1, 1965.

CHANOIT, Gautheret; REFABERT, Sauquer; SIVADON, P. – «Le contre-transfert institutionnel» in Revue de Psychothérapie Institutionnelle n.º 1 – 1965.

COLMIN – «Sur les échanges économiques, élément de thérapeutique institutionnelle dans un service psychiatrique» - Thèse - Paris, 1961.

DAUMÉZON G.; KOECHLIN – «Psychothérapie institutionnelle française contemporaine» in Anais Portugueses de Psiquiatria, 1952.

DELION, P. – Psychose toujours — psychose, psychothérapie institutionnelle et psychiatrie de secteur» – coll. L'Ouverture psychiatrique – Ed. Scarabée, 1984.

— «Souvenirs et avenir de la psychiatrie de secteur — Intérêt de la psychothérapie institutionnelle comme méthode de navigation en psychiatrie» - 2ªs Jornadas sobre Psicoterapia Institucional e Psiquiatria de Sector – Ed. SPESM, 1992.

— «Prendre un enfant psychotique par la main» - Ed. Matrice, 1994.

— Coordination de publication de «Actualité de la psychothérapie institutionnelle» - Ed. Matrice, 1994.

— «L'enfant autiste, le bébé et la sémiotique» - P.U.F. – coll. Le fil rouge, 2000.

— «La chronicité en psychiatrie aujourd'hui – Histoire et institution» - Ed. ERES, 2004

DEUTSH, Claude – «L'institution, outil d'action thérapeutique — un modèle de traitement de la psychose par l'institution — Le Foyer de la Clinique de Bellangreville – Thèse - Université René Descartes, 1984.

GENTIS, R. – «Sens et place des clubs thérapeutiques dans la structure d'un hôpital psychiatrique» in Bulletin technique du personnel soignant - Hôpital St. Alban, 1961.

— «Psychothérapie individuelle et phénomènes de groupe dans une institution hospitalière in Bulletin technique du personnel soignant - Hôpital St. Alban, 1962.

— «Psychothérapies individuelles dans un service hospitalier» in Revue de Psychothérapie Institutionnelle, n.º 5, 1967.

GUILLANT, Nicole – «Les structures institutionnelles et leurs incidences sur les structures psychopatho-logiques» - Thèse - Lyon, 1959.

IBAÑEZ, J. G. – «Epistemologia de la psicoterapia institucional" in – 2ªs Jornadas Internacionais sobre Psicoterapia Institucional e Psiquiatria de Sector – Ed. SPESM, 1990.

KOECHLIN, Ph. – «Étude de la place du travail dans la thérapeutique psychiatrique actuelle» - Thèse - Paris, 1951.

— «Schéma de l'utilisation du travail en fonction des niveaux de sociabilité» - H.M.A., 1952.

LOUBON, Mme – «Essai sur une psychothérapie de groupe pour adultes dans le cadre d'un hôpital psychiatrique» - Thèse - Montpellier, 1962.

MARCIANO, P. – «Les agencements pluri-institutionnels dans la pratique de secteur en psychiatrie infanto-juvénile» in – 2ᵃˢ Jornadas Internacionais sobre Psicoterapia Institucional e Psiquiatria de Sector – Ed. SPESM, 1990.

MICHAUD, G. – «La notion d'institution dans ses rapports avec la théorie moderne des groupes» - Thèse Université de Paris - Fac. des Lettres - diplôme d'études supérieures de philosophie, 1958.

— «Transfert et échange en thérapeutique institutionnelle» in Revue de Psychothérapie Institutionnelle n.° 1, 1965.

— «À propos du contexte institutionnel dans des difficultés de la mise en place des activités psychothérapiques et notamment du psychodrame dans un service de psychiatrie de la Seine» in Revue de Psychothérapie Institutionnelle, n.° 5, 1967.

MINARD, M. – «À propos de l'accueil» in – 2ᵃˢ Jornadas Internacionais sobre Psicoterapia Institucional e Psiquiatria de Sector – Ed. SPESM, 1990.

— «Considérations sur la psychiatrie de secteur en France» in I Encontro Internacional Sobre Psiquiatria de Sector – Ed. SPESM, 1992

OURY, J. – «L'entourage du malade dans le cadre de la thérapeutique institutionnelle» in Congrès Internationale de Psychothérapie de Groupe, Zurich, 1957.

— «Rapport sur les clubs thérapeutiques» - VIIIᵉ Assemblée de Fédération des Sociétés de Croix-Marine, 1959.

— «L'ici et maintenant et la notion de lieu dans la psychothérapie institutionnelle» in Revue de Psychothérapie Institutionnelle, n.° 1, 1965.

— «Transfert et compréhension en psychothérapie institutionnelle» in Revue de Psychothérapie Institutionnelle, n.° 1, 1965.

— «Peut-on parler d'un concept de réunions?» in Revue de Psychothérapie Institutionnelle, n.° 5, 1967.

— «Psychiatrie et psychothérapie institutionnelle» - Coll. Traces, Ed. Payot, 1976.

— «Il, Donc» - Coll. 10-18, Union Générale d'Editions, 1978.

— «Onze heurs de soir à La Borde — essais sur la psychothérapie institutionnelle» - Ed. Galilée, 1980.

— «Le Collectif» - Séminaires de Ste-Anne – coll. L'Ouverture psychiatrique – Ed. Scarabée, 1996.

PONCIN, C. – «Essai d'analyse structurale appliquée à la psychothérapie institutionnelle» - Thèse - Nantes, 1963.

— «Essai d'application des modèles linguistiques à la thérapeutique institutionnelle» in Bulletin technique du personnel soignant - Hôpital St. Alban - Fasc. B., 1961.

— «Hypothèse pour une approche structurale des phénomènes de transfert en thérapeutique institutionnelle» in Revue de Psychothérapie Institutionnelle, n,º 1, 1965.

RACAMIER – «Introduction à une sociothérapie des schizophrènes hospitalisés» in Evolution Psychiatrique, 1957.

RACINE, Y. – «L'ergothérapie est bien une thérapeutique: le rapport individuel moniteur-malade. Objet intermédiaire. Ergothérapie et psychothérapie de groupe. — Ergothérapie et psychothérapie institutionnelle» in Information Psychiatrique - décembre, 1959.

— «Techniques institutionnelles: la banque des malades» in Bulletin technique du personnel soignant - Hôpital St. Alban - Fasc. A, 1961.

— «À propos des infirmiers «Sociothérapeutes» in Bulletin technique du personnel soignant - Hôpital St. Alban - Fasc. B, 1961.

— «Transfert et défenses en psychothérapie institutionnelle» in Revue de Psychothérapie Institutionnelle n.ᵤ 1 – 1965.

— «Rapports entre groupe de psychothérapie et groupe d'activités dans un collectif soignant» in Revue de Psychothérapie Institutionnelle, n.° 5, 1967.

— «Argent et échanges à l'hôpital psychiatrique» - Coll. Bibl. de Psychiatrie Pratique, Ed. Scarabée, 1972.

— «Introduction au maternage» - Coll. Bibl. de Psychiatrie Pratique, Ed. Scarabée, 1972.

RAPPART, PH. – «Les clubs psychothérapeutiques» - Thèse - Bordeaux, 1955.

— «Transfert institutionnel non liquide et paraphrenisation» in Revue de Psychothérapie Institutionnelle, n.° 1, 1965.

ROOLENS, R. – «Où en est le mouvement de psychothérapie collective?» - La pensée - avril 1965.

ROTHBERG, D. – «Dynamique du transfert et hiérarchisation de l'Institution» in Revue de Psychothérapie Institutionnelle, n° 1, 1965.

— «Les réunions à l'hôpital psychiatrique» - Coll. Psychiatrie Pratique, Ed. Scarabée.

ROULOT, D. – «À propos de l'accueil» in – 2ªˢ Jornadas Internacionais sobre Psicoterapia Institucional e Psiquiatria de Sector – Ed. SPESM, 1990.

— Paysages de l'impossible — Clinique des psychoses"- coll. Psychothérapie Institutionnelle- Ed. Champ Social, 2006.

SEGUI – «La notion d'ambiance psychothérapique à l'hôpital psychiatrique» - Thèse – Toulouse, 1955.

SERRANO, E. Guerra – Introducción y compilación de las Jornadas "Tosquelles, la paidopsiquiatria y la articulación comunitaria" – Ed. Servicio de Salud del Principado de Asturias, 2002.

SIMENON – «L'évolution des thérapeutiques de réadaptation, à 'l'hôpital psychiatrique de Lannemezan» - Thèse - Bordeaux, 1962.

SIM-SIM, Barthez; SOUSA, Braúlio de; SADOUL, M. – «Incidences de la thérapeutique biologique dans la psychothérapie institutionnelle» in Revue de Psychothérapie Institutionnelle, n.° 5, 1967.

SIVADON P., FOLLIN, TOURNAUD – «Les clubs sociothérapeutiques à l'hôpital psychiatrique» in Annuels Médico-Psychologiques, 1952.

SOUSA, Bráulio – «Recherche psychopharmacologique et champ de Psychothérapie Institutionnelle» in Revue de Psychothérapie Institutionnelle, n.° 5, 1967.

TEULIÉ – «Réflexions sur une institution psychothérapique: le club Paul Balvet de St. Alban» - Thèse - Toulouse, 1954.

TORRUBIA, H. – «Analyseurs et interprétation du transfert en thérapeutique institutionnelle» in Revue de Psychothérapie Institutionnelle, n.° 1, 1965.

— «La Psychothérapie Institutionnelle par gros temps» - Coll. Psychothérapie Institutionnelle – Ed. Champ Social, 2000.

TOSQUELLAS, J[278]*; TOSQUELLAS, M.; BERENGUER, M. – «Décision et confusion — rôles techniques et dynamiques» in – 2ªs Jornadas Internacionais sobre Psicoterapia Institucional e Psiquiatria de Sector – Ed. SPESM, 1990.

— "Il vaut mieux courir derrière un train que devant»" – I Encontro Internacional sobre Psiquiatria de Sector (in Psiquiatria de Sector e Medicina de Familia) – Ed. SPESM, 1992.

---

[278] (*) - Do mesmo autor poderão ser consultados com particular proveito numerosos e sucessivos textos que figuram policopiados nas actas das jornadas anuais da Association Méditerranéenne de Psychothérapie Institutionnelle – Marselha – (1986 a 2006).

(*) - De cet auteur on peut consulter de nombreux textes qui figurent dans les actes des journées de l'Association Méditerranéenne de Psychothérapie Institutionnelle – Marseille – (1986 a 2007).

— "Scènes et conflits furtifs ou non" – I Encontro Internacional sobre Psiquiatria de Sector (in Psiquiatria de Sector e Medicina de Família) – Ed. SPESM, 1992.

TOSQUELLES, F. – «Psychothérapie institutionnelle et psychothérapie de groupe dans les institutions» in Bulletin technique du personnel soignant - Hôpital St. Alban - Fasc. C., 1961.

— «Quelques aperçus sur l'histoire de la psychothérapie (perspectives sur la psychothérapie institutionnelle)» in Information Psychiatrique, n.° 6, juin 1964.

— «Introduction au problème de transfert en psychothérapie institutionnelle» in Revue de Psychothérapie Institutionnelle, n.° 4, 1965.

— «La pratique du maternage thérapeutique chez les débiles mentaux profonds» - Publication de la Fédération des Sociétés de Croix-Marine, 1966.

— «La Psychothérapie institutionnelle — approches théoriques» in Revue Pratique de Psychologie de la Vie Sociale et d'Hygiène Mentale, n.° 3 et 4, 1966.

— «Problèmes du contre-transfert» in R.F.P.T. XXVII, 1963.

— «Le travail thérapeutique à l'hôpital psychiatrique» - Coll. Psychiatrie Pratique, Ed. Scarabée.

— «Pédagogie et psychothérapie institutionnelle» in Revue de Psychothérapie Institutionnelle», n.° 2 e 6, 1966. Reed. — Hialus - coll. P.I., 1984.

— «Structure et rééducation thérapeutique» - Editions Universitaires, 1967.

— «De la personne au groupe – à propos des équipes de soins» - Coll. Des travaux et des Jours – Ed. ERES, 1995.

TOSQUELLES, F.; DAUMÉZON, Paumelle – «Organisation thérapeutique de l'hôpital psychiatrique, ergothérapie, sociothérapie» in Encyclopédie Medico-chirurgique - Psychiatrie; 37930 — A.I.O , Paris.

— «Le fonctionnement thérapeutique» — Encyclopédie Medico-Chirurgique — Psychiatrie, 37930 a 20, Paris.

ZOILA FERNANDEZ E COLL. – «Critères d'efficacité du travail thérapeutique, composants temporels et rythmiques» in Evolution Psychiatrique, n.° 14, 1958.

— «Facteurs de cohésion et rapports sociaux à 1'hôpital psychiatrique. Perspectives psychothérapiques» in Annuelles Medico-psychologiques, 1958.

— «Temporalité et sociabilité composants ergothérapiques dans le travail en petit groupe» in Information Psychiatrique, novembre - 1959.